Ardteistiméireacht Gaeilge Gnáthleibhéal

Spreagadh

Caitríona Ní Shúilleabháin & Triona Geraghty

GILL EDUCATION

Gill Education
Ascaill Hume
An Pháirc Thiar
Baile Átha Cliath 12
www.gilleducation.ie

Is inphrionta é Gill Education de chuid M.H. Gill & Co.

© Caitríona Ní Shuilleabháin agus Triona Geraghty 2017

ISBN: 978-0-7171-55972

Gach ceart ar cosaint. Ní ceadmhach aon chuid den fhoilseachán seo a chóipeáil, a atáirgeadh nó a chur ar fáil ar aon mhodh ná slí gan cead i scríbhinn a fháil roimh ré ó na foilsitheoirí; é sin nó ceadúnas a cheadaíonn cóipeáil shrianta in Éirinn arna eisiúint ag Gníomhaireacht um Cheadúnú Cóipchirt na hÉireann.

Eagathóir: Ciara McNee Editorial
Dearadh: Design Image
Léaráidí: Eoin Coveney

Agus an leabhar seo á chur i gcló, bhí gach seoladh idirlín beo agus bhí eolas cuí ar fáil ar na suíomhanna a bhain le topaicí an leabhair. Ní ghlacann Gill Education freagracht as ábhar ná tuairimí a léirítear ar na suíomhanna idirlín seo. Is féidir athrú teacht ar ábhar, ar thuairimí agus ar sheoltaí, agus níl smacht ag an bhfoilsitheoir ná ag na húdair air sin. Ba cheart stiúrthóireacht a dhéanamh ar dhaltaí agus iad ag breathnú ar shuíomhanna idirlín.

Gabhann na húdair agus an foilsitheoir buíochas leis na daoine a leanas a thug cead ábhar clóite dá gcuid a úsáid:

An dán 'Géibheann' le Caitlín Maude, athchló le caoinchead Estát Caitlín Maude. An dán 'Mo Ghrá-sa (idir lúibíní)' le Nuala Ní Dhomhnaill, athchló le caoinchead den údar Nuala Ní Dhomhnaill c/o The Gallery Press, Loughcrew, Oldcastle, Co. Meath, Ireland. An dán 'An tEarrach Thiar' le Mairtín Ó Direáin, foilisithe ag Cló Iar-Chonnachta Teo., athchló le caoinchead, Cló Iar-Chonnachta Teo., Indreabhán, Conamara, Co. na Gaillimhe. An dán 'Colscaradh' le Pádraig Mac Suibhne, foilisithe ag An Sagart, athchló le caoinchead den údar, Pádraig Mac Suibhne. *Hurlamabac* le Éilis Ní Dhuibhne, foilisithe ag Cois Life, athchló le caoinchead den údar Éilis Ní Dhuibhne agus Cois Life Teo., Páirc na Rós, Ascaill na Cille, Dun Laoghaire, Co. Bhaile Átha Cliath. *An Gnáthrud* le Deirdre Ní Ghrianna, athchló le caoinchead den údar Deirdre Ní Ghrianna. *An Lasair Choille*, le Caitlín Maude agus Mícheál Ó hAirtnéide athchló le caoinchead Estát Caitlín Maude agus fresin, le caoinchead Estát Mícheál Ó hAirtnéide, c/o The Gallery Press, Loughcrew, Oldcastle, Co. Meath, Ireland. 'Oisín i dTír na nÓg', ó *Seanchas na Féinne*, Niall Ó Donaill (eargarthóir), athchló le caoinchead, An Gúm, Foras na Gaeilge, 27 Sráid Fhreidric Thuaidh, Baile Átha Cliath 1. *Dís* le Siobhán Ní Shuilleabháin, foilisithe ag Cló Iar-Chonnachta Teo., athchló le caoinchead, Cló Iar-Chonnachta Teo., Indreabhán, Conamara, Co. na Gaillimhe. Sliocht as *Seal i Neipeal* le Cathal Ó Searcaigh, foilisithe ag Cló Iar-Chonnachta Teo., athchló le caoinchead, Cló Iar-Chonnachta, Indreabhán, Conamara, Co. na Gaillimhe.

Gabhann na húdair agus an foilsitheoir buíochas leis na daoine a leanas a thug cead grianghraif dá gcuid a úsáid:

© Alamy: 7B, 10BR, 23, 25, 26, 54, 56, 57T, 58T, 65, 93, 99, 140B, 140CB, 141BL, 141TR, 147, 148T, 151B, 151T, 156, 157, 166CB, 166CT, 174CB, 175, 176T, 177T, 184T, 189, 190, 191, 192, 193, 194, 218CT, 218T, 220, 225L, 229, 233, 236, 238B, 238T, 262, 274TR, 282, 284L, 286T, 287B, 310B, 315CB, 315CT, 315T, 317B, 318T, 322B, 322R, 327B, 327T, 328, 333, 398, 400, 402, 406; © Apple Inc. 2017: 195; © Cnuasach bhéaloideas Éireann. Irish Folklore Collection, UCD: 225CR; © Facebook: 178; © Getty Images: 164, 170, 171T, 272, 287T, 336, 337B, 337T; © Igloo Films: 338, 339, 340, 341, 343, 344, 415; © Inpho: 225CL, 334, 335; © Irish Times: 27, 117, 258; Courtesy of ISPCC: 102B; © iStock: 1, 2, 4, 5, 7T, 8, 10BL, 10TR, 11, 16, 53, 57B, 58B, 59, 60, 61, 72, 74, 75, 98, 100, 101, 102T, 112, 120, 134, 140CT, 140T, 144, 148B, 150, 152, 162, 166T, 174B, 174CT, 174T, 182, 185, 186, 218B, 221, 234, 235, 269, 270, 271, 274B, 274TL, 275, 278, 280, 300, 310T, 315B, 317T, 318B, 319L, 319R, 320B, 321, 392T, 393, 399, 404, 405, 407, 408; © ITV / REX / Shutterstock: 176B; © Lionsgate / Color Force / REX / Shutterstock: 284R; © Netflix: 320T; © Rolling News: 102C, 168, 218CB, 226, 230, 231, 286B, 308; © RTÉ: 115; © Shutterstock: 166B; © TG4: 177B, 219, 225R, 232, 237.

Rinne na húdair agus na foilsitheoirí a ndícheall sealbhóirí cóipchirt a aimsiú. Má fágadh duine ar bith ar lár de thaisme beimid sásta na socruithe cuí a dhéanamh chomh luath is a bhíonn an deis sin ann.

Tháinig an páipéar a úsáideadh sa leabhar seo ó fhoraoisí rialaithe. In aghaidh gach crainn a leagtar, cuirtear ar a laghad ceann amháin eile, rud a chinntíonn athnuachan na hacmhainne nádúrtha seo.

Clár

Réamhrá v
Clár an CD vi

Aonad 1 — Mé Féin agus Mo Theaghlach 1
- Céim a 1: Labhairt 2
- Céim a 2: Cluastuiscint 13
- Céim a 3: Ceapadóireacht 15
- Céim a 4: Gramadach 24
- Céim a 5: Léamhthuiscint 25
- Céim a 6: Litríocht 27
  - ▶ *Hurlamaboc* le Éilís Ní Dhuibhne 28
  - ▶ 'Colscaradh' le Pádraig Mac Suibhne 44

Aonad 2 — Mo Cheantar, Mo Theach, Fadhbanna Sóisialta agus Cúrsaí an tSaoil 53
- Céim a 1: Labhairt 54
- Céim a 2: Cluastuiscint 62
- Céim a 3: Ceapadóireacht 65
- Céim a 4: Gramadach 73
- Céim a 5: Léamhthuiscint 73
- Céim a 6: Litríocht 77
  - ▶ 'An Gnáthrud' le Déirdre Ní Ghrianna 78
  - ▶ 'An Spailpín Fánach' (Ní fios cé a chum) ... 91

Aonad 3 — Taisteal, Laethanta Saoire agus Cearta Daonna 98
- Céim a 1: Labhairt 99
- Céim a 2: Cluastuiscint 103
- Céim a 3: Ceapadóireacht 106
- Céim a 4: Gramadach 114
- Céim a 5: Léamhthuiscint 115
- Céim a 6: Litríocht 119
  - ▶ Sliocht as *Seal i Neipeal* le Cathal Ó Searcaigh ... 120
  - ▶ 'Géibheann' le Caitlín Maude 134

Aonad 4 — Mo Scoil agus Cúrsaí Oibre 140
- Céim a 1: Labhairt 141
- Céim a 2: Cluastuiscint 153
- Céim a 3: Ceapadóireacht 155
- Céim a 4: Gramadach 168
- Céim a 5: Léamhthuiscint 168

Aonad 5 — An Ceol, an Rince agus an Teicneolaíocht 174
- Céim a 1: Labhairt 175
- Céim a 2: Cluastuiscint 179
- Céim a 3: Ceapadóireacht 181
- Céim a 4: Gramadach 191
- Céim a 5: Léamhthuiscint 192
- Céim a 6: Litríocht 196
  - ▶ *An Lasair Choille* le Caitlín Maude i bpáirt le Micheál Ó hAirtnéide 196

Aonad 6 — An Ghaeilge, an Ghaeltacht agus Béaloideas 218
- Céim a 1: Labhairt 219
- Céim a 2: Cluastuiscint 223
- Céim a 3: Ceapadóireacht 225
- Céim a 4: Gramadach 233
- Céim a 5: Léamhthuiscint 233
- Céim a 6: Litríocht 239
  - ▶ 'Oisín i dTír na nÓg' 239
  - ▶ 'An tEarrach Thiar' le Máirtín Ó Direáin ... 257

Nóta!
Maidir leis an bprós ar an gcúrsa ainmnithe, beidh rogha ann idir an sliocht ón leabhar *Seal i Neipeal* agus an gearrscéal 'An Gnáthrud'. Beidh rogha eile ann idir an gearrscannán *Cáca Milis* agus an dráma *An Lasair Choille*.

Aonad 7	Daoine Óga, Grá agus Caidrimh 267
	Céim a 1: Labhairt 268
	Céim a 2: Cluastuiscint 273
	Céim a 3: Ceapadóireacht 276
	Céim a 4: Gramadach 281
	Céim a 5: Léamhthuiscint 281
	Céim a 6: Litríocht 286
	➤ *Dís* le Siobhán Ní Shúilleabháin 286
	➤ 'Mo Ghrá-sa (Idir Lúibíní)' le Nuala Ní Dhomhnaill 305

Aonad 8	Caithimh Aimsire, Spórt, Sláinte agus an Timpeallacht 313
	Céim a 1: Labhairt 314
	Céim a 2: Cluastuiscint 321
	Céim a 3: Ceapadóireacht 323
	Céim a 4: Gramadach 331
	Céim a 5: Léamhthuiscint 332
	Céim a 6: Litríocht 336
	➤ *Cáca Milis* le Brian Lynch 336

Aonad 9	Gramadach 347
	Céim a 1: An Aimsir Chaite 348
	Céim a 2: An Aimsir Láithreach 354
	Céim a 3: An Aimsir Fháistineach 358
	Céim a 4a: An Modh Coinníollach 362
	Céim a 4b: Dá agus an Modh Coinníollach 367
	Céim a 4c: Má 367
	Céim a 5: Athbhreithniú ar na hAimsirí 368
	Céim a 6: An Chlaoninsint 369
	Céim a 7: An Chopail 371
	Céim a 8: An Aidiacht Shealbhach 373
	Céim a 9: Uimhreacha 374
	Céim a 10: Na Réamhfhocail Shimplí agus na Forainmneacha Réamhfhoclacha 375
	Céim a 11: An Tuiseal Ginideach 382
	Céim a 12: Céimeanna Comparáide na hAidiachta 385

Aonad 10	Fócas ar an Scrúdú 389
	Céim a 1: An Scrúdú Cainte 390
	Céim a 2: An Cheapadóireacht 397
	Céim a 3: An Léamhthuiscint 405
	Céim a 4: An Chluastuiscint 406
	Céim a 5: An Fhilíocht Ainmnithe 408
	Céim a 6: An Prós Ainmnithe 412

Na Siombailí

- Labhairt na Gaeilge
- An cúrsa ainmnithe litríochta
- Cúinne na litearthachta
- An chluastuiscint
- Obair bheirte
- Obair ghrúpa
- An cheapadóireacht
- Obair bhaile
- Drámaíocht sa rang
- An ghramadach
- Mír Físe — Míreanna físe
- An léamhthuiscint
- Ar dhlúthdhiosca

Réamhrá

Tá an leabhar seo **Spreagadh** scríofa mar threoir do dhaltaí atá ag tabhairt faoin gcúrsa Ardteistiméireachta Gaeilge, Gnáthleibhéal. Úsáidtear cur chuige comhtháite téamach mar a mholann an Roinn Oideachais agus Scileanna sa leabhar seo. Sa leabhar seo, tá nótaí cuimsitheacha ar gach gné den chúrsa Gnáthleibhéil, ina measc, ábhar cainte comhtháite don Scrúdú Cainte ag tús gach caibidle. Cuirtear míreanna físe a bhaineann leis na hábhair chainte ar fáil agus tugtar mórán deiseanna don obair bheirte sa rang. Tabhair faoi deara go bhfuil **Leabhrán don Scrúdú Cainte agus Cluastuiscintí Breise** ar fáil saor in aisce leis an téacsleabhar seo chomh maith le leabhrán ar leith ina bhfuil nótaí do Shraith Pictiúr na bliana.

Chomh maith leis sin, tá mórán giotaí leanúnacha/blaganna, litreacha/ríomhphoist shamplacha, scéalta agus comhráite samplacha sa leabhar, mar aon le nótaí agus treoir don cheapadóireacht, meabhairmhapaí, deiseanna don obair ghrúpa, taighde neamhspleách agus féinmheasúnú. Sna rannóga léamhthuisceana, tá mórán téacsanna agus ceisteanna tráthúla, ar nós na gceann a bhíonn sna scrúduithe féin. Tá míniú ar an bhfoclóir deacair a bhaineann leis na léamhthuiscintí ar fáil sa leabhar seo, chun cabhrú le daltaí feabhas a chur ar a gcuid foclóra. Ní mór do dhaltaí a thuiscint, áfach, nach mbeidh na mínithe sin le feiceáil ar an scrúdpháipéar.

Tá cleachtaí cluastuisceana a thagann le leagan amach an scrúdaithe chomh maith le cluastuiscintí breise sa **Leabhrán don Scrúdú Cainte agus Cluastuiscintí Breise**.

Tá nótaí mionsonraithe don fhilíocht agus don phrós i dteannta le meabhairmhapaí, achoimrí físiúla ar na scéalta, eagraithe grafacha agus iliomad freagraí samplacha cuimsitheacha sa leabhar. Maidir leis an bprós ar an gcúrsa ainmnithe, beidh rogha ann idir an sliocht ón leabhar *Seal i Neipeal* agus an gearrscéal 'An Gnáthrud'. Beidh rogha eile ann idir an gearrscannán *Cáca Milis* agus an dráma *An Lasair Choille*. Tá caibidil faoi leith ann a chlúdaíonn gach mórghné den ghramadach. Pléann Aonad a 10 (Fócas ar an Scrúdú) le gach cuid den scrúdú agus tugtar comhairle, nótaí agus leideanna ann.

Tá acmhainní eile breise do dhaltaí ar fáil, ina measc, script thrí bhréagscrúdú cainte lánfhada, 2 CD ar a bhfuil na trí bhréagscrúdú lánfhada agus an fhilíocht a bheas le haithris sa Scrúdú Cainte. Tá an t-ábhar cluastuisceana ó na haonaid ar fad ar fáil ar na dlúthdhioscaí chomh maith. Tá físeanna don Scrúdú Cainte agus acmhainní breise digiteacha (Sleamhnáin PowerPoint san áireamh) ar **www.gillexplore.ie**. Tá e-leabhar saor in aisce ag dul leis an leabhar seo freisin. Tá do chód uathúil ar fáil taobh istigh den chlúdach tosaigh.

Saor in aisce leis an téacleabhar seo, tá **Leabhar Acmhainní do Mhúinteoirí** ina bhfuil pleananna múinteoirí, treoirlínte don Scrúdú Cainte agus ceisteanna breise, léamhthuiscintí breise, scripteanna cluastuisceana, dlúthdhioscaí do mhúinteoirí (na scrúduithe cluastuisceana uile agus athsheinm), agus teimpléid phleanála do mhúinteoirí ar féidir a chur in eagar.

Caitríona Ní Shúilleabháin & Tríona Geraghty

Clár an CD

CD 1

Rian	Aonad	Leathanach	Ainm
1	–		Cóipcheart
2–4	Aonad a 1	13–14	Cluastuiscint, Cuid A
5–9	Aonad a 1	14	Cluastuiscint, Cuid B
10–12	Aonad a 1	15	Cluastuiscint, Cuid C
13–15	Aonad a 2	63	Cluastuiscint, Cuid A
16–20	Aonad a 2	63–64	Cluastuiscint, Cuid B
21–23	Aonad a 2	64	Cluastuiscint, Cuid C
24–26	Aonad a 3	104	Cluastuiscint, Cuid A
27–31	Aonad a 3	104–105	Cluastuiscint, Cuid B
32–34	Aonad a 3	105	Cluastuiscint, Cuid C
35–37	Aonad a 4	153–154	Cluastuiscint, Cuid A
38–42	Aonad a 4	154	Cluastuiscint, Cuid B
43–45	Aonad a 4	155	Cluastuiscint, Cuid C
46–48	Aonad a 5	180	Cluastuiscint, Cuid A
49–53	Aonad a 5	180–181	Cluastuiscint, Cuid B
54–56	Aonad a 5	181	Cluastuiscint, Cuid C
57–59	Aonad a 6	223–224	Cluastuiscint, Cuid A
60–64	Aonad a 6	224	Cluastuiscint, Cuid B
65–67	Aonad a 6	225	Cluastuiscint, Cuid C

CD 2

Rian	Aonad	Leathanach	Ainm
1	–	–	Cóipcheart
2–4	Aonad a 7	274	Cluastuiscint, Cuid A
5–9	Aonad a 7	275	Cluastuiscint, Cuid B
10–12	Aonad a 7	275–276	Cluastuiscint, Cuid C
13–15	Aonad a 8	321–322	Cluastuiscint, Cuid A
16–20	Aonad a 8	322	Cluastuiscint, Cuid B
21–23	Aonad a 8	323	Cluastuiscint, Cuid C
24	Aonad a 10	391 (Aonad a 3, lch 134)	Dán: 'Géibheann' le Caitlín Maude
25	Aonad a 10	392 (Aonad a 1, lch 44)	Dán: 'Colscaradh' le Pádraig Mac Suibhne
26	Aonad a 10	393 (Aonad a 6, lch 257)	Dán: 'An tEarrach Thiar' le Máirtín Ó Direáin
27	Aonad a 10	394 (Aonad a 7, lch 305)	Dán: 'Mo Ghrá-sa (Idir Lúibíní)' le Nuala Ní Dhomhnaill
28	Aonad a 10	395 (Aonad a 2, lch 91)	Dán: 'An Spailpín Fánach' (Ní fios cé a chum)
29–30	Leabhrán	31–35	Scrúdú Cainte: Comhrá Samplach a 1
31–32	Leabhrán	36–40	Scrúdú Cainte: Comhrá Samplach a 2
33–34	Leabhrán	41–45	Scrúdú Cainte: Comhrá Samplach a 3

Aonad 1

Mé Féin agus Mo Theaghlach

Céim a 1: Labhairt	Céim a 2: Cluastuiscint	Céim a 3: Ceapadóireacht	Céim a 4: Gramadach	Céim a 5: Léamhthuiscint	Céim a 6: Litríocht
Mé féin agus mo theaghlach	Mé féin agus mo theaghlach	Giota leanúnach nó blag: An samhradh seo caite Scéal: Cóisir sa teach Litir nó ríomhphost: Cóisir bhreithe Comhrá: Ceolchoirm a bheidh ar siúl	An aimsir chaite An chopail **is** An aidiacht shealbhach	Teaghlach Ríoga Aontaithe: An Bhanríon Elizabeth	6a Prós: Sliocht as *Hurlamaboc* 6b Filíocht: 'Colscaradh' Athbhreithniú ar an litríocht: súil ar an scrúdú

Torthaí Foghlama

San aonad seo, foghlaimeoidh tú:

- **Léamh agus tuiscint:** conas focail agus nathanna a bhaineann leat féin agus le do theaghlach a aithint agus a thuiscint
- **Labhairt:** conas cur síos a dhéanamh ort féin agus ar do theaghlach
- **Scríobh:** conas giotaí a chumadh mar gheall ort féin agus do theaghlach, conas giotaí a scríobh faoi chóisir le do chairde, ceolchoirm, do bhreithlá, srl.
- **Litríocht:** na heochairfhocail a bhaineann leis an scéal *Hurlamaboc* agus leis an dán 'Colscaradh'. Beidh tú in ann freagraí scríofa a chumadh bunaithe ar théamaí, charachtair agus mhothúcháin agus do thuairimí a chur in iúl, srl.
- **Féachaint:** féachfaidh tú ar mhíreanna físe a bhaineann leis an topaic 'Mé féin agus mo theaghlach'.

Gnáthleibhéal Spreagadh

Céim a 1: Labhairt

Is ionann an Scrúdú Cainte agus 240 marc as 600 marc san Ardteist. Is é sin 40% de na marcanna! Féach ar struchtúr an scrúdaithe thíos.

	An Scrúdú Cainte	Nóiméad	Marcanna
1.	Beannú agus fáiltiú	1	5
2.	Léamh dáin	2	35
3.	Cur síos ar shraith pictiúr	4	80
4.	Comhrá	6–8	120
		15	240

Os rud é go bhfuil an Scrúdú Cainte chomh tábhachtach sin, tosaímid le roinn ar an Scrúdú Cainte ag tús gach caibidle i gCéim a 1. Tá an roinn seo dírithe ar an gcomhrá. Tá nótaí breise ar fhoghraíocht na ndánta agus ceisteanna le freagairt bunaithe ar an gcomhrá sa Leabhrán. Tá nótaí ar na sraitheanna pictiúr ar fáil sa leabhrán dar teideal *Sraith Pictiúr*.

Mé Féin agus Mo Theaghlach

Sa chéim seo, foghlaimeoidh tú:
- na heochairfhocail agus nathanna a bhaineann leis na topaicí 'Mé féin' agus 'Mo theaghlach'

Beannú

An scrúdaitheoir:	**Dia dhuit.**
An dalta:	Dia is Muire dhuit.
An scrúdaitheoir:	**Conas atá tú?/Cén chaoi a bhfuil tú?/Caidé mar atá tú?**
An dalta:	Táim go maith/go han-mhaith/ar fheabhas/neirbhíseach/go diail.[1]

[1] *I am well/very well/excellent/nervous/great.*

Fáiltiú

Ainm, Scrúduimhir, Aois, Seoladh Baile, Dáta Breithe

An scrúdaitheoir:	**Cad is ainm duit?/Cén t-ainm atá ort?/Caidé an t-ainm atá ort?**
An dalta:	Nóra Ní Shúilleabháin is ainm dom./Nóra Ní Shúilleabháin an t-ainm atá orm.[2]
An scrúdaitheoir:	**Cad í do scrúduimhir?**
An dalta:	A náid, a náid, a haon, a seacht, a dó.

[2] *Nora O'Sullivan is my name.*

Mé Féin agus Mo Theaghlach

An scrúdaitheoir:	**Cén aois thú?**	
An dalta:	Táim sé bliana déag d'aois.	I am 16 years old.
	Táim seacht mbliana déag d'aois.	I am 17 years old.
	Táim ocht mbliana déag d'aois.	I am 18 years old.

An scrúdaitheoir: **Cén seoladh baile atá agat?**

An dalta: Is é 12 Ascaill Chnoc Mhuirfean, an Charraig Dhubh, Co. Bhaile Átha Cliath mo sheoladh baile./76 An Baile Ard, Trá Lí, Co. Chiarraí an seoladh baile atá agam.

Céide	Drive	Ard	Height
Ascaill	Avenue	Cúirt	Court
Cearnóg	Square	Faiche	Green/Lawn
Eastát	Estate	Garrán	Grove
Lána	Lane	Páirc	Park
Bóthar	Road	Sráid	Street
Árasán	Flat/Apartment	Garraí	Gardens

An scrúdaitheoir: **Cad é do dháta breithe?/Cathain a rugadh thú?**

An dalta:

	An Dáta Breithe
	ar an gcéad lá d'Eanáir.
	ar an dara lá d'Fheabhra.
	ar an tríú lá de Mhárta.
	ar an gceathrú lá d'Aibreán.
	ar an gcúigiú lá de Bhealtaine.
	ar an séú lá de Mheitheamh.
	ar an seachtú lá d'Iúil.
Rugadh mé ar an	ar an ochtú lá de Lúnasa.
	ar an naoú lá de Mheán Fómhair.
	ar an deichiú lá de Dheireadh Fómhair.
	ar an aonú lá déag de Shamhain.
	ar an dara lá déag de Nollaig.
	ar an tríú lá déag d'Eanáir.
	ar an aonú lá is fiche de Mhárta.
	ar an dara la is fiche d'Aibreán.
	ar an tríochadú lá d'Iúil.

Gnáthleibhéal Spreagadh

	Míonna na Bliana
Eanáir	Iúil
Feabhra	Lúnasa
Márta	Meán Fómhair
Aibreán	Deireadh Fómhair
Bealtaine	Samhain/mí na Samhna
Meitheamh/mí an Mheithimh	Nollaig/mí na Nollag

Mo Mhuintir/Chlann/Theaghlach

páiste/leanbh	*child*	páistí/leanaí	*children*
tuismitheoir(í)	*parent(s)*	mam/daid	*mam (mum)/dad*
athair	*father*	leasathair	*stepfather*
máthair	*mother*	leasmháthair	*stepmother*
deartháir deartháir céile	*brother* *brother-in-law*	leasdeartháir	*stepbrother*
deirfiúr deirfiúr chéile	*sister* *sister-in-law*	leasdeirfiúr	*stepsister*
iníon	*daughter*	iníonacha	*daughters*
mac	*son*	mic	*sons*
seanathair/daideo	*grandfather/grandad*	neacht	*niece*
seanmháthair/mamó	*grandmother/granny*	nia	*nephew*
gariníon	*granddaughter*	gariníonacha	*granddaughters*
garmhac	*grandson*	garmhic	*grandsons*
col ceathrair	*cousin*	col ceathracha	*cousins*
uncail	*uncle*	uncailí	*uncles*
aintín	*aunt*	aintíní	*aunts*
leathchúpla	*a twin*	cúpla	*twins*

Mé Féin agus Mo Theaghlach

An scrúdaitheoir:	**Cad as duit?**	
An dalta:	Is as Corcaigh dom.	I am from Cork.
	Is as Baile Átha Cliath dom.	I am from Dublin.

An scrúdaitheoir:	**Cé mhéad duine atá i do chlann?**[1]
An dalta:	Tá duine/beirt/triúr/ceathrar/cúigear/seisear/seachtar/ochtar/naonúr/deichniúr/aon duine dhéag/dháréag/trí dhuine dhéag i mo chlann.
	Tá mo mhamó ina cónaí linn.[2]
	Tá mo dhaideó ina chónaí linn.[3]

Nóta Gramadaí
Úsáidimid na huimhreacha pearsanta nuair a bhímid ag comhaireamh daoine.

[1] How many people are in your family?
[2] My grandmother lives with us.
[3] My granddad lives with us

An scrúdaitheoir:	**Cá dtagann tú sa chlann?**[4]	
An dalta:	Is mise an duine is óige sa chlann.	I am the youngest in the family.
	Is mise an duine is sine sa chlann.	I am the eldest in the family.
	Táim sa lár.	I am in the middle.
	Is páiste aonair mé.	I am an only child.
	Is leathchúpla mé.	I am a twin.
	Is cúpla comhionann sinn.	We are identical twins.

[4] Where do you come in the family?

An scrúdaitheoir:	**Cé mhéad deartháir/deirfiúr atá agat?**	
An dalta:	Tá deartháir/deirfiúr amháin agam.	I have one brother/sister.
	Tá beirt deartháireacha/deirfiúracha agam.	I have two brothers/sisters.
	Tá triúr deartháireacha/deirfiúracha agam.	I have three brothers/sisters.
	Tá ceathrar deartháireacha/deirfiúracha agam.	I have four brothers/sisters.
	Níl aon deartháir ná deirfiúr agam.	I don't have any brothers or sisters.

An scrúdaitheoir:	**Cad is ainm do do dheartháir?**[5]
An dalta:	Seán is ainm do mo dheartháir.
An scrúdaitheoir:	**Cad is ainm do do dheirfiúr?**
An dalta:	Síle is ainm do mo dheirfiúr.
An scrúdaitheoir:	**Cad is ainm do do dheartháireacha?**
An dalta	Seán, Tomás agus Peadar is ainm dóibh.

[5] What is your brother's name?

Féach ar leathanach 373 in Aonad a 9 le haghaidh nótaí ar an aidiacht shealbhach.

Gnáthleibhéal Spreagadh

An scrúdaitheoir:	Cén aois thú?	
An dalta:	Táim sé bliana déag d'aois.	I am 16 years old.
	Táim seacht mbliana déag d'aois.	I am 17 years old.
	Táim ocht mbliana déag d'aois.	I am 18 years old.
An scrúdaitheoir:	Cén aois é do dheartháir?[1]	
An dalta	Tá mo dheartháir sé bliana d'aois.[2]	

[1] What age is your brother?
[2] My brother is six years old.

Nóta Gramadaí

Aois

aon bhliain d'aois	one year old	aon bhliain déag d'aois	eleven years old
dhá bhliain d'aois	two years old	dhá bhliain déag d'aois	twelve years old
trí bliana d'aois	three years old	trí bliana déag d'aois	thirteen years old
ceithre bliana d'aois	four years old	ceithre bliana déag d'aois	fourteen years old
cúig bliana d'aois	five years old	cúig bliana déag d'aois	fifteen years old
sé bliana d'aois	six years old	sé bliana déag d'aois	sixteen years old
seacht mbliana d'aois	seven years old	seacht mbliana déag d'aois	seventeen years old
ocht mbliana d'aois	eight years old	ocht mbliana déag d'aois	eighteen years old
naoi mbliana d'aois	nine years old	naoi mbliana déag d'aois	nineteen years old
deich mbliana d'aois	ten years old	fiche bliain d'aois	twenty years old

Na Rialacha

aon + bhliain	3–6 bliana
dhá + bhliain	7–10 mbliana

fiche bliain	20 years	ochtó bliain	80 years
tríocha bliain	30 years	nócha bliain	90 years
daichead bliain	40 years	céad bliain	100 years
caoga bliain	50 years	míle bliain	1000 years
seasca bliain	60 years	céad míle bliain	100,000 years
seachtó bliain	70 years	milliún bliain	1 million years

Nuair atá uimhreacha ar nós 21–29, 31–39, 41–49, srl. á lua, tá sé i bhfad níos fearr 'aon bhliain is fiche' a rá in áit 'fiche haon bhliain d'aois'.

21 years old = aon bhliain is fiche, 22 = dhá bhliain is fiche, 23 = trí bliana is fiche, 24 = ceithre bliana is fiche, 28 = ocht mbliana is fiche

Mé Féin agus Mo Theaghlach

Ag Déanamh Cur Síos ar Chuma Fhisiceach an Duine

gruaig dhonn	brown hair	gruaig ghearr	short hair
gruaig dhubh	black hair	gruaig fhada	long hair
gruaig rua	red hair	gruaig spíceach	spiky hair
gruaig fhionn	fair hair	maol	bald
gruaig bhán	very blonde or white hair	súile glasa	green eyes
gruaig liath	grey hair	súile liatha	grey eyes
gruaig dhíreach	straight hair	súile donna	brown eyes
gruaig chatach	curly hair	súile gorma	blue eyes

Bí + ar: Gruaig

Úsáidtear 'bí + ar' le cur síos a dhéanamh ar ghruaig.

Tá gruaig dhonn orm.	I have brown hair.
Tá gruaig dhonn ort.	You have brown hair.
Tá gruaig dhonn air.	He has brown hair.
Tá gruaig dhonn uirthi.	She has brown hair.
Tá gruaig dhonn orainn.	We have brown hair.
Tá gruaig dhonn oraibh.	You (plural) have brown hair.
Tá gruaig dhonn orthu.	They have brown hair.

Bí + ag: Súile

Úsáidtear 'bí + ag' le cur síos a dhéanamh ar shúile. Ní mór 'ag' a chur in oiriúint don duine.

Mar shampla
ag + mé = agam

Tá súile gorma agam.	I have blue eyes.
Tá súile liatha agat.	You have grey eyes.
Tá súile donna aige.	He has brown eyes.
Tá súile glasa aici.	She has green eyes.
Tá súile gorma againn.	We have blue eyes.
Tá súile donna agaibh.	You (plural) have brown eyes.
Tá súile liatha acu.	They have grey eyes.

Tréithe Fisiceacha Eile

Tá mo mham beag/íseal.	My mam is small.
Tá mo dhaid ard.	My dad is tall.
Caithim spéaclaí.	I wear glasses.
Tá féasóg/croiméal ar mo dhaid.	My dad has a beard/moustache.
Tá bricíní orm.	I have freckles.

Gnáthleibhéal Spreagadh

Aidiachtaí Úsáideacha

álainn	beautiful	gránna	ugly
dathúil	handsome	gleoite	cute/pretty
ard	tall	íseal/beag	small
láidir	strong	lag	weak
tanaí	thin	ramhar	fat

Aidiachtaí chun Cur Síos a Dhéanamh ar Phearsantacht an Duine

cineálta/cneasta	kind	greannmhar	funny
cairdiúil	friendly	cúthail	shy
flaithiúil	generous	béasach	polite
goilliúnach	sensitive	drochbhéasach	rude
cainteach	chatty	stuama/ciallmhar	sensible
macánta	honest	tuisceanach	understanding
mímhacánta	dishonest	deas	nice
cróga/misniúil	brave	féinmhuiníneach	confident
teasaí	hot-headed	dána	bold
cliste	clever	ceanndána	stubborn
éirimiúil	intelligent	fiosrach	inquisitive
glic	sly/cute	leisciúil	lazy
amaideach	foolish	díograiseach	hardworking
gealgháireach	cheerful/jolly	réchúiseach	easygoing

Nóta Gramadaí

Úsáidtear an chopail **is** go minic nuair a bhíonn:

- tú ag déanamh cur síos ar cháilíocht (*quality*) an duine
- tú ag déanamh cur síos ar phost an duine
- nuair is ionann dhá rud.

Ceanglaíonn an chopail dhá chuid den abairt le chéile agus tugann an chéad chuid den abairt eolas duit faoin dara cuid den abairt.

Ag Déanamh Cur Síos ar Chineál an Duine

Is duine cairdiúil, cainteach mé.	I am a friendly, talkative person.
Is duine gealgháireach thú.	You are a cheerful person.
Is buachaill éirimiúil é mo dhearthair.	My brother is an intelligent person.
Is cailín cneasta í Máire.	Máire is a kind girl.
Is daoine díograiseacha sinn.	We are hardworking people.
Is daltaí cliste sibh.	You (plural) are clever pupils.
Is tuismitheoirí réchúiseacha iad.	They are easygoing parents.

Cleachtadh Scríofa

Cuir Gaeilge ar na habairtí seo a leanas.

1. My dad is an intelligent man.
2. Your mum/mam is a kind woman.
3. My brother is a hardworking boy.
4. Her sister is a stubborn girl.
5. Our aunt is a friendly person.
6. His cousin is an inquisitive person.
7. My uncle is a cranky person.
8. My father is a hot-tempered person.
9. His granddad is a chatty person.
10. Their aunt is a foolish person.

Ag Déanamh Cur Síos ar Phost an Duine

Úsáidimid an chopail **is** go minic in abairtí chun cur síos a dhéanamh ar phost an duine.

Cén post/tslí bheatha/ghairm atá ag do dhaid/do mham/do dhearthair...?	What job does your dad/mum/mam/brother... have?
Is fiaclóir í mo mhaim.	My mum/mam is a dentist.
Is múinteoir é mo dhaid.	My dad is a teacher.
Is bean tí í m'aintín.	My aunt is a housewife.
Is innealtóir é m'uncail.	My uncle is an engineer.
Is dochtúirí muid.	We are doctors.

Oibríonn mo dhaid in oifig.	My dad works in an office.
Oibríonn mo dhearthair i gcomhlacht.	My brother works in a company.
Oibrím i mbialann go páirtaimseartha.	I work part-time in a restaurant.
Oibríonn mo dheirfiúr mar mhúinteoir.	My sister works as a teacher.

Féach ar leathanach 371 le haghaidh níos mó nótaí ar an gcopail **is** sna haimsirí difriúla.

Gnáthleibhéal Spreagadh

Poist/Gairmeacha/Slite Beatha Eile

amhránaí	singer	iascaire	fisherman
saighdiúir	soldier	rúnaí	secretary
fisiteiripeoir	physiotherapist	feighlí linbh	childminder
fáilteoir	receptionist	máinlia	surgeon
leabharlannaí	librarian	seandálaí	archaeologist
freastalaí	waiter	siopadóir	shopkeeper
oifigeach bainc	bank official	tábhairneoir	publican
píolóta	pilot	gruagaire	hairdresser
altra	nurse	ceantálaí	auctioneer
dlíodóir	solicitor	fiaclóir	dentist
cuntasóir	accountant	síceolaí	psychologist
duine gnó	businessperson	leictreoir	electrician
bunmhúinteoir	primary teacher	tógálaí	builder
meicneoir	mechanic	siúinéir	carpenter
scríbhneoir	writer	tiománaí	driver
iriseoir	journalist	oibrí oifige	office worker
feirmeoir	farmer	cócaire	chef

Mé Féin agus Mo Theaghlach

Cleachtadh Cainte

Léigh an comhrá seo os ard sa rang.

Comhrá Samplach

An scrúdaitheoir:	**Cad í do scrúduimhir?**
An dalta:	Is í a náid, a náid, a seacht, a cúig, a haon mo scrúduimhir.
An scrúdaitheoir:	**Cad is ainm duit?**
An dalta:	Máire is ainm dom.
An scrúdaitheoir:	**Cad is sloinne duit?**
An dalta:	Ní Mháille is sloinne dom.
An scrúdaitheoir:	**Cad é do dháta breithe?**
An dalta:	Rugadh mé ar an tríú lá de mhí an Mhárta, dhá mhíle is a trí.
An scrúdaitheoir:	**Cén aois thú?**
An dalta:	Táim seacht mbliana déag d'aois.
An scrúdaitheoir:	**Inis dom beagáinín faoi do theaghlach. Cé mhéad duine atá sa chlann?**
An dalta:	Tá seisear i mo chlann: mé féin, mo mham, mo dhaid, mo bheirt deirfiúracha agus deartháir amháin.
An scrúdaitheoir:	**Cad is ainm do do dheartháir agus do do dheirfiúracha?**
An dalta:	Bhuel, Séamas is ainm do mo dheartháir. Gráinne agus Aoife is ainm do mo dheirfiúracha.
An scrúdaitheoir:	**Cé hé an duine is sine sa chlann?**
An dalta:	Is í Aoife an duine is sine sa chlann. Tá sí aon bhliain is fiche d'aois. Tá sí ag déanamh staidéir ar an leigheas san ollscoil. Is duine dáiríre agus díograiseach[1] í. Bíonn sí ag staidéar go dian an t-am ar fad.
An scrúdaitheoir:	**Cé hé an duine is óige sa chlann?**
An dalta:	Is é Séamas an duine is óige sa chlann. Tá sé ceithre bliana d'aois agus tá sé fós ag freastal ar an naíonra. Is páiste fuinniúil[2], spleodrach[3] é.
An scrúdaitheoir:	**Cad mar gheall ar Ghráinne?**
An dalta:	Tá Gráinne bliain níos óige ná mé agus tá sí ag freastal ar an meánscoil. Tá sí sa chúigiú bliain. Réitímid go maith le chéile de ghnáth ach is duine míshlachtmhar í sa bhaile. Ní haon ionadh[4] go mbímid ag argóint faoin obair tí sa bhaile go minic!
An scrúdaitheoir:	**Cén post atá ag do dhaid?**
An dalta:	Is innealtóir é mo dhaid. Tá sé dífhostaithe faoi láthair, faraor[5].

[1] diligent
[2] energetic
[3] exuberant
[4] it's no surprise
[5] unfortunately

Gnáthleibhéal Spreagadh

	An scrúdaitheoir:	**Cén post atá ag do mham?**
	An dalta:	Is altra í mo mham. Oibríonn sí san ospidéal áitiúil.
	An scrúdaitheoir:	**An réitíonn tú go maith le do theaghlach?**
[6] *on the whole*	An dalta:	Bhuel, réitím go maith leo ar an iomlán[6] ach bímid ag argóint anois is arís. Uaireanta ní ligeann mo thuismitheoirí dom dul amach le mo chairde agus bíonn siad ag cur brú orm staidéar a dhéanamh. Cuireann sé sin isteach orm gan aon agó[7]! Tá mo dheirfiúr Gráinne níos óige ná mé agus goideann sí mo chuid éadaigh uaireanta gan ceist a chur orm! Caithfidh mé a rá go n-éirím an-fheargach léi nuair a thógann sí mo chuid stuif.
[7] *without a doubt*		
	An scrúdaitheoir:	**Déan cur síos ar chuma fhisiceach agus pearsantacht do mhaime.**
	An dalta:	Tá mo mham íseal agus tanaí. Tá gruaig fhionn uirthi agus tá súile gorma aici. Is duine cineálta agus macánta í.
	An scrúdaitheoir:	**Inis dom faoi do dhaid.**
	An dalta:	Tá mo dhaid ard agus maol. Tá súile donna aige. Is duine éirimiúil agus díograiseach é.
	An scrúdaitheoir:	**An bhfuil peata agaibh sa bhaile?**
	An dalta:	Tá madra againn sa bhaile. Roxy is ainm di. Tá dath donn uirthi. Téim ag siúl léi gach tráthnóna agus bím ag súgradh léi sa bhaile go minic. Táim an-cheanúil uirthi! Is ball den teaghlach í um an dtaca seo[8]!
[8] *by now*		

Cleachtadh Cainte

Cuir na ceisteanna seo a leanas ar an duine in aice leat:

1. Cad is ainm duit?
2. Cad í do scrúduimhir/uimhir scrúdaithe?
3. Cén aois thú?
4. Cad é do dháta breithe?
5. Cad é do sheoladh baile?
6. Cé mhéad duine atá i do chlann?
7. Déan cur síos ar chuma fhisiceach agus ar phearsantacht do dhaid.
8. Déan cur síos ar do mham.
9. Déan cur síos ar do dheartháireacha nó do dheirfiúracha.
10. Cad atá á dhéanamh acu? An bhfuil siad ag freastal ar an mbunscoil, ar an meánscoil, ar naíolann nó ar an ollscoil?
11. An bhfuil siad ag obair?
12. Conas a réitíonn tú le do mhuintir?
13. Déan cur síos ar do chuma fhisiceach.
14. Cén airde thú?
15. Déan cur síos ar phearsantacht do charad is fearr.
16. An bhfuil peata agat sa bhaile?

Mír Físe

Féach ar an mír físe a bhaineann leis an nasc thíos agus comhlánaigh an bhileog oibre a ghabhann léi.

Téigh go www.ceacht.ie. Tá acmhainní do mhúineadh na Gaeilge le fáil anseo. Téigh go dtí 'Acmhainní don Ardteist' agus roghnaigh 'Caidrimh'. Ansin, roghnaigh 'Mo Theaghlach'. Tar éis féachaint ar an bhfíseán, roghnaigh an cháipéis Word chun an bhileog oibre a íoslódáil.

Mé Féin agus Mo Theaghlach

Obair Bhaile
Freagair na ceisteanna a ghabhann leis an topaic 'Mé féin agus mo theaghlach' sa Leabhrán ar leathanach 4.

Céim a 2: Cluastuiscint

Sa chéim seo, foghlaimeoidh tú:
- conas do scileanna cluastuisceana a fhorbairt
- eochairfhocail a bhaineann leis an topaic 'Mé féin agus mo theaghlach'
- foclóir agus nathanna cainte atá tráthúil agus ábhair a bhíonn le fáil go coitianta sna giotaí tuisceana sa scrúdú

Tabhair aird ar na focail/nathanna seo a leanas agus tú ag ullmhú don chluastuiscint.

teitigh	refugees	dreapadóireacht	climbing
ciste	fund	taifeadadh	recording
brabús	profit	iomaíoch	competitive
cogadh cathartha	civil war	teannasach	tense
nithe is díol spéise	tourist attractions	lá cuimhneacháin	day of remembrance
suathaireacht	massage	an Gorta Mór	the Great Famine
céislíníteas	tonsillitis	diaspóra na hÉireann	the Irish diaspora
agallamh	interview	páirtíocht	partnership
obair charthanach	charity work	bunaitheoirí	founders
dúshlán	a challenge	tarrtháil	rescue

Cuid A

Cloisfidh tú **dhá** fhógra sa chuid seo. Cloisfidh tú gach fógra díobh **faoi dhó**. Beidh sos ann leis na freagraí a scríobh tar éis na chéad éisteachta **agus** tar éis an dara héisteacht.

Fógra a hAon
Líon isteach an t-eolas atá á lorg sa ghreille anseo.

Cá mbeidh an seó faisin ar siúl?

Céard a bheidh ar siúl i Halla na Scoile Dé Sathairn?

Cé mhéad duine a fuair bás mar gheall ar an gcogadh sa tSiria go dtí seo?

Luaigh cúis amháin nach féidir le daichead faoin gcéad de pháistí na tíre dul ar scoil.

Gnáthleibhéal Spreagadh

Fógra a Dó

1. Cén sórt saoire a luaitear san fhógra seo? _____

2. (a) Luaigh dhá spórt uisce a ndéantar tagairt dóibh. _____

    (i) _____

    (ii) _____

   (b) Cén fáth a moltar do dhaoine fanacht in Éirinn an samhradh seo? _____

Cuid B

Cloisfidh tú **dhá** chomhrá sa chuid seo. Cloisfidh tú gach comhrá díobh **faoi dhó**. Cloisfidh tú an comhrá ó thosach deireadh an chéad uair. Ansin cloisfidh tú ina **dhá** mhír é. Beidh sos ann leis na freagraí a scríobh tar éis gach míre díobh.

Comhrá a hAon

An Chéad Mhír

1. Cén fáth nach raibh Cáit ar scoil le cúpla lá anuas? _____
2. Cé mhéad dalta a mbeidh spás dóibh ar an turas? _____

An Dara Mír

1. Cén obair a rinne col ceathrair Cháit in Kolkata? _____
2. Cad a deir Áine faoina máthair nuair a bhíonn sí féin ag dul go Baile Átha Cliath? _____
3. Cad a mhol a col ceathrair do Cháit a dhéanamh? _____

Comhrá a Dó

An Chéad Mhír

1. Cén clár teilifíse a luaitear sa chomhrá seo? _____
2. Cad a tharlaíonn idir Siobhán agus Ruairí uaireanta, dar le Liam? _____

An Dara Mír

1. Cathain a dhéantar an clár a thaifeadadh, dar le Ruairí? _____
2. Cén sórt duine í Siobhán, dar le Ruairí? Luaigh dhá thréith a bhaineann léi. _____

Cuid C

Cloisfidh tú **dhá** phíosa nuachta sa chuid seo. Cloisfidh tú gach píosa díobh **faoi dhó**. Beidh sos ann leis na freagraí a scríobh tar éis na chéad éisteachta **agus** tar éis an dara héisteacht.

Píosa a hAon

1. Cathain a chuir an rialtas tús leis an lá cuimhneacháin? _____
2. Cá raibh an lá cuimhneacháin deireanach ar siúl? _____

Píosa a Dó

1. Cén sórt áite í Aror sa Chéinia? _____
2. Cé mhéad airgid a caitheadh ar ionad sláinte Aror le seacht mbliana is fiche anuas? _____
_____

Céim a 3: Ceapadóireacht

Sa chéim seo, foghlaimeoidh tú:
- conas giota leanúnach/blag, scéal, litir/ríomhphost agus comhrá a chumadh
- foclóir agus nathanna cainte nua a bhaineann le gach ceann de na cleachtaí
- conas focail agus nathanna cainte áirithe a litriú le cleachtaí scríofa.

Giota Leanúnach nó Blag

Cúinne na Litearthachta

Scríobh amach na nathanna cainte atá aibhsithe le dath buí sa ghiota leanúnach thíos. Ansin, scríobh isteach an leagan Béarla díobh. Faoi dheireadh, clúdaigh an Ghaeilge ar chlé le do lámh agus déan iarracht na nathanna a litriú tú féin.

As Gaeilge	As Béarla	As Gaeilge Arís!
1. **Sampla** Bhí an t-ádh orm.	*I was lucky.*	Bhí an t-ádh orm.
2.		
3.		
4.		
5.		
6.		
7.		
8.		
9.		
10.		

Mé Féin agus Mo Theaghlach

Giota Leanúnach Samplach

An Samhradh Seo Caite

Samhradh iontach a bhí ann. Thosaigh na laethanta saoire i mí na Bealtaine an bhliain seo caite mar bhí mé sa chúigiú bliain. Bhí an t-ádh orm mar bhí post agam i siopa spóirt i lár na cathrach agus thaitin sé go mór liom. Chomh maith leis sin, bhí an pá go maith agus shábháil mé a lán airgid.

Bhuail mé le mo chairde gach deireadh seachtaine agus chuamar go dtí an phictiúrlann nó cúpla uair, chuamar go dtí an dioscó. Cheannaigh mé éadaí nua dom féin agus bhí mé an-sásta. I mí Iúil, chuaigh mé go ceolchoirm Rihanna i bPáirc an Chrócaigh. Bhí sé sin go hiontach ar fad. Fuair mé féin agus mo chara Aoife an bus ó chathair na Gaillimhe go Baile Átha Cliath an lá sin agus d'fhanamar in óstán deas don oíche.

An rud ba mhó a thaitin liom faoin samhradh seo caite, áfach, ná go raibh cóisir mhór agam do mo bhreithlá. Bhí mé ocht mbliana déag d'aois ar an ochtú lá de mhí Lúnasa agus bhí cóisir agam i mo theach. Tháinig mo chairde go léir chuig an gcóisir agus tháinig mo chol ceathracha abhaile ó Mheiriceá freisin. Ní raibh a fhios agam go raibh siad ag teacht agus baineadh geit mhór asam. Bhí sé go hiontach!

Creid é nó ná creid, an lá dar gcionn nuair a dhúisigh mé, chonaic mé mo dhaid ina sheasamh ag an leaba. Thug sé eochair dom agus dúirt sé liom dul síos staighre agus féachaint amach an doras. Rith mé síos staighre ar nós na gaoithe agus iontas na n-iontas, bhí carr beag dearg taobh amuigh den teach. Bhí mo charr féin agam! Níor chreid mé mo shúile. Samhradh den scoth a bhí agam an samhradh seo caite gan aon agó.

Mé Féin agus Mo Theaghlach

Cleachtaí Scríofa

1. Aimsigh na focail seo sa ghiota leanúnach thuas agus scríobh i nGaeilge iad:

   (a) the pay/the wages **(b)** I saved **(c)** I met **(d)** in Croke Park **(e)** We stayed **(f)** however **(g)** my cousins **(h)** the following day **(i)** a key **(j)** outside the house

2. Anois, scríobh do ghiota leanúnach féin dar teideal 'An Samhradh Seo Caite'.

Obair Ghrúpa

Mar réamhobair don ghiota leanúnach a scríobh leat féin, cruthaigh grúpaí de cheathrar sa rang. Tóg leathanach A4 nó A3. Chun Mata Boird a chruthú, roinn an leathanach i gceithre chearnóg. Scríobhfaidh gach dalta ceithre rud a rinne siad an samhradh seo caite ina c(h)earnóg féin. Is féidir leis na daltaí smaointe a mhalartú sa tslí sin agus smaointe ó dhaltaí eile a úsáid ina ngiota leanúnach féin – ní gá duit an fhírinne iomlán a insint i do ghiota leanúnach!

Bain úsáid as na nathanna seo a leanas:

Post Samhraidh

Chuaigh mé chuig agallamh agus fuair mé post samhraidh.

D'oibrigh mé i mbialann/i dteach tábhairne/i ngaráiste/i siopa éadaigh/in ollmhargadh/in oifig/in óstán _____ mar fhreastalaí/mar fháilteoir/mar rúnaí/mar chúntóir.

Bhí mé ag freastal ar na custaiméirí/ag cur fáilte roimh na custaiméirí/ag líonadh na seilfeanna/ag obair ag an scipéad/ag obair ar na cuntais/ag cur na gcomhad in ord agus in eagar.

Thuill mé _____ euro san uair. Shábháil mé mo chuid airgid. Cheannaigh mé _____ le mo chuid airgid. Chuaigh mé amach gach deireadh seachtaine le mo chairde.

Chuaigh mé ar saoire leis an airgead a thuill mé.

Laethanta Saoire

Chuaigh mé ar saoire go dtí an Spáinn/an Phortaingéil/an Fhrainc/an Ghearmáin/go Sasana/go Meiriceá.

Chuaigh mé go Páras/go Londain/go Nua-Eabhrac.

Chuaigh mé ar mhalartú[1].

Bhí mo ghrianadh féin/ag féachaint ar na radhairc gach lá.

Chonaic mé na foirgnimh stairiúla/na leachtanna cuimhneacháin/na músaeim/na gailearaithe ealaíne.

Chuaigh mé chuig seó/ceolsiamsa/ceolchoirm/cluiche sacair.

Thug mé cuairt ar m'aintín/m'uncail/mo chol ceathracha.

D'fhan mé in óstán/le cairde/le gaolta/in árasán/in ionad campála.

Bhí na háiseanna ar fheabhas/go dona.

Bhí an aimsir fliuch agus fuar/grianmhar agus te.

[1] *an exchange*

Gnáthleibhéal Spreagadh

Rudaí Deasa a Rinne Tú sa Bhaile i Rith an tSamhraidh
Chuaigh mé chuig féile/ceolchoirm/cluiche sacair/cluiche peile.
D'imir mé spórt gach lá.
Sheinn mé ceol gach lá.
Bhí níos mó ama agam do mo chuid caitheamh aimsire.
Chaith mé am le mo chuid cairde – chuamar ag siúl, ag siopadóireacht, go dtí an phictiúrlann, go caiféanna, go bialanna, go dtí an club oíche ag an deireadh seachtaine.
D'fhreastail mé ar chúrsa.

Scéal

Cúinne na Litearthachta

Scríobh amach na nathanna cainte atá aibhsithe le dath glas sa scéal thíos. Ansin scríobh isteach an leagan Béarla díobh. Faoi dheireadh, clúdaigh an Ghaeilge ar chlé le do lámh agus déan iarracht na nathanna a litriú tú féin.

As Gaeilge	As Béarla	As Gaeilge Arís!
1. Sampla Bhí an teach plódaithe.	*The house was crowded.*	Bhí an teach plódaithe.
2.		
3.		
4.		
5.		
6.		
7.		
8.		
9.		
10.		

Scéal Samplach

D'fhéach mé ar m'fhón póca. Léigh mé an téacs ó mo mham. Níor chreid mé mo shúile… Bhí an teach plódaithe faoin am sin agus bhí a lán daoine ar meisce. Bhí mé i dtrioblóid anois gan dabht. Dúirt mo mham sa téacs a sheol sí, go raibh sí féin agus Daid ar an mbealach abhaile. Dúirt siad ar an Aoine go mbeidís imithe don deireadh seachtaine. Cén fáth mar sin a raibh siad ag teacht abhaile? An raibh siad tinn? An raibh fadhb san óstán? Cén fáth?

Bhí fiche nóiméad agam chun slán a rá le mo chairde agus chun an teach a ghlanadh. Bhí an-imní orm. Rith mé isteach sa seomra suí agus d'inis mé an scéal do mo chara Rónán. Baineadh geit as Rónán. D'éirigh sé buartha freisin. Thosaigh Rónán ag dul timpeall go tapaidh agus dúirt sé le gach duine imeacht. Thóg sé cúpla nóiméad ach faoi dheireadh nuair a mhúch mé an ceol, d'imigh mo chairde, duine ar dhuine. Bhí an teach ciúin tar éis deich nóiméad. Bhí sé ina phraiseach, áfach. Bhí cannaí agus bruscar caite ar an urlár. Bhí cathaoireacha agus bord bun os cionn ar an urlár agus ansin thug mé faoi deara go raibh an lampa mór sa seomra suí briste. Bhí an áit thar a bheith salach.

Rinneamar iarracht an seomra suí a ghlanadh ach bhí sé fánach againn. Chualamar carr ag teacht isteach an geata gan mhoill. Iontas na n-iontas, na Gardaí a bhí ann! Chuir duine de na comharsana fios orthu, ag gearán faoin torann. Ní raibh na Gardaí sásta dár ndóigh! Cúpla nóiméad ina dhiaidh sin, tháinig mo thuismitheoirí isteach. Bhí siad ar deargbhuile nuair a chuala siad an scéal ar fad. Ní raibh cead agam dul amach ná bualadh le mo chairde ar feadh míosa ina dhiaidh sin. Ní dhéanfaidh mé dearmad ar an gcóisir sin go deo!

Cleachtaí Scríofa

1. Freagair na ceisteanna seo thíos, bunaithe ar an eolas sa scéal.

   (a) Cén fáth a raibh an déagóir seo i dtrioblóid, dar leis féin?

   (b) Céard a dúirt Mam agus Daid Dé hAoine agus iad ag imeacht?

   (c) Cé mhéad ama a bhí ag na buachaillí an teach a ghlanadh?

   (d) Cén fáth ar éirigh Rónán buartha?

   (e) Cathain a d'imigh cairde an déagóra sa scéal ón teach?

   (f) Déan cur síos ar an seomra suí nuair a bhí na cairde imithe.

   (g) Cé a bhí sa chéad charr a tháinig isteach an geata?

   (h) Cad faoi a raibh duine de na comharsana ag gearán?

   (i) Conas a mhothaigh na tuismitheoirí nuair a tháinig siad isteach sa teach?

   (j) Cén pionós a cuireadh ar an déagóir?

2. Anois scríobh do scéal féin, ag tosú leis an abairt seo:

   D'fhéach mé ar mo chara. Bhíomar i bponc anois gan dabht...

Gnáthleibhéal Spreagadh

Litir nó Ríomhphost

Cúinne na Litearthachta

Scríobh amach na nathanna cainte atá aibhsithe le dath gorm sa litir thíos. Ansin scríobh isteach an leagan Béarla díobh. Faoi dheireadh, clúdaigh an Ghaeilge ar chlé le do lámh agus déan iarracht na nathanna a litriú tú féin.

As Gaeilge	As Béarla	As Gaeilge Arís!
1. Sampla Tá súil agam go bhfuil tú féin agus do mhuintir i mbarr na sláinte.	I hope you and your family are in top health.	Tá súil agam go bhfuil tú féin agus do mhuintir i mbarr na sláinte.
2.		
3.		
4.		
5.		
6.		
7.		
8.		
9.		

Mé Féin agus Mo Theaghlach

Litir Shamplach

Bhí cóisir agat i do theach le déanaí. Scríobh an litir/ríomhphost a chuirfeá chuig cara leat faoin gcóisir sin.

> Le haghaidh leideanna faoi conas tabhairt faoi litir a scríobh agus comhairle mar gheall ar leagan amach na litreach, féach ar leathanach 401 in Aonad a 10.

12 Bóthar na Mara
An Leacht
Co. an Chláir

3 Lúnasa 2018

A Oisín dhil,

Niall anseo! Conas atá tú? Tá súil agam go bhfuil tú féin agus do mhuintir i mbarr na sláinte. Aon scéal ó Chorcaigh?

Mar is eol duit, bhí cóisir agam sa teach Dé Sathairn seo caite mar bhí mo bhreithlá ann. Tá brón orm nach raibh tú ábalta teacht. Fuair mé do bhronntanas inné, go raibh míle maith agat. Is aoibhinn liom é.

Tháinig a lán daoine go dtí an chóisir agus bhí an-chraic againn. Bhí gach duine ag damhsa agus ag canadh leis an gceol. Bhí an t-atmaisféar leictreach. D'itheamar bia blasta a d'ullmhaigh mo mham. Is cócaire iontach í!

Nuair a chonaic mé mo cháca breithe, bhí ionadh an domhain orm. Bhí tarracóir agus leantóir air! Thosaigh mé ag gáire. Bhí gliondar croí orm, caithfidh mé a rá. Fuair mé a lán bronntanas deas. Cheannaigh mo thuismitheoirí dhá thicéad dom do cheolchoirm Ryan Sheridan. Táim ag tnúth go mór leis sin. Beidh sé ar siúl i gCorcaigh an mhí seo chugainn. An mbeidh tú féin ag dul ann? Tiocfaidh Pádraig in éineacht liom freisin.

Bhuel, ar aon nós, níl aon scéal eile agam anois. Abair haigh le gach duine i do theaghlach. Scríobh ar ais go luath.

Do chara,
Niall

Gnáthleibhéal **Spreagadh**

Cleachtaí Scríofa

1. Líon na bearnaí sna habairtí seo, bunaithe ar an eolas sa litir thuas.

    (a) Tá Niall ina chónaí sa Leacht, _____.

    (b) Is as _____ d'Oisín.

    (c) Bhí _____ ag Niall ina theach Dé Sathairn seo caite.

    (d) Is _____ le Niall an bronntanas a fuair sé ó Oisín.

    (e) Bhí an t-atmaisféar _____ ag an gcóisir.

    (f) Is _____ iontach í Mam.

    (g) Thosaigh Niall ag _____ nuair a chonaic sé a cháca breithe.

    (h) Tá Niall ag _____ go mor leis an gceolchoirm.

    (i) Rachaidh a chara Pádraig go dtí an cheolchoirm in _____ leis.

    (j) Beidh an cheolchoirm ar siúl i _____.

2. Bhí cóisir agat i do theach le déanaí. Scríobh an litir/ríomhphost a chuirfeá chuig cara leat faoin gcóisir sin.

Comhrá

Cúinne na Litearthachta

Scríobh amach na nathanna cainte atá aibhsithe le dath bándearg sa chomhrá thíos. Ansin, scríobh isteach an leagan Béarla díobh. Faoi dheireadh, clúdaigh an Ghaeilge ar chlé le do lámh agus déan iarracht na nathanna a litriú tú féin.

As Gaeilge	As Béarla	As Gaeilge Arís!
1. **Sampla** buíochas le Dia	*thanks be to God/fortunately*	buíochas le Dia
2.		
3.		
4.		
5.		
6.		
7.		
8.		
9.		
10.		

Mé Féin agus Mo Theaghlach — Aonad 1

Comhrá Samplach

Beidh ceolchoirm ar siúl go luath agus tá dhá thicéad agat don cheolchoirm sin. Iarrann tú ar do chara dul ann in éineacht leat. Scríobh an comhrá a bheadh agat le do chara faoi sin.

Eimear:	Haigh, a Róisín. Conas atá tú?
Róisín:	Táim go hiontach, a Eimear, agus tú féin?
Eimear:	Ní gearánta dom, buíochas le Dia. Cogar, ar mhaith leat teacht in éineacht liom chuig ceolchoirm Beyoncé?
Róisín:	Ag magadh atá tú! Cheap mé go raibh Pól ag dul in éineacht leat.
Eimear:	Bhí sé le dul ann ach ní bheidh sé ábalta anois mar tá scrúdú tiomána aige an lá sin.
Róisín:	Ó, a thiarcais! B'aoibhinn liom dul ann. Cá mbeidh sé ar siúl agus cathain a bheidh sé ar siúl?
Eimear:	Beidh sé ar siúl sa 3Arena i mBaile Átha Cliath ar an dara lá déag de mhí Feabhra. Beidh bus speisialta ag dul ó Shligeach agus beidh sé ag teacht ar ais an oíche sin.
Róisín:	Ó, go hiontach! Cinnte, rachaidh mé in éineacht leat.
Eimear:	Ar fheabhas, a Róisín. Beidh sé go hiontach, táim cinnte. Is aoibhinn liom Beyoncé. Chuaigh mé go ceolchoirm eile a bhí aici dhá bhliain ó shin agus thaitin sé go mór liom. Bhí sé plódaithe agus bhí an t-atmaisféar leictreach.
Róisín:	Táim ar bís faoi agus mé ag éisteacht leat ag caint, a Eimear! Cé a chuaigh ann in éineacht leat an uair dheireanach?
Eimear:	Tháinig mo mham mar bhí mé ró-óg le dul ann gan duine fásta in éineacht liom. Cheap sí go raibh Beyoncé ar fheabhas freisin.
Róisín:	Bhuel, beidh craic againn i mí Feabhra mar sin, a Eimear. Beidh mé ag caint leat Dé Sathairn. Slán leat agus go raibh míle maith agat.
Eimear:	Slán leat, a Róisín.

Cleachtaí Scríofa

1. Is tusa Róisín anois. Scríobh an comhrá a bheadh agat féin le do mham nó le do dhaid faoin gceolchoirm.
2. Anois, scríobh do chomhrá féin: Beidh ceolchoirm ar siúl go luath agus tá dhá thicéad agat don cheolchoirm sin. Iarrann tú ar do chara dul ann in éineacht leat. Scríobh an comhrá a bheadh agat le do chara faoi sin.

Gnáthleibhéal Spreagadh

Féinmheasúnú

Déan cinnte go bhfuil na pointí gramadaí seo a leanas scríofa i gceart:

- úsáid na copaile **is**
- sa + séimhiú (ach ní bhíonn aon séimhiú ar **d, t, s**)
- i + urú (ach amháin ar **l, n, r, m, s**)
- ar an, leis an, ag an, as an, tríd an, roimh an, faoin, ón + urú (ach amháin roimh **d, n, t, l, s**)
- ag, as, go, le, chuig, seachas + faic
- ar, de, do, roimh, um, thar, trí, mar, ó, faoi + séimhiú.

Eisceachtaí maidir le **ar** féach ar leathanach 375.

Céim a 4: Gramadach

An Aimsir Chaite
Féach ar leathanach 348 le haghaidh nótaí ar an aimsir chaite in Aonad a 9.

An Chopail
Féach ar leathanach 371 le haghaidh nótaí mar gheall ar an gcopail **is** sna haimsirí difriúla in Aonad a 9.

An Aidiacht Shealbhach
Féach ar leathanach 373 le haghaidh nótaí ar an aidiacht shealbhach in Aonad a 9.

Mé Féin agus Mo Theaghlach **Aonad 1**

Céim a 5: Léamhthuiscint

Sa chéim seo, foghlaimeoidh tú foclóir a bhaineann leis an topaic 'Mo theaghlach'.

Teaghlach Ríoga na Ríochta Aontaithe: An Bhanríon Elizabeth

Léigh an sliocht seo a leanas agus freagair na ceisteanna **ar fad** a ghabhann leis.

1. Rugadh an Bhanríon Elizabeth ar an aonú lá is fiche d'Aibreán 1926 i Londain. Is í an iníon is sine ag a tuismitheoirí, an Rí George VI agus an Bhanríon Elizabeth. Bhain a hathair a shuíochán ríoga amach nuair a thug a dheartháir, Edward VIII, suas an choróin sa bhliain 1936 agus b'ansin a tuigeadh go mbeadh a iníon Elizabeth ina hoidhre[1] ar an gcoróin. Phós sí an Prionsa Philip, Diúc Dhún Éideann agus tá ceathrar clainne acu – Charles, Anne, Andrew agus Edward. I measc na gcuairteanna stairiúla a rinne an Bhanríon, thug sí cuairt stáit ar Phoblacht na hÉireann i mí na Bealtaine na bliana 2011.

2. Is é Prionsa na Breataine Bige, Charles an mac is sine i gclann Elizabeth agus Phillip. Dá bhrí sin, tiocfaidh sé i gcoróin[2] go nádúrtha, má chailltear a mháthair roimhe. Phós sé an Bhantiarna Diana Spencer ar an naoú lá is fiche d'Iúil 1981. Ansin ba í Diana Banphrionsa na Breataine Bige. Bhí beirt mhac ag an lánúin – William agus Harry. Scar an lánúin[3] lena chéile sa bhliain 1996. Ansin ar an aonú lá is tríocha de mhí Lúnasa 1997, maraíodh an Bhanphrionsa i dtimpiste bhóthair i bPáras. Phós an Prionsa Camilla Parker Bowles ar an naoú lá d'Aibreán, 2005.

3. Is é Diúc Cambridge, William an mac is sine i gclann Charles agus Diana. Bhí William cúig bliana déag d'aois nuair a cailleadh a mháthair i bPáras. D'fhreastail sé ar Ollscoil Naomh Aindriú, áit ar chas sé le Kate Middleton. Pósadh an lánúin sin sa bhliain 2011. Nuair a bhí sé aon bhliain is fiche d'aois, ceapadh é ina Chomhairleoir Stáit agus thosaigh sé ag freastal ar ócáidí oifigiúla, in áit na Banríona. Rugadh a gcéad mhac, darbh ainm George, don lánúin ar an dara lá is fiche d'Iúil, 2013. Rugadh cailín do William agus Kate ar an dara lá de mhí na Bealtaine 2015 in Ospidéal Naomh Muire i Londain. Tugadh an t-ainm Charlotte Elizabeth Diana uirthi. Is í an ceathrú duine sa líne don Choróin agus tá an teideal Banphrionsa Cambridge uirthi cheana féin[4].

4. Rinne an Prionsa Harry, deartháir William, oiliúint[5] mhíleata in Acadamh Ríoga Míleata Sandhurst. Ansin chuaigh sé isteach in Arm na Breataine mar Leifteanant, áit a raibh sé ina phíolóta héileacaptair. Is comhairleoir[6] stáit é, ar nós a dheartháir agus freastalaíonn sé ar ócáidí oifigiúla ar son na Banríona freisin. Chaith sé 77 lá le harm na Breataine

[1] heir
[2] he will inherit the crown
[3] couple
[4] already
[5] training
[6] adviser

Gnáthleibhéal Spreagadh

[7]journal

i Helmand na hAfganastáine ach b'éigean dó an áit a fhágáil nuair a d'fhógair lucht *irisleabhair*[7] ón Astráil go raibh sé ansin. Chaith sé fiche seachtain eile san Afganastáin idir 2012 agus 2013 leis an Aerchór Míleata. D'éirigh sé as an arm i mí an Mheithimh, 2015.

5. Is í an Bhanphrionsa Ríoga, Anne an dara páiste a rugadh don Bhanríon Elizabeth agus don Phrionsa Philip agus is í an t-aon iníon atá acu. Phós sí faoi dhó agus tá beirt chlainne aici – Peter agus Zara.

Is é an Prionsa Andrew an tríú duine i gclann na Banríona agus an Phrionsa Philip. Nuair a phós sé Sarah Ferguson, ceapadh é mar Dhiúc York. Bhí beirt iníonacha acu – Beatrice agus Eugenie. Fógraíodh go raibh Andrew agus Sarah chun scaradh lena chéile sa bhliain 1992. Tugadh an teideal Iarla Wessex don mhac is óige i gclann na Banríona, Edward, nuair a phós sé Sophie Rhys-Jones i 1999. Tá beirt pháistí acu – Louise a rugadh in 2003 agus James a rugadh in 2007.

Ceisteanna Scrúdaithe

1. (a) Cérbh iad tuismitheoirí na Banríona Elizabeth? (Alt 1)
   (b) Cathain a thug an Bhanríon cuairt stáit ar Éirinn? (Alt 1) (10 marc)
2. (a) Cén fáth a dtiocfaidh an Prionsa Charles i gcoróin go nádúrtha? (Alt 2)
   (b) Conas a fuair an Bhanphrionsa Diana bás? (Alt 2) (10 marc)
3. (a) Cén rud tábhachtach a tharla do William nuair a bhí sé ag freastal ar an ollscoil? (Alt 3)
   (b) Céard a thosaigh sé nuair a ceapadh ina Chomhairleoir Stáit é? (Alt 3) (10 marc)
4. (a) Cá ndeachaigh an Prionsa Harry tar éis dó oiliúint mhíleata a chríochnú in Acadamh Ríoga Míleata Sandhurst? (Alt 4)
   (b) Cén fáth a raibh air imeacht ón Afganastáin an chéad uair a bhí sé ansin? (Alt 4) (10 marc)
5. (a) Cad is ainm d'inion na Banríona Elizabeth agus an Phrionsa Philip? (Alt 5)
   (b) Cad é an rud a fógraíodh faoin bPrionsa Andrew agus a bhean chéile Sarah sa bhliain 1992? (Alt 5) (10 marc)

Céim a 6: Litríocht

Céim a 6a: Prós

Sliocht as *Hurlamaboc* le hÉilís Ní Dhuibhne

Sa chéim seo, foghlaimeoidh tú:
- na heochairfhocail a bhaineann leis an sliocht as an úrscéal *Hurlamaboc*
- faoi phlota an scéil *Hurlamaboc*
- conas téama an scéil a phlé
- conas anailís a dhéanamh ar charachtair an scéil
- conas mothúcháin an scéil a phlé
- conas do thuairimí a chur in iúl.

Cúinne na Litearthachta

Foghlaim conas na heochairfhocail thíos san achoimre a litriú agus faigh amach cad is brí leo.

Féach go grinn ar na focail seo, abair amach iad, clúdaigh na focail, agus ansin scríobh na focail amach chun an litriú a chleachtadh!

As Ghaeilge	As Béarla	Clúdaigh na focail ar an lámh chlé agus scríobh amach na focail anseo leat féin. Cad is brí leis na focail?
Ascaill na Fuinseoige		
An Tíogar Ceilteach		
Ré an Tíogair Cheiltigh		
Caithréimeach		
Anabaí		
Uaillmhian		
Foirfe		
Lagmhisneach		
Díomhaoin		

Gnáthleibhéal **Spreagadh**

Hurlamaboc
Caibidil a haon:
Fiche bliain faoi bhláth

Ruán

Fiche bliain ó shin pósadh Lisín agus Pól.

Bheadh an ócáid iontach á ceiliúradh acu i gceann seachtaine. Bhí an teaghlach ar fad ag tnúth leis[1]. Sin a dúirt siad, pé scéal é[2].

'Beidh an-lá go deo againn!' a dúirt Cú, an mac ab óige. Cuán a bhí air, i ndáiríre[3], ach Cú a thugadar air go hiondúil[4]. Bhí trí bliana déag slánaithe aige.

'Beidh sé *cool*,' arsa Ruán, an mac ba shine. Ocht mbliana déag a bhí aige siúd. Níor chreid sé go mbeadh an chóisir cool, chreid sé go mbeadh sé *crap*. Ach bhí sé de nós aige an rud a bhí a mháthair ag iarraidh a chloisint a rá léi. Bhí an nós sin ag gach duine.

Agus bhí Lisín sásta. Bhí a fhios aici go mbeadh an ceiliúradh go haoibhinn, an fhéile caithréimeach[5], mar ba chóir di a bheith. Caithréim a bhí bainte amach aici, dar léi. Phós sí Pól nuair nach raibh ann ach ógánach anabaí[6], gan maoin ná uaillmhian[7]. Ag obair i siopa a bhí sé ag an am. Ise a d'aithin na féidearthachtaí[8] a bhí sa bhuachaill aineolach[9] seo. Agus anois fear saibhir, léannta[10] a bhí ann, fear a raibh meas ag cách[11] air, ardfhear[12]. Teach breá aige, clann mhac, iad cliste agus dathúil.

Bhí a lán le ceiliúradh acu.

[1] *looking forward to*
[2] *anyway*
[3] *really*
[4] *de ghnáth = usually*
[5] *triumphant*
[6] *immature*
[7] *ambitious*
[8] *possibilities*
[9] *ignorant*
[10] *educated*
[11] *gach duine*
[12] *fear iontach*

Maidir leis an gcóisir féin, bhí gach rud idir lámha aici – bhí sí tar éis gloiní agus fíon[13] a chur ar ordú sa siopa fíona; bhí an reoiteoir lán le pióga[14] agus ispíní agus bradán[15] agus arán lámhdhéanta den uile shórt. Bhí an dara reoiteoir tógtha ar cíos[16] aici – is féidir é seo a dhéanamh, ní thuigfeadh a lán daoine é ach thuig Lisín, b'in an saghas í – agus bhí an ceann sin líonta fresin, le rudaí deasa le hithe. Rudaí milse[17] den chuid is mó de, agus rudaí nach raibh milis ach nach raibh i Reoiteoir a hAon. Dá mbeadh an lá go breá bheadh an chóisir acu amuigh sa ghairdín, agus bhí boird agus cathaoireacha le fáil ar iasacht[18] aici ó na comharsana. Agus mura mbeadh an lá go breá bhí an teach mór go leor do na haíonna[19] ar fad. Bhí gach rud ann glan agus néata agus álainn: péint nua ar na ballaí, snas[20] ar na hurláir, bláthanna sna prócaí[21].

Mar a bhí i gcónaí, sa teach seo. Teach Mhuintir Albright. Teach Lisín.

Bean tí den scoth[22] a bhí i Lisín. Bhí an teach i gcónaí néata agus álainn, agus ag an am céanna bhí sí féin néata agus álainn. De ghnáth is rud amháin nó rud eile a bhíonn i gceist ach níorbh amhlaidh[23] a bhí i gcás Lisín.

'Ní chreidfeá go raibh do mháthair pósta le fiche bliain,' a dúirt an tUasal Mac Gabhann, duine de na comharsana[24], le Ruán, nuair a tháinig sé go dtí an doras lá amháin chun glacadh leis[25] an gcuireadh chuig an gcóisir. 'Agus go bhfuil stócach[26] mór ar do nós féinig aici mar mhac! Tá an chuma uirthi gur cailín óg í.' 'Yeah', arsa Ruán, gan mórán díograise[27]. Ach b'fhíor dó. Bhí an chuma ar Lisín go raibh sí ina hógbhean fós.

Bhí sí tanaí agus bhí gruaig fhada fhionn uirthi. Bhuel, bhí an saghas sin gruaige ar na máithreacha go léir ar an mbóthar seo, Ascaill na Fuinseoige. Bóthar fionn a bhí ann, cé go raibh na fir dorcha: dubh nó donn, agus, a bhformhór, liath. Ach ní raibh ach bean amháin

[13] *wine*
[14] *pies*
[15] *salmon*
[16] *rented*
[17] *milis = sweet*
[18] *on loan*
[19] *guests*
[20] *polish*
[21] *vásaí*
[22] *excellent*
[23] *it was not the case*
[24] *the neighbours*
[25] *to accept*
[26] *fear óg*
[27] *enthusiasm/zeal*

Gnáthleibhéal Spreagadh

[28] ait = *strange*
[29] slite = *ways*
[30] *standard*
[31] *courage*
[32] *make-up*

[33] gan locht = *perfect*

dorcha ar an mbóthar – Eibhlín, máthair Emma Ní Loingsigh. Ach bhí sise aisteach[28] ar mhórán bealaí[29]. Ní raibh a fhios ag aon duine conas a d'éirigh léi teach a fháil ar an mbóthar. Bhí na mná eile go léir fionn, agus dathúil agus faiseanta, b'in mar a bhí, bhí caighdeán[30] ard ar an mbóthar maidir leis na cúrsaí seo, ní bheadh sé de mhisneach[31] ag bean ar bith dul amach gan smidiú[32] ar a haghaidh, agus eadaí deasa uirthi. Fiú amháin agus iad ag rith amach leis an mbruscar bhíodh gúnaí oíche deasa orthu, agus an ghruaig cíortha go néata acu, ionas go dtuigfeadh na fir a bhailigh an bruscar gur daoine deasa iad, cé nár éirigh siad in am don bhailiúchán uaireanta. Ach bhí rud éigin sa bhreis ag Lisín orthu ar fad. Bhí sí níos faiseanta agus níos néata ná aon duine eile. I mbeagán focal, bhí sí foirfe[33].

Lig Ruán osna ag smaoineamh uirthi. Bhí grá aige dá mháthair. Níor thuig sé cén fáth gur chuir sí lagmhisneach[34] air an t-am ar fad, nuair nár thug sí dó ach moladh. Moladh agus spreagadh.

'Inseoidh mé di go mbeidh tú teacht. Beidh áthas uirthi é sin a chloisint.' Dhún sé an doras, cuibheasach[35] tapa. Bhí rud éigin faoin Uasal Mac Gabhann a chuir isteach air. Bhí sé cairdiúil agus gealgháireach[36], agus ba mhinic grinnscéal de shaghas éigin aige. Ach bhí súile géara aige, ar nós na súl a bhíonn ag múinteoirí. Fiú amháin agus é ag caint ag an doras bhí na súile sin ag stánadh ar Ruán, agus an chuma orthu go raibh x-ghathú[37] á dheanamh acu ar a raibh laistigh dá intinn agus ina chroí.

Bean thanaí, dhathúil, ghealgháireach, bean tí iontach, agus ag an am céanna bhí a lán rudaí ar siúl ag Lisín. Ní raibh post aici. Cén fáth go mbeadh? Bhí ag éirí go sármhaith le Pól, bhí sé ina léachtóir[38] san ollscoil, i gcúrsaí gnó, ach ní sa chomhthéacs[39] sin a rinne sé a chuid airgid, ach ag ceannach stoc[40] ar an Idirlíon. Bhí sé eolach[41] agus cliste agus ciallmhar, agus bhí raidhse[42] mór airgid aige um an dtaca seo[43], agus é go léir infheistithe sa chaoi is nach raibh air mórán cánach a íoc. Bhí árasáin agus tithe aige fresin, anseo is ansiúd ar fud na hEorpa, agus cíos á bhailiú aige uathu.

Ní raibh gá[44] ar bith go mbeadh Lisín ag dul amach ag obair. Mar sin, d'fhan sí sa bhaile, ach bhí sí gnóthach, ina ball de mhórán eagraíochtaí[45] agus clubanna: clubanna a léigh leabhair, clubanna a rinne dea-obair ar son daoine bochta, clubanna a d'eagraigh[46] léachtaí ar stair áitiúil agus geolaíocht áitiúil, agus faoi conas do ghairdín a leagan amach ionas go mbeadh[47] sé níos deise ná gairdíní na gcomharsan nó do theach a mhaisiú ionas go mbeadh do chairde go léir ite le formad[48]. Murar leor sin[49], d'fhreastail sí ar ranganna teanga – Spáinnis, Rúisis, Sínis[50], Seapáinis. Bhí suim aici i scannáin agus i ndrámaí. Ní raibh sí riamh díomhaoin[51] agus ba bhean spéisiúil í, a d'fhéadfadh labhairt ar aon ábhar ar bith faoin ngrian.

Dáiríre[52].

---

[34] eadóchas = despondence/despair
[35] fairly
[36] jolly
[37] x-ray
[38] lecturer
[39] context
[40] stock
[41] knowledgeable
[42] plenty
[43] by this time
[44] need
[45] organisations
[46] organise
[47] so that
[48] éad = jealousy
[49] if that wasn't enough
[50] Chinese
[51] idle
[52] really/seriously

Gnáthleibhéal Spreagadh

Achoimre ar an Sliocht: Cuid a 1

- Is **sliocht**[1] é seo ón úrscéal *Hurlamaboc*. Tá an sliocht suite ar Ascaill na Fuinseoige i ndeisceart Bhaile Átha Cliath i rith **ré**[2] an Tíogair Cheiltigh.

- Bhí Lisín agus Pól Albright pósta le 20 bliain agus bhí Lisín **ag eagrú**[3] cóisire ina dteach chun an ócáid a cheiliúradh.

- Bhí beirt mhac acu, Cuán agus Ruán. Bhí Cuán trí bliana déag d'aois agus bhí Ruán ocht mbliana déag d'aois. Cheap Ruán go mbeadh an chóisir 'crap' ach dúirt sé le Lisín go mbeadh sé 'cool'. Bhí sé de nós ag Ruán aontú lena mham mar bhí sí an-**údarásach**[4].

- Bhí Lisín an-sásta léi féin mar cheap sí go mbeadh an chóisir '**caithréimeach**'[5]. Bhí sí ag iarraidh éad a chur ar **na comharsana**[6].

- Phós Lisín Pól nuair a bhí sé óg agus **anabaí**[7], gan airgead agus gan **uaillmhian**[8]. Ba léachtóir é Pól anois san ollscoil agus bhí Pól saibhir. Bhí a lán tithe aige ar fud na hEorpa agus bhí a lán airgid déanta aige ar an **stocmhargadh**[9].

- Bhí gach rud ullmhaithe ag Lisín don chóisir. Bhí na gloiní agus **fíon**[10] ordaithe aici sa siopa fíona. Bhí an reoiteoir lán le pióga, ispíní, **bradán**[11] agus arán lámhdhéanta. Bhí **reoiteoir**[12] eile **ar cíos**[13] aici chomh maith líonta le rudaí eile le hithe. Cheap Lisín go raibh sí níos fearr ná daoine eile mar thuig sí an **gá**[14] leis an dara reoiteoir ach ní thuigfeadh daoine eile an gá, **dar léi**[15].

- Bhí teach álainn, glan agus néata ag Lisín le bláthanna sna vásaí, péint nua ar na ballaí agus **snas**[16] ar na hurláir.

[1] excerpt
[2] era
[3] organising
[4] domineering
[5] triumphant
[6] the neighbours
[7] immature
[8] ambition
[9] stockmarket
[10] wine
[11] salmon
[12] freezer
[13] rented
[14] need
[15] according to her
[16] polish/a shine

CUID a 1

Scríobh na freagraí ar na ceisteanna seo a leanas **nó** iarrfar ar dhalta áirithe suí sa chathaoir the agus beidh air/uirthi an chéad cheist a fhreagairt ó bhéal. Nuair a bheidh an cheist freagartha aige/aici, is féidir leis/léi an chéad cheist eile a chur ar aon dalta eile is mian leis/léi.

1. Cá bhfuil an sliocht seo suite?
2. Cén ré atá i gceist sa sliocht seo?
3. Cé mhéad leanbh a bhí ag Lisín?
4. Ainmnigh an bheirt mhac.
5. Cén fáth a raibh Lisín ag eagrú cóisire?
6. Cén sórt duine ab ea é Pól nuair a phós Lisín é?
7. Conas a rinne Pól a chuid airgid?
8. Déan cur síos ar theach Lisín.
9. Cén saghas bia a bhí aici don chóisir?
10. Cén sloinne a bhí ar an gclann?

Mé Féin agus Mo Theaghlach **Aonad 1**

Achoimre ar an Sliocht: Cuid a 2

- Ba bhean tí iontach í Lisín agus bhí cuma álainn uirthi. Cheap an tUasal Mac Gabhann, duine de na comharsana, go raibh cuma óg ar Lisín.
- Bhí Lisín tanaí agus bhí gruaig fhionn uirthi ar nós na mban eile ar Ascaill na Fuinseoige seachas máthair Emma Ní Loingsigh. Ní raibh siad ábalta a thuiscint conas a fuair Eibhlín teach ar an mbóthar. Cheap na mná go léir ar an mbóthar go raibh Eibhlín **aisteach**[1]. Bhí gruaig dhorcha uirthi agus bhí gruaig fhionn ar na mná eile ar an mbóthar.
- Bhí na mná eile faiseanta, fionn, **galánta**[2] agus dathúil. Ní dheachaigh siad amach gan **smideadh**[3] **riamh**[4] agus chaith siad gúnaí oíche deasa nuair a bhí siad ag cur amach boscaí bruscair lena gcuid gruaige cíortha go néata acu sa chaoi go mbeadh a fhios ag na fir a bhailigh an bruscar gur daoine deasa iad.
- Bhí Lisín ní b'fhaiseanta agus ní ba néata ná na mná eile ar an mbóthar. Bhí sí **foirfe**[5].

[1]*strange*
[2]*posh*
[3]*make-up*
[4]*ever*
[5]*perfect*

CUID a 2

Scríobh na freagraí ar na ceisteanna seo a leanas **nó** iarrfar ar dhalta áirithe suí sa chathaoir the agus beidh air/uirthi an chéad cheist a fhreagairt ó bhéal. Nuair a bheidh an cheist freagartha aige/aici, is féidir leis/léi an chéad cheist eile a chur ar aon dalta eile is mian leis/léi.

1. Déan cur síos ar chuma Lisín.
2. Cad a cheap an tUasal Mac Gabhann faoi chuma Lisín?
3. Cén sórt cuma a bhí ar na mná eile ar an mbóthar?
4. Cén fáth a raibh Eibhlín Ní Loingsigh aisteach?
5. Cén fáth a raibh Lisín chun tosaigh ar na mná eile go léir ar an mbóthar?

Achoimre ar an Sliocht: Cuid a 3

- Bhí Ruán **an-cheanúil**[1] ar a mham ach uaireanta chuir sí **éadóchas**[2] air. Ní raibh a fhios aige cén fáth.
- Labhair Ruán leis an Uasal Mac Gabhann nuair a tháinig sé chuig an doras chun glacadh le cuireadh Lisín chuig an gcóisir. Bhí an tUasal Mac Gabhann cairdiúil agus **gealgháireach**[3] ach bhí súile **géara**[4] aige dar le Ruán. Bhí rud éigin faoin gcaoi ar stán sé ar dhaoine a **chuir isteach ar**[5] Ruán.
- Cé nár ghá do Lisín a bheith ag obair, ba bhall í de mhórán clubanna agus eagraíochtaí. Ba bhall í de chlub a bhailigh airgead do dhaoine bochta, clubanna leabhar, clubanna a d'eagraigh léachtaí ar stair áitiúil agus **geolaíocht**[6] agus litríocht áitiúil, clubanna a chuir comhairle ort faoi mbealach le do ghairdín agus do theach a eagrú sa chaoi go mbeadh do chomharsana ite le héad.
- Anuas air sin, d'fhreastail Lisín ar go leor ranganna teanga – Spáinnis, Rúisis, **Sínis**[7] agus Seapáinis. Bhí suim ag Lisín i scannáin agus drámaí chomh maith. Mar sin, bhí Lisín ábalta caint faoi ábhar ar bith agus ní raibh sí riamh **díomhaoin**[8].

[1]*very fond of*
[2]*despair*
[3]*jovial*
[4]*sharp*
[5]*to annoy*
[6]*geology*
[7]*Chinese*
[8]*idle*

33

Gnáthleibhéal **Spreagadh**

CUID a 3

Scríobh na freagraí ar na ceisteanna seo a leanas *nó* iarrfar ar dhalta áirithe suí sa chathaoir the agus beidh air/uirthi an chéad cheist a fhreagairt ó bhéal. Nuair a bheidh an cheist freagartha aige/aici, is féidir leis/léi an chéad cheist eile a chur ar aon dalta eile is mian leis/léi.

1. Conas a mhothaigh Ruán i dtaobh a mháthar?
2. Conas a rinne Pól a chuid airgid?
3. Bhí Lisín ina ball de roinnt clubanna. Cén saghas clubanna?
4. Cé na teangacha a bhí ar eolas aici?
5. Cén saghas rudaí a raibh suim aici iontu?

Hurlamboc *le hÉilís Ní Dhuibhne*

Achoimre ar an Scéal i bhFoirm Pictiúr

Mé Féin agus Mo Theaghlach

Anois, scríobh d'achoimre féin bunaithe ar na pictiúir thuas.

Obair Ealaíne

Ullmhaigh achoimre ar an scéal i bhfoirm pictiúr agus siombailí. Is féidir leat úsáid a bhaint as figiúirí agus roinnt eochairfhocal anseo is ansiúd más mian leat.

Ceisteanna Scrúdaithe

1. 'Fiche bliain ó shin a pósadh Lisín agus Pól. Bheadh an ócáid iontach á céiliúradh acu faoi cheann seachtaine. Bhí an teaghlach ar fad ag tnúth leis.'

   Déan cur síos ar shaol Lisín ón uair a phós sí Pól agus ar na hullmhúcháin a bhí déanta aici don chéiliúradh (don chóisir). (25 marc)

2. Scríobh achoimre ar na heachtraí is tábhachtaí sa ghiota as an úrscéal *Hurlamaboc*. Luaigh na pointí seo:
   (i) Cén fáth a mbeidh cóisir mhór ar siúl i dteach Albright?
   (ii) Déan cur síos ar Phól, fear céile Lisín.
   (iii) Conas a réitíonn Ruán, an mac is sine, lena mháthair, Lisín?
   (iv) Cad iad na hullmhúcháin a dhéanann Lisín don chóisir?
   (v) Conas a chaitheann Lisín a cuid ama de ghnáth? (25 marc)

Gnáthleibhéal Spreagadh

Tréithe na gCarachtar

Lisín

[1] *arrogant*
[2] *perfect*

[3] *posh*

- Bhí Lisín an-sásta léi féin. Bhí Lisín **ardnósach**[1]. Cheap sí go raibh sí **foirfe**[2]. Ba bhean tí iontach í. Cheap sí go raibh sí ní b'fhearr ná daoine eile. Bhí airgead, a cuma fhisiciúil, a teach agus a híomhá an-tábhachtach di. Bhí teach mór, **galánta**[3] agus gairdín álainn aici. Bhí Lisín fionn, tanaí agus faiseanta. Bhí cuma óg uirthi. Chónaigh sí ar bhóthar galánta, Ascaill na Fuinseoige.

[4] *to celebrate*

- Bhí Lisín ag iarraidh cóisir mhór a eagrú chun a pósadh le Pól **a cheiliúradh**[4]! Bhí Lisín an-sásta a teach mór, galánta, a gairdín mór, a fear céile saibhir agus a mic dhathúla, chliste a thaispeáint do gach duine.

[5] *domineering*
[6] *to mould*
[7] *habit/custom*
[8] *to agree with*
[9] *clever*
[10] *busy*
[11] *Chinese*
[12] *Japanese*

- Ba bhean **údarásach**[5] í. **Mhúnlaigh**[6] sí Pól ó fhear óg, aineolach, bocht go fear léannta, saibhir. Bhí beirt mhac ag Lisín, Ruán agus Cuán. Dúirt Ruán go raibh sé de **nós**[7] ag daoine **aontú le**[8] Lisín.

- Bhí Lisín **cliste**[9] agus **gnóthach**[10] an t-am ar fad. Bhí sí ina ball de chlubanna leabhar, clubanna scannán agus mar sin de. D'fhreastail sí ar rang Spáinnise, rang **Sínise**[11], rang **Seapáinise**[12] agus rang Rúisise. Bhí sí ag iarraidh a bheith in ann labhairt faoi ábhar ar bith ag cóisirí.

Achoimre ar Thréithe Lisín
- Ba dhuine ardnósach í Lisín.
- Bhí Lisín an-sásta léi féin.
- Ba dhuine údarásach í.
- Ba dhuine álainn, néata, faiseanta í.
- Ba bhean tí iontach í.
- Ba dhuine cliste, gnóthach í.

Cleachtaí Scríofa

1. Ar thaitin Lisín leat sa sliocht seo? Tabhair dhá fháth le do fhreagra.
2. Cén sórt duine í Lisín?
3. Cén fáth a raibh Lisín chomh sásta sin léi féin sa sliocht seo?
4. Déan cur síos ar an gcuma a bhí ar Lisín.
5. Cen fáth a raibh Lisín gnóthach?

Mé Féin agus Mo Theaghlach

Pól Albright

- Bhí Pól Albright **pósta**[1] le Lisín. Bhí beirt mhac aige le Lisín – Cuán agus Ruán.
- B'fhear **saibhir**[2], **léannta**[3] é. Bhí airgead an-tábhachtach dó. Ba léachtóir gnó é.
- Bhí Pól **cliste**[4] agus bhí a lán airgid déanta aige. Ba léachtóir gnó é ach rinne sé a chuid airgid tríd an **stocmhargadh**[5]. Cheannaigh sé tithe san Eoraip. Bhí a lán airgid aige ón gcíos a bhailigh sé ó na tithe sin.
- Ba dhuine **géilliúil**[6] é. Le 'cabhair' Lisín, d'fhás sé ó fhear óg, **amaideach**[7] a d'oibrigh i siopa go **fear saibhir**[8], léannta.
- Bhí Pól **múnlaithe**[9] ag Lisín.

[1] married to
[2] rich
[3] learned/educated
[4] clever
[5] stockmarket
[6] submissive
[7] foolish
[8] rich man
[9] moulded

Achoimre ar Thréithe Phóil

- Bhí Pól Albright pósta le Lisín.
- B'fhear saibhir, léannta é.
- Ba léachtóir gnó é.
- Rinne sé a lán airgid ar an stocmhargadh.
- Bhí airgead an-tábhachtach dó.
- Bhí árasáin agus tithe aige san Eoraip. Bhailigh sé an cíos ó na tithe sin.
- Ba dhuine géilliúil é. Bhí sé múnlaithe ag Lisín.

Cleachtaí Scríofa

1. Cén sórt duine ab ea é Pól?
2. Ar thaitin Pól leat mar charachtar? Tabhair dhá fháth le do fhreagra.
3. Conas a rinne Pól a chuid airgid?
4. Déan cur síos ar an ngaol a bhí idir Lisín agus a fear céile Pól.

NA MIONCHARACHTAIR

Ruán/An **Reacaire**[1]

- Insítear an scéal trí shúile Ruáin. Bhí Ruán ocht mbliana déag d'aois agus ba mhac Lisín é.
- Chuir a mháthair **éadóchas**[2] air. Ní raibh a fhios aige cén fáth mar fuair sé moladh óna mham.
- Bhí sé de nós aige **aontú lena**[3] mham. Ba dhuine **géilliúil**[4] é sa tslí sin.
- Cheap sé go mbeadh cóisir Lisín crap ach dúirt sé léi go mbeadh an chóisir *cool*. Is dócha go raibh Lisín an-**údarásach**[5]. B'fhéidir go raibh eagla air roimh a mham.
- Chuir an tUasal Mac Gabhann míshuaimhneas air – bhí súile géara ag an Uasal Mac Gabhann dar le Ruán. Ba dhuine **géarchúiseach**[6] é Ruán.

[1] narrator
[2] despair
[3] to agree with
[4] submissive
[5] authoritative
[6] perceptive

Gnáthleibhéal Spreagadh

Cleachtaí Scríofa

1. Déan cur síos ar an gcaidreamh a bhí idir Ruán agus a mham Lisín.
2. Déan cur síos ar charachtar Ruáin.

> **Achoimre ar Thréithe Ruáin**
> - Ba é reacaire an scéil é.
> - Ba mhac Lisín é Ruán.
> - Bhí sé ocht mbliana déag d'aois.
> - Chuir a mham éadóchas air. Ní raibh a fhios aige cén fáth.
> - Ba dhuine géilliúil é.
> - Ba dhuine géarchúiseach é. Thug sé faoi deara go raibh súile géara ag an Uasal Mac Gabhann.

Cuán
- Bhí Cuán trí bliana déag d'aois agus ba mhac Lisín é. D'aontaigh sé le gach rud a dúirt Lisín ar nós gach duine eile timpeall uirthi! Dúirt sé go mbeadh an-lá acu ag cóisir Lisín.

An tUasal Mac Gabhann
- Ba chomharsa le Lisín é an tUasal Mac Gabhann. Tháinig sé chuig an teach chun glacadh le cuireadh Lisín chuig an gcóisir.
- Bhí sé **cairdiúil agus gealgháireach**[1] nuair a bhí sé ag caint le Ruán.
- Níor thaitin sé le Ruán mar stán sé ar dhaoine agus bhí **súile géara** aige. Ní raibh Ruán ar a shuaimhneas nuair a bhí sé ag caint leis mar bhraith sé go raibh súile an fhir ag déanamh x-ghathú ar a smaointe agus ar a chroí.
- Bhí an-mheas aige ar Lisín mar bhí cuma álainn, óg uirthi. Bhí íomhá an duine an-tábhachtach dó.

[1] cheerful

Cleachtaí Scríofa

1. Déan plé gairid ar bheirt de na carachtair seo a leanas sa sliocht:
   Lisín Albright, Pól Albright, Ruán Albright, an tUasal Mac Gabhann.
2. Déan cur síos ar charachtar a thaitin leat sa sliocht. Tabhair dhá fháth le do fhreagra.
3. Déan cur síos ar charachtar nár thaitin leat sa sliocht. Tabhair dhá fháth le do fhreagra.
4. Scríobh nóta faoin gcaidreamh idir Lisín agus a fear céile Pól.

Mé Féin agus Mo Theaghlach — Aonad 1

Cleachtaí Labhartha: Dráma

1. Cum trí cheist ba mhaith leat a chur ar Lisín. Is féidir le dalta eile ról Lisín a ghlacadh agus na ceisteanna a fhreagairt.

   Sampla

   Cén fáth a bhfuil tú gafa le hairgead? Cén fáth a bhfuil cuma an duine chomh tábhachtach sin duit?

2. Cumfaidh na daltaí trí cheist ba mhaith leo a chur ar Ruán. Ligfidh dalta amháin air/uirthi gurb é/í Ruán agus freagróidh sé/sí na ceisteanna.

Freagra Samplach a 1

Cad é príomh-mhothúchán an scéil? Tabhair dhá fháth le do fhreagra?

Is í Lisín an príomhcharachtar sa sliocht[1] seo. Is é an príomh-mhothúchán a bhaineann le Lisín ná bród[2]. Tá Lisín an-sásta léi féin agus an-bhródúil aisti féin agus as a clann.

- Tá sí bródúil[3] as a fear céile saibhir[4], rathúil[5]. Tá sí ag iarraidh a teach galánta agus gairdín mór, álainn a thaispeáint do na comharsana ag an gcóisir mhór a bheidh aici.

- Tá Lisín bródúil as a mic mar tá siad cliste agus dathúil. Cuireann rudaí ar nós chuma[6] an duine agus saibhreas[7] bród ar Lisín. Ceapann sí go bhfuil sí níos fearr ná daoine eile.

Is é an príomh-mhothúchán sa sliocht ná bród gan aon agó[8].

[1] excerpt
[2] pride
[3] proud of
[4] rich
[5] successful
[6] appearance
[7] wealth
[8] without a doubt

Cleachtadh Scríofa

Cad é an príomh-mhothúchán atá sa sliocht seo? Scríobh cuntas gairid faoi.

Gnáthleibhéal Spreagadh

Cúinne na Litearthachta

Scríobh amach na nathanna cainte/focail atá aibhsithe le dath bándearg sa fhreagra samplach thíos. Ansin, scríobh isteach an leagan Béarla díobh. Faoi dheireadh, clúdaigh an Ghaeilge ar chlé le do lámh agus déan iarracht na nathanna a litriú leat féin.

As Gaeilge	As Béarla	As Gaeilge Arís!
1. Sampla ardnós	arrogance	ardnós
2.		
3.		
4.		
5.		
6.		

Freagra Samplach a 2

Cad é téama an tsleachta seo ón úrscéal *Hurlamaboc*?

Is é téama an tsleachta seo ná ardnós.

Sa sliocht seo ó *Hurlamaboc*, feicimid pictiúr den sórt saoil a bhí ag daoine saibhre i rith ré an Tíogair Cheiltigh i mBaile Átha Cliath. Dar leis an údar, bhí mórán daoine i gceantair shaibhre ar nós Ascaill na Fuinseoige ardnósach – gafa le hairgead agus le híomhá an duine.

Is í Lisín an príomhcharachtar sa sliocht seo. Cónaíonn sí i dteach galánta le gairdín mór ar bhóthar galánta. Tá Lisín agus a fear céile Pól gafa le hairgead agus cuma an duine cosúil lena gcomharsana. Tá Pól saibhir agus léannta. Tá a lán airgid aige agus tá a lán tithe aige ar fud na hEorpa. Tá Lisín an-ardnósach. Ceapann sí go bhfuil sí foirfe. Is bean tí fhoirfe í. Tá cuma fhoirfe, óg, álainn uirthi cosúil lena comharsana. Tá sí 'níos néata' agus 'níos faiseanta' ná gach bean eile ar an mbóthar. Tá sí ag eagrú cóisire chun a saol foirfe a thaispeáint do gach duine. Téann sí go clubanna ina múintear conas 'do theach a mhaisiú ionas go mbeidh do chairde go léir ite le formad'!

Tá Lisín agus a comharsana ardnósach agus éadomhain!

Mé Féin agus Mo Theaghlach

Cleachtadh Scríofa

Meaitseáil na litreacha leis na huimhreacha sa ghreille thíos chun abairtí iomlána a chur le chéile.

A	Tá Lisín ardnósach	1	mar bhí sí údarásach.
B	Chuir Lisín éadóchas ar Ruán	2	ardnósach. Ceapann siad go bhfuil Eibhlín Ní Loingsigh ait mar tá gruaig dhorcha uirthi.
C	Tá Lisín éadomhain	3	mar tá sí gafa le hairgead agus a cuma fhisiciúil.
D	Rinne Pól a chuid airgid	4	go mbeidh an chóisir 'crap'.
E	Tá na comharsana ar Ascaill na Fuinseoige go léir gafa le hairgead agus cuma an duine mar	5	mar ceapann sí go bhfuil sí níos fearr ná daoine eile.
F	Ceapann Lisín go bhfuil sí foirfe mar	6	a mhúineann conas do ghairdín a leagan amach chun éad a chur ar do chomharsana.
G	Tá sí ag iarraidh a saol foirfe	7	ar an stocmhargadh agus bhailigh sé cíos ó thithe ar fud na hEorpa.
H	Tá Lisín ag freastal ar ranganna	8	tá cuma fhoirfe uirthi, is bean tí fhoirfe í agus ceapann sí go bhfuil saol foirfe aici.
I	Ceapann Ruán	9	tá tithe móra acu go léir agus tá na mná go léir ar an mbóthar fionn, tanaí agus faiseanta seachas Eibhlín Ní Loingsigh. Tá eagla ar na mná dul amach gan smideadh orthu.
J	Tá Lisín agus a comharsana	10	a thaispeáint do na comharsana ag an gcóisir.

A	B	C	D	E	F	G	H	I	J
5									

Obair Ghrúpa

Sula léann sibh na freagraí samplacha thíos, pléigh tuairimí an ranga. Glac cúpla nóiméad chun na rudaí a thaitin leat agus nár thaitin leat faoin sliocht a scríobh síos.

Mata Boird

Bain úsáid as leathanach A3 roinnte i gceithre chearnóg cosúil leis an mata boird thíos. Bain úsáid as na ceisteanna/pointí thíos más mian libh.

1. An Plota[1]	2. Na Carachtair
Conas mar a bhí an plota? An raibh an plota corraitheach[2] agus suimiúil[3]? Nó an raibh sé leadránach[4]? Ar tharla mórán eachtraí/aici?	Ar thaitin na carachtair leat? Ar thaitin Lisín/Pól/Ruán leat? An raibh tú in ann ionannú le[5] haon charachtar?
3. An Friotal[6]	**4. Greann[7]**
Ar thaitin na téarmaí a d'úsáid an t-údar leat ar nós 'cool' agus 'crap'? An mbaineann tú úsáid as na téarmaí sin mar dhuine óg?	Ar cheap tú go raibh an sliocht[8] greannmhar? Cá raibh an greann le feiceáil sa sliocht, dar leat?

[1] the plot
[2] exciting
[3] interesting
[4] boring
[5] identify with
[6] the language
[7] humour
[8] excerpt

41

Gnáthleibhéal Spreagadh

Freagra Samplach a 3a

Ar thaitin an sliocht seo leat? Tabhair dhá fháth ar thaitin/nár thaitin an sliocht leat.

[1] irony
[2] ironic
[3] the author
[4] the organisations
[5] seriously/really
[6] tone
[7] sarcastic
[8] clone
[9] strange
[10] exaggeration
[11] the same age as me
[12] shallow
[13] arrogant
[14] despair
[15] in my opinion
[16] identify with

Thaitin an sliocht seo go mór liom.

1. Cheap mé go raibh sé an-ghreannmhar. (a) Tá íoróin[1] sa scéal. Albright is sloinne do Lisín agus dá clann. Tá sé sin an-íorónta[2]! (b) Tugann an t-údar[3] liosta fada dúinn de na rudaí a dhéanann Lisín - na clubanna ina bhfuil sí, na heagraíochtaí[4] agus mar sin de. Tar éis an liosta fhada sin, scríobhann sí an focal 'Dáiríre[5]'. Tá ton[6] an údair íorónta agus searbhasach[7] anseo! c) Tá na mná go léir ar Ascaill na Fuinseoige ar nós clón[8] - Lisín ina measc. Tá siad go léir fionn, tanaí agus faiseanta. Ceapann siad go bhfuil Eibhlín Ní Loingsigh aisteach[9] mar tá gruaig dhorcha uirthi! Tá sé sin an-ghreannmhar. Feicimid áibhéil[10] sa chur síos sin.

2. Is maith liom an carachtar Ruán. Is déagóir ar comhaois liom[11] é. Ceapann sé go mbeidh cóisir Lisín 'crap' agus tá an ceart aige! Tá grá aige dá Mham ach feiceann sé go bhfuil a mham agus a chomharsana éadomhain[12] agus ardnósach[13]. Sin an fáth a gcuireann a mham éadóchas[14] air, dar liom[15]! Is féidir liom ionannú le[16] carachtar Ruáin.

Cleachtadh Scríofa

Líon na bearnaí sna habairtí thíos bunaithe ar an bhfreagra samplach thuas.

1. Tá ton an údair _____ agus _____ sa sliocht seo ón leabhar *Hurlamaboc*.
2. Tugann an t-údar liosta fada de na _____ agus _____ ina bhfuil Lisín. Ansin scríobhann sí an focal _____.
3. Tá an focal sin an-_____.
4. Tá na mná go léir ar Ascaill na _____ ar nós _____.
5. Bíonn eagla orthu dul amach gan _____.
6. Tá siad go léir _____, _____ agus _____.
7. Is sampla é sin d'_____.
8. Is _____ é Ruán atá ar comhaois _____.
9. Tá a fhios ag Ruán go bhfuil a mham agus a comharsana _____ agus _____.
10. Sin an fáth a gcuireann a mham _____ air, dar liom.

liom	áibhéil	íorónta	dáiríre	clubanna	éadomhain
ardnósach	ranganna	clón	searbhasach	íorónta	éadóchas
fionn	faiseanta	tanaí	smideadh	déagóir	Fuinseoige

42

Mé Féin agus Mo Theaghlach

Freagra Samplach a 3b

Ar thaitin an sliocht seo leat? Tabhair dhá fháth ar thaitin/nár thaitin an sliocht leat.

[1]shallow

[2]perfect

[3]to disagree with her

[4]boring
[5]arrogant
[6]the end of the excerpt

Níor thaitin an sliocht seo liom ar chor ar bith. Tá dhá chúis leis sin.

- Níor thaitin an príomhcharachtar Lisín liom.
- Bhí sí ardnósach agus éadomhain[1]. Cheap sí go raibh sí foirfe mar bhí sí pósta le fear saibhir, ba bhean tí iontach í agus bhí cuma óg, álainn uirthi. Cheap sí go raibh saol foirfe[2] aici mar bhí a beirt mhac cliste agus dathúil agus bhí teach mór galánta aici. Cheap sí go raibh sí ní b'fhearr ná gach duine eile mar bhí sí fionn, faiseanta, saibhir agus go hálainn. Ba dhuine an-éadomhain í.

Bhí eagla ar dhaoine roimpi agus níor thuig Lisín é sin. Bhí eagla ar Ruán easaontú léi[3]. Dúirt sé go raibh eagla ar gach duine easaontú léi. Ní raibh Ruán sásta agus níor thuig sí é sin. Chuir sí éadóchas ar a mac.

- Níor tharla mórán aicsin sa sliocht seo. Ní raibh ach príomhcharachtar amháin ann agus mar sin, cheap mé go raibh an plota leadránach.[4] Bhí mé bréan de (fed up) Lisín agus a comharsana ardnósacha[5] roimh dheireadh an tsleachta[6]. Níor tharla aon eachtra mhór chorraitheach sa sliocht.

Cleachtadh Scríofa

Ar thaitin an sliocht seo as an úrscéal **Hurlamaboc** leat? Tabhair dhá fháth le do fhreagra.

Féinmheasúnú

Cé chomh sásta is atá tú anois go mbeidh tú in ann achoimre, téama agus carachtair an scéil thuas a phlé gan saothar gan stró? Cuir tic sa bhosca cuí.

Míshásta	Measartha sásta	An-sásta

43

Gnáthleibhéal **Spreagadh**

Céim a 6b: Filíocht Ainmnithe

Sa chéim seo, foghlaimeoidh tú:
- na heochairfhocail a bhaineann leis an dán
- conas an dán a thuiscint
- conas téamaí agus mothúcháin an dáin a phlé
- conas anailís a dhéanamh ar íomhánna agus teicnící fileata an dáin
- conas do thuairimí a chur in iúl.

Colscaradh
le Pádraig Mac Suibhne

[1] he wanted	Shantaigh sé[1] bean
[2] in the nest of his race	I nead a chine[2]
[3] relief, affection	Faoiseamh is gean[3]
[4] by the fireside	Ar leac a thine[4].
[5] happiness	Aiteas[5] is greann
[6] raising a family	I dtógáil clainne[6].

Shantaigh sí fear
Is taobh den bhríste
[7] shelter, love — Dídean is searc[7]
Is leath den chíste.
Saoire thar lear
[8] respect — Is meas[8] na mílte.

[9] they arrived at a solution — Thángthas ar réiteach[9].
[10] they separated — Scaradar[10].

Leagan Próis

Theastaigh bean chéile uaidh[1]
a bheadh sásta cónaí
leis i measc a mhuintire[2]
Theastaigh sos[3] is grá uaidh cois tine
Theastaigh áthas agus sult[4] uaidh
Agus iad ag tógáil a bpáistí[5].

Theastaigh fear céile go géar uaithi
is leath na cumhachta[6]
Foscadh[7] agus grá
is leath den airgead
Theastaigh uaithi dul ar saoire thar sáile
Agus theastaigh stádas sa tsochaí[8] uaithi.

Réitigh[9] siad an fhadhb.
Scar siad.

[1] he wanted
[2] among his own people
[3] a break
[4] fun/humour
[5] raising his family
[6] half the power/authority
[7] shelter
[8] status in society
[9] solve

Mé Féin agus Mo Theaghlach

An File
- Rugadh Pádraig Mac Suibhne in Ard an Rátha i gCo. Dhún na nGall sa bhliain 1942 agus tá sé fós ina chónaí sa cheantar sin.
- Bhain sé céim amach sa Ghaeilge agus sa stair.
- Ba mhúinteoir meánscoile é agus ba phríomhoide é chomh maith.
- Tá filíocht agus roinnt gearrscéalta scríofa aige.
- Tá suim aige sa drámaíocht agus san aisteoireacht freisin.

Nóta Gramadaí

an pósadh	deireadh an phósta
an fear	mianta an fhir
an bhean	luachanna na mná
an dán	téama an dáin

Cleachtaí Scríofa

1. Cé a scríobh an dán seo?
2. Scríobh cúpla pointe eolais faoin bhfile.
3. Cad é teideal an dáin?
4. Cad a chiallaíonn an focal 'colscaradh'?
5. Cén fáth ar phós an fear agus an bhean?
6. Cad a theastaigh ón bhfear sa phósadh?
7. Cad a theastaigh ón mbean sa phósadh?
8. Cad a tharla ag deireadh an dáin?

Gnáthleibhéal Spreagadh

Nóta Gramadaí

Nathanna tábhachtacha chun cur síos a dhéanamh ar an dán:

Ba mhaith leis/léi _____. Ba mhian leis/léi _____. Theastaigh _____ uaidh/uaithi.

Ba mhaith/mhian liom grá.	I wanted love.	Theastaigh bean uaim.	I wanted a wife.
Ba mhaith leat grá.	You wanted love.	Theastaigh bean uait.	You wanted a wife.
Ba mhaith leis grá.	He wanted love.	Theastaigh fear/bean uaidh.	He wanted a husband/wife.
Ba mhaith léi grá.	She wanted love.	Theastaigh fear/bean uaithi.	She wanted a husband/wife.
Ba mhaith linn grá.	We wanted love.	Theastaigh bean uainn.	We wanted a wife.
Ba mhaith libh grá.	You (plural) wanted love.	Theastaigh bean uaibh.	You (plural) wanted a wife.
Ba mhaith leo grá.	They wanted love.	Theastaigh bean uathu.	They wanted a wife.
Ba mhaith le Pól grá.	Pól wanted love.	Theastaigh bean ó Phól.	Pól wanted a wife.
Ba mhaith leis an bhfear grá.	The man wanted love.	Theastaigh bean ón bhfear.	The man wanted a wife.

Scéal an Dáin

Obair Beirte

Féachaigí ar an dán líne ar líne. Meaitseálaigí na litreacha agus na huimhreacha sa ghreille thíos chun abairtí iomlána a dhéanamh agus beidh scéal an dáin agaibh. Ansin, scríobh amach scéal an dáin i bhur gcóipleabhar féin.

A	Ba mhaith leis an bhfear sa dán	1	sásta le chéile.
B	Theastaigh uaidh socrú síos	2	uaidh.
C	Theastaigh grá	3	agus grá.
D	Ba mhaith leis an bhfear a bheith	4	sa phobal uaithi.
E	Theastaigh áthas agus spraoi uaidh	5	bean chéile.
F	Ba mhaith leis an mbean	6	fear céile a phósadh.

Mé Féin agus Mo Theaghlach

G	Theastaigh leath den chumhacht	7	i measc a mhuintire.
H	Ba mhaith léi dídean	8	uaithi.
I	Ba mhian léi	9	leath den airgead.
J	Theastaigh laethanta saoire	10	lena bhean ag tógáil a leanaí sa bhaile.
K	Theastaigh stádas	11	thar lear uaithi.
L	Ní raibh an fear agus an bhean	12	sa bhaile cois tine lena chlann agus lena bhean.
M	Bhí mianta agus luachanna	13	scar siad.
N	Ní raibh an fear agus an bhean	14	brónach é seo.
O	Ar deireadh,	15	ag réiteach lena chéile.
P	Is dán	16	difriúla ag an bhfear agus ag an mbean.

A	B	C	D	E	F	G	H	I	J	K	L	M	N	O	P
5															

Téama an Dáin

Freagra Samplach a 1

Cad é téama an dáin 'Colscaradh', i do thuairim? Déan plé gairid air.

Sula léann sibh an freagra samplach thíos, déanaigí plé ar théama an dáin 'Colscaradh'. Cad é téama an dáin, dar libh? Cad iad na heochairfhocail[1] a ritheann libh? Bíonn roinnt téamaí difriúla i ndánta – **is** ionann[2] mothúcháin agus téama uaireanta.

[1] the keywords
[2] is equal to

Is é an pósadh[3] téama an dáin seo. Theastaigh grá ón bhfear agus ón mbean sa dán seo. Faraor[4] bhí dearcadh difriúil acu ar an saol agus ar a ról sa phósadh. Bhí mianta[5] difriúla acu agus scar siad ag deireadh an dáin.

Theastaigh grá ón bhfear. Ba mhaith leis cónaí cóngarach dá[6] mhuintir. Ba mhaith leis a bheith sa bhaile cois tine lena bhean agus lena pháistí; 'Shantaigh sé bean... ar leac a thine'. Theastaigh bean uaidh a bheadh sa bhaile ag tógáil na bpáistí. Bhí mianta traidisiúnta aige.

Theastaigh grá ón mbean freisin ach bhí mianta difriúla aici. Theastaigh cumhacht[7] uaithi ('taobh den bhríste') agus a hairgead féin ('leath den chíste'). Ba mhaith léi laethanta saoire a chaitheamh thar lear. Theastaigh stádas ard i measc an phobail uaithi ('meas na mílte'). Bhí mianta nua-aimseartha[8] aici - theastaigh saol nua-aimseartha, neamhspleách[9] uaithi. Luann an file íomhá ghruama[10] den phósadh sa dán seo mar scar an fear agus an bhean.

[3] marriage
[4] unfortunately
[5] desires
[6] close to
[7] power
[8] modern
[9] independent
[10] sad/gloomy

Gnáthleibhéal Spreagadh

Cleachtadh Scríofa

Scríobh alt ar théama an dáin 'Colscaradh'.

Na Mothúcháin sa Dán

Grá

Is léir go raibh an fear agus an bhean **ag iarraidh grá sa dán seo**. Bhí an bheirt acu ag iarraidh **a bheith pósta** agus ag iarraidh **an ghrá a bhaineann le pósadh**. **Faraor**[1], bhí an bheirt acu **ag tnúth le**[2] rudaí difriúla ón g**caidreamh**[3]. Shantaigh an fear grá agus saol **teolaí**[4], traidisiúnta lena chlann sa bhaile. Shantaigh an bhean grá, **cumhacht**[5], airgead agus **údarás**[6]. Bhí an íomhá a bhí ag an mbeirt den ghrá agus den phósadh **an-difriúil**. Ba í an **difríocht** sin a **chruthaigh na fadhbanna** sa phósadh agus sa chaidreamh. Ar deireadh, **theip ar**[7] an ngrá agus ar an bpósadh. Ní raibh a **mianta**[8] **pléite**[9] i gceart acu roimh an bpósadh agus **ní raibh siad ábalta** teacht ar **chomhréiteach**[10].

[1] unfortunately
[2] expecting
[3] relationship
[4] cosy
[5] power
[6] authority
[7] failed
[8] desires
[9] discussed
[10] compromise

Cleachtaí Scríofa

1. Cén fáth ar theastaigh ón bhfear agus ón mbean a bheith pósta?
2. Cad a shantaigh an fear ón bpósadh?
3. Cad a shantaigh an bhean ón bpósadh?
4. Cén fáth ar theip ar an bpósadh ar deireadh?

Cleachtadh Cainte

Cuir ceist ar na daltaí faoi na mothúcháin a spreagann an dán iontu. Cé acu atá báúil le mianta an fhir? Cé acu atá báúil le mianta na mná? An dóigh leo go raibh an ceart ag an lánúin scaradh óna chéile?

Freagra Samplach

Cé na mothúcháin a spreagann an dán ionat?

Spreag[1]ann an dán 'Colscaradh' brón ionam. Ní léiríonn an file conas a **mhothaigh**[2] an fear agus an bhean nuair a theip ar a bpósadh ach is dócha go raibh brón orthu. Spreagann an dán trua agus brón sa léitheoir. Theastaigh grá ón mbeirt acu ach theip ar an ngrá a bhí eatarthu sa deireadh. Beidh níos mó trua ag roinnt daoine don fhear má tá dearcadh traidisiúnta acu féin ar an saol. Beidh daoine eile **ag ionannú leis**[3] an mbean má tá **dearcadh**[4] **nua-aimseartha**[5] acu ar an bpósadh agus ar ról na mban i gcaidrimh. **Maidir liomsa**[6], tá **trua**[7] agam don bheirt acu mar bíonn sé brónach i gcónaí nuair a thagann deireadh le pósadh.

[1] inspire/prompt
[2] feel
[3] identify with
[4] outlook
[5] modern
[6] in relation to me
[7] pity

Mé Féin agus Mo Theaghlach

Mianta an Fhir: Na Rudaí a Theastaigh Uaidh ón bPósadh

- Saol teolaí, tíriúil sa bhaile cois tine
- A bhean chéile a bheith sa bhaile ag tógáil na leanaí
- Ról traidisiúnta sa phósadh
- Grá agus sult

Mianta na Mná: Na Rudaí a Theastaigh Uaithi ón bPósadh

- Fear céile, grá agus dídean
- Leath den údarás, neamhspleáchas
- Leath den airgead
- Laethanta saoire thar lear
- Stádas sa tsochaí

Teicnící Fileata

Codarsnacht

Tá codarsnacht ghéar idir mianta an fhir i véarsa a 1 agus mianta na mná i véarsa a 2. Tá codarsnacht idir an dearcadh traidisiúnta a bhí ag an bhfear ar an bpósadh agus an dearcadh nua-aimseartha a bhí ag an mbean ar an bpósadh. Úsáideann an file íomhánna teolaí, tíriúla chun cur síos a dhéanamh ar mhianta an fhir i véarsa a 1. Úsáideann an file íomhánna a bhaineann le húdarás, airgead agus stádas sa tsochaí chun cur síos a dhéanamh ar mhianta na mná i véarsa a 2.

Íomhánna agus Meafair/Siombailí

Véarsa a 1

Léiríonn na híomhánna agus na meafair dearcadh an fhir ar an bpósadh sa chéad véarsa. Is léir gur 'shantaigh sé bean' ach bhí sé ag tnúth le bean a bheadh sásta socrú síos 'i nead a chine'.

'I nead a chine'

Leis an meafar sin, tuigimid gur theastaigh ón bhfear socrú síos i measc a mhuintire féin.

'Ar leac a thine'

Leis an meafar 'ar leac a thine', tuigimid go raibh saol traidisiúnta ag teastáil ón bhfear lena bhean chéile sa bhaile cois tine agus a leanaí mórthimpeall orthu. Úsáideann an file íomhánna tíriúla[1], teolaí[2] chun mianta[3] an fhir dá shaol agus dá phósadh a léiriú.

[1] homely
[2] cosy
[3] desires

Véarsa a 2

I véarsa a 2, léiríonn an file mianta na mná agus a dearcadh nua-aimseartha ar an bpósadh. Luann an file íomhánna a bhaineann le cumhacht, údarás, airgead agus stádas sa tsochaí. Is léir gur shantaigh sí fear céile agus bhí sí ag lorg grá ó fhear agus dídean. Ba mhaith leis an mbean pósadh nua-aimseartha.

Gnáthleibhéal **Spreagadh**

'Taobh den bhríste'

Leis an meafar 'taobh den bhríste', tugann an file le fios go raibh an bhean ag iarraidh leath den chumhacht agus den údarás.

'Leath den chíste'

Chomh maith leis sin, bhí sí ag lorg 'leath den chíste'. Tugann an meafar sin le fios go raibh an bhean ag iarraidh leath den airgead nó a cuid airgid sa phósadh.

'Meas na mílte'

Deir an file go raibh an bhean ag lorg 'meas na mílte'. Tuigimid ón meafar sin go raibh an bhean ag iarraidh stádais sa tsochaí agus meas ó dhaoine eile lasmuigh den teaghlach. I gcodarsnacht leis sin, bhí mianta a fir dírithe ar an teaghlach amháin agus saol sona, teolaí sa bhaile.

Cleachtaí Scríofa

1. Líon na bearnaí leis na focail ag an mbun. Cabhróidh na habairtí sin libh Ceist a 2 agus a 3 thíos a fhreagairt.

    (a) Ba dhuine _traidisiúnta_ é an fear.

    (b) Ba mhaith leis _____ _____ agus a bheith pósta.

    (c) Theastaigh _____ socrú síos i measc a _____.

    (d) Ba mhaith _leis_ bean chéile a bheadh sásta sa bhaile ag tógáil _na bpáistí_.

    (e) Úsáideann an file íomhánna _teolaí_, _tíriúla_ chun cur síos a dhéanamh ar mhianta an _____.

    (f) Ba dhuine _nua-aimseartha_ an bhean.

    (g) Theastaigh leath den _údarás_ uaithi.

    (h) Ba mhaith léi saoire a chaitheamh _thar lear_.

    (i) Ba mhian _____ stádas i measc an phobail.

    (j) Ní raibh siad in ann _réiteach_ le chéile. Ar deireadh, _scar_ an bheirt.

    | réiteach (solution) | na bpáistí (the children) | nua-aimseartha (modern) | fhir (men) | bean chéile (wife) |
    | léi (her) | údarás (authority) | tíriúla (homely) | teolaí (warm) | scar (divorse) |
    | traidisiúnta (traditional) | leis (he) | uaidh (from them) | mhuintire (people) | thar lear (abroad) |

2. Cén sórt duine é an fear sa dán 'Colscaradh'?

3. Cén sórt duine í an bhean sa dán 'Colscaradh'?

Mé Féin agus Mo Theaghlach

Freagra Samplach a 2

Ar thaitin an dán 'Colscaradh' leat? Luaigh dhá fháth ar thaitin sé leat?

Thaitin an dán 'Colscaradh go mór liom.

1. Bhí na híomhánna den fhear agus den bhean sa dán simplí agus éifeachtach. Léirigh an file fear traidisiúnta agus an dearcadh[1] traidisiúnta a bhí aige ar an bpósadh. D'úsáid an file meafair shimplí ar nós 'i nead a chine' agus 'ar leac a thine' chun an saol traidisiúnta a bhí ag teastáil uaidh a léiriú. Ba mhaith leis an bhfear bean a bheith aige a bheadh sásta fanacht sa bhaile cois tine ag tógáil na bpáistí agus ag cónaí in aice lena mhuintir.

Léirigh an file bean nua-aimseartha le híomhánna de na rudaí a bhí ag teastáil uaithi. Bhí sí ag iarraidh 'saoire thar lear', 'taobh den bhríste' (leath den údarás[2]) agus 'leath den chíste' (leath den airgead).

2. Thaitin an rím sa dán liom freisin. Cuireann sé le héifeacht an dáin. Feicimid rím ag deireadh gach re líne[3]: 'bean', 'gean', 'greann', 'chine', 'thine', 'chlainne' i véarsa a 1.

I véarsa a 2, tá rím idir na focail ag deireadh gach re líne freisin: 'fear', 'searc', 'lear' agus 'bhríste', 'chíste' agus 'mílte'.

[1] outlook
[2] authority
[3] every second line

Athbhreithniú ar an Litríocht: Súil ar an Scrúdú

Ceist 2 PRÓS (50 marc)

2A Prós Ainmnithe

(a) 'Bean tí den scoth a bhí i Lisín… Agus bhí Lisín sásta…' *Hurlamaboc*

Tabhair achoimre ar an scéal seo. Luaigh na pointí seo:

(i) Déan cur síos ar Lisín.
(ii) Luaigh an gaol a bhí aici lena fear céile agus lena mic.
(iii) Cad a bhí á chéiliúradh sa chlann?
(iv) Cad iad na hullmhúcháin a rinne sí don chéiliúradh seo?
(v) Conas a chaith sí a cuid ama de ghnáth?
(vi) Luaigh fáth amháin ar/nár thaitin Lisín leat.

(25 marc)

Gnáthleibhéal Spreagadh

Ceist 3 FILÍOCHT (50 marc)

Filíocht Ainmnithe nó Filíocht Roghnach (50 marc)

Freagair Ceist 3A (Filíocht Ainmnithe) nó Ceist 3B (Filíocht Roghnach) thíos.

3A Filíocht Ainmnithe

(a) (i) Cad is téama don dán 'Colscaradh', dar leat? Tabhair dhá phointe eolais faoin téama sin sa dán. (8 marc)

(ii) Inis i d'fhocail féin, an saghas duine í an bhean sa dán. (Is leor dhá phointe eolais.) (8 marc)

(iii) An maith leat an dán seo? Cuir fáthanna le do fhreagra. (Is leor dhá fháth.) (9 marc)

3B Filíocht Roghnach

Níl cead aon ábhar a bhaineann le Filíocht Ainmnithe a úsáid i bhfreagra ar an bhFiliocht Roghnach.

(a) (i) Maidir le dán seanaimseartha roghnach (dán a cumadh sa tréimhse roimh 1850) a ndearna tú staidéar air le linn do chúrsa, cad é príomhthéama an dáin? Déan plé gairid ar an gcaoi a ndéantar forbairt ar an bpríomhthéama sin. (8 marc)

Mo Cheantar, Mo Theach, Fadhbanna Sóisialta agus Cúrsaí an tSaoil

Aonad 2

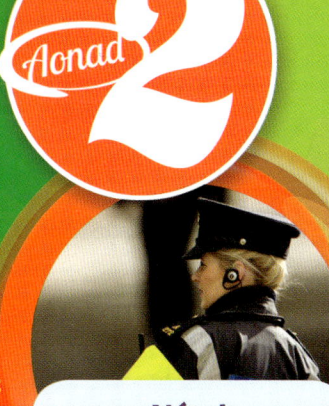

Céim a 1: Labhairt	Céim a 2: Cluastuiscint	Céim a 3: Ceapadóireacht	Céim a 4: Gramadach	Céim a 5: Léamhthuiscint	Céim a 6: Litríocht
Mo cheantar Mo theach Fadhbanna sa cheantar Fadhbanna ginearálta agus cúrsaí an tsaoil Gnáthlá scoile, an deireadh seachtaine, srl.	Foréigean Coiriúlacht Cúrsaí an tsaoil Cúrsaí nuachta	Giota leanúnach nó blag: An deireadh seachtaine Scéal: Gadaíocht sa teach Litir nó ríomhphost: Ceantar nua Comhrá: Scoil nua	An aimsir láithreach	Léamhthuiscint a 1: Gaillimh – Príomhchathair Chultúir na hEorpa 2020 Léamhthuiscint a 2: Déagóirí ag Ól Faoi Aois in Éirinn	6a Prós: 'An Gnáthrud' 6b Filíocht: 'An Spailpín Fánach' Athbhreithniú ar an litríocht: súil ar an scrúdú

Nóta! Beidh rogha ar an bpáipéar scrúdaithe idir an scéal 'An Gnáthrud' agus *Seal i Neipeal*.

Torthaí Foghlama

San aonad seo, foghlaimeoidh tú:

◎ **Léamh agus tuiscint:** conas foclóir agus nathanna a bhaineann le do cheantar, fadhbanna áitiúla agus domhanda a aithint agus a thuiscint

◎ **Labhairt:** conas cur síos a dhéanamh ar do theach agus ar do cheantar, conas fadhbanna sa cheantar agus fadhbanna ginearálta a phlé

◎ **Scríobh:** conas giotaí a scríobh mar gheall ar thopaicí a bhaineann leis an gceantar, an deireadh seachtaine, an scoil, srl.

◎ **Litríocht:** na heochairfhocail a bhaineann leis an scéal 'An Gnáthrud' agus leis an dán 'An Spailpín Fánach'. Beidh tú in ann freagraí scríofa a chumadh bunaithe ar théamaí, stíl, teicníocht, carachtair agus ábhair a eascraíonn ón litríocht, mar shampla an choiriúlacht, fadhbanna, srl.

◎ **Féachaint:** féachfaidh tú ar mhíreanna físe a bhaineann leis an gceantar agus an deireadh seachtaine.

Gnáthleibhéal Spreagadh

💬 Céim a 1: Labhairt

Sa chéim seo, foghlaimeoidh tú:
- ✓ conas réimse leathan nathanna cainte a bhaineann le do cheantar agus le fadhbanna sóisialta a úsáid
- ✓ ábhair ar nós gnáthlá scoile, an tráthnóna, an deireadh seachtaine, srl. a phlé

Tá ábhair cainte anseo don rang agus don obair bheirte nó obair ghrúpa.

Mo Cheantar

An scrúdaitheoir: Déan cur síos ar d'áit chónaithe dom.
An dalta: Táim i mo chónaí/cónaím/tá cónaí orm i

_____.

Tá mo theach suite:

ar imeall[1] an bhaile	i lár na tuaithe[3]
i lár an bhaile	i lár na cathrach
sa bhaile mór	ar imeall na cathrach
faoin tuath	i mbruachbhaile[4]
i sráidbhaile[2]	cúpla míle ón scoil seo

An scrúdaitheoir: Agus cén saghas tí atá agaibh?
An dalta:
- Is teach dhá stór/trí stór é mo theach.
- Is bungaló é mo theach.
- Is árasán[5] é.

An scrúdaitheoir: An dtaitníonn d'áit chónaithe leat?
An dalta:
- Is maith liom/is aoibhinn liom/is breá liom mo cheantar mar:
  - ✦ tá sé an-síochánta[6] agus ciúin
  - ✦ tá an radharc tíre[7] go hálainn
  - ✦ tá na comharsana[8] cairdiúil
  - ✦ tá na háiseanna don aos óg ar fheabhas/réasúnta maith[9] anseo
  - ✦ tá a lán siopaí ann agus tá a lán le déanamh ag daoine óga
  - ✦ is áit álainn í agus tagann a lán cuairteoirí[10] anseo gach bliain.

[1] on the outskirts
[2] in a village
[3] in the heart of the country
[4] in a suburb
[5] an apartment
[6] peaceful
[7] the countryside/ the views
[8] neighbours
[9] excellent/ reasonably good
[10] visitors

Mo Cheantar, Mo Theach, Fadhbanna Sóisialta agus Cúrsaí an tSaoil

- Ní thaitníonn mo cheantar go mór liom i ndáiríre[11].
  - Tá sé róchiúin[12] agus níl dóthain[13] áiseanna anseo do dhaoine óga, i mo thuairim[14].
  - Tá sé róghnóthach agus bíonn an trácht[15] uafásach ar maidin agus um thráthnóna.
  - Táim i mo chónaí i bhfad ón mbaile mór[16] agus mar sin bíonn sé deacair uaireanta síob[17] a fháil go dtí an baile mór.
  - Bíonn an iomarca torainn[18] ann san oíche, go háirithe[19] ag an deireadh seachtaine nuair a bhíonn na clubanna oíche ar siúl.
  - Is maith liom an baile mór. Is áit dheas í agus tá mo chomharsana cairdiúil. Ar an lámh eile, áfach, níl na háiseanna do dhéagóirí go maith anseo. Mar shampla, ní bhíonn a lán le déanamh ag daoine idir cúig bliana déag agus seacht mbliana déag d'aois.

An scrúdaitheoir: Céard iad na háiseanna atá i do cheantar do dhaoine óga?

An dalta: Bhuel, i ndáiríre, tá/níl a lán áiseanna anseo do dhaoine óga.

- Táim i mo chónaí faoin tuath agus bíonn orm dul go dtí an baile mór má theastaíonn uaim[20] dul go dtí an linn snámha nó an phictiúrlann, mar shampla.
- Is áit bheag í seo ach tá cuid mhaith le déanamh inti, mar shampla, tá club óige, cúpla ionad spóirt, trí linn snámha, bialanna deasa, páirc imeartha, dhá chúirt leadóige agus pictiúrlann anseo.
- Tá na háiseanna ar fheabhas sa chathair seo. Tá a lán bialann agus clubanna anseo. Chomh maith leis sin, tá pictiúrlann, áiseanna iontacha spóirt agus a lán scoileanna anseo.

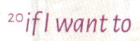

[11] really
[12] too quiet
[13] enough
[14] in my opinion
[15] the traffic
[16] a long way from the town
[17] a lift
[18] too much noise
[19] especially

[20] if I want to

Gnáthleibhéal Spreagadh

Áiseanna i Mo Cheantar Cónaithe

pictiúrlann	*a cinema*	leabharlann	*a library*
amharclann	*a theatre*	séipéal	*a church*
club óige	*a youth club*	bialanna agus caiféanna	*restaurants and cafés*
club gan ainm	*no name club*	siopaí de gach saghas	*all kinds of shops*
linn snámha	*a swimming pool*	páirc spraoi	*playground*
cúirteanna leadóige	*tennis courts*	páirc scátála	*a skate park*
cúirt chispheile	*a basketball court*	óstáin	*hotels*
club scuaise	*a squash club*	raon reatha	*a running track*
club dornálaíochta	*a boxing club*	clubanna oíche	*nightclubs*
páirceanna imeartha	*playing pitches*	tithe tábhairne	*pubs*

Fadhbanna i Mo Cheantar

An scrúdaitheoir: An bhfuil mórán fadhbanna i do cheantar na laethanta seo[21]?

An dalta: Buíochas le Dia, níl a lán fadhbanna againn anseo./Tá cuid mhaith fadhbanna sa chathair, ach níl sé ródhona[22] i mo bhruachbhaile féin./Bíonn a lán fadhbanna againn anseo.

- Tá na daoine anseo go han-deas agus réitíonn gach duine go maith le chéile[23].
- Ó am go ham, bíonn fadhbanna ann ag an deireadh seachtaine le daoine a bhíonn ar meisce[24] nó ard ar dhrugaí.
- Tá fadhb mhór le hólachán faoi aois[25] anseo.
- Tá fadhb gadaíochta[26] i mo cheantar freisin agus cuireann sé sin eagla ar gach duine.
- Tá fadhbanna againn leis an dífhostaíocht[27] agus an imirce[28]. Tá a lán daoine óga imithe ar imirce agus mar sin tá an áit an-chiúin agus brónach.

An scrúdaitheoir: An dóigh leatsa go bhfuil réiteach[29] ar na fadhbanna seo?

An dalta: Níl aon réiteach simplí ar na fadhbanna seo i mo thuairim.

- Tá níos mó Gardaí ag teastáil[30] ar na sráideanna.
- Caithfidh an rialtas[31] níos mó post a chur ar fáil.
- Tá níos mó áiseanna ag teastáil sa bhaile mór.

[21] *these days*
[22] *too bad*
[23] *everybody gets on well together*
[24] *drunk*
[25] *underage drinking*
[26] *problem of theft*
[27] *unemployment*
[28] *emigration*
[29] *a solution*
[30] *needed*
[31] *government*

Obair Bhaile

Freagair na ceisteanna a ghabhann leis an topaic 'Mo cheantar' sa Leabhrán ar leathanach 6.

Mo Cheantar, Mo Theach, Fadhbanna Sóisialta agus Cúrsaí an tSaoil

Mo Theach

An scrúdaitheoir: **Déan cur síos dom ar do theach.**

An dalta:
- Is bungaló é mo theach atá suite ar imeall an bhaile[32].
- Is teach dhá stór/trí stór é an teach. Tá sé suite i lár na tuaithe[33].
- Is árasán é mo theach atá suite i mbruachbhaile[34].
- Is teach mór/beag é.
- Tá mo theach an-mhór/an-bheag.
- Tá an teach réasúnta mór/réasúnta beag.
- Tá radharc[35] breá againn ar an bhfarraige/ar an loch/ar na sléibhte[36]/ar an gcathair.
- Cónaím an-ghar don scoil[37]/don bhaile/don séipéal.

An scrúdaitheoir: **Cad iad na seomraí atá sa teach?**

An dalta: Tá deich seomra ar fad sa teach. Tá ceithre sheomra leapa ann, cistin, seomra suí, dhá sheomra folctha, seomra staidéir agus seomra bia.

An scrúdaitheoir: **Cén seomra is fearr leat féin sa teach?**

An dalta:
- Is aoibhinn liom an seomra suí. Bíonn sé i gcónaí[38] te agus is aoibhinn liom suí nó luí ar an tolg compordach chun féachaint ar an teilifís.
- Is fearr liom mo sheomra féin. Tá sé ciúin agus suaimhneach[39] agus téim ann chun mo scíth a ligean[40]. Éistim le ceol agus léim mo leabhar i mo sheomra leapa. Chomh maith leis sin, bím ag caint le mo chairde ar Snapchat, ar m'fhón póca.
- Is breá liom an chistin. Taitníonn an chócaireacht[41] go mór liom agus cabhraím le mo thuismitheoirí ag ullmhú an dinnéir go minic. Bíonn bia sa chistin i gcónaí agus is maith liom é sin!

[32] on the outskirts of town
[33] in the heart of the country
[34] in a suburb
[35] a view
[36] the mountains
[37] very close to the school

[38] always
[39] peaceful
[40] to relax
[41] cooking
[42] attacks
[43] terrorism
[44] I must say
[45] a solution
[46] soon

Obair Bhaile

Freagair na ceisteanna a ghabhann leis an topaic 'Mo theach' sa Leabhrán ar leathanach 7.

Cúrsaí an tSaoil

An scrúdaitheoir: **Cad é an scéal is mó atá sa nuacht faoi láthair?**

An dalta:
- Is é an scéal is mó atá sa nuacht ná an sceimhlitheoireacht. Tarlaíonn ionsaithe[42] sceimhlitheoireachta[43] ar fud an domhain. Tá sé uafásach. Caithfidh mé a rá[44] nach bhfuil a lán ar eolas agam faoin bhfadhb, ach tá súil agam go mbeidh réiteach[45] ar an bhfadhb go luath[46] mar tá daoine maithe ag fáil bháis ar fud an domhain.

Gnáthleibhéal Spreagadh

[47] politics
[48] I know very little about it
[49] I would have an interest in a job in politics in the future
[50] a very difficult job

An scrúdaitheoir:	An bhfuil aon suim agat féin sa pholaitíocht[47]?
An dalta:	• Níl suim ar bith agam sa pholaitíocht agus is fíorbheag atá ar eolas agam fúithi[48]!
	• Tá an-suim agam san ábhar sin agus bheadh suim agam i bpost sa pholaitíocht amach anseo[49]!
	• Ceapaim go bhfuil post an-deacair[50] ag polaiteoirí an lae inniu.

Féach ar nótaí gramadaí faoin aimsir láithreach ar leathanach 354.

Ceisteanna san Aimsir Ghnáthláithreach

[51] a shower

[52] my locker

An scrúdaitheoir:	Inis dom faoi ghnáthlá scoile.
An dalta:	• De ghnáth, **éirím** ar a leathuair tar éis a seacht.
	• **Glacaim** cithfolcadh[51] agus ina dhiaidh sin **ithim** mo bhricfeasta.
	• **Tagann** an bus scoile ag fiche tar éis a hocht agus **buailim le** mo chairde ag stad an bhus.
	• **Sroichimid** an scoil thart ar cheathrú chun a naoi agus **bíonn** am agam labhairt le mo chairde agus dul chuig mo thaisceadán[52].

Mo Cheantar, Mo Theach, Fadhbanna Sóisialta agus Cúrsaí an tSaoil

- **Tosaíonn** an lá scoile ar a naoi agus bíonn sos beag againn ag a haon déag.
- **Ithim** mo lón i gceaintín na scoile ar a haon a chlog agus ina dhiaidh sin **labhraím le** mo chairde nó ó am go ham bíonn imeachtaí[53] ar siúl ag am lóin.
- Táim i mo bhall de Choiste na nDaltaí[54] agus bíonn cruinnuithe[55] againn dhá uair sa mhí[56].
- **Críochnaíonn** na ranganna ag fiche chun a ceathair agus **téim** abhaile ar an mbus arís.
- **Déanaim** m'obair bhaile i mo sheomra agus **ithim** mo dhinnéar ar a sé a chlog.
- Ansin leanaim ar aghaidh[57] ag staidéar go dtí leathuair tar éis a naoi agus roimh dhul a chodladh dom, **léim** mo leabhar nó **féachaim ar** an teilifís.
- **Caithim** roinnt ama[58] ag caint le mo chairde ar na suíomhanna cainte[59] freisin!

[53] activities
[54] I am a member of the Student Council
[55] meetings
[56] twice a month
[57] I continue
[58] some time
[59] social media

An scrúdaitheoir: Céard a dhéanann formhór[60] na ndaltaí ag am lóin sa scoil seo?
An dalta:
- **Itheann** na daltaí lón i mbialann na scoile.
- **Téann** roinnt daltaí[61] abhaile don lón agus tá cead ag na ranganna sinsearacha[62] dul síos go dtí an baile mór.
- **Tá** siopa in aice na scoile agus bíonn scuaine[63] fhada ann ag am lóin.
- Gach Déardaoin **bíonn** an seomra cluichí ar oscailt agus **téann** a lán daltaí sóisearacha[64] ansin.
- Bíonn spórt ar siúl sa halla freisin, mar shampla cispheil, eitpheil agus peil. **Ní imrím** ar fhoireann spóirt i mbliana[65] mar **táim** ag staidéar go dian faoi láthair[66].

[60] majority
[61] some students
[62] senior classes
[63] a queue
[64] junior students
[65] this year
[66] at present

An scrúdaitheoir: Céard a dhéanann tú ag an deireadh seachtaine de ghnáth?
An dalta:
- Tráthnóna Dé hAoine, nuair a **bíonn** m'obair bhaile críochnaithe agam, ligim mo scíth[67]!
- **Féachaim** ar an teilifís nó ar scannán ar mo ríomhaire glúine[68].
- Caithim cúpla uair a' chloig[69] ag caint le mo chairde ar na suíomhanna cainte Snapchat agus Facebook.
- **Buailim** le mo chairde agus **téimid** go dtí an phictiúrlann.
- **Téimid** go dtí bialann ghasta[70] sa chathair ó am go ham agus **bíonn** craic agam le mo chairde ansin.

[67] I relax
[68] my laptop
[69] I spend a couple of hours
[70] a fast-food restaurant

Gnáthleibhéal Spreagadh

- Maidin Dé Sathairn, **éirím** ar a haon déag a chlog agus **bím** ag staidéar go dtí a trí a chlog.
- **Bíonn** traenáil chispheile agam ina dhiaidh sin sa chlub áitiúil[71].
- Uaireanta[72] **téim** amach le mo chairde oíche Dé Sathairn.
- **Téimid** go dtí an teach tábhairne agus go dtí an club oíche.
- **Má bhíonn** cóisir (féasta) ar siúl, de ghnáth[73] **bíonn** ceiliúradh[74] againn sa teach agus **bíonn** an-chraic againn!
- Dé Domhnaigh, **téim** ar aifreann le mo theaghlach agus tugaimid cuairt ar mo sheantuistí[75].
- **Déanaim** staidéar ar feadh dhá uair a' chloig um thráthnóna.
- **Tugaim** an madra amach ag siúl ar an trá.
- **Tá** post páirtaimseartha[76] agam i siopa beag in aice le mo theach agus **bím** ag obair Dé Sathairn.
- **Seinnim** ceol i dteach tábhairne i lár na cathrach. **Táim** i mo bhall de bhanna ceoil agus **seinnimid** rac-cheol.
- **Táim** ar fhoireann eitpheile an chontae agus **bíonn** cluichí againn uair sa mhí[77].
- **Bíonn** ranganna damhsa agam agus ó am go ham glacaim páirt i gcomórtais[78].

[71] in the local club
[72] sometimes
[73] usually
[74] celebration
[75] we visit my grandparents
[76] a part-time job
[77] once a month
[78] I take part in competitions

An scrúdaitheoir: Conas a chaitheann tú an samhradh de ghnáth?
An dalta:
- De ghnáth **téim** ar saoire le mo theaghlach.
- **Téimid** go dtí an Fhrainc nó an Spáinn nó an Iodáil.
- Tá post agam agus bím ag obair cúig lá sa tseachtain.

Mo Cheantar, Mo Theach, Fadhbanna Sóisialta agus Cúrsaí an tSaoil

- Téimid ar saoire go dtí Sasana gach samhradh freisin mar is as Londain do mo mham. Is aoibhinn liom am a chaitheamh[79] le mo chol ceathracha agus **tá** Londain go hiontach freisin.
- **Buailim** le mo chairde agus **téimid** ag siopadóireacht uaireanta san ionad siopadóireachta i lár an bhaile.
- **Tugaim** cuairt ar mo chairde go minic.
- **Caithim** a lán ama le mo sheanmháthair. **Tá** sí ina cónaí cúpla míle ó mo theach agus **tá** sí an-chneasta[80].

[79] to spend time

[80] very kind

An scrúdaitheoir: Inis dom faoi do phost páirtaimseartha. Céard a dhéanann tú?

An dalta:
- **Táim** ag obair i siopa/in óstán/i mbialann/i dteach tábhairne/i gclub spóirt cúpla míle ó mo theach.
- Is aoibhinn liom an obair agus **bíonn** an-chraic agam leis na daoine eile **atá** ag obair in éineacht liom.
- Líonaim na seilfeanna[81] agus freastalaím ar na custaiméirí[82].
- **Glanaim** na boird agus **bím** ag obair sa chistin freisin.
- Glanaim na seomraí agus cóirím na leapacha[83].
- Is maor snámha mé[84] agus mar sin **bím** ag obair an t-am ar fad sa linn snámha.
- Is freastalaí mé[85] agus is aoibhinn liom bualadh leis an bpobal[86].
- Cabhraím le m'uncail[87] ina oifig. Is dlíodóir[88] é agus déanaim an chóipeáil[89] agus freagraím an fón san oifig.
- **Cabhraím** le mo dhaid ar an bhfeirm. Tá ba agus caoirigh[90] againn agus **bíonn** a lán oibre le déanamh leo.
- Tá capaill againn agus tugaim aire do na capaill[91].
- Tugaim aire do pháistí mo chomharsan[92] agus faighim airgead maith as!

[81] I stock the shelves
[82] I serve the customers
[83] I dress the beds
[84] I am a lifeguard
[85] I am a waiter/waitress
[86] meeting the public
[87] I help my uncle
[88] a lawyer
[89] the photocopying
[90] cows and sheep
[91] I take care of the horses
[92] I babysit for my neighbours

Cleachtadh Cainte

Cuir na ceisteanna seo a leanas ar an duine in aice leat.

1. Cá bhfuil cónaí ort?
2. Inis dom faoi do cheantar cónaithe.
3. An maith leat d'áit chónaithe? Cén fáth?
4. Céard iad na háiseanna atá i do cheantar do dhaoine óga?
5. An bhfuil aon rud faoin gceantar nach dtaitníonn leat?
6. An mbíonn fadhbanna agaibh ar chor ar bith i do cheantar?
7. Cad a dhéanann tú ag an deireadh seachtaine?
8. Conas a chaitheann tú an samhradh?
9. Cad é an scéal is mó atá sa nuacht faoi láthair?
10. Cad é do thuairim faoi pholaiteoirí?

Gnáthleibhéal **Spreagadh**

Cleachtadh Scríofa

Nuair a bheidh na ceisteanna agus na freagraí pléite, freagair na ceisteanna i bhfoirm scríofa i do chóipleabhar.

▶ Mír Físe

Is múinteoir é Garry Bannister a chruthaíonnn achmainní iontacha ar a shuíomh idirlín irishstudysite.com. Tá gach rud saor in aisce do dhaltaí agus mhúinteoirí Gaeilge. Chun féachaint ar an bhfíseán samplach a rinne sé le dalta Ardteiste, Hannah, téigh go dtí an suíomh agus cuardaigh 'Irish Leaving Cert Oral Higher Level (Béaltriail Hannah)'. Tabhair aird faoi leith ar na hábhair a leanas: an teaghlach, an ceantar, an deireadh seachtaine agus go háirithe, an aimsir láithreach.

📢 Céim a 2: Cluastuiscint

Sa chéim seo, foghlaimeoidh tú:
- ✓ conas do scileanna cluastuisceana a fhorbairt
- ✓ eochairfhocail a bhaineann leis na topaicí foréigean, coiriúlacht, cúrsaí an tsaoil agus cúrsaí nuachta
- ✓ foclóir agus nathanna cainte atá topaiciúil agus ábhair a bhíonn ar fáil go coitianta sna giotaí tuisceana sa scrúdú.

Tabhair aird ar na focail/nathanna seo a leanas agus tú ag ullmhú don chluastuiscint.

liostaí feithimh tithíochta	housing waiting lists	tionscnamh	a project
urlabhraí	a spokesperson	saineolaí	an expert
iasachtaí	loans	sceimhlitheoireacht	terrorism
cóiríocht éigeandála	emergency accommodation	fréamha	roots
infheistiú	investment	somheallta	gullible
córas ceartais	justice system	naimhde	enemies
obair riaracháin	administration work	an cabhlach	the navy
ag clamhsán	complaining	an Forógra	the Proclamation
dul chun cinn	progress	fleasc	a wreath
tais	damp	coireanna drongchoirpeachta	gangland crime
trealamh	equipment	dúnmharú	murder
ballraíocht	membership		

62

Mo Cheantar, Mo Theach, Fadhbanna Sóisialta agus Cúrsaí an tSaoil

Cuid A

Cloisfidh tú **dhá** fhógra sa chuid seo. Cloisfidh tú gach fógra díobh **faoi dhó**. Beidh sos ann leis na freagraí a scríobh tar éis na chéad éisteachta **agus** tar éis an dara héisteacht.

Fógra a hAon

Líon isteach an t-eolas atá á lorg sa ghreille anseo.

Cé mhéad teach a chuirfear ar fáil do theaghlaigh atá ar liostaí feithimh tithíochta i mBaile Átha Cliath?	
Ainmnigh áit amháin ina mbeidh na tithe lonnaithe.	
Cé hiad na teaghlaigh a gheobhaidh na tithe?	
Cé mhéad páiste a luaitear sna figiúirí a eisíodh le déanaí?	

Fógra a Dó

1. Dar leis an Taoiseach, cá gcuirfear an 1800 Garda nua? _____

2. (a) Luaigh dhá achmhainn do na Gardaí a gcaithfear níos mó airgid orthu, dar leis an Taoiseach.
   (i) _____
   (ii) _____
   (b) Cé mhéad garda a bheidh ag teacht amach as an gcoláiste oiliúna gach bliain as seo amach? _____

Cuid B

Cloisfidh tú **dhá** chomhrá sa chuid seo. Cloisfidh tú gach comhrá díobh **faoi dhó**. Cloisfidh tú an comhrá ó thosach deireadh an chéad uair. Ansin cloisfidh tú ina **dhá** mhír é. Beidh sos ann leis na freagraí a scríobh tar éis gach míre díobh.

Comhrá a hAon

An Chéad Mhír

1. Céard a osclófar an bhliain seo chugainn sa bhaile mór? _____

2. Luaigh rud amháin a dúirt seanmháthair Laoise faoin halla. _____

Gnáthleibhéal **Spreagadh**

An Dara Mír

1. Cé mhéad airgid a chosnóidh ballraíocht don bhliain do dhaltaí scoile, dar le Pádraig?
   _____

2. Ainmnigh dhá sheomra a bheidh san ionad spóirt nua.
   (i) _____
   (ii) _____

Comhrá a Dó

An Chéad Mhír

1. Cá bhfuil Seosamh Ó Ceallaigh ag obair? _____
2. Cá ndearna Seosamh a chúrsa staidéir ar an gcoiriúlacht agus ar an gcóras ceartais?
   _____
   _____

An Dara Mír

1. Luaigh dream amháin a mhealltar isteach i ndomhan na sceimhlitheoireachta, dar le Seosamh.
   _____

2. Cén saghas pictiúir a chuirtear os comhair na ndaoine as ceantair bhochta uaireanta, dar le Seosamh? _____

Cuid C

Cloisfidh tú **dhá** phíosa nuachta sa chuid seo. Cloisfidh tú gach píosa díobh **faoi dhó**. Beidh sos ann leis na freagraí a scríobh tar éis na chéad éisteachta **agus** tar éis an dara héisteacht.

Píosa a hAon

1. Cén deireadh seachtaine speisialta a luaitear sa phíosa seo? _____
   _____

2. Ainmnigh dhá dhream a ghlac páirt sa pharáid.
   (i) _____
   (ii) _____

Píosa a Dó

1. Cén oifig a d'eisigh na figiúirí seo? _____
2. Cén dream is mó a scanraítear leis an ngadaíocht, dar leis an taighde seo? _____
   _____

Mo Cheantar, Mo Theach, Fadhbanna Sóisialta agus Cúrsaí an tSaoil

Céim a 3: Ceapadóireacht

Sa chéim seo, foghlaimeoidh tú:
- conas giota leanúnach, scéal, litir agus comhrá a chumadh
- foclóir agus nathanna cainte nua a bhaineann le gach ceann de na cleachtaí
- conas focail agus nathanna cainte áirithe a litriú le cleachtaí scríofa.

Giota Leanúnach nó Blag

Cúinne na Litearthachta

Scríobh amach na nathanna cainte atá aibhsithe le dath buí sa ghiota leanúnach thíos. Ansin, scríobh isteach an leagan Béarla díobh. Faoi dheireadh, clúdaigh an Ghaeilge ar chlé le do lámh agus déan iarracht na nathanna a litriú tú féin.

As Gaeilge	As Béarla	As Gaeilge Arís!
1. Sampla an uair is fearr liom	*my favourite time*	an uair is fearr liom
2.		
3.		
4.		
5.		
6.		
7.		
8.		
9.		
10.		

Giota Leanúnach Samplach

An Deireadh Seachtaine

Is é an deireadh seachtaine an uair is fearr liom sa tseachtain. Ní bhíonn aon scoil againn agus mar sin is aoibhinn liom mo scíth a ligean sa bhaile. Caithim dhá uair a' chloig ar m'obair bhaile tráthnóna Dé hAoine agus ina dhiaidh sin, féachaim ar an teilifís nó bím ag caint le mo chairde ar na suíomhanna sóisialta, Facebook agus Snapchat. Uaireanta, léim mo leabhar agus éistim le ceol i mo sheomra.

Maidin Dé Sathairn, bím ag staidéar. San iarnóin, buailim le mo chairde agus téimid go dtí caifé nó bialann. Ó am go ham, téimid isteach sa chathair ar an mbus agus bímid ag siopadóireacht. Go minic, oíche Dé Sathairn téimid go dtí an phictiúrlann áitiúil. Is maith liom é sin mar is aoibhnn liom gach saghas scannáin.

Má bhíonn cóisir nó ócáid speisialta eile ar siúl, buaileann mo chairde le chéile i dteach éigin agus bíonn ceiliúradh againn. Ansin, téimid go dtí an teach tábhairne nó go dtí an club oíche. Bíonn an-chraic againn agus bíonn an t-atmaisféar go hiontach sa chlub oíche áitiúil. Ó am go ham, áfach, bíonn fadhbanna ar na sráideanna tar éis an chlub oíche le daoine ag ól agus ag pleidhcíocht.

De ghnáth ar an Domhnach, bíonn cluiche sacair agam. Táim ar fhoireann sacair an Chaisil agus bíonn cluiche nó traenáil agam gach maidin Dé Domhnaigh. Nuair a bhíonn an aimsir go dona imrímid sacar faoi dhíon sa halla spóirt. Tráthnóna Dé Domhnaigh ligim mo scíth nó uaireanta, bím ag staidéar. Féachaim ar an teilifís roimh dhul a chodladh dom. Is breá liom saoirse an deireadh seachtaine!

Cleachtaí Scríofa

1. Aimsigh na focail seo sa ghiota leanúnach thuas agus scríobh i nGaeilge iad:

    (a) I spend two hours **(b)** sometimes **(c)** studying **(d)** we go into the city **(e)** the local cinema **(f)** all kinds of films **(g)** a party **(h)** however **(i)** usually **(j)** the freedom of the weekend

2. Anois, scríobh do ghiota leanúnach féin dar teideal 'An Deireadh Seachtaine'.

Obair Ghrúpa

Mar réamhobair don ghiota leanúnach a scríobh leat féin, cruthaigh grúpaí de cheathrar sa rang. Tóg leathanach A4 nó A3. Chun Mata Boird a chruthú, roinn an leathanach i gceithre chearnóg. Scríobhfaidh gach dalta ceithre rud a rinne siad an samhradh seo caite ina c(h)earnóg féin. Is féidir leis na daltaí smaointe a mhalartú sa tslí sin agus smaointe ó dhaltaí eile a úsáid ina ngiota leanúnach féin – ní gá duit an fhírinne iomlán a insint i do ghiota leanúnach!

Mo Cheantar, Mo Theach, Fadhbanna Sóisialta agus Cúrsaí an tSaoil

Bain úsáid as na nathanna seo a leanas:

Tá post páirtaimseartha[1] agam agus bím ag obair Dé Sathairn.	[1] part-time job
Faighim ocht euro san uair.	
Bíonn ranganna damhsa/ceoil... agam.	
Is ball mé[2] den chlub leadóige áitiúil.	[2] I am a member
Imrím le foireann an chontae.	
Tugaim cuairt ar mo sheanathair.	
Caithim am le[3] mo theaghlach.	[3] I spend time with
Ithimid i mbialann go minic.	
Cabhraím le mo dhaid ar an bhfeirm.	
Is aoibhinn liom ainmhithe agus gach deireadh seachtaine tugaim aire do[4] na capaill agus do na ba ar an bhfeirm.	[4] I take care of
Faighimid béile ón mbialann Indiach[5] sa bhaile mór. Taitníonn an bia sin go mór liom.	[5] Indian restaurant
Bímid ag spaisteoireacht[6] sa chathair.	[6] wandering/ hanging around
Tá deirfiúr agam atá trí bliana d'aois agus tugaim aire di nuair a bhíonn mo mham as baile[7].	[7] away from home
Cabhraím le mo thuismitheoirí obair an tí a dhéanamh. Glanaim an chistin agus mo sheomra leapa. Bainim an féar[8] sa ghairdín freisin.	[8] I cut the grass
Is aoibhinn liom an gharraíodóireacht[9]. Cabhraím le mo mham sa ghairdín go minic ag an deireadh seachtaine.	[9] gardening

Anois, scríobh giota leanúnach eile dar teideal 'An Nollaig'.

Beidh tú ábalta roinnt de na nathanna cainte thuas a úsáid. Tá cinn eile thíos a chabhróidh leat freisin.

Is aoibhinn liom an Nollaig.	
Bím saor ón scoil agus ligim mo scíth[10].	[10] I relax
Tugaim cuairt ar mo sheanmháthair i gCo. na Mí.	
Tá post páirtaimseartha agam i siopa beag agus bím ag obair ann i rith na laethanta saoire.	
Buailim le mo chairde agus téimid ag siopadóireacht.	
Gach bliain, tagann mo chol ceathracha abhaile ó Shasana.	
Is breá liom saoire na Nollag.	
Caithim a lán ama[11] ag féachaint ar an teilifís agus ar scannáin.	[11] I spend a lot of time
An Nollaig seo caite, fuair mé fón póca nua mar bhronntanas ó mo thuismitheoirí.	
Beagnach gach bliain, téimid thar sáile[12] ag sciáil[13] i mí Eanáir.	[12] overseas [13] skiing
Anuraidh, chuamar go dtí an Iodáil. Bhí sé go hálainn.	
Thaitin an bia go mór liom.	
Ceannaím bronntanais agus faighim a lán bronntanas freisin. Is breá liom é sin.	
Bíonn an chlann go léir le chéile agus bíonn sé sin go deas.	
An Nollaig seo chugainn, rachaidh mé go Meiriceá le mo theaghlach.	
Táim ag tnúth go mór leis sin.	

Gnáthleibhéal Spreagadh

Scéal

Cúinne na Litearthachta

Scríobh amach na nathanna cainte atá aibhsithe le dath glas sa scéal thíos. Ansin scríobh isteach an leagan Béarla díobh. Faoi dheireadh, clúdaigh an Ghaeilge ar chlé le do lámh agus déan iarracht na nathanna a litriú tú féin.

As Gaeilge	As Béarla	As Gaeilge Arís!
1. Sampla Chuala mé torann ait.	*I heard a strange noise.*	Chuala mé torann ait.
2.		
3.		
4.		
5.		
6.		
7.		
8.		
9.		
10.		

Scéal Samplach

Bhí gach rud ciúin sa teach. Go tobann, chuala mé torann ait… Oíche Dé Sathairn a bhí ann agus bhí mo thuismitheoirí as baile don deireadh seachtaine. Bhí mé féin agus mo dheartháir óg sa bhaile agus bhí mo dheartháir ina chodladh. Bhí mé thuas staighre ag léamh i mo leaba. Oíche fhuar a bhí ann agus bhí sé ag cur seaca.

Tar éis cúpla soicind, chuala mé torann eile thíos staighre. Ansin chuala mé fir ag caint taobh amuigh. Go gairid ina dhiaidh sin, bhí siad thíos staighre ag caint. Gadaithe a bhí ann agus cheap siad nach raibh aon duine sa teach. Ní fhaca siad an solas beag a bhí ar lasadh i mo sheomra is dócha. Bhí mé sceimhlithe i mo bheatha agus bhí mo chroí i mo bhéal agam faoin am sin.

Mo Cheantar, Mo Theach, Fadhbanna Sóisialta agus Cúrsaí an tSaoil

Rith mé go ciúin ó mo sheomra féin go dtí seomra mo dhearthár agus chuir mé an doras faoi ghlas. Buíochas le Dia, níor dhúisigh mo dheartháir. Bhí m'fhón póca agam agus chuir mé fios ar na Gardaí. D'inis mé an scéal dóibh agus d'fhan mé go ciúin sa seomra. Bhí eagla an domhain orm. Chuala mé na gadaithe ag caint agus ag gáire thíos staighre. Bhí siad sa halla anois. Ansin chuala mé duine ag rith suas an staighre. Chuaigh sé isteach i seomra mo thuismitheoirí.

Ansin, gan mhoill, tháinig na Gardaí. Chuala mé na gadaithe ag rith agus ag screadaíl ach rug na Gardaí orthu, buíochas le Dia. Baineadh geit mhór as mo thuismitheoirí nuair a chuala siad an scéal gan dabht. Tar éis cúpla mí tugadh na gadaithe os comhair na cúirte agus gearradh téarma príosúin orthu. Ní dhéanfaidh mé dearmad ar an oíche sin go deo.

Cleachtaí Scríofa

1. Freagair na ceisteanna seo thíos, bunaithe ar an eolas sa scéal.
   (a) Cé a bhí sa teach an oíche sin?
   (b) Céard a bhí á dhéanamh ag an scríbhneoir thuas staighre?
   (c) Cén saghas aimsire a bhí ann taobh amuigh?
   (d) Cérbh iad na daoine a bhí thíos staighre?
   (e) Conas a mhothaigh an scríbhneoir?
   (f) Céard a rinne an déagóir nuair a bhí na daoine sin thíos staighre?
   (g) Céard a rinne an déagóir tar éis dó fios a chur ar na Gardaí?
   (h) Cá ndeachaigh fear amháin nuair a rith sé suas an staighre?
   (i) Cad a tharla nuair a tháinig na Gardaí?
   (j) Cad a tharla do na gadaithe nuair a tugadh os comhair na cúirte iad?

2. Anois scríobh do scéal féin, ag tosú leis an abairt seo:

   Bhí mé i m'aonar sa teach. Bhí mé i mo chodladh sámh. Ansin, dhúisigh mé go tobann…

Gnáthleibhéal **Spreagadh**

Litir nó Ríomhphost

Cúinne na Litearthachta

Scríobh amach na nathanna cainte atá aibhsithe le dath gorm sa litir thíos. Ansin scríobh isteach an leagan Béarla díobh. Faoi dheireadh, clúdaigh an Ghaeilge ar chlé le do lámh agus déan iarracht na nathanna a litriú tú féin.

As Gaeilge	As Béarla	As Gaeilge Arís!
1. Sampla a lán turasóirí	a lot of tourists	a lán turasóirí
2.		
3.		
4.		
5.		
6.		
7.		
8.		
9.		
10.		

Litir Shamplach

Tá tú i do chónaí i gceantar nua toisc go bhfuair do mham nó do dhaid post nua. Scríobh litir chuig cara leat ag insint dó/di faoin gceantar nua.

7 Bóthar na Trá
Gaillimh

23 Deireadh Fómhair 2017

A Ruairí, a chara,

Ciarán anseo! Conas atá tú? Tá súil agam go bhfuil tú agus do mhuintir i mbarr na sláinte. Aon scéal ó Chorcaigh?

Mar is eol duit, táim i nGaillimh anois agus is maith liom an chathair. Tá an teach nua suite in aice na farraige agus tá sé sin go hiontach. Tugaimid an madra ag siúl ar an trá gach lá agus is aoibhinn leis é. Tá a lán siopaí agus bialann sa cheantar freisin agus bíonn a lán turasóirí ann gach lá. Tá an t-atmaisféar ar fheabhas anseo, caithfidh mé a rá.

Is maith le Mam a post nua. Tá sí ag obair i mBanc na hÉireann *i lár na cathrach*. Is bainisteoir anois í agus bíonn sí *ag obair go dian*. Tá gach duine eile sa teaghlach sásta freisin. Bíonn Éilís *ag gearán* uaireanta nach bhfuil a cairde anseo, ach tá a lán cairde nua aici agus is aoibhinn léi a scoil nua.

Braithim uaim mo chairde i gCorcaigh freisin ach *le cúnamh Dé* beidh tusa agus Ríona san ollscoil i nGaillimh in éineacht liom amach anseo. Tá an cúigiú bliain deacair sa scoil nua ach *tá an t-ádh liom* go bhfuil mo chol ceathrar *sa rang céanna* liom. Is *scoil mheasctha* í agus is maith liom é sin.

Bhuel, *ar aon nós*, níl aon scéal eile agam anois. Caithfidh tú teacht ar cuairt go luath. Taitneoidh Gaillimh leat freisin. Abair haigh le Pól.

Slán go fóill,
Do chara,
Ciarán

Cleachtaí Scríofa

1. Líon na bearnaí sna habairtí seo, bunaithe ar an eolas sa litir thuas.

    (a) Tá Ciarán ina chónaí i _____ anois.
    (b) Is maith leis an _____ .
    (c) Tugann an teaghlach an _____ ag siúl ar an trá gach lá.
    (d) Tá an t-atmaisféar _____ sa chathair.
    (e) Is _____ í a mháthair i lár na cathrach.
    (f) Bíonn deirfiúr Chiaráin ag _____ uaireanta.
    (g) Braitheann Ciarán uaidh a _____ ó Chorcaigh.
    (h) Ceapann Ciarán go bhfuil an cúigiú bliain _____ .
    (i) Is scoil _____ í scoil Chiaráin.
    (j) Taitneoidh _____ go mór le Ruairí, dar le Ciarán.

2. Anois, scríobh do litir/do ríomhphost féin.

    Tá tú ag freastal ar scoil nua le dhá mhí anuas. Scríobh litir chuig cara leat ag insint dó/di faoin scoil.

> Féach ar an gcomhrá ar leathanach 72–73 agus feicfidh tú foclóir eile a bhaineann le bheith ag freastal ar scoil nua.

Gnáthleibhéal Spreagadh

Comhrá

Cúinne na Litearthachta

Scríobh amach na nathanna cainte atá aibhsithe le dath bándearg sa chomhrá thíos. Ansin, scríobh isteach an leagan Béarla díobh. Faoi dheireadh, clúdaigh an Ghaeilge ar chlé le do lámh agus déan iarracht na nathanna a litriú tú féin.

As Gaeilge	As Béarla	As Gaeilge Arís!
1. Sampla faoi dheireadh	finally	faoi dheireadh
2.		
3.		
4.		
5.		
6.		
7.		
8.		
9.		
10.		

Comhrá Samplach

Tá tú ag freastal ar scoil nua le cúpla mí anuas. Scríobh an comhrá a bheadh agat le cara leat i do sheanscoil faoin scoil nua.

Aisling: A Ríona, conas atá tú? Tá sé go deas labhairt leat faoi dheireadh!

Mise: Ó, tá brón orm, a Aisling. Bhí mé an-ghnóthach ar scoil. Tá sé deacair nuair a bhíonn tú ag freastal ar scoil nua! Conas atá tú féin?

Aisling: Táim ceart go leor, a Ríona. Inis dom faoin scoil. An maith leat na daltaí eile sa rang? An bhfuil na múinteoirí go deas?

Mise: Is aoibhinn liom an scoil, a Aisling. Tá na daltaí eile an-chairdiúil agus tá an t-atmaisféar go deas sa rang. Is maith liom na múinteoirí freisin, creid é nó ná creid! Tá siad an-chabhrach agus cineálta. Tá an múinteoir matamaitice sórt cancrach, áfach, agus bíonn sí ag tabhairt amach go minic.

Aisling: Agus tá na múinteoirí eile go deas? Tá sé sin go hiontach. An bhfuil na háiseanna go maith sa scoil?

Mo Cheantar, Mo Theach, Fadhbanna Sóisialta agus Cúrsaí an tSaoil

Mise: Tá áiseanna iontacha anseo. Tá halla mór spóirt againn, chomh maith le páirc imeartha, cúirteanna cispheile, cistin an-mhór, leabharlann, seomra staidéir agus bialann dheas.

Aisling: Tá an t-ádh leat, a Ríona. Níl aon scéal ó do sheanscoil! Tá múinteoir nua ceoil againn i mbliana agus tá sí go deas. Tá an obair deacair i mbliana mar gheall ar an ardteist. Faighimid a lán obair bhaile agus bíonn a lán staidéir le déanamh againn freisin.

Mise: Tá sé mar an gcéanna anseo. Caithim ceithre huaire a' chloig ar m'obair bhaile gach tráthnóna. Mar sin féin, táim ag tnúth leis an ollscoil an bhliain seo chugainn. Cad fútsa?

Aisling: Tá mise ag tnúth leis sin freisin gan dabht. Beidh sé go hiontach, le cúnamh Dé. Caithfidh mé imeacht anois, a Ríona, ach beidh mé ag caint leat go luath.

Mise: Ceart go leor, a Aisling. Slán go fóill.

Cleachtadh Scríofa

Anois, scríobh do chomhrá féin.

Tá tú ag freastal ar scoil chónaithe nua. Scríobh an comhrá a bheadh agat le cara leat sa bhaile faoin scoil chónaithe.

Céim a 4: Gramadach

An Aimsir Láithreach

Féach ar leathanach 354 ar an aimsir láithreach in Aonad a 9.

Céim a 5: Léamhthuiscint

Sa chéim seo, foghlaimeoidh tú:
- foclóir a bhaineann leis an gcathair agus le fadhbanna sóisialta
- conas ceisteanna ar an léamhthuiscint a fhreagairt go cruinn
- scileanna léitheoireachta agus tuisceana sa Ghaeilge.

Léamhthuiscint a 1

Léigh an sliocht seo a leanas agus freagair na ceisteanna **ar fad** a ghabhann leis.

Gaillimh – Príomhchathair Chultúir na hEorpa 2020

1. Bronnadh stádas Phríomhchathair Chultúir na hEorpa don bhliain 2020 ar Ghaillimh sa bhliain 2016 agus tá sé ina cheiliúradh mór ó fógraíodh[1] é ag ócáid i mBaile Átha Cliath. Is é cathaoirleach[2] choiste na moltóirí, Stephen Green, a d'fhógair an nuacht iontach ag an ócáid sin. Bhí Gaillimh san iomaíocht le[3] cathair Luimnigh agus leis an réigiún ar a dtugtar na triúr deirfiúracha, Cill Chainnigh, Port Láirge agus Loch Garman leis an stádas

[1] it was announced
[2] chairperson
[3] competing with

Gnáthleibhéal Spreagadh

[4] *to be shared*
[5] *proposal/project*
[6] *achievement*
[7] *the European Union*
[8] *innovative programme*
[9] *diversity*
[10] *in a statement*
[11] *benefit*
[12] *the main aims*
[13] *aspects*
[14] *sense of belonging*
[15] *regeneration*

seo a bhaint amach. Beidh an teideal seo le roinnt[4] le Rijeka sa Chróit.

2. Ó tharla gur éirigh le Gaillimh an stádas a fháil beidh €45.75 milliún le fáil le caitheamh ar thograí a mbeidh baint acu le cúrsaí cultúrtha. Deir an coiste go bhfuil sé i gceist acu dul ag plé le togra[5] mór idirnáisiúnta agus ceangail a dhéanamh idir oileáin na Gaillimhe agus oileáin eile ar fud na hEorpa. Dúirt Cumann Tráchtála na Gaillimhe go bhfuil éacht[6] déanta ag an gcoiste stádas Phríomhchathair Chultúir na hEorpa 2020 a bhaint amach. Dúirt Príomhfheidhmeannach Chomhairle Cathrach na Gaillimhe, Breandán Mac Craith go raibh siad thar a bheith ríméadach agus go ndéanfaidís an-jab go deo.

3. 'Chuile bhliain ó 1985 i leith d'ainmnigh an tAontas Eorpach[7] cathair nó cathracha le bheith mar Phríomhchathair Chultúir na hEorpa. Bíonn clár nuálach[8] cultúir don bhliain le cur i láthair ag na cathracha a roghnaítear agus an bhéim ar an saibhreas agus an ilchineálacht[9] a bhaineann le cultúir na hEorpa. Tá comhghairdeas déanta ag Comhairle Contae na Gaillimhe le foireann Ghaillimh 2020.

4. I ráiteas[10] ó Ollscoil na hÉireann, Gaillimh dúirt siad go raibh éacht mór millteach déanta ag Gaillimh agus go mbainfí tairbhe[11] as go ceann na mblianta, tar éis don fhoireann dianobair a dhéanamh ar an iarratas le 18 mí anuas. Dúirt siad freisin go raibh an ollscoil, an chathair, an contae agus an cúige uile fíorbhródúil as an iarracht.

5. Is iad príomhaidhmeanna[12] an ghradaim seo do chathracha na hEorpa ná béim a chur ar shaibhreas agus ar éagsúlacht chultúir na hEorpa, gnéithe[13] cultúrtha na hEorpa a cheiliúradh, cur le braistint chomhmhuintearais[14] shaoránaigh na hEorpa lena gcomhlimistéir chultúrtha agus béim a chur ar an bhforbairt a dhéantar i gcathracha mar gheall ar chultúir éagsúla a bheith iontu. Creidtear freisin go ndéantar athghiniúint[15] ar chathracha, go gcuireann sé le cáil na gcathracha ar fud an domhain, go dtugtar íomhá níos fearr do mhuintir na gcathracha ar a gcathair féin agus ar ndóigh, go gcuireann sé go mór leis an turasóireacht sna cathracha.

Ceisteanna Scrúdaithe

1. (a) Car fógraíodh gur bhain cathair na Gaillimhe an stádas Phríomhchathair Chultúir na hEorpa don bhliain 2020 amach? (Alt 1)
   (b) Luaigh dhá chathair a bhí san iomaíocht le Gaillimh chun an stádas a bhaint amach. (Alt 1) (10 marc)

2. (a) Luaigh rud amháin a dhéanfar leis an airgead a bhronnfar ar an gcathair. (Alt 2)
   (b) Cén post atá ag Breandán Mac Craith i nGaillimh? (Alt 2) (10 marc)

Mo Cheantar, Mo Theach, Fadhbanna Sóisialta agus Cúrsaí an tSaoil Aonad 2

3. (a) Cén bhliain a tosaíodh ar ghradam Phríomhchathair na hEorpa a bhronnadh ar chathracha? (Alt 3)

   (b) Céard a bhíonn le déanamh ag na cathracha a roghnaítear? (Alt 3) (10 marc)

4. (a) Dar le hOllscoil na hÉireann, Gaillimh, cé mhéad ama atá caite ag an bhfoireann ag obair ar an iarratas? (Alt 4)

   (b) Conas a mhothaíonn an chathair, an contae agus an cúige faoin éacht, dar le lucht na hollscoile? (Alt 4) (10 marc)

5. (a) Ainmnigh dhá aidhm a bhaineann leis an ngradam seo a bhronnadh ar chathracha. (Alt 5)

   (b) Conas a chabhraíonn an stádas leis na cathracha a roghnaítear? (Luaigh dhá bhealach.) (Alt 5) (10 marc)

Léamhthuiscint a 2

Léigh an sliocht seo a leanas agus freagair na ceisteanna **ar fad** a ghabhann leis.

Déagóirí ag Ól Faoi Aois in Éirinn

1. Dar le halt san *Irish Independent* (21 Aibreán 2015), tá daoine óga, chomh hóg le trí bliana déag d'aois, ag tosú ag ól alcóil. Dar leis an taighde[1] céanna tá alcól ólta ag 83% de dhéagóirí na tíre ar a laghad uair amháin. Deir saineolaithe[2], áfach, nach luíonn an milleán[3] ar fad ar na daoine óga féin. Deirtear gur ag foghlaim ó na daoine fásta timpeall orthu atá siad. Tá an milleán, dar leo, ar shochaí na hÉireann agus ar an mbéim a chuirtear ar an alcól timpeall orainn. Is scáthán í fadhb an óil i measc na n-óg ina bhfeictear na fadhbanna céanna i measc daoine fásta. Deir cuid de na daoine óga a d'fhreagair ceisteanna don taighde seo, go mbíonn an méid sin alcóil ina dtithe uaireanta nach dtugann a dtuismitheoirí faoi deara go mbíonn alcól in easnamh[4] sa teach agus dá bhrí sin, dar leo, is féidir leo alcól a ól nuair a bhíonn a dtuismitheoirí as baile.

2. Dar le saineolaí amháin, an Dochtúir Smyth, níl fadhb an alcóil níos measa i measc na n-óg ná mar a bhí sé deich mbliana ó shin. Deir sé go ndéanann déagóirí aithris[5] ar an gcultúr ólacháin a fheiceann siad ina sochaí[6], 'sé sin go leantar ar aghaidh ag ól go dtí go mbíonn an duine ar meisce. Aontaíonn na saineolaithe freisin, áfach, go bhfuil titim shuntasach le tabhairt faoi deara san aois ag a dtosaíonn roinnt déagóirí ag ól. Cúig bliana ó shin, dar le Miss Fortune, bheimis ag caint faoi dhaoine óga ag aois sé bliana déag ag ól agus tá sé scanrúil go bhfuil an aois sin ag ísliú[7]. Tá sé coitianta go leor anois, dar leis na saineolaithe go dtosaíonn daoine

[1] research
[2] experts
[3] blame
[4] missing
[5] imitation
[6] society
[7] lowering

Gnáthleibhéal Spreagadh

[8] ahead
[9] positive
[10] a decrease
[11] habits
[12] honestly
[13] to be aware of

ag ól ag ceithre bliana déag. Is gnáthnós anois i sochaí na hÉireann é alcól a ól i mbealach míshláintiúil.

3. I suirbhé a rinne an Eagraíocht Dhomhanda Sláinte (EDS) in 2014, fuarthas amach gur tháinig Éire sa dara háit ar domhan maidir leis an ragús óil. Tá an ráta is airde san Ostair agus táimid féin chun tosaigh[8] ar ár gcomharsana i Sasana sa 'rás'. Fuarthas amach sa suirbhé, taobh istigh de thréimhe 30 lá, gur ól 39% de dhaonra na hÉireann, (iad siúd a bhí cúig bliana déag d'aois nó níos sine), níos mó alcóil ná an meán a mholtar. Sheas an ráta ag 40.5% san Ostair agus 28% i Sasana. 194 tír ar fad a bhí faoi scrúdú ag an EDS sa suirbhé sin. Rud dearfach[9] a fuarthas amach ná go raibh laghdú[10] beag ar an ólachán i measc dhéagóirí na hÉireann.

4. Deir na saineolaithe nach fiú an milleán a chur ar na daoine óga toisc nach gcuideoidh sé sin leis an bhfadhb a réiteach, ach gur chóir dúinn mar dhaoine fásta dea-shampla a léiriú don aos óg maidir le cúrsaí ólacháin. Is féidir le tuismitheoirí smacht a fháil ar nósanna ólacháin a bpáistí trí bhreathnú ar a nósanna[11] ólacháin féin agus súil níos géire a choimeád ar an méid alcóil a choinníonn siad sa teach. Moltar dóibh freisin labhairt lena bpáistí go macánta[12] agus go hoscailte faoin alcól agus faoin mbaol a bhaineann leis nuair a óltar i mbealach míshláintiúil é. Ba chóir do thuismitheoirí aithne a chur ar chairde a bpáistí agus ar thuismitheoirí na gcairde sin. Má bhíonn a bpáistí ar cuairt i dteach a gcairde, moltar do thuismitheoirí a bheith san airdeall[13] ar rialacha an tí sin agus a bheith sásta go mbeidh na déagóirí slán i gcuideachta a gcairde.

5. An moladh is tábhachtaí a thugann na saineolaithe do thuismitheoirí ná labhairt lena gclann agus a mhíniú dóibh go bhfuil siad ansin chun cabhrú leo. Fiú má bhíonn an déagóir i dtrioblóid nó i gcruachás éigin, tá sé fíorthábhachtach go dtuigeann sé/sí go mbeidh sé/sí in ann fios a chur ar a t(h)uismitheoirí agus an scéal ar fad a insint dóibh. Le tuilleadh eolais a fháil ar conas tacaíocht a fháil i gcás fadhbanna ólacháin, is féidir teagmháil a dhéanamh le hoifig áitiúil Fheidhmeannacht na Seirbhíse Sláinte nó cuairt a thabhairt ar an suíomh idirlín www.drugs.ie.

Ceisteanna Scrúdaithe

1. (a) Dar leis an taighde thuas, cén bhaint atá ag daoine fásta le fadhb an ólacháin i measc na n-óg? (Alt 1)
   (b) Cén fáth, dar le déagóirí áirithe, a mbíonn sé éasca alcól a fháil ina dtithe féin? (Alt 1) (10 marc)

2. (a) Cá bhfuil an 'titim shuntasach' le tabhairt faoi deara, dar leis na saineolaithe? (Alt 2)
   (b) Cén 'gnáthnós' a ndéantar tagairt dó san alt céanna? (Alt 2) (10 marc)

3. (a) Cén tír ina bhfuil an ráta is airde ragúis óil le feiceáil? (Alt 3)
   (b) Cé mhéad tír ar fad a bhí san áireamh sa taighde a rinne an EDS? (Alt 3) (10 marc)

4. (a) Luaigh slí amháin ar féidir le tuismitheoirí cabhrú le teacht ar réiteach ar fhadhb an ólacháin i measc na n-óg? (Alt 4)
   (b) Céard a mholtar do thuismitheoirí má bhíonn páistí leo ar cuairt i dtithe a gcairde? (Alt 4) (10 marc)

Mo Cheantar, Mo Theach, Fadhbanna Sóisialta agus Cúrsaí an tSaoil

5. **(a)** Má tharlaíonn go mbíonn déagóirí i dtrioblóid nó i gcruachás éigin, céard atá tábhachtach dóibh, dar leis na saineolaithe. (Alt 5)

   (b) Luaigh slí amháin ar féidir le daoine tacaíocht a fháil i gcás fadhbanna ólacháin. (Alt 5) (10 marc)

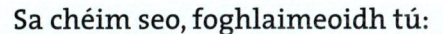

Céim a 6: Litríocht

Céim a 6a: Prós

Sa chéim seo, foghlaimeoidh tú:
- faoi phlota an scéil 'An Gnáthrud'
- conas téamaí an scéil a phlé
- conas carachtair an scéil a phlé
- conas stíl scríbhneoireachta agus seánra an scéil a phlé.

Cúinne na Litearthachta

Foghlaim conas na heochairfocail thíos san achoimre a litriú agus faigh amach cad is brí leo.

Féach go grinn ar na focail seo, abair amach iad, clúdaigh na focail, agus ansin scríobh na focail amach chun an litriú a chleachtadh!

As Gaeilge	As Béarla	Clúdaigh na focail ar an lámh chlé agus scríobh amach na focail anseo leat féin. Cad is brí leis na focail?
Na Trioblóidí		
Sceimhlitheoireacht		
Tuaisceart na hÉireann		
Foréigean		
Béal Feirste		
Ciontach		
Gnáth-theaghlach		
Gnáthfhear		
Dúnmharú		

Gnáthleibhéal Spreagadh

An Gnáthrud

le Déirdre Ní Ghrianna

Bhí pictúir gan fhuaim ag teacht ón teilifís i gcoirnéal¹ an tseomra sa bheár seo i mBéal Feirste, a bhí lán ó chúl go doras. D'amharc² Jimmy ar na teidil a bhí ag teacht agus ag imeacht ón scannán roimh nuacht a naoi a chlog. Bhain sé súimín³ beag as an phionta a bhí roimhe agus smaointigh sé ar an léirscrios⁴ a bheadh ina dhiaidh sa bhaile.

Bheadh Sarah, a bhean chéile ag streachailt go crua ag iarraidh na páistí a chur a luí. Chuirfeadh John, an duine ba shine acu, gasúr crua cadránta⁵ i gceann a cheithre mbliana, chuirfeadh sé ina héadan go deireadh, cé go mbeadh fáinní dearga fá na súile aige ar mhéad is a chuimil sé leis an tuirse iad. Ach ní raibh amhras ar bith ar Jimmy cé aige a bheadh bua na bruíne⁶. Dá ndearcfadh sé ar an am a chuaigh thart, déarfadh geallghlacadóir⁷ ar bith go mbeadh an bua ag Sarah arís eile.

Mhothaigh Jimmy i gcónaí ciontach nuair a chuaigh sé a dh'ól lena chomhrádaithe tráthnóna Dé hAoine nuair a bheadh obair na seachtaine déanta acu; agus ba mhíle ba mheasa é ó tháinig an cúpla ar an tsaol sé mhí ó shin. Bhí a choinsias ag cur isteach chomh mór sin air is nach raibh pléisiúr dá laghad aige san oilithreacht⁸ sheachtainiúil go tobar Bhacais⁹ lena chomrádaithe.

Chan ea¹⁰ gur fear mór ólacháin a bhí riamh ann; níorbh ea. Gan

¹cúinne
²d'fhéach
³sip
⁴scriosadh

⁵ceanndána

⁶bua na hargóinte
⁷bookmaker

⁸pilgrimage
⁹an teach tábhairne (tobar = *a well*)
¹⁰ní hea

78

Mo Cheantar, Mo Theach, Fadhbanna Sóisialta agus Cúrsaí an tSaoil

fiú a chairde féin nach dtug 'fear ólta sú' air ar mhéad is a chloígh sé leis an mheasarthacht[11] i ngnóithe olacháin. Agus leis an fhírinne a dhéanamh, bhí oiread dúil sa chraic agus sa chuideachta aige is a bhí aige i gcaitheamh siar piontaí. Ar ndóigh, ba Sarah ba chúis le é a leanstan[12] den chruinniú sheachtainiúil seo. Ní ligfeadh an bród di bheith ar a athrach de dhóigh[13], nó níor lú uirthi an diabhal ná a chairde a rá go raibh sé faoi chrann smola aici[14].

Mar sin de, bhí a fhios ag Jimmy nár bheo dó a bheo[15] dá dtigeadh sé na bhaile roimh an deich a chlog, nó dá ndéanfadh, bhéarfadh Sarah a sháith dó[16]. Bhí sé oibrithe amach ina intinn aige go raibh am aige le cur eile a chur ar clár[17] agus ansin go dtiocfadh leis slán a fhágáil ag an chuideachta agus a bhealach a dhéanamh a fhad leis an *Jasmine Palace*, áit a dtiocfadh leis curaí a fháil dó féin agus chop suey do Sarah, cuid eile de dheasghnátha[18] na hAoine.

'Anois, a fheara, an rud céanna arís?'

'Beidh ceann beag agam an t-am seo, murar miste leat, a Jimmy.'

Tháinig aoibh ar bhéal Jimmy agus chlaon sé a cheann mar fhreagra. Bhí a fhios aige go mbeadh Billy sa bheár go gcaithfí amach é nó bhí a bhean ar shiúl go Sasain a dh'amharc ar an ua da deireanaí[19] dá gcuid. Ar ndóigh, bhí Billy ag ceiliúradh an linbh úir[20] i rith na seachtaine. Tháinig an gaffer air le casaoid[21] chrua fán dóigh a raibh sé ag leagan na mbrící. B'éigean do Jimmy tarrtháil a tabhairt air agus geallstan[22] don gaffer go gcoinneodh sé ag gabháil mar ba cheart é.

Rinne Jimmy cuntas ina intinn ar an deoch a bhí le fáil aige agus tharraing sé ar an bheár. Bhí Micí, an freastalaí, ansin roimhe agus é ag éisteaacht leis na pótairí[23] a bhí ina suí ag an bheár, má b'fhíor dó. Chonacthas do Jimmy go raibh na pótairí céanna seo greamaithe[24] do na stólta. D'aithin sé na haghaidheanna uilig agus thug sé fá dear go suíodh achan mhac máthar acu[25] ar an stól chéanna gan teip. Chuaigh sé a smaointiú[26] ar an tsaol a chaithfeadh bheith acu sa bhaile; ní raibh a fhios aige cad é mar a thiocfadh leo suí ansin uair i ndiaidh uaire is gan scrupall coinsiasa[27] ar bith orthu.

Níor thuig Jimmy cad chuige nach raibh na fir seo ag iarraidh gabháil na bhaile[28]. B'fhéidir gurbh airsean a bhí an t-ádh. Bhí Sarah agus na páistí aige; bhí, agus teach deas seascair[29]. Ina dhiaidh sin, ní raibh an teach chomh maith sin nuair a cheannaigh siad é; ceithre mhíle punt a thug siad don Housing Executive ar son ballóige[30], féadaim a rá, a raibh brící sna fuinneoga ann. Bhain sé bunús bliana as deis a chur ar a theach, ag obair ag deireadh na seachtaine agus achan oíche, amach ó oíche Aoine, ar ndóigh.

Ach ba é Sarah a rinne baile de, na cuirtíní a rinne sí as fuílleach éadaigh[31] a cheannaigh sí ag aonach na hAoine, nó na cathaoireacha nach dtug sí ach deich bpunt orthu i *jumble* agus ar chuir sí snas úr orthu. Ní raibh aon tseomra sa teach nár chóirigh sí go raibh siad cosúil leis na pictúir a tchífeá[32] ar na hirísí loinnireacha[33] ardnósacha. Anois, agus é ag fanacht lena sheal ag an bheár, b'fhada le Jimmy[34] go dtaradh oíche Shathrain nuair a bheadh sé féin agus Sarah ábalta teannadh lena chéile[35] ar an tolg ag amharc ar video agus buidéal beag fíona acu.

---

[11] moderation

[12] a leanúint

[13] an nós sin a athrú

[14] faoi smacht aici

[15] his life wouldn't be worth living

[16] thabharfadh Sarah idé béil dó

[17] to order another round

[18] nósanna

[19] the latest grandchild

[20] nua

[21] gearán

[22] geallúint a thabhairt

[23] meisceoirí

[24] stuck

[25] gach duine acu

[26] ag smaoineamh

[27] an aon bhrón ná áiféala

[28] dul abhaile

[29] compordach

[30] for a ruin

[31] éadaigh a bhí caite

[32] a d'fheicfeá

[33] na hirísí lonracha = the glossy magazines

[34] Jimmy couldn't wait

[35] cuddle up

79

Gnáthleibhéal Spreagadh

[36] cailíní

[37] a rugadh

[38] ag déanamh ceoil dóibh

[39] ag caint go leanbaí

[40] tráidire = tray

[41] bialann

[42] spices

[43] teas ó na friochtáin

[44] cider

[45] ag caint/ag argóint

[46] cailín óg

[47] singil

[48] faoi rún/go ciúin

[49] daoine cosúil leatsa

[50] formhór na bhfear

[51] ní raibh sé i gceist aige

[52] lofa/uafásach

[53] fear óg

[54] d'éirigh an saol deacair orthu

'Seacht bpionta Guinness agus ceann beag, le do thoil a Mhicí.'

'Cad é mar atá na girseacha[36] beaga a Jimmy? Is dóiche nach bhfuil tú ag fáil mórán codlata ar an aimsir seo...'

'Gabh mo leithscéal a Mhicí, déan sé phionta agus ceann beag de sin, murar miste leat.'

Thug caint Mhicí mothú ciontach chun tosaigh in intinn Jimmy, cé gur mhaith a bhí a fhios aige gurbh iad Elizabeth agus Margaret na páistí ab fhearr a cuireadh chun tsaoil[37] riamh. Anois, b'fhada le Jimmy go dtógadh sé iad, duine ar achan lámh, agus go dteannadh sé lena chroí iad agus go dtéadh sé a cheol daofa[38] agus éisteacht leo ag plobaireacht[39].

Chuir Micí dhá losaid[40] fána lán gloiní ar an chuntar agus thug Jimmy chun tábla fá dheifir iad. Chaith sé siar deireadh a phionta, d'fhág sé slán ag an chuideachta agus rinne a bhealach a fhad le biatheach[41] na Síneach.

Amuigh ar an tsráid, agus ceo na Samhna thart air, ní raibh in Jimmy ach duine gan ainm. Thiontaigh sé aníos coiléar a chasóige agus shiúil na cúpla céad slat a thug fhad leis an *Jasmine Palace* é. Istigh ansin bhí an t-aer trom le boladh spíosraí[42] agus teas bealaithe[43].

Bhí triúr nó ceathrar de dhéagóirí istigh roimhe agus iad ar meisce ar fíon úll[44]. Bhí a n-aird ar an bhiachlár ghealbhuí fána lán mílitriú agus bhí siad ag cur is ag cúiteamh[45] eatarthu féin fá cad é a cheannódh siad ar na pinginí a bhí fágtha acu.

Bhí Liz, mar a thug achan chustaiméir uirthi, ag freastal – girseach[46] scór mbliain, í díomhaoin[47], cé go raibh iníon bheag ceithre mblian aici, rud a d'inis sí do Jimmy i modh rúin[48].

'An gnáthrud, a Jimmy. Tá tú rud beag luath anocht, nach bhfuil?'

'Tá, nó ba mhaith liom gabháil na bhaile go bhfeice mé cad é mar atá na páistí.'

'Níl mórán de do mhacasamhail[49] ag gabháil ar an aimsir seo. Bunús na bhfear[50], ní bhíonn ag cur bhuartha orthu ach iad féin agus na cairde agus a gcuid piontaí.'

Tháinig an deargnáire ar Jimmy. Ní raibh lá rúin aige[51] an tseanchuimhne nimhneach[52] sin a mhúscailt i gceann Liz – an stócach[53] a bhí seal i ngrá léi agus a d'fhág ina dhiaidh sin í nuair a theann an saol go crua orthu[54]. Bhí tost míshuaimhneach eatarthu agus bhí Jimmy

80

Mo Cheantar, Mo Theach, Fadhbanna Sóisialta agus Cúrsaí an tSaoil

sásta nuair a tháinig duine de na stócaigh óga chuige ag iarraidh mionairgead briste ar bith a bheadh fá na pócaí aige. Thug Jimmy traidhfil airgead rua[55] agus boinn chúig pingine dó. Rinne sé gnúsachtach[56] mar bhuíochas, phill ar a chairde agus d'fhógair daofa go raibh a sáith airgid anois acu le hiasc agus sceallóga a cheannach, agus tobán beag curaí lena chois.

Rinne Jimmy staidéar ar na stócaigh seo. Shílfeadh duine gur bhaill iad de chumann rúnda inteacht ina raibh sé de dhualgas ar gach ball beannú dá chéile sa chuid ba ghairbhe de chaint ghraosta, ghraifleach[57], ghnéasach na Sacsanach. D'fhéach Jimmy lena chluasa a dhruidim in éadan na tuile seo. Ach, ar ndóigh, ní féidir an rabharta a chosc.

Rinneadh foscladh[58] ar an chomhla[59] bheag sa bhallla ar chúl an chuntair, agus cuireadh mála bia agus ticéad amach. Thiontaigh Liz a súile ó na stócaigh gharbha a bhí ag diurnú bhuidéal[60] an Olde English.

'Seo duit, a Jimmy, oíche mhaith agus slán abhaile.'

Chlaon Jimmy a cheann mar fhreagra, thóg an mála donn agus d'fhoscail doras trom na sráide. Chonacthas dó gur éirigh an oíche iontach fuar. Chuir sé mála an bhia taobh istigh dá chasóg in aice lena chliabhrach[61] leis an teas a choinneáil ann, cé nach raibh i bhfad le siúl aige.

Chuaigh sé a smaointiú ar an chraos tine[62] a bheadh sa teallach roimhe, agus ar an dá phláta agus an dá fhorc a bheadh réidh ag Sarah agus í ag súil leis na bhaile. Ba mhian leis luí aici agus inse di[63] cad é chomh sona sásta is a bhí sé le linn iad a bheith le chéile.

Chonaic sé ina intinn féin í, fána gruaig chatach bhán. Chóir a bheith go dtiocfadh leis[64] a boladh a chur, ach a Dhia, chomh mór agus ba mhaith leis a lámha a chur thart uirthi agus luí aici.

Caillte ina smaointe féin, ní raibh a fhois ag Jimmy cad é a bhí ag gabháil ar aghaidh[65] thart air. Níor chuala sé an carr gan solas a bhí ag tarraingt air go fadálach[66] as dorchadas na hoíche. Ní fhaca sé an splanc solais, ach ar an tsaol seo dáiríre, scaoil stócach a raibh caint ní ba ghraiflí[67] aige ná an mhuintir a bhí sa teach itheacháin, scaoil sé urchar[68] a shíob[69] leath an chloiginn de Jimmy agus a d'fhág ina luí ar an tsráid reoite é. Bhí an fhuil ag púscadh[70] ar an talamh fhuar liath agus ag meascadh lena raibh sna boscaí aluminium.

[55] cúpla pingin
[56] gramhsaire = a grunt
[57] caint shalach
[58] oscailt
[59] poll/hatch
[60] ag ól buidéil
[61] chest
[62] tine mhór
[63] insint di
[64] ba bheag nach raibh sé ábalta
[65] ag tarlú
[66] ag teacht ina threo go mall
[67] more harsh
[68] bullet
[69] a bhain
[70] ag doirteadh = pouring

Gnáthleibhéal Spreagadh

[1] a pint
[2] difficulties
[3] especially
[4] guilty
[5] he thought of the twins
[6] pressure
[7] under her control
[8] too much
[9] celebrating the birth of his grandson
[10] since
[11] however
[12] that he would keep
[13] at the bar
[14] the same stools
[15] Jimmy didn't/couldn't understand
[16] he thought of
[17] drinking wine
[18] a drink
[19] he spoke to Liz, the waitress
[20] he ordered the usual
[21] rudely
[22] to help them
[23] chest
[24] he was going to tell Sarah that night how happy he was to be married to her
[25] so lost
[26] a young man who was in the car shot Jimmy

Achoimre ar an nGearrscéal

- Bhí Jimmy ag ól **pionta**[1] lena chairde tar éis na hoibre tráthnóna Dé hAoine i mBéal Feirste. Smaoinigh sé ar a bhean agus a pháistí sa bhaile agus na **deacrachtaí**[2] a bheadh ag Sarah na páistí a chur a chodladh (**go háirithe**[3] an páiste ba shine John).

- Mhothaigh Jimmy **ciontach**[4] dul ag ól gach Aoine, go háirithe nuair a **chuimhnigh sé ar an gcúpla**[5], a bhí sé mhí d'aois. Chuir Sarah **brú**[6] air bualadh lena chairde áfach, mar nár mhaith léi go gceapfadh a chairde go raibh Jimmy **faoi smacht aici**[7].

- D'fhéach sé ar a chara Billy, a chara ón obair, agus bhí a fhios aige go mbeadh Billy ag ól ar feadh na hoíche. Bhí sé ag ól **an iomarca**[8] le seachtain anuas mar bhí sé **ag ceiliúradh bhreith a gharmhic**[9] nua i Sasana. Ní raibh an bainisteoir sásta le hobair Billy **ó**[10] bhí sé ag ól.

- Chabhraigh Jimmy le Billy, **áfach**[11], agus dúirt sé leis an mbainisteoir **go gcoinneodh sé**[12] a chara ag obair i gceart.

- Bhain Jimmy féin taitneamh níos mó as an gcraic sa teach tábhairne ná an t-alcól féin. Níor ól sé mórán. D'fhéach sé ar na fir **ag an mbeár**[13]. Shuigh siad ar **na stólta céanna**[14] i gcónaí. **Níor thuig Jimmy**[15] an fáth nach raibh siad ag iarraidh dul abhaile.

- **Smaoinigh sé ar**[16] an saol sona a bhí aige féin lena bhean chéile Sarah, a pháistí agus a dteach compordach. Rinne sé féin agus Sarah a lán oibre ar an teach. Bhí Jimmy ag súil le hoíche Dé Sathairn nuair a bheadh sé féin agus Sarah le chéile ag féachaint ar *video* agus **ag ól fíona**[17].

- Cheannaigh Jimmy **deoch**[18] eile dá chairde, chríochnaigh sé a phionta féin agus ansin d'fhág sé slán ag a chairde. Ansin chuaigh sé go dtí an Jasmine Palace (an bhialann Shíneach) chun *curaí* agus *chop suey* a cheannach dó féin agus Sarah.

- **Labhair sé le Liz, an freastalaí**[19], faoi dhul abhaile ach mhothaigh sé ciontach a bheith ag caint mar sin léi, mar bhí a fhios aige nach raibh fear céile ag Liz agus go raibh sí ina máthair shingil. **D'ordaigh sé an gnáthrud**[20] uaithi ansin.

- Bhí déagóirí sa chúinne a bhí ar meisce agus ag labhairt **go gáirsiúil**[21]. Níor thaitin sé sin le Jimmy, ach thug sé cúpla pingin dóibh **chun cabhrú leo**[22] bia a cheannach.

- Nuair a chuaigh sé amach ar an tsráid, cheap sé go raibh an oíche fuar agus chuir sé an mála bia lena **ucht**[23]. Smaoinigh sé ar an tine mhór sa teach agus Sarah ag fanacht leis. **Bhí sé chun a rá le Sarah anocht cé chomh sásta is a bhí sé a bheith pósta léi**[24].

- Bhí Jimmy **chomh caillte sin**[25] ina chuid smaointe nach bhfaca sé carr ag teacht ón dorchadas. Tháinig caint gháirsiúil ón gcarr agus **scaoil fear óg a bhí sa charr urchar**[26], a bhuail Jimmy sa cheann agus a d'fhág ar an tsráid fhuar é, a chuid fola ag meascadh leis an mbia a bhí sa mhála aige.

Mo Cheantar, Mo Theach, Fadhbanna Sóisialta agus Cúrsaí an tSaoil

An Gnáthrud *le Déirdre Ní Ghrianna*

Achoimre ar an Scéal i bhFoirm Pictiúr

Anois, scríobh d'achoimre féin bunaithe ar na pictiúir thuas.

83

Gnáthleibhéal **Spreagadh**

Obair Ealaíne

Cruthaigh achoimre ar an scéal i bhfoirm pictiúr agus siombailí. Is féidir leat úsáid a bhaint as figiúirí agus roinnt eochairfhocal anseo is ansiúd más mian leat.

Cleachtadh Scríofa

Féach ar na carachtair thíos. Scríobh síos cúig cinn d'eocharfhocail a bhaineann le gach duine acu, m.sh. Liz – freastalaí, máthair shingil, srl.

Scríobh na freagraí ar na ceisteanna seo a leanas *nó* iarrfar ar dhalta áirithe suí sa chathaoir the agus beidh air/uirthi an chéad cheist a fhreagairt ó bhéal. Nuair a bheidh an cheist freagartha aige/aici, is féidir leis/léi an chéad cheist eile a chur ar aon dalta eile is mian leis/léi.

1. Cad ab ainm do bhean chéile Jimmy?
2. Cé mhéad páiste a bhí ag Jimmy agus Sarah?
3. Céard a dhéanadh Jimmy lena chairde gach Aoine tar éis dó a chuid oibre a chríochnú?
4. Cén saghas bia a d'itheadh sé le Sarah oíche Aoine?
5. Conas a mhothaigh Jimmy sa teach tábhairne agus é ag smaoineamh ar Sarah agus na páistí sa bhaile?
6. Cén fáth a raibh ar Jimmy cabhrú le Billy ag an obair?
7. Cén chaoi a raibh an aimsir nuair a tháinig Jimmy amach ar an tsráid?
8. Cérbh í Liz?
9. Cad ba mhaith leis a insint do Sarah ar dhul abhaile dó?
10. Conas a maraíodh Jimmy sa deireadh?

An tÚdar, Cúlra an tSleachta

Rugadh an t-údar Déirdre Ní Ghrianna i mBéal Feirste. Is iriseoir í leis an *West Belfast Observer*. Foilsíodh an gearrscéal seo sa bhliain 1999. Is i mBéal Feirste atá an scéal suite i rith thréimhse na dTrioblóidí.

Mo Cheantar, Mo Theach, Fadhbanna Sóisialta agus Cúrsaí an tSaoil | Aonad 2

Tréithe na gCarachtar

Jimmy

- Is **fear óg** é Jimmy ó Bhéal Feirste. Tá sé **pósta** le Sarah agus tá triúr páistí acu, John atá ceithre bliana d'aois agus an cúpla, Elizabeth agus Margaret atá sé mhí d'aois.
- Tá Jimmy **an-sona**[1] ina shaol agus tá grá mór aige dá bhean chéile agus dá pháistí. Mothaíonn sé ciontach nuair a bhíonn sé as baile.
- Is **athair agus fear céile maith** é. Ba mhaith leis teach deas compordach a chur ar fáil do Sarah agus na páistí.
- Tá sé ag obair sa **tionscal tógála**[2] agus tá **nós**[3] aige bualadh lena chairde ón obair gach tráthnóna Aoine sa teach tábhairne. **Baineann sé taitneamh as an gcomhluadar**, ach ní ólann sé mórán.
- Tá Jimmy **cneasta**[4]. Cabhraíonn sé lena chara Billy ag an obair nuair nach bhfuil an bainisteoir sásta le Billy. Tá sé cneasta le Liz, an freastalaí, freisin. Stopann sé ag caint faoina chlann féin nuair a chuimhníonn sé go bhfuil Liz ina máthair shingil.
- Tá sé **díograiseach**[5]. Chaith sé beagnach bliain ag obair ar a theach **chun baile a dhéanamh de**[6].
- Tá sé **grámhar**[7]. Ba mhaith leis a rá le Sarah go raibh sé an-sásta a bheith pósta léi. Bhí grá mór aige do na páistí freisin.
- Is **duine maith** é agus níl aon bhaint aige leis an bhforéigean[8].

[1] very happy
[2] the building industry
[3] habit/custom
[4] kind
[5] hardworking
[6] to make a home out of it
[7] loving
[8] he has no involvement in violence

Achoimre ar thréithe Jimmy
- Tá sé an-sona ina shaol.
- Is athair agus fear céile maith é.
- Baineann sé taitneamh as an gcomhluadar ach ní ólann sé morán.
- Tá sé cneasta.
- Tá sé díograiseach.
- Tá sé grámhar.
- Níl aon bhaint aige leis an bhforéigean.

Sarah

- Tá Sarah **díograiseach** freisin. Chaith sí a lán ama ag obair ar an teach taobh istigh. Ba mhaith léi teach deas a chur ar fáil don chlann.
- Tá sí **grámhar**. Tugann sí aire mhaith dá páistí agus tá grá láidir aici dá fear céile, Jimmy.
- Is duine **bródúil**[1] í. Tá sí róbhródúil **ligean do Jimmy**[2] teacht abhaile ón obair tráthnóna Dé hAoine. Tá eagla uirthi go gceapfadh a chairde go bhfuil Jimmy faoi smacht aici.
- Beidh sí **croíbhriste** ar fad nuair a chloisfidh sí faoi **dhúnmharú**[3] Jimmy agus cuimhníonn an léitheoir uirthi ag an deireadh.

[1] proud
[2] to allow Jimmy
[3] murder

Gnáthleibhéal Spreagadh

Achoimre ar Thréithe Sarah

```
            díograiseach
                ↑
croíbhriste ← Sarah → grámhar
                ↓
             bródúil
```

Na Mioncharachtair

[1] *minor character*
[2] *an important role*

- Tá triúr **mioncharachtar**[1] sa ghearrscéal seo, ach tá **ról tábhachtach**[2] acu sa scéal. Is cara ón obair é Billy. Cabhraíonn Jimmy leis nuair nach mbíonn an bainisteoir sásta le hobair Billy.

[3] *Jimmy decides*
[4] *respect*
[5] *kindly*
[6] *pity*

- Is freastalaí sa teach tábhairne é Micí. Nuair a luann Micí na páistí, **socraíonn Jimmy**[3] dul abhaile go luath mar mothaíonn sé ciontach go bhfuil sé amuigh.

- Is í Liz an freastalaí sa bhialann Shíneach, Tá **meas**[4] ag Liz ar Jimmy. Tá Jimmy an-chneasta le Liz agus labhraíonn sé **go cineálta**[5] léi. Tá **trua**[6] ag Jimmy do Liz go bhfuil a fear imithe uaithi.

Cleachtadh Labhartha: Dráma

1. Cum trí cheist ba mhaith leat a chur ar Jimmy. Is féidir le dalta eile ról Jimmy a ghlacadh agus na ceisteanna a fhreagairt.

   Sampla
   An bhfuil tú i ngrá le Sarah?

2. Cum trí cheist ba mhaith leat a chur ar Sarah. Is féidir le dalta eile ról Sarah a ghlacadh agus na ceisteanna a fhreagairt.

   Sampla
   An fear céile maith é Jimmy?

Cleachtaí Scríofa

1. Déan cur síos ar charachtar Jimmy sa ghearrscéal. An dtaitníonn Jimmy leat mar charachtar? Cuir dhá fháth le do fhreagra.

2. Cén saghas duine í Sarah?

3. An mbíonn trua agat do Sarah ag deireadh an scéil? Tabhair dhá fháth chun tacú le do fhreagra.

Mo Cheantar, Mo Theach, Fadhbanna Sóisialta agus Cúrsaí an tSaoil

Téama an Ghearrscéil

- Is iad **foréigean agus dúnmharú**[1] na téamaí is tábhachtaí sa ghearrscéal seo. Maraíodh a lán daoine maithe nuair a bhí na Trioblóidí ar siúl i dTuaisceart Éireann. Is duine mar sin é Jimmy. Níl aon bhaint aige leis an bhforéigean. Tá an scéal suite i gcathair Bhéal Feirste.

- 'An Gnáthrud' is teideal don ghearrscéal agus is scéal é faoi ghnáthfhear agus a ghnáth-theaghlach. Feicimid na **nósanna**[2] simplí atá ag Jimmy, a theaghlach agus a chairde. Téann na cairde go dtí an teach tábhairne gach Aoine. Itheann Jimmy agus Sarah bia Síneach ina dhiaidh sin, srl.

- Tá téama an ghrá le feiceáil sa scéal chomh maith. Tá grá láidir ag Jimmy dá bhean chéile Sarah agus dá pháistí. **Mothaíonn Jimmy ciontach**[3] sa teach tábhairne lena chairde ón obair mar tá Sarah sa teach leis na páistí. Tá sé **ag tnúth le**[4] dul abhaile agus suí in aice le Sarah agus a insint di faoin ngrá mór atá aige di. Fágann Jimmy an beár go luath an oíche sin **mar gheall ar**[5] a ngrá dá theaghlach.

- Baintear geit uafásach asainn ag deireadh an scéil. Gan aon choinne, scaoileann fear óg urchar le Jimmy, a leagann go talamh é. Faigheann Jimmy bás. Is críoch an-bhrónach agus scanrúil é sin gan amhras.

[1] violence and murder
[2] habits/customs
[3] Jimmy feels guilty
[4] looking forward to
[5] because of

Achoimre ar na Téamaí

- foréigean agus dúnmharú
- gnáth-theaghlach
- grá
- cneastacht
- críoch obann agus bhrónach

Cúinne na Litearthachta

Déan na focail sa bhosca thuas a aistriú anois sa tábla thíos agus déan iarracht iad a litriú ansin gan féachaint ar na nótaí.

As Gaeilge	As Béarla	As Gaeilge Arís!
foréigean		
dúnmharú		
gnáth-theaghlach		
grá agus cneastacht		
críoch an-bhrónach		

Gnáthleibhéal Spreagadh

Mothúcháin

Is iad na mothúcháin sa ghearrscéal seo:

- **Grá:** Tá grá mór ag Jimmy dá bhean chéile Sarah agus dá pháistí. Tá grá mór ag Sarah do Jimmy agus do na páistí freisin. Tá sí ag tnúth le Jimmy a fheiceáil.
- **Cneastacht:** Tá Jimmy cneasta le gach duine sa scéal. Tá sé cneasta le Billy, a chara ón obair. Tá sé lách le Liz, an freastalaí, atá ina máthair shingil. Mothaíonn sé ciontach [guilty] sa teach tábhairne nuair atá Sarah sa bhaile leis na páistí.
- **Dílseacht:** Tá Jimmy an-dílis do Sarah agus dá pháistí.
- **Meas:** Tá meas ag Jimmy ar Liz agus ar a chairde. Tá meas aige ar Sarah agus ar a theaghlach freisin.
- **Brón:** Tá críoch an-bhrónach ar fad ag an scéal seo. Faigheann Jimmy bás mar gheall ar na Trioblóidí. Maraíonn fear óg é.
- **Trua:** Bíonn trua againn do Sarah agus do na páistí sa deireadh.

Cleachtadh Scríofa

Déan cur síos ar dhá cheann de na mothúcháin atá le brath sa scéal seo, dar leat.

Freagra Samplach a 1a

An dtaitníonn an scéal seo leat? Cuir fáthanna le do fhreagra.
(Is leor dhá fháth.)

Is maith liom an gearrscéal seo.

- Is scéal é faoi theaghlach deas i mBéal Feirste. Is maith liom carachtar Jimmy. Tá sé an-chneasta agus grámhar. Tá grá mór aige dá bhean chéile agus dá chuid páistí. Tugann sé aire mhaith dóibh agus mothaíonn sé ciontach nuair a bhíonn sé sa teach tábhairne. Tá sé an-chneasta le daoine eile freisin. Feicimid é sin nuair a bhíonn sé ag caint le Liz, an freastalaí sa bhialann Shíneach agus nuair a chabhraíonn sé lena chara Billy.

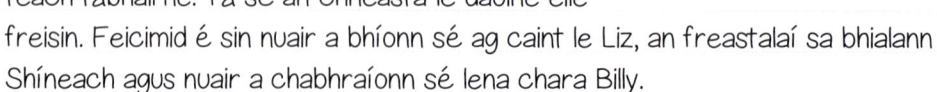

- Is maith liom teideal an scéil. Is teideal maith é mar is scéal é faoi ghnáth-theaghlach agus na gnáthrudaí a dhéanann siad. Ceannaíonn Jimmy an gnáthrud sa teach tábhairne agus sa bhialann. Mar sin is teideal cliste é.

Mo Cheantar, Mo Theach, Fadhbanna Sóisialta agus Cúrsaí an tSaoil

Freagra Samplach a 1b

Ní maith liom an gearrscéal seo.

- Tá críoch an scéil an-bhrónach ar fad. Is duine deas, cneasta, grámhar é Jimmy. Tá bean chéile agus páistí áille aige. Tá sé ag tnúth go mór le dul abhaile agus a rá le Sarah go bhfuil sé an-sásta a bheith pósta léi. Tá sé an-sona ina shaol. Níl aon bhaint aige leis an bhforéigean, ach ag an am céanna, faigheann sé bás. Ní maith liom críoch an scéil mar sin.

- Baintear geit asainn ag deireadh an scéil agus ní maith liom é sin. Scaoileann fear óg urchar le Jimmy agus faigheann sé bás. Tá an scéal taitneamhach go dtí an pointe sin, ach ansin tagann an foréigean isteach sa scéal agus ní rud deas é sin gan amhras. Tá trua agam do Sarah agus do na páistí ag deireadh an scéil.

Cleachtaí Scríofa

1. Ar thaitin an gearrscéal 'An Gnáthrud' leat? Tabhair dhá fháth le do fhreagra.
2. Meaitseáil na litreacha leis na huimhreacha sa ghreille thíos chun abairtí iomlána a chumadh.

A	Is í Déirdre Ní Ghrianna	1	i mBéal Feirste le linn na dTrioblóidí.
B	Tá Jimmy ag obair	2	í Liz, an freastalaí.
C	Is máthair shingil	3	leis an bhforéigean.
D	Teastaíonn ó Jimmy	4	béile Síneach gach Aoine.
E	Tá an gearrscéal suite	5	le hobair Billy.
F	Níl an bainisteoir sásta	6	sa tionscal tógála.
G	Níl aon bhaint ag Jimmy	7	cúpla pingin do na déagóirí sa bhialann.
H	Tá Billy ag ól	8	a scríobh an gearrscéal seo.
I	Itheann Jimmy agus Sarah	9	an iomarca le déanaí.
J	Tugann Jimmy	10	a rá le Sarah go bhfuil sé an-sona léi.

A	B	C	D	E	F	G	H	I	J
8	6	2	10	1	5	3	9	4	7

Gnáthleibhéal **Spreagadh**

Féinmheasúnú

Cé chomh sásta is atá tú anois go mbeidh tú in ann achoimre, téama agus carachtair an scéil thuas a phlé gan saothar gan stró? Cuir tic sa bhosca cuí.

Míshásta	Measartha sásta	An-sásta

Céim a 6b: Filíocht Ainmnithe

Sa chéim seo, foghlaimeoidh tú:
- conas an dán a mhíniú i nGaeilge níos simplí
- faoi théama an dáin 'An Spailpín Fánach'
- faoin bhfile
- faoi mhothúcháin an fhile
- conas ceisteanna scrúdaithe a fhreagairt.

Cúinne na Litearthachta

Foghlaim conas na heochairfocail thíos san achoimre a litriú agus faigh amach cad is brí leo.

Féach go grinn ar na focail seo, abair amach iad, clúdaigh na focail, agus ansin scríobh na focail amach chun an litriú a chleachtadh!

As Gaeilge	As Béarla	Clúdaigh na focail ar an lámh chlé agus scríobh amach na focail anseo leat féin. Cad is brí leis na focail?
sclábhaí		
na Gaill		
na tiarnaí talún		
saol crua		
obair dhian		
Éirí Amach 1798		
ainm maslach		
fearg		
tá sé réidh chun troda		
saol níos fearr		

AN SPAILPÍN FÁNACH
(Ní fios cé a chum)

[1] farm labourer/slave	Im spailpín fánach[1] atáim le fada
[2] depending on	ag seasamh ar[2] mo shláinte,
[3] dew	ag siúl an drúchta[3] go moch ar maidin
[4] galar a mhaireadh trí mhí	's ag bailiú galair ráithe[4];
[5] ceannaircigh (*rebels*) Éireannacha i 1798	ach glacfad fees ó rí na gcroppies[5],
[6] a pole and pike to kill people	cleith is píc chun sáite[6]
	's go brách arís ní ghlaofar m'ainm
	Sa tír seo, an spailpín fánach.

[7] mo thuras/mo chuairt	Ba mhinic mo thriall[7] go Cluain gheal Meala
	's as sin go Tiobraid Árann;
[8] used to cut/mow	i gCarraig na Síuire thíos do ghearrainn[8]
[9] wide lines of grass/oats/corn	cúrsa leathan láidir[9];
[10] earnestly, my flail in hand	i gCallainn go dlúth 's mo shúiste im ghlaic[10]
[11] ahead of them in my work	ag dul chun tosaigh ceard leo[11]
[12] 'séard a chloisim ná	's nuair théim go Durlas 's é siúd bhíonn agam[12] –
[13] here comes	'Sin chú'ibh[13] an spailpín fánach!'

[14] ní rachaidh mé	Go deo deo arís ní raghad[14] go Caiseal
[15] ag déanamh damáiste	ag díol ná ag reic[15] mo shláinte
[16] hiring market	ná ar mhargadh na saoire[16] im shuí cois balla,
[17] amadáin	im scaoinse[17] ar leataoibh sráide,
[18] loutish big farmers	bodairí[18] na tíre ag tíocht ar a gcapaill
	á fhiafraí an bhfuilim hireálta:
[19] ar aghaidh linn	'Ó 'téanam chun siúil[19], tá an cúrsa fada' –
[20] imíonn	siúd ar siúl[20] ar an spailpín fánach.

Gnáthleibhéal Spreagadh

Leagan Próis

Táim i mo sclábhaí feirme le fada an lá
nuair a bhíonn mo chuid sláinte go maith,
ag siúl sa drúcht tais go luath ar maidin
agus ag fáil tinnis a mhaireann ar feadh trí mhí;
ach tógfaidh mé airgead ó na Ceannaircigh Éireannacha anois,
Beidh sleá agus píc agam chun na naimhde (na Gaill) a mharú
agus mar sin ní thabharfar an t-ainm
an spailpín fánach orm go deo arís sa tír seo.

Ba mhinic mé a shiúl go Cluain gheal Meala
agus uaidh sin go dtí Tiobraid Árann;
thíos i gCarraig na Síuire ghearradh mé
páirceanna móra coirce nó arbhair;
chuaigh mé go dtí Callainn go díograiseach le mo
     shúiste (don obair) i mo lámh
agus bhí mé chun tosaigh ar na hoibrithe eile ar fad,
agus nuair a théim go Durlas, an rud a chloisim ná
'féach, tá an spailpín fánach ag teacht.'

Ní rachaidh mé go Caiseal go deo arís
ag déanamh dochair do mo shláinte
ná ar an margadh híreála, áit a suím in aice leis an mballa,
mar amadán ar thaobh na sráide,
na tiarnaí talún[21] ag teacht ar a gcapaill
ag cur ceiste orm an bhfuil mé fostaithe
'siúl ar aghaidh', a deir siad, 'tá bóthar fada romhat' –
agus ar aghaidh leis an spailpín fánach.

[21]bodairí = téarma maslach dóibh

Mo Cheantar, Mo Theach, Fadhbanna Sóisialta agus Cúrsaí an tSaoil

Línte an Dáin

- Tá an file ina sclábhaí[1] feirme le fada. Bíonn air éirí go luath agus siúl sa drúcht[2]. Bíonn sé tinn go minic, a deir sé. Fágfaidh sé an saol sin agus tógfaidh sé airgead 'ó rí na gcroppies' (an t-ainm a thugtaí ar cheannaircigh Éireannacha le linn Éirí Amach 1798). Beidh sé armtha le sleá agus píce chun daoine a mharú agus mar sin, ní bheidh an t-ainm an spailpín fánach air. (Véarsa a 1)

- Rinne an spailpín obair thuirsiúil mar sclábhaí feirme. Théadh sé ó Chluain Meala go Tiobraid Árann. Rinne sé obair dhian[3] i gCarraig na Siúire, ag baint an fhéir agus i gCallainn, bhain sé arbhar[4] lena 'shúiste' ina lámh. Bhí sé níos fearr ag an obair sin ná na hoibrithe[5] eile ar fad, dar leis. Nuair a théann sé go Dúrlas, áfach, cloiseann sé daoine ag rá go bhfuil an 'spailpín fánach' ag teacht agus cuireann sé sin fearg air. (Véarsa a 2)

- Deir sé nach rachaidh sé go deo arís go dtí an margadh[6] i gCaiseal (margadh fostaíochta). Ní fhanfaidh sé mar amadán leis na bodairí ag teacht ar a gcapaill (téarma maslach[7] do na fir shaibhre), agus iad ag cur ceiste an bhfuil sé fostaithe. Is fuath leis na fir shaibhre ag rá leis brostú. (Véarsa a 3)

[1] slave
[2] in the dew
[3] hard work
[4] corn
[5] the workers
[6] the market/the fair
[7] an insulting/offensive term/name

Cleachtaí Scríofa

1. Conas a bhí sláinte an spailpín agus é ag obair?
2. Cén fáth a raibh sé ag iarraidh a shaol mar spailpín a athrú?
3. Cérbh iad 'rí na gcroppies'?
4. Cén obair a dhéanadh an file i gCarraig na Siúire?
5. Ainmnigh dhá áit eile ina mbíodh an spailpín ag obair.
6. Cén fáth nach rachaidh an spailpín go Caiseal arís?
7. Conas a mhothaíonn an file i dtaobh na dtiarnaí talún?
8. Cad í an cheist a chuireann na fir shaibhre air ag an margadh fostaíochta?
9. Cén fáth a ndeireadh na tiarnaí talún leis brostú air?
10. Cad a dhéanfaidh an spailpín anois?

Téama an Dáin

- Is é cruachás mhuintir na hÉireann[8] nuair a bhí na Sasanaigh i réim[9] sa tír seo ag deireadh an 18ú haois téama an dáin seo. Bhí saol crua[10] ag na daoine, mar caitheadh amach óna dtailte iad[11] agus bhí orthu dul ó áit go háit, ag lorg oibre[12], cosúil leis an 'spailpín fánach' sa dán seo.

- Ba théarma maslach é 'spailpín fánach' agus b'fhuath leis an bhfile an teideal sin a bheith air. Mar sin, ba mhaith leis dul ag troid in aghaidh na nGall[13], leis na hÉireannaigh Aontaithe[14].

[8] the hardship of the Irish people
[9] the English in power
[10] hard life
[11] they were thrown off their lands
[12] looking for work
[13] against the English
[14] the United Irishmen

Gnáthleibhéal Spreagadh

[15] *a lot of travel*
[16] *oats*
[17] *respect*
[18] *the landlords*
[19] *for the rights of people*

- Rinne an spailpín a lán taistil[15] ina chuid oibre. Chuaigh sé ó Chluain Meala go Tiobraid Árann. Rinne sé obair dhian, ag baint an fhéir nó coirce[16] nó arbhair. Ní raibh meas[17] ag na tiarnaí talún[18] ar a chuid oibre, áfach, agus chuir sé sin fearg ar an spailpín.
- Rachaidh sé san arm ag troid ar son chearta na ndaoine[19] in Éirinn anois. Tá sé tinn tuirseach dá shaol mar spailpín. Beidh sé armtha le sleá agus píce agus glacfaidh sé páirt san Éirí Amach (1798).

Cleachtadh Scríofa

Meaitseáil na litreacha leis na huimhreacha sa ghreille thíos chun abairtí iomlána a chumadh.

A	Tá an spailpín fánach	1	téama an dáin.
B	Is é cruachás gnáthmhuintir na hÉireann nuair a bhí na Sasanaigh i réim	2	é margadh na saoire.
C	Caitheadh na feirmeoirí Éireannacha	3	ná na tiarnaí talún.
D	B'aonach fostaíochta	4	toisc go raibh air siúl sa drúcht tais.
E	Rinne an spailpín turas fada	5	le sleá agus píce.
F	Na *bodairí* atá i gceist sa dán	6	ar an obair a rinne an spailpín.
G	Bhí an file tinn go minic	7	tinn tuirseach dá shaol mar sclábhaí.
H	Rachaidh an spailpín ag troid anois	8	amach óna dtailte.
I	Beidh sé armtha	9	ó Chluain Meala go dtí Tiobraid Árann.
J	Ní raibh meas ag na tiarnaí talún	10	leis na hÉireannaigh Aontaithe.

A	B	C	D	E	F	G	H	I	J

Anois, scríobh amach na habairtí i do chóipleabhar.

Mothúcháin

- **Fearg:** Tá fearg an domhain ar an spailpín fánach leis na tiarnaí talún (na Gaill) a chaith na hÉireannaigh amach óna dtailte. Tá fearg air nuair a chloiseann sé iad ag tabhairt spailpín fánach air. Tá sé crosta agus tá sé tinn tuirseach dá shaol mar sclábhaí feirme. Tugann sé *bodairí* ar na feirmeoirí móra saibhre. Bíonn sé crosta nuair a chloiseann sé iad ag rá leis brostú. Tá sé réidh chun troda anois in aghaidh na nGall.
- **Míshonas:** Níl an spailpín sásta in aon chor lena shaol. Is fuath leis gach rud a bhaineann lena shaol mar sclábhaí feirme. Bíonn sé tinn go minic. Déanann sé taisteal fada agus obair dhian. Tá saol crua aige gan amhras agus níl sé sona. Is fuath leis suí ag an margadh 'cois balla' ag fanacht le hobair ó na tiarnaí talún. Ba mhaith leis a shaol a athrú[20], mar nach bhfuil sé sásta.

[20] *he would like to change his life*

Mo Cheantar, Mo Theach, Fadhbanna Sóisialta agus Cúrsaí an tSaoil

- **Fuath:** Is fuath leis an spailpín a shaol agus an obair chrua a dhéanann sé. Is fuath leis éirí go luath ar maidin agus siúl sa drúcht. Is fuath leis a bheith tinn mar gheall ar[21] an obair chrua sin. Ní maith leis an t-ainm spailpín fánach agus ba mhaith leis é sin a athrú. Is fuath leis na feirmeoirí saibhre a chaith na Gaeil amach óna dtailte. Tugann sé bodairí orthu agus is téarma maslach é sin. Tá sé réidh anois chun dul ag troid in aghaidh na nGall mar gur fuath leis iad.

[21] *because of*

- **Dóchas**[22]**:** Tá an file dóchasach go dtiocfaidh athrú ar a shaol. Tá sé sásta anois dul ag troid leis na hÉireannaigh Aontaithe in aghaidh na nGall. Mar sin, ní bheidh aon duine ag tabhairt spailpín fánach air agus tugann sé sin dóchas dó.

[22] *hope*

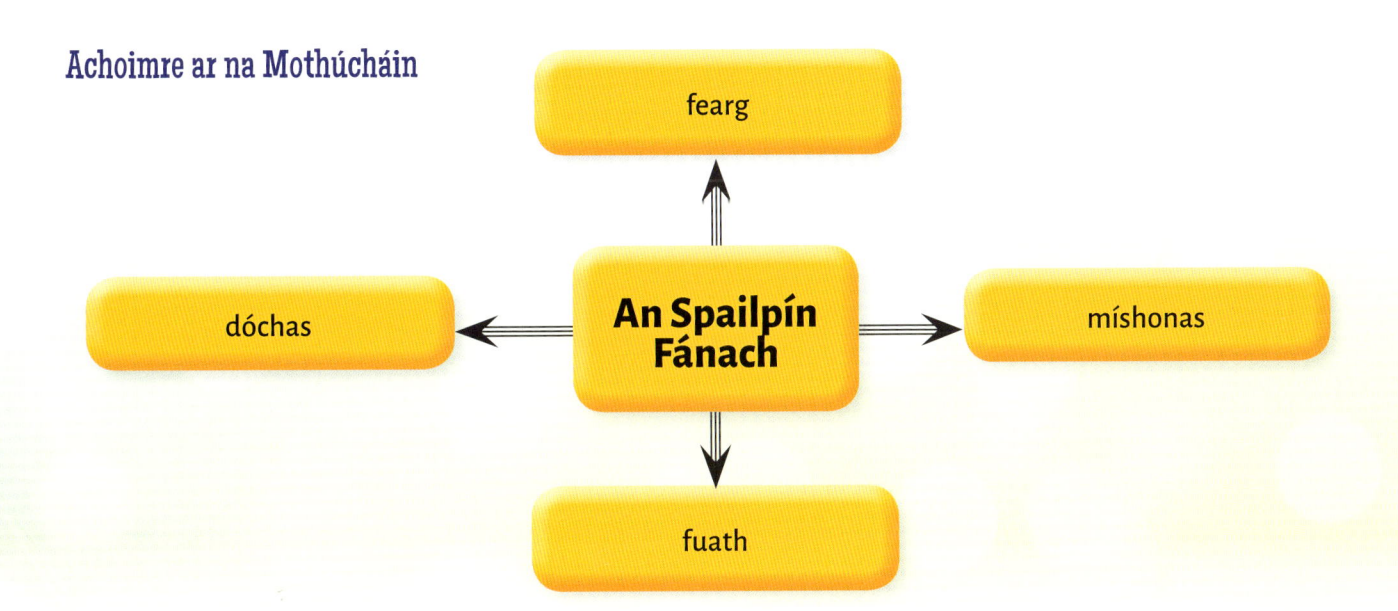

Achoimre ar na Mothúcháin

```
          fearg
            ↑
dóchas ← An Spailpín Fánach → míshonas
            ↓
          fuath
```

Cleachtadh Scríofa

Líon na bearnaí leis an bhfocal ceart ón liosta thíos.

1. Ciallaíonn an téarma spailpín fánach _____ feirme.
2. Is dán é seo faoi _____ mhuintir na hÉireann nuair a bhí na Sasanaigh i réim sa tír.
3. Ba mhaith leis an spailpín éalú ón _____ _____ atá aige anois.
4. Is fuath leis an spailpín éirí go luath ar maidin agus dul ag siúl sa _____.
5. Glacfaidh sé páirt in _____ _____ 1798.
6. Tá sé tinn _____ dá shaol.
7. Cloiseann sé na feirmeoirí móra ag rá leis _____ agus cuireann sé sin fearg air.
8. Tá _____ le mothú ag deireadh an dáin.

dóchas	Éirí Amach	sclábhaí	saol gruama
drúcht	tuirseach	chruachás	brostú

95

Gnáthleibhéal **Spreagadh**

Mata Boird

> ◆ Bainigí úsáid as leathanach A3 roinnte i gceithre chearnóg cosúil leis an Mata Boird in Aonad a 1, leathanach 41. Bainigí úsáid as na ceisteanna/pointí thíos más mian libh.
>
> ◆ Déanaigí grúpaí de cheathrar. Bíodh leathanach A3 ag gach grúpa agus bíodh ceithre chearnóg ar an leathanach. Ligfidh beirt sa ghrúpa orthu gurb iad an spailpín fánach, atá fós ina sclábhaí feirme. Ligfidh an bheirt eile orthu gurb iad an spailpín atá ag troid leis na hÉireannaigh Aontaithe anois.
>
> ◆ Ansin, roghnaíonn gach dalta mothúchán amháin a bhraitheann sé/sí agus ina c(h)earnóg féin, caithfidh sé/sí pictiúr beag a tharraingt a thaispeánann an mothúchán sin.
>
> ◆ Faoi dheireadh, caithfidh gach dalta sa rang insint don rang conas a mhothaíonn sé agus an fáth a mothaíonn sé mar sin.

Teicníocht

[23] *direct speech*
[24] *to show*

- **Caint dhíreach**[23]: Úsáideann an file caint dhíreach chun an fuath atá aige do na Gaill a léiriú[24]. 'Sin chú'ibh an spailpín fánach!', Ó 'téanam chun siúil, tá an cúrsa fada'.

[25] *images*

- **Íomhánna**[25]: Tá an dán lán le híomhánna láidre, mar shampla an spailpín ag siúl sa drúcht go luath ar maidin, cuma thuirseach air. Tá íomhá eile den spailpín ag baint an fhéir nó coirce nó arbhair agus é ag obair go dian lena shúiste ina lámh aige. Íomhá láidir eile atá ann ná an file ina shuí in aice leis an mballa ag an margadh ag fanacht le hobair. Tá pictiúr freisin den spailpín ag siúl go dtí an obair agus an tiarna talún taobh thiar de ag cur brú air brostú[26].

[26] *putting him under pressure to hurry*
[27] *to emphasise*

- **Athrá**: Úsáideann an file athrá sa dán chun béim a chur[27] ar na mothucháin láidre atá ina chroí. Críochnaíonn gach véarsa leis na focail 'spailpín fánach' agus is fuath leis an bhfile an t-ainm sin a bheith air: 'Sa tír seo, an spailpín fánach' ... 'Sin chú'ibh an spailpín fánach!' ... 'siúd ar siúl ar an spailpín fánach'.

Ceisteanna Scrúdaithe

1. Déan cur síos gearr ar an spailpín fánach ón gcéad véarsa. (8 mharc)
2. Cad é téama an dáin seo, dar leat? Conas a léirítear an téama sin dúinn? (8 mharc)
3. Déan cur síos ar na híomhánna sa dán. (Is leor dhá íomhá.) (8 mharc)
4. Cad iad na mothúcháin is láidre sa dán, dar leat? (8 mharc)
5. Cén fáth a dteastaíonn ón spailpín a shaol a athrú? (8 mharc)
6. Cén sórt saoil atá beartaithe aige dó féin anois? (8 mharc)

Athbhreithniú ar an Litríocht: Súil ar an Scrúdú

Ceist 2 PRÓS (50 marc)

2A Prós Ainmnithe

(a) Tabhair achoimre ar na heachtraí is tábhachtaí sa ghearrscéal 'An Gnáthrud'. Luaigh na pointí seo:

   (i) Cá bhfuil Jimmy ag tús an ghearrscéil? Cén fáth a bhfuil sé ansin?

   (ii) Cé atá sa bhaile ag tabhairt aire do na páistí? Conas a mhothaíonn Jimmy faoi sin?

   (iii) Cén fáth a bhfágann Jimmy an teach tábhairne go luath?

   (iv) Déan cur síos ar an Jasmine Palace. Luaigh cúig rud faoi.

   (v) Céard a tharlaíonn do Jimmy nuair a thagann sé amach as an mbialann? (25 marc)

Ceist 3 FILÍOCHT (50 marc)

3A Filíocht Ainmnithe

(a) (i) Cad é téama an dáin 'An Spailpín Fánach', dar leat? Tabhair dhá phointe eolais i d'fhocail féin faoin téama sin sa dán. (8 marc)

   (ii) Scríobh nóta gairid ar dhá íomhá a fheiceann tú sa dán (8 marc)

   (iii) An dtaitníonn an dán seo leat? Cuir dhá fháth le do fhreagra. (9 marc)

Taisteal, Laethanta Saoire agus Cearta Daonna

Aonad 3

Céim a 1: Labhairt	Céim a 2: Cluastuiscint	Céim a 3: Ceapadóireacht	Céim a 4: Gramadach	Céim a 5: Léamhthuiscint	Céim a 6: Litríocht
Laethanta saoire Taisteal Bulaíocht/Ciníochas Turas scoile	Cearta daonna Taisteal Éagsúlacht	Giota leanúnach nó blag: An tír is fearr liom Scéal: Caillte i Maidrid Litir nó ríomhphost: Turas scoile Comhrá: Saoire champála	An aimsir fháistineach	Léamhthuiscint a 1: Des Bishop sa tSín Léamhthuiscint a 2: Sinéad de Búrca – éagsúlacht	6a Prós: *Seal i Neipeal* 6b Filíocht: 'Géibheann' Athbhreithniú ar an litríocht: súil ar an scrúdú

Nóta! Beidh rogha ar an bpáipéar scrúdaithe idir *Seal i Neipeal* agus an gearrscéal 'An Gnáthrud'.

Torthaí Foghlama

San aonad seo, foghlaimeoidh tú:

- **Léamh agus tuiscint:** conas foclóir agus nathanna a bhaineann le laethanta saoire, taisteal, cearta daonna, ciníochas a thuiscint agus a úsáid
- **Labhairt:** conas laethanta saoire, cúrsaí taistil agus fadhb an chiníochais a phlé
- **Scríobh:** conas giotaí a scríobh ar thopaicí amhail laethanta saoire agus taisteal
- **Litríocht:** na heochairfhocail a bhaineann leis an sliocht as *Seal i Neipeal* agus leis an dán 'Géibheann'. Beidh tú in ann freagraí scríofa a ullmhú bunaithe ar théamaí, stíl, carachtair agus ábhair a eascraíonn ón litríocht, mar shampla, daoirse, an taisteal, srl.
- **Féachaint:** féachfaidh tú ar mhíreanna físe a bhaineann leis an taisteal agus laethanta saoire.

Taisteal, Laethanta Saoire agus Cearta Daonna

Aonad 3

Céim a 1: Labhairt

Sa chéim seo, foghlaimeoidh tú conas réimse leathan nathanna cainte a bhaineann le laethanta saoire, taisteal agus cearta daonna a úsáid. Tá ábhair chainte anseo don rang agus don obair bheirte nó obair ghrúpa.

Laethanta Saoire

An scrúdaitheoir:	**Céard a rinne tú an samhradh seo caite?**
An dalta:	• Chuaigh mé ar laethanta saoire le mo theaghlach.
	• Chaitheamar coicís[1] sa Spáinn agus bhí sé thar barr.
	• Bhí an aimsir go hálainn ach bhí sé beagáinín róthe[2] uaireanta.
	• Chuamar ag snámh nuair a bhí an teocht[3] ró-ard nó rinneamar rudaí taobh istigh.
	• Bhíomar i Malaga agus bhí árasán[4] againn in aice na trá.
	• Is ceantar fíorálainn é agus cheap mé go raibh na daoine an-deas freisin.

[1] a fortnight
[2] a little too hot
[3] temperature
[4] apartment

An scrúdaitheoir:	**Ar thug tú mórán difríochtaí faoi deara idir an saol sa Spáinn agus an saol anseo in Éirinn?**
An dalta:	• Cinnte, tá difríochtaí idir Éire agus an Spáinn.
	• Ar an gcéad dul síos[5], tá an aimsir difriúil!
	• Bíonn sé te agus tirim sa Spáinn ach bíonn sé fuar agus ag cur báistí go minic in Éirinn.
	• Chomh maith leis sin, tá an bia difriúil.

[5] first of all

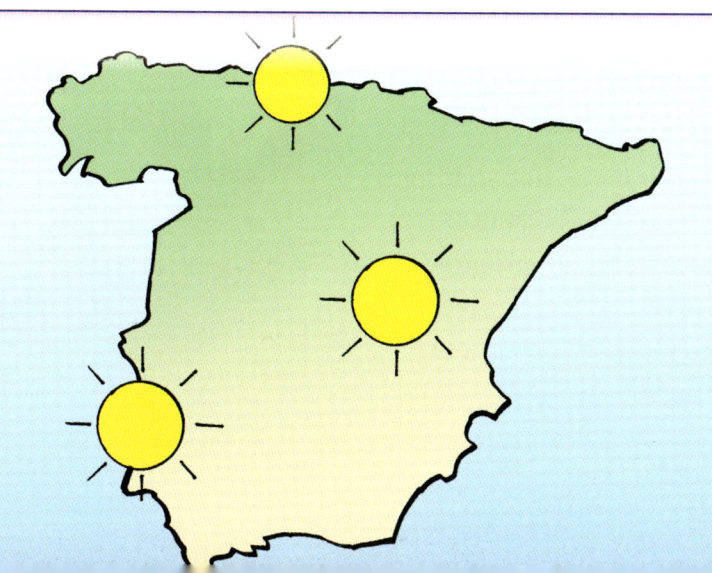

99

Gnáthleibhéal Spreagadh

An scrúdatheoir:	**An ndeachaigh tú ar laethanta saoire thar lear riamh?**
An dalta:	• Chaith mé trí seachtaine i Nua-Eabhrac agus i mBostún.
	• Tá aintín liom pósta[6] i Meiriceá agus chuaigh mé ar cuairt chuici.
	• Tá beirt pháistí aici agus tá a hiníon ar comhaois liom[7].
	• Bhí an-chraic againn le chéile. Rinneamar a lán rudaí ann.
	• Thugamar cuairt ar na radhairc cháiliúla[8] ar ndóigh agus bhuail mé le cairde mo chol ceathrair go minic freisin.
	• Thaitin sé go mór liom. B'aoibhinn liom dul ar ais go Nua-Eabhrac an samhradh seo chugainn.
	• Is cathair an-mhór í.
	• Is aoibhinn liom na siopaí.

[6] married

[7] the same age as me

[8] famous sites

Mír Físe

Téigh go dtí YouTube. Cuardaigh 'Béaltriail na Gaeilge le Garry Bannister agus Hannah'. Téigh go dtí an naoú nóiméad chun Hannah a chloisteáil ag caint faoina cuid laethanta saoire.

Obair Bhaile

Freagair na ceisteanna a ghabhann leis an topaic 'An samhraidh seo caite' sa Leabhrán ar leathanach 19.

An dalta:	• Ní dheachaigh mé ar saoire i rith[9] an tsamhraidh, ach i rith laethanta saoire na Nollag anuraidh[10], chuaigh mé agus mo theaghlach ag sciáil i nDeisceart na Fraince in áit darb ainm Samoens.
	• Bhí sé go hiontach!
	• Bhí an aimsir foirfe[11] don sciáil agus bhaineamar an-taitneamh as.
	• Bhíomar ar na fánaí[12] go luath gach maidin.
	• Tá súil agam go rachaimid ann arís am éigin[13].

[9] during

[10] last year

[11] perfect

[12] the slopes

[13] some time

Taisteal, Laethanta Saoire agus Cearta Daonna

An dalta:
- Chuamar síos go dtí Ciarraí an samhradh seo caite.
- Fuaireamar teach ar cíos[14] sa Daingean agus thaitin sé go mór linn.
- Bhí an t-ádh linn[15] mar bhí an aimsir go breá agus chaitheamar a lán ama ar an trá gach lá.
- Tá an radharc tíre go hálainn ansin.
- Chuamar ag rothaíocht agus ag sléibhteoireacht[16] mar is aoibhinn le mo dhaid an tsléibhteoireacht.
- Lá amháin chuamar isteach chuig Trá Lí mar bhí Féile Thrá Lí ar siúl an t-am sin.
- Bhí an t-atmaisféar go han-mhaith ann agus chonaiceamar na rósanna ar an tsráid.
- Bhí saoire dheas againn i gCiarraí.

[14] for rent
[15] we were lucky
[16] hillwalking

An dalta:
- Chuaigh mé féin go dtí an Ghaeltacht an samhradh seo caite. D'fhreastail mé[17] ar chúrsa Gaeilge in Indreabhán i gConamara.
- Bhí sé thar barr. D'fhoghlaim mé a lán Gaeilge agus chuir mé aithne ar[18] a lán daoine nua ann.
- Bhí ranganna againn ar maidin agus rinneamar spórt nó ceol san iarnóin[19].
- Ansin bhí céilí againn san oíche agus ó am go ham bhí dioscó againn. Bhí mé ag fanacht le teaghlach álainn agus bhí an teach thar barr. Thaitin na buachaillí eile sa teach liom freisin agus bhí an-chraic againn.

[17] I attended
[18] I got to know
[19] in the afternoon

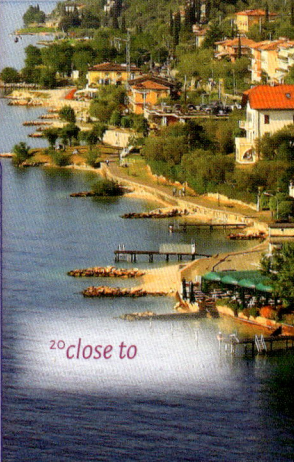

An dalta:
- Chuaigh mé ar thuras scoile go dtí an Iodáil le mo rang nuair a bhí mé san idirbhliain.
- Chaitheamar cúig lá i gceantar Loch Garda agus bhí sé go hálainn.
- Bhíomar ag fanacht in óstán, gar do[20] Verona agus mar sin, chuamar isteach sa chathair sin cúpla uair.
- Thugamar cuairt ar Venice, Bardolino agus Sirmione freisin.
- Rinneamar turas báid i Sirmione ar an loch agus thaitin sé sin go mór liom freisin.
- Chaitheamar lá sa pháirc eachtraíochta Garda Land chomh maith agus bhí an-spraoi againn ansin!
- Bhíomar tuirseach traochta ag teacht abhaile ach bhaineamar an-taitneamh as.

[20] close to

Féach ar Aonad a 2 leathanach 60-61 má theastaíonn uait labhairt faoi rudaí eile a bhaineann leis an samhradh, mar shampla, do phost páirtaimseartha nó am saor.

Gnáthleibhéal Spreagadh

Taisteal

An scrúdaitheoir: **An maith leat féin an taisteal?**

An dalta:
- Is aoibhinn liom taisteal agus ba bhreá liom taisteal ar fud an domhain amach anseo[21].
- Tá an-suim agam i dtíortha agus i gcultúir eile.
- Ba bhreá liom a bheith i mo chónaí thar sáile[22] amach anseo.
- Is breá liom an Fhrainc agus taitníonn an Fhraincis go mór liom ar scoil.
- Is maith liom dul ar saoire ach ní maith liom eitilt!
- Tá saghas eagla orm roimh eitilt agus mar sin ní théim thar lear[23] go rómhinic.
- Ní bhfuair mé seans dul thar sáile go fóill[24] ach le cúnamh Dé, rachaidh mé ar saoire tar éis na hardteiste le mo chairde.
- Tá sé ar intinn againn[25] dul ag campáil sa Spáinn i mí Iúil. Táim ag tnúth go mór leis[26].

Ciníochas

An scrúdaitheoir: **An gceapann tú gur fadhb mhór é an ciníochas[27] sa lá atá inniu ann?**

An dalta:
- Is fadhb mhór é an ciníochas, cinnte.
- Tá fadhbanna ciníochais ar fáil ar fud an domhain.
- Buíochas le Dia, níl a lán ciníochais i mo cheantar.

An scrúdaitheoir: **An bhfeiceann tú ciníochas sa scoil seo?**

An dalta: Ní dóigh liom go bhfuil a lán ciníochais sa scoil seo, buíochas le Dia. Réitíonn na daltaí go léir go maith le chéile de ghnáth[28].

Bulaíocht

An scrúdaitheoir: **Agus céard faoi fhadhb na bulaíochta[29] sa scoil?**

An dalta:
- Is dóigh liom go dtarlaíonn roinnt[30] bulaíochta i ngach scoil, ach i mo thuairim níl sé ródhona[31] sa scoil seo.
- Tá fadhb na bulaíochta againn anseo, cinnte. Níl sé go deas.
- Tá fadhb an-mhór bulaíochta ar an idirlíon[32].
- Deir daoine rudaí gránna[33] ar na suíomhanna sóisialta[34] ar nós Facebook nó Twitter.
- Tá sé uafásach i mo thuairim.

---

[21] *in the future*
[22] *abroad*
[23] *overseas*
[24] *as of yet*
[25] *we intend to*
[26] *I am really looking forward to it*
[27] *racism*
[28] *all the students get on well together usually*
[29] *bullying*
[30] *some*
[31] *too bad*
[32] *on the internet*
[33] *nasty things*
[34] *social networking sites*

Taisteal, Laethanta Saoire agus Cearta Daonna — Aonad 3

Cleachtadh Cainte

Cuir na ceisteanna seo a leanas ar an duine in aice leat.

1. An ndeachaigh tú ar laethanta saoire thar sáile riamh?
2. Inis dom faoi laethanta saoire a chaith tú thar lear nó in Éirinn.
3. An gceapann tú go bhfuil sé tábhachtach dul ar saoire? Cén fáth?
4. Céard iad na difríochtaí is mó idir an saol i/sa _____ agus an saol in Éirinn?
5. An ndeachaigh tú ar thuras scoile riamh? Déan cur síos air.
6. An mbeadh suim agat dul ag taisteal amach anseo? Cén áit?
7. An gceapann tú go bhfuil fadhb in Éirinn maidir is an gciníochas? Conas sin?
8. An dóigh leat go bhfuil cearta daonna ag daoine sa tír seo faoi láthair? Mínigh a bhfuil i gceist agat.
9. An bhfuil rialacha na scoile seo cothrom agus cóir maidir le cearta gach duine? Conas sin?
10. An bhfuil fadhb an chiníochais/fadhb na bulaíochta le mothú sa scoil seo?

Céim a 2: Cluastuiscint

Sa chéim seo, foghlaimeoidh tú:
- conas do scileanna cluastuisceana a fhorbairt
- eochairfhocail a bhaineann leis na topaicí taisteal, cearta daonna agus éagsúlacht
- foclóir agus nathanna cainte atá topaiciúil agus ábhair a bhíonn ar fáil go coitianta sna giotaí tuisceana sa scrúdú.

Féach ar Aonad 10 leathanach 406–407 agus breathnaigh ar eochairfhocail na gceisteanna.

Tabhair aird ar na focail/nathanna seo a leanas agus tú ag ullmhú don chluastuiscint.

agóid	*protest*	teocht	*temperature*
daoine gan dídean	*homeless people*	feachtas	*a campaign*
tithíocht	*housing*	aidhm	*aim*
imeachtaí	*activities*	aíonna	*guests*
áitiúil	*local*	treo céanna	*same direction*
tráth na gceist	*a quiz*	mótarbhealach	*motorway*
foirgnimh	*buildings*	pósadh comhghnéis	*same-sex marriage*
ceoldráma	*a musical*	reifreann	*referendum*

Gnáthleibhéal Spreagadh

■ Cuid A

Cloisfidh tú *dhá* fhógra sa chuid seo. Cloisfidh tú gach fógra díobh **faoi dhó**. Beidh sos ann leis na freagraí a scríobh tar éis na chéad éisteachta *agus* tar éis an dara héisteacht.

Fógra a hAon

Líon isteach an t-eolas atá á lorg sa ghreille anseo.

Cén t-am a thosóidh an agóid i mBaile Átha Cliath Dé Sathairn?	
Céard a bheidh ar siúl ag Árais an Rialtais?	
Cé mhéad duine atá ar liosta na ndaoine gan dídean sa tír seo?	
Ainmnigh áit amháin ina gcodlaíonn na daoine gan dídean san oíche.	

Fógra a Dó

1. Cé hiad na daltaí a rachaidh ar an turas chun na Gaeltachta? _____

2. (a) Luaigh dhá imeacht a bheidh ar siúl do na daltaí sa choláiste Gaeilge.
    (i) _____
    (ii) _____
   (b) Cé mhéad a chosnóidh an turas chun na Gaeltachta?
   _____

■ Cuid B

Cloisfidh tú *dhá* chomhrá sa chuid seo. Cloisfidh tú gach comhrá díobh **faoi dhó**. Cloisfidh tú an comhrá ó thosach deireadh an chéad uair. Ansin cloisfidh tú ina *dhá* mhír é. Beidh sos ann leis na freagraí a scríobh tar éis gach míre díobh.

Comhrá a hAon

An Chéad Mhír

1. Luaigh cúis amháin ar cheap Róise go raibh sí sna scannáin uaireanta agus í ar cuairt ar Nua-Eabhrac.
   _____

2. Luann Róise cúpla locht ar an mbia i Nua-Eabhrac. Ainmnigh ceann amháin de na lochtanna sin.
   _____

An Dara Mír

1. Cá ndeachaigh Ciarán agus a theaghlach ar saoire? _____
2. Conas a chaith siad an chuid ba mhó den tsaoire, dar le Ciarán? _____

Taisteal, Laethanta Saoire agus Cearta Daonna

Comhrá a Dó

An Chéad Mhír

1. Cé hí Bean Uí Shé? _____
2. Cén sórt atmaisféir a theastaíonn ó Bhean Uí Shé a chruthú sa scoil? _____
   _____

An Dara Mír

1. Conas a chuirfear deireadh leis an tseachtain? _____
2. Cén sórt daoine a fhulaingíonn ón mbulaíocht, dar leis an bpríomhoide? (Luaigh grúpa amháin daoine.) _____

Cuid C

Cloisfidh tú **dhá** phíosa nuachta sa chuid seo. Cloisfidh tú gach píosa díobh **faoi dhó**. Beidh sos ann leis na freagraí a scríobh tar éis na chéad éisteachta **agus** tar éis an dara héisteacht.

Píosa a hAon

1. Cad as don bheirt a maraíodh sa timpiste? _____
   _____
2. Céard a dhéanfaidh tuismitheoirí na bhfear amárach? _____

Píosa a Dó

1. Cén céatadán daoine a bhí i bhfabhar an phósta chomhghnéis sa reifreann in Éirinn? _____
   _____
2. Cén aois a chaithfidh a bheith ag iarrthóirí don uachtaránacht? _____
   _____

Gnáthleibhéal **Spreagadh**

Céim a 3: Ceapadóireacht

Sa chéim seo, foghlaimeoidh tú:
- ✓ conas giota leanúnach, scéal, litir agus comhrá a chumadh
- ✓ foclóir agus nathanna cainte nua a bhaineann le gach ceann de na cleachtaí
- ✓ conas focail agus nathanna cainte áirithe a litriú le cleachtaí scríofa.

Giota Leanúnach nó Blag

Cúinne na Litearthachta

Scríobh amach na nathanna cainte atá aibhsithe le dath buí sa ghiota leanúnach thíos. Ansin, scríobh isteach an leagan Béarla díobh. Faoi dheireadh, clúdaigh an Ghaeilge ar chlé le do lámh agus déan iarracht na nathanna a litriú tú féin.

As Gaeilge	As Béarla	As Gaeilge Arís!
1. Sampla Is Éireannach mé.	*I am Irish.*	Is Éireannach mé.
2.		
3.		
4.		
5.		
6.		
7.		
8.		
9.		
10.		

Giota Leanúnach Samplach

An Tír is Fearr Liom

Is í Éire an tír is fearr liom gan aon agó. Is aoibhinn liom Éire mar is Éireannach mé agus tá mo theaghlach agus mo chairde ina gcónaí anseo freisin. Táim i mo chónaí i mBaile Átha Cliath agus is cathair iontach í, dar liom féin. Tá a lán áiseanna gar do mo theach agus chomh maith leis sin, tá mo chairde ina gcónaí in aice láimhe. Is í Baile Átha Cliath príomhchathair na tíre agus is cathair iontach í.

Taisteal, Laethanta Saoire agus Cearta Daonna   Aonad 3

Tá an tírdhreach in Éirinn go hálainn agus is breá liom dul ar saoire faoin tuath agus cois farraige. Is duine spórtúil mé agus taitníonn spóirt uisce go mór liom. Tá col ceathracha agam i gContae na Gaillimhe agus tugaim cuairt orthu gach samhradh. Cónaíonn siad in aice na farraige. Téimid go dtí an trá go minic agus bímid ag surfáil agus ag curachóireacht. Bíonn an t-uisce fuar, ach is cuma! Caithim culaith uisce agus dá bhrí sin, ní bhím fuar.

Is aoibhinn liom Éire freisin, mar bíonn an t-atmaisféar go maith anseo. Tá beagnach gach duine in Éirinn an-chairdiúil agus cneasta. Bíonn na daoine greannmhar freisin agus is maith liom é sin. Gach deireadh seachtaine, bíonn spórt agus spraoi agam le mo chairde. Is maith linn dul go dtí an phictiúrlann agus uaireanta téimid go dtí an dioscó.

Ar an iomlán, is aoibhinn liom mo thír dhúchais Éire agus níor mhaith liom a bheith i mo chónaí in aon áit eile!

Cleachtaí Scríofa

1. Aimsigh na focail seo sa ghiota leanúnach thuas agus scríobh i nGaeilge iad:

   (a) without doubt **(b)** as well as that **(c)** capital city **(d)** in the countryside **(e)** it doesn't matter
   (f) the atmosphere **(g)** kind **(h)** sometimes **(i)** I love **(j)** I wouldn't like

2. Anois, scríobh do ghiota leanúnach féin dar teideal 'An Tír Is Fearr Liom'.

Obair Ghrúpa

Mar réamhobair don ghiota leanúnach a scríobh leat féin, cruthaigh grúpaí de cheathrar sa rang. Tóg leathanach A4 nó A3. Chun Mata Boird a chruthú, roinn an leathanach i gceithre chearnóg. Scríobhfaidh gach dalta ceithre rud a rinne siad an samhradh seo caite ina c(h)earnóg féin. Ní gá duit an fhírinne iomlán a insint i do ghiota leanúnach!

Bain úsáid as na nathanna seo a leanas:

An Tír is Fearr Liom
Is í Éire an tír is fearr liom.
Is é Meiriceá/Sasana an tír is fearr liom.
Is í an Spáinn/an Fhrainc/an Iodáil an tír is fearr liom.
Taitníonn an tír sin liom mar...
Is breá liom an bia.
Tá an tírdhreach[1] go hálainn.

[1] views/countryside

Gnáthleibhéal Spreagadh

	Tá na daoine thar a bheith cairdiúil.
	Téim ar saoire ann gach bliain.
[2] relatives	Tá gaolta[2] agam ansin.
	Tugaim cuairt ar m'aintín a chónaíonn i _____ go minic.
[3] especially	Caithim an-chuid ama i Sasana, go háirithe[3] sa samhradh.
	Chuaigh mé ar saoire go dtí Barcelona cúpla uair.
	Chuaigh mé go Londain uair amháin.
[4] in the capital city	Is breá liom na siopaí sa phríomhchathair[4].
	Taitníonn an bia sa Spáinn/san Iodáil go mór liom.
[5] splitting the stones	Bíonn an aimsir go hiontach i rith an tsamhraidh. Bíonn an ghrian ag scoilteadh na gcloch[5].
	Is aoibhinn liom an t-atmaisféar sa chathair.
[6] I spend a lot of time	Caithim a lán ama[6] ar an trá.
	An samhradh seo caite chuaigh mé ar cuairt ann.

Cleachtadh Scríofa

Scríobh giota leanúnach eile dar teideal 'Laethanta Saoire'.

Beidh tú ábalta roinnt de na nathanna cainte thuas a úsáid. Tá cinn eile thíos a chabhróidh leat freisin.

	Laethanta Saoire
	Is aoibhinn liom laethanta saoire.
[7] I relax	Bím saor ón scoil agus ligim mo scíth[7].
	Tugaim cuairt ar mo sheanmháthair i gCo. Liatroma.
[8] a part-time job	Tá post páirtaimseartha[8] agam in ollmhargadh agus is maith liom é sin.
	Buailim le mo chairde agus téimid ag siopadóireacht/ag campáil/ag snámh.
	Gach bliain, tagann mo chol ceathracha abhaile ó Mheiriceá.
	Is breá liom saoire na Nollag.
	Caithim a lán ama ag féachaint ar an teilifís agus ar scannáin.
	An Nollaig seo caite, fuair mé fón póca nua mar bhronntanas ó mo thuismitheoirí.
[9] overseas	Beagnach gach bliain, téimid thar sáile[9] ar saoire.
[10] last year	Anuraidh[10], chuamar go dtí an Iodáil. Bhí sé go hálainn.
	Thaitin an bia go mór liom.
	Chuaigh mé go dtí an Ghaeltacht agus bhuail mé lena lán cairde nua.
[11] really looking forward to	An samhradh seo chugainn, rachaidh mé go dtí an Spáinn le mo chairde.
	Táim ag tnúth go mór leis[11] an samhradh.

Taisteal, Laethanta Saoire agus Cearta Daonna

Aonad 3

Scéal

Cúinne na Litearthachta

Scríobh amach na nathanna cainte atá aibhsithe le dath glas sa scéal thíos. Ansin scríobh isteach an leagan Béarla díobh. Faoi dheireadh, clúdaigh an Ghaeilge ar chlé le do lámh agus déan iarracht na nathanna a litriú tú féin.

As Gaeilge	As Béarla	As Gaeilge Arís!
1. Sampla Bhí mé imithe ar strae.	I was lost.	Bhí mé imithe ar strae.
2.		
3.		
4.		
5.		
6.		
7.		
8.		
9.		
10.		

Scéal Samplach

D'fhéach mé thart orm. Ní raibh tásc ná tuairisc ar mo theaghlach. Bhí scanradh an domhain orm... Ní raibh mé ach seacht mbliana d'aois agus bhí mé i Maidrid. Bhí mé an-bheag ag an am agus bhí mé imithe ar strae i gcathair mhór. Bhí a lán daoine timpeall orm ach ní raibh aithne agam ar aon duine. Bhí mé ag crith le heagla agus thosaigh mé ag caoineadh.

Ansin chonaic bean chneasta mé agus tháinig sí chugam. Labhair sí go deas bog liom ach bhí sí ag labhairt Spáinnise agus níor thuig mé aon rud. Rinne mé iarracht labhairt léi, ach níor thuig sí mise. Ní raibh aon Bhéarla aici. Bhí mé i bponc.

109

Gnáthleibhéal Spreagadh

Rug an bhean ar mo lámh agus thug sí mé go dtí beirt phóilíní a bhí ina seasamh ar an tsráid. Thosaigh póilín amháin ag caint liom as Béarla agus d'inis mé an scéal dó. Dúirt mé leis go raibh mé ag féachaint ar thaispeántas ar an tsráid agus nuair a d'fhéach mé timpeall, bhí mo theaghlach imithe. Bhí mé fós ag caoineadh. *Bhí mo chroí i mo bhéal agam*.

Faoi dheireadh, chuir an póilín fios ar phóilín eile ar a fhón póca. Nuair a chríochnaigh sé ag caint, dúirt sé liom go raibh mo thuismitheoirí agus mo dheirfiúr i *stáisiún na bpóilíní* agus go raibh siad an-bhuartha ar fad. *Bhí faoiseamh an domhain orthu* nuair a chuala siad go raibh mé slán. Ar ndóigh, bhí mise an-sásta freisin. *D'fhoghlaim mé ceacht* an lá sin gan amhras. D'fhan mé in éineacht le mo thuismitheoirí aon uair a chuaigh mé ar saoire as sin amach!

Cleachtaí Scríofa

1. Freagair na ceisteanna seo thíos, bunaithe ar an eolas sa scéal.
   - (a) Cén aois a bhí an buachaill óg nuair a tharla an eachtra seo?
   - (b) Conas a mhothaigh an buachaill óg nuair a d'fhéach sé timpeall air?
   - (c) Céard a tharla dó nuair a thosaigh sé ag caoineadh?
   - (d) Cad í an fhadhb a bhí ag an mbuachaill agus é ag labhairt leis an mbean?
   - (e) Cá raibh na póilíní ina seasamh?
   - (f) D'inis an buachaill an scéal don phóilín. Conas a tharla sé gur imigh sé ar strae óna theaghlach?
   - (g) Céard a rinne an póilín tar éis dó an scéal a chloisteáil?
   - (h) Cá raibh a thuismitheoirí agus a dheirfiúr faoin am sin?
   - (i) Conas a mhothaigh a thuismitheoirí agus a dheirfiúr nuair a chuala siad go raibh an buachaill slán?
   - (j) Cad a rinne an buachaill as sin amach agus é ar saoire lena theaghlach?

2. Anois scríobh do scéal féin, ag tosú leis an abairt seo:

   D'fhéach mé timpeall orm. Bhí mo chairde ar fad imithe...

Taisteal, Laethanta Saoire agus Cearta Daonna

Aonad 3

Litir nó Ríomhphost

Cúinne na Litearthachta

Scríobh amach na nathanna cainte atá aibhsithe le dath gorm sa litir thíos. Ansin scríobh isteach an leagan Béarla díobh. Faoi dheireadh, clúdaigh an Ghaeilge ar chlé le do lámh agus déan iarracht na nathanna a litriú tú féin.

As Gaeilge	As Béarla	As Gaeilge Arís!
1. **Sampla** Mar is eol duit, táim ar thuras scoile sa Spáinn.	*As you know, I am on a school tour in Spain.*	Mar is eol duit, táim ar thuras scoile sa Spáinn.
2.		
3.		
4.		
5.		
6.		
7.		
8.		
9.		
10.		

111

Gnáthleibhéal Spreagadh

Litir Shamplach

Tá tú ar thuras scoile thar lear. Scríobh litir chuig cara leat sa bhaile faoin turas scoile.

Óstán na Mara
Salou
An Spáinn
23 Aibreán 2017

A Róisín dhil,

Ciara anseo! Conas atá tú? Tá súil agam go bhfuil tú féin agus do mhuintir i mbarr na sláinte. Aon scéal ó Chorcaigh?

Mar is eol duit, táim ar thuras scoile sa Spáinn agus tá sé go hiontach. Táimid ag fanacht in óstán deas i Salou agus chuamar go dtí Barcelona inné. Thaitin sé go mór liom. Chuamar go dtí Staid Camp Nou, Sráid Las Ramblas agus Músaem Picasso. Bhí an músaem an-suimiúil mar is aoibhinn liom ealaín.

Rachaimid go dtí PortAventura amárach agus táim ag tnúth go mór leis sin. Beidh an-chraic againn gan amhras. Inniu, chuamar go dtí an trá agus bhí sé sin go deas. Bhí gach duine ag snámh agus ag imirt cluichí.

Tá an aimsir go hálainn anseo. Tá an ghrian ag taitneamh agus tá an teocht thart ar seacht gcéim is fiche. Tá na daoine an-chairdiúil agus tá an t-atmaisféar thar barr. Tá na múinteoirí an-chneasta agus tá na daltaí go léir an-sásta. Táim in aon seomra le Cáit, Órla agus Lara. Tá an chraic go hiontach sa seomra!

Bhuel, ar aon nós, níl aon scéal eile agam anois. Beimid ar ais ar scoil Dé Luain seo chugainn. Nílim ag tnúth leis sin! Abair haigh le Pól.

Slán go fóill,
Do chara,
Ciara

Taisteal, Laethanta Saoire agus Cearta Daonna

Cleachtaí Scríofa

1. Líon na bearnaí sna habairtí seo, bunaithe ar an eolas sa litir thuas.

    (a) Tá Ciara ar thuras scoile i _____ .

    (b) Tá Salou sa _____.

    (c) Tá na daltaí ag fanacht in _____.

    (d) Chuaigh siad go dtí _____ inné.

    (e) Thaitin an músaem le Ciara. Is aoibhinn léi _____.

    (f) Tá Ciara ag _____ le dul go dtí PortAventura.

    (g) Tá an _____ thart ar seacht gcéim is fiche.

    (h) Tá na daoine an-_____.

    (i) Tá na múinteoirí an-_____.

    (j) Níl Ciara ag tnúth _____ dul ar ais ar scoil.

2. Anois, scríobh do litir/do ríomhphost féin.

    Tá tú ar saoire le do theaghlach thar lear. Scríobh litir chuig cara leat sa bhaile ag insint dó/di faoin tsaoire.

Comhrá

Cúinne na Litearthachta

Scríobh amach na nathanna cainte atá aibhsithe le dath bándearg sa chomhrá thíos. Ansin, scríobh isteach an leagan Béarla díobh. Faoi dheireadh, clúdaigh an Ghaeilge ar chlé le do lámh agus déan iarracht na nathanna a litriú tú féin.

As Gaeilge	As Béarla	As Gaeilge Arís!
1. Sampla Ní raibh mé ag caint leat le fada.	I haven't spoken to you in a long time.	Ní raibh mé ag caint leat le fada.
2.		
3.		
4.		
5.		
6.		
7.		
8.		
9.		
10.		

Gnáthleibhéal **Spreagadh**

Comhrá Samplach

Beidh tú féin agus do theaghlach ag dul ar saoire champála go dtí an Fhrainc. Tugann tú cuireadh do do chara dul in éineacht libh. Scríobh an comhrá a bheadh eadraibh faoi sin.

Eoin:	Haigh, a Oisín. Conas atá tú? Ní raibh mé ag caint leat le fada.
Oisín:	Táim go breá, a Eoin. Agus tú féin? Aon scéal?
Eoin:	Bhuel, tá a fhios agat go mbeimid ag dul ar saoire champála go dtí an Fhrainc an mhí seo chugainn. Ar mhaith leat teacht in éineacht linn?
Oisín:	Ba bhreá liom dul, a Eoin, ach beidh mé ag obair, ar an drochuair.
Eoin:	Tuigim go mbeidh tú ag obair ach an mbeidh tú ábalta dul ar feadh seachtaine?
Oisín:	Bhuel, b'fhéidir. Cuirfidh mé ceist ar an mbainisteoir. Cathain a imeoidh sibh? Ba bhreá liom dul. Is aoibhinn liom campáil.
Eoin:	Beimid ag imeacht ar an dara lá is fiche de mhí Iúil. Fanfaimid ann ar feadh coicíse.
Oisín:	Agus inis dom, céard a dhéanfaidh sibh ann?
Eoin:	Rachaimid ar an mbád ó Éirinn go dtí an Fhrainc. Fanfaimid cois trá ar feadh cúpla lá sa Bhriotáin. Ansin, rachaimid ó dheas. Beimid ag fanacht sa veain champála in ionaid champála éagsúla. Tá mé chun mo phuball a thabhairt liom agus mar sin, beidh mé féin agus mo dheartháir ábalta fanacht linn féin. Beidh an-chraic againn má thagann tusa.
Oisín:	Le cúnamh Dé beidh mé in ann dul. Labhróidh mé leis an mbainisteoir láithreach. Má thugann sé cead dom, beidh sé go hiontach. Beimid ábalta dul ag surfáil agus ag sléibhteoireacht. Ceart go leor, stopfaidh mé ag caint anois agus cuirfidh mé fios ort níos déanaí.
Eoin:	Go breá, a Oisín. Slán go fóill.

Cleachtaí Scríofa

1. Is tusa Oisín anois. Scríobh an comhrá a bheadh agat féin le do bhainisteoir san áit ina bhfuil post samhraidh agat.

2. Anois, scríobh do chomhrá féin:

    Tá tú tar éis teacht abhaile ó do chuid laethanta saoire sa Spáinn. Scríobh an comhrá a bheadh agat le cara leat faoin tsaoire.

Céim a 4: Gramadach

An Aimsir Fháistineach

Féach ar leathanach 358 ar an aimsir fháistineach in Aonad a 9.

Taisteal, Laethanta Saoire agus Cearta Daonna — **Aonad 3**

Céim a 5: Léamhthuiscint

Sa chéim seo, foghlaimeoidh tú:
- foclóir a bhaineann leis an gcathair agus le taisteal
- conas ceisteanna ar an léamhthuiscint a fhreagairt go cruinn
- scileanna léitheoireachta agus tuisceana sa Ghaeilge.

Léamhthuiscint a 1

Léigh an sliocht seo a leanas agus freagair na ceisteanna **ar fad** a ghabhann leis.

Des Bishop sa tSín

1. Rinneadh sraith teilifíse[1], *Breaking China*, ina raibh sé chlár ar fad inti faoin mbliain a chaith an scríbhneoir agus fuirseoir[2] Des Bishop sa tSín. Is Éireannach-Meiriceánach é Des a rugadh ar an 12 Samhain, 1975. Chaith sé an chuid ba mhó dá óige i Nua-Eabhrac ach is in Éirinn a chónaíonn sé den chuid is mó anois. An aidhm a bhí leis an turas seo go dtí an tSín don fhuirseoir iontach éirimiúil[3] seo ná an Mhandairínis a fhoghlaim agus faoi dheireadh a bheith ábalta seó grinn a chur i láthair lucht féachana na Síne. Bhí roinnt fadhbanna le sárú aige ar a thuras, mar shampla níor thuig na daoine áitiúla caolchúiseanna[4] grinn an iarthair i gcónaí agus uaireanta, ní raibh sé róshoiléir céard faoi a raibh siad ag gáire!

2. Chuaigh Des go dtí Béising, áit ar thosaigh sé ag foghlaim na Mandairínise lena óst-teaghlach áitiúil. Bhain greann leis an gcaoi ar labhair sé leis na daoine sa cheantar, go háirithe[5] leis na páistí. D'fhreastail sé ar an ollscoil agus chuir sé aithne níos fearr ar a óst-teaghlach agus ar an tír féin. Bhunaigh sé[6] club grinn i gcathair Bhéising agus bhain sé cáil amach dó féin sár i bhfad sa chathair. Faoi dheireadh, d'éirigh leis dul ar chainéal teilifíse Síneach, cainéal a mheallan an lucht féachana is mó ar domhan. Ar an gcéad chlár de shraith RTÉ, bhog Des isteach leis an óst-teaghlach, chláraigh sé dá chúrsa san ollscoil agus thosaigh sé ar a dhúshlán[7] ollmhór; an teanga a fhoghlaim. Bhí sé thar a bheith sásta ansin casadh le cara leis darbh ainm Leo, cara Síneach ar chas sé leis deich mbliana roimhe sin.

3. Tháinig a dheartháir Aidan ar an bhfód ar an dara clár agus rinne Des, a dheartháir agus a chara Leo an-iarracht daoine a mhealladh[8] isteach chuig a gcéad seó sa chlub grinn sa *Bookworm*. Tháinig a lán easaoránach[9] chuig an seó sin agus ghlac siad leis an seó go fonnmhar. Chun eolas níos fearr a chur ar an gcultúr thug sé cuairt ar mhargadh an phósta, áit a ndeachaigh tuismitheoirí agus seantuismitheoirí ag lorg céile dá gclann. Gnó tábhachtach a bhíonn ar bun ag an

[1] *TV series*
[2] *comedian*
[3] *intelligent*
[4] *subtleties*
[5] *especially*
[6] *he set up*
[7] *challenge*
[8] *to entice*
[9] *expatriate*

115

Gnáthleibhéal Spreagadh

[10] *to waste time*
[11] *duty*
[12] *successful*
[13] *relationship*
[14] *interest*

margadh sin gan amhras agus ní haon cheap magaidh é, mar a fheictear dúinn sa chlár. Ba dhifríocht mhór í sin a thug Des faoi deara idir cultúr an iarthair agus cultúr na Síne. Níor léiríodh mórán suime san fhuirseoir seo ón iarthar ag an margadh ar ndóigh, toisc go raibh sé róshean dar leis na daoine a bhí i láthair ann agus níor theastaigh uathu am a chur amú[10] ag labhairt leis!

4. Chas sé le cailín darbh ainm Shauna, áfach, agus thit sé i ngrá léi le linn na tréimhse a chaith sé sa tSín. An deacracht mhór atá ag an lánúin anois ná go gcónaíonn Shauna sa tSín agus go bhfuil Des ar ais san iarthar, idir Éire agus Meiriceá. Is aisteoir í agus taitníonn a post go mor léi. Dá bhrí sin, ní theastaíonn uaithi a tír féin a fhágáil. Tá sí trí bliana déag níos óige ná Des agus ní theastaíonn ó Des brú a chur uirthi teacht go hÉirinn. Mar an gcéanna, tá ar Des a bheith san iarthar mar gheall ar a ghairm bheatha féin agus ar a chuid dualgas[11] pearsanta dá theaghlach. Dar leis féin, ní mór dó a bheith praiticiúil, cé gur cúrsaí grá atá i gceist. Tá an bheirt acu an-rathúil[12] ina ngairmeacha agus dá bhrí sin feicfear amach anseo conas mar a éireoidh leo ina gcaidreamh[13].

5. Dar le Des Bishop féin, thosaigh sé ag cur suime sa tSín agus é ag fás anios i gceantar na Banríona, Nua-Eabhrac. Dúirt sé gur mhinic a chaith sé an Satharn, agus é ina pháiste, ag breathnú ar scannáin Kung Fu. Thaitin na scannáin sin go mór leis, chomh maith leis an rapcheol. Nuair a bhí sé ina dhéagóir, bhí an cultúr Síneach ag éirí níos láidre thart timpeall air. Ansin, nuair a rinne sé an tsraith teilifíse in Éirinn faoina thaithí oibre in Éirinn, chas sé le cairde Síneacha agus thosaigh sé ag cur níos mó spéise[14] ina dtír. Thug sé cuairt ar an tSín in éineacht lena chairde nua in 2004 agus mar gheall ar an gcuairt sin, ba mhian leis a dteanga a fhoghlaim. In 2008 bhí muintir Bhéising á n-ullmhú féin do na Cluichí Oilimpeacha agus b'shin é an t-am do Des aghaidh a thabhairt ar a dhúshlán mór, dar leis féin.

Ceisteanna Scrúdaithe

1. (a) Cén aidhm a bhí leis an turas go dtí an tSín do Des Bishop? (Alt 1)
   (b) Luaigh fadhb amháin a bhí ag Des leis na daoine áitiúla maidir lena chuid seónna grinn. (Alt 1) (10 marc)

2. (a) Luaigh dhá rud a rinne sé nuair a shroich sé Béising. (Alt 2)
   (b) Cad é an dúshlán mór don fhuirseoir a ndéantar tagairt dó? (Alt 2) (10 marc)

3. (a) Cén saghas daoine a d'fhreastail ar an gcéad seó sa *Bookworm*? (Alt 3)
   (b) Nuair a chuaigh Des chuig margadh an phósta, cén fáth nár léiríodh suim ann féin, dar leis? (Alt 3) (10 marc)

4. (a) Cad í an deacracht is mó atá ag an lánúin, Des agus Shauna, maidir lena gcaidreamh faoi láthair? (Alt 4)
   (b) Cén ghairm bheatha atá ag Shauna sa tSín? (Alt 4) (10 marc)

5. (a) Conas a chaith Des an Satharn go minic i gceantar na Banríona nuair a bhí sé óg? (Alt 5)
   (b) Conas a d'éirigh le Des casadh le cairde ón tSín nuair a bhí sé in Éirinn? (Alt 5) (10 marc)

Taisteal, Laethanta Saoire agus Cearta Daonna

Aonad 3

Léamhthuiscint a 2

Léigh an sliocht seo a leanas agus freagair na ceisteanna **ar fad** a ghabhann leis.

Sinéad de Búrca

1. Sinéad de Búrca is ainm dom. Is duine beag mé. Ag dhá bhliain is fiche d'aois, táim trí troithe cúig horlaí ar airde. Rugadh mé le riocht géiniteach[1] dar teideal acondrapláise. Rugadh m'athair leis an riocht céanna agus is duine beag é freisin mar sin. Tá cúigear páistí ar fad i mo theaghlach agus is mise an duine is sine. Is mise an t-aon duine den chúigear atá beag. Tá airde meánach[2] ag mo thriúr deirfiúracha agus ag mo dheartháir. Céard is brí le bheith i mo dhuine beag agus conas mar a théann sé sin i bhfeidhm ar mo shaol? Gan an iomarca iniúchta a dhéanamh ar an míniú eolaíochta a bhaineann leis an riocht, 'séard atá san acondrapláise ná foirm dhíréireach d'fhás srianta[3]. An bhrí fhíorasach a bhaineann leis an bhfocal acondrapláise ná 'gan fabhrú loingeáin corránach[4]'.

2. Bíonn seasamh nó próifíl ghearr ag gach duine a bhfuil an riocht acondrapláise aige/aici. Ar an meán, bíonn na fir ceithre troithe ceithre horlaí ar airde agus bíonn na mná thart ar cheithre troithe, orlach amháin. Na tréithe fisiciúla coitianta a bhaineann leis an riocht ná stoc meánach agus géaga[5] agus cosa gearra. Bíonn na géaga uachtair agus na leasracha[6] an-ghearr ach go háirithe agus bíonn gluaiseacht theoranta[7] ag na huillinn. Cuirtear ceist orm go han-mhinic cén uair go díreach a thuig mé go raibh mé difriúil. Bíonn ionadh an domhain ar dhaoine áirithe nuair a deirim nach féidir liom an cheist sin a fhreagairt. Ní dúradh riamh liom go raibh mé difriúil. Sinéad ab ainm dom i gcónaí agus bhí mé an-chosúil le mo dhaid. Thug mo thuismitheoirí an creideamh dom i gcónaí go bhféadfainn rud ar bith ba mhian liom a bhaint amach sa saol a bhaint amach. Níorbh aon bhac é m'airde dom agus ní raibh tionchar[8] aige riamh ar mo phearsantacht. Cosúil le mo shúile donna agus mo chuid gruaige fada doinne, ba thréith í m'airde a bhí éagsúil ó dhuine ar bith eile ar domhan.

3. Na dushláin is mó a mbuailim leo ó lá go lá mar dhuine beag ná an timpeallacht fhisiciúil ina mairim. Níor tógadh an domhan seo in oiriúint do[9] dhaoine beaga cosúil liomsa! De ghnáth bíonn cnaipí solais agus baschrainn dorais[10] ró-ard dom mar cuirtear iad ag an leibhéal optamach do dhaoine arda den chuid is mó. Bíonn réamhphleanáil i gceist má théim ar aistear den chéad uair. Bíonn sé deacair sa seomra folctha go minic. Bíonn leibhéal an ghlais ar an doras, an doirteal, an rannóir gallúnaí agus an triomadóir láimhe ró-ard go han-mhinic agus bíonn deacrachtaí agam iad a láimhseáil. Samhlaigh gur tógadh gach rud sa domhan do dhaoine beaga de mo leithéid. Cén chaoi a n-éireodh libhse?

4. Rinne mé an ardteist cúig bliana ó shin agus bhí a fhios agam ansin cad ba mhian liom a dhéanamh. Theastaigh uaim cúrsa

[1] genetic condition
[2] average height
[3] form of restricted growth
[4] without cartilage formation
[5] arms
[6] thighs
[7] limited movement
[8] influence
[9] to suit
[10] door handles

117

Gnáthleibhéal Spreagadh

[11] experience
[12] qualified
[13] how the children treat me
[14] first class honours degree
[15] costume
[16] shortage

múinteoireachta bunscoile a dhéanamh i gColáiste Marino. Fuair mé grád A sa Bhéarla agus sa Ghaeilge agus bhí an-áthas orm glacadh le m'áit ar an gcúrsa. Bhí cúig thréimhse de chleachtadh múinteoireachta i ngach saghas scoile agam agus bhí an t-ádh orm taithí[11] a fháil le go leor leibhéal agus aoisghrúpaí éagsúla. Go minic nuair a chloiseann daoine go bhfuilim cáilithe[12] mar mhúinteoir bíonn iontas orthu agus ceistíonn siad conas a chaitheann na páistí liom[13] agus conas a dhéanaim é? Níos minice ná a mhalairt caithfidh mé a rá go mbíonn páistí an-oscailte agus uileghabhálach agus is iad na daoine fásta a mbíonn deacrachtaí acu glacadh leis an éagsúlacht.

5. Bhain mé an-taitneamh as mo chúrsa traenála sa choláiste oiliúna agus bhí ríméad orm céim céad onórach[14] a bhaint amach ag deireadh an chúrsa. Ag Bronnadh na gCéimeanna chuir an coláiste feisteas[15] speisialta ar fáil dom. Bronnadh gradam speisialta orm, Bonn Vere Foster. Eagraíocht Bhunmhúinteoirí na hÉireann a bhronnann an gradam seo ar an mac léinn a fhaigheann an grád is airde sa chleachtadh múinteoireachta agus bhí mé thar a bheith bródúil é sin a fháil. Nuair a chríochnaigh mé sa choláiste, bhí ganntanas[16] post sa tír agus dá bharr sin shocraigh mé leanúint ar aghaidh leis an staidéar. Thóg mé treo difriúil an uair seo agus rinne mé céim Mháistreachta sa léiriúchán Craoltóireachta don raidió agus don teilifís. Cé gurb é an t-oideachas mo chéad ghrá i gcónaí, caithfidh mé a rá gur fhoghlaim mé an-chuid scileanna ar an gcúrsa sin agus go bhfuair mé taithí thar cionn as. Ba bhliain í inar fhás mo ghuth sna meáin chlóscríofa agus chlos-amhairc. D'fhoghlaim mé scileanna sa léiriúchán, san eagarthóireacht, sa scríobh, sa chur i láthair agus san obair stiúracháin. Bhí an t-ádh orm taithí oibre a dhéanamh le RTÉ Raidió 1 agus comhlacht léiriúcháin Tír Eoghain. Bhí mé ag obair ar dhá thionscnamh mhóra; clár faisnéise raidió agus teilifíse.

Ceisteanna Scrúdaithe

1. (a) Cén airde í Sinéad de Búrca? (Alt 1)
   (b) Cad í an phríomhdhifríocht fhisiciúil idir Sinéad agus a deartháir agus a deirfiúracha? (Alt 1) (10 marc)

2. (a) Céard iad na tréithe fisiciúla coitianta a bhaineann leis an riocht, dar le Sinéad? (Alt 2)
   (b) Cén creideamh a thug a tuismitheoirí di i gcónaí ina hóige? (Alt 2) (10 marc)

3. (a) Tabhair dhá shampla de na deacrachtaí fisiciúla a bhíonn ag daoine beaga nuair a théann siad go dtí áiteanna poiblí. (Alt 3)
   (b) Cén fáth a mbíonn sé deacair sa seomra folctha in áiteanna poiblí, dar le Sinéad? (Alt 3) (10 marc)

4. (a) Céard a theastaigh ó Shinéad a dhéanamh tar éis di an ardteist a chríochnú? (Alt 4)
   (b) Conas a bhíonn na páistí scoile de ghnáth le Sinéad nuair a fheiceann siad go bhfuil sí beag? (Alt 4) (10 marc)

5. (a) Cén gradam speisialta a bronnadh ar Shinéad nuair a bhain sí a céim amach? (Alt 5)
   (b) Cén treo difriúil a thóg Sinéad ina cuid staidéir, tar éis di an cúrsa múinteoireachta a chríochnú? (Alt 5) (10 marc)

Taisteal, Laethanta Saoire agus Cearta Daonna

Aonad 3

Céim a 6: Litríocht

Céim a 6a: Prós

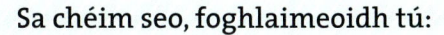

Sa chéim seo, foghlaimeoidh tú:
- faoi phlota an tsleachta as *Seal i Neipeal*
- conas téamaí an scéil a phlé
- conas carachtair an scéil a phlé.

Cúinne na Litearthachta

Foghlaim conas na heochairfocail thíos san achoimre a litriú agus faigh amach cad is brí leo.

Féach go grinn ar na focail seo, abair amach iad, clúdaigh na focail, agus ansin scríobh na focail amach chun an litriú a chleachtadh!

As Gaeilge	As Béarla	Clúdaigh na focail ar an lámh chlé agus scríobh amach na focail anseo leat féin. Cad is brí leis na focail?
Dílis		
Macánta		
Ag maíomh as		
Plámásach		
Infheistíocht		
An dallamullóg a chur air		
Líre Iodálacha gan luach		
Sliocht		
Mímhacántacht		
Saint		
Cleasaíocht		
Féith an ghrinn		

119

Gnáthleibhéal Spreagadh

Sliocht as Seal i Neipeal
le Cathal Ó Searcaigh

(sliocht as leabhar)

I ndiaidh domh[1] an dinnéar a chríochnú agus mé ar tí babhta léitheoireachta a dhéanamh, tháinig fear beag, beathaithe[2] isteach chugam, gnúis dhaingean[3] air, a thóin le talamh. Sheas sé, a dheireadh leis an tine, gur thug sé róstadh maith dá mhásaí[4]. Ansin tharraing sé cathaoir chuige féin agus theann isteach leis an tine, a lámha crágacha[5] spréite os a choinne, ag ceapadh teasa[6]. Bhí sé do mo ghrinniú[7] an t-am ar fad lena shúile beaga rógánta[8]. Níl mórán le himeacht ar an diúlach[9] seo, arsa mise liom féin. Ansin thosaigh an cheastóireacht, tiubh agus crua. Cén tír as a dtáinig mé? Cad é mar a shoathraigh mé mo chuid? An raibh bean agam? An raibh cúram teaghlaigh orm? An raibh Éire rachmasach? An raibh sé éasca cead isteach a fháil chun na tíre? An raibh cairde agam i Neipeal? An Críostaí a bhí ionam? An raibh gnó de mo chuid féin agam sa bhaile? An raibh mé ag tabhairt urraíochta d'aon duine i Neipeal? Cad é an méid airgid a chaithfinn sa tír seo? An de bhunadh saibhir mé i mo thír féin? Ós rud é nach mórán muiníne agam as cha dtug[10] mé dó ach breaceolas[11] agus bréaga agus tuairimí leathcheannacha[12].

Bhí gaol gairid aige le bean an tí agus sin an fáth a raibh sé ag fanacht ansin. Bhí sé ar a bhealach ar ais go Kathmandu, áit a raibh lámh aige i ngníomhaíochtaí éagsúla a dúirt sé: cairpéid, séalta pashmina, earraí páipéir. Bhí an tuile shí[13] as a bhéal agus é ag maíomh as a ghaisce gnó. Ar ndóigh, bhí daoine ceannasacha ar a chúl ach sin ráite ní raibh cosc dár cuireadh ina slí ariamh nár sháraigh[14] sé. Duine acu seo a bhí ann, a dúirt sé, a bhí ábalta rud ar bith a chur chun somhaoine[15] dó féin. Dá thairbhe sin agus an dóchas dochloíte a bhí ann ó dhúchas rith an saol leis. Bhí an dá iarann déag tine aige i dtólamh[16], arsa seisean, mórchúis ina ghlór ach bíodh thíos thuas ar uair na cruóige[17], rinne seisean cinnte de go ndéantaí cibé obair a bhí le déanamh ar an sprioc[18]. Fear faobhair[19] a bhí ann ina óige, arsa seisean, ag ligean gothaí troda[20] air féin go bródúil.

---

[1] dom
[2] ramhar
[3] aghaidh dhocht
[4] buttocks
[5] móra
[6] ag iarraidh teas a fháil
[7] ag stánadh orm
[8] glic
[9] duine mímhacánta
[10] níor thug
[11] beagán eolais
[12] tuairimí/eolas claonta
[13] a lán cainte
[14] bhuaigh sé
[15] chun tairbhe
[16] i gcónaí
[17] uair na deacrachta
[18] láithreaach
[19] crua
[20] cuma troda

120

Taisteal, Laethanta Saoire agus Cearta Daonna — Aonad 3

Bhí an fuinneamh sin chomh géar agus a bhí ariamh, a dúirt sé ach anois, bhí sé i bhfearas[21] aige i gcúrsaí gnó. Bhí an-chuid earraíochta[22] ar siúl aige sna ceantair seo fosta, a dúirt sé. Bhí fir phaca[23] aige a théann thart ag díol éadaigh i mbailte scoite[24] an tsléibhe, bhí mná ag cniotáil dó cois teallaigh[25], bhí dream eile ann a dhéanann páipéar dó. Bhí cuma an ghustail[26], ceart go leor, ar an chóta throm clúimh[27] agus ar na bróga sléibhe de scoth an leathair a bhí á gcaitheamh aige. Ligfinn orm féin go raibh mé bog go bhfeicfinn cad é mar a bhí sé ag brath buntáiste a ghlacadh orm. Thairg mé buidéal leanna[28] a cheannach dó agus ba eisean féin nár dhiúltaigh an deoch. Cha raibh an buidéal ina lámh aige i gceart gur ól sé a raibh ann d'aon slog cíocrach[29] amháin. D'ofráil mé an dara buidéal dó agus ach oiread leis an chéad cheann char chuir sé suas dó[30].

'Nach ádhúil gur casadh ar a chéile sinn,' a dúirt sé agus é ag cothú na tine le tuilleadh adhmaid chonnaidh[31]. 'Seo lá ár leasa,' arsa seisean agus é do mo ghrinniú lena shúile beaga santacha. Bhí a fhios aige chomh luath agus a leag sé súil orm, a dúirt sé gurb é ár gcinniúint é a bheith i mbeartas páirte[32] lena chéile. Ba mhór ab fhiú domh suim airgid a infheistiú láithreach sa chomhlacht déanta páipéir a raibh dlúthbhaint aige leis. Bheadh toradh fiúntach ar an infheistíocht seo gan aon dabht sa chruth go mbeadh ciste airgid fá mo choinne i gcónaí nuair a d'fhillfinn ar Neipeal. De réir mar a bhí sé ag téamh[33] leis an racht ceana[34] seo, mar dhea, bhí sé ag tarraingt níos clósáilte domh ionas go raibh greim láimhe aige orm faoin tráth seo. Níor ghá, ar ndóigh, an socrú beag seo a bhí eadrainn a chur faoi bhráid an dlí. B'amaideach baoth dúinn airgead a chur amú ar shéala[35] an dlíodóra. Conradh an chroí a bheadh ann, arsa seisean go dúthrachtach[36], ag teannadh a ghreama ar mo lámh. Gníomh muiníne. Ba leor sin agus an *trust* a bhí eadrainn. Bhí sé ag féachaint orm go géar go bhfeicfeadh sé an raibh an chaint leataobhach[37] seo ag dul i bhfeidhm orm. Shíl sé go raibh mé somheallta[38] agus go dtiocfadh leis suí i mo bhun agus ceann siar a chur orm. Bhí taithí aige, déarfainn, an ceann is fearr a fháil ar dhaoine. 'Dá gcreidfeá ann,' mar a deireadh na seanmhná sa bhaile fadó, 'chuirfeadh sé cosa crainn faoi do chuid cearc[39].' Ní raibh smaoineamh dá laghad agam dul i bpáirtíocht leis an tslíodóir[40]

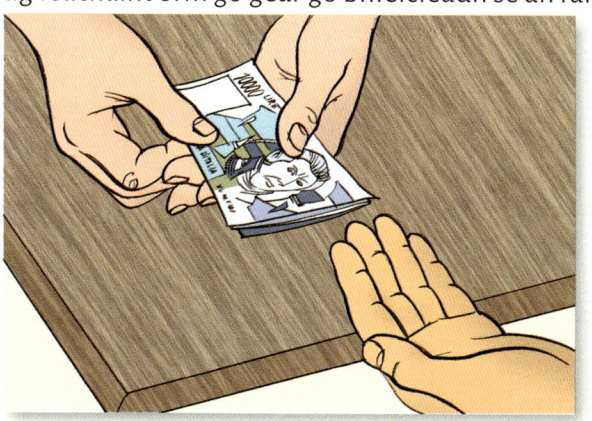

[21] in úsáid
[22] gnó = *affairs*
[23] fir oibre
[24] i mbailte scaipthe
[25] cois tine
[26] cuma an tsaibhris
[27] fur
[28] buidéal beorach
[29] santach
[30] níor dhiúltaigh sé
[31] adhmad don tine
[32] ag obair le chéile
[33] ag leanúint ar aghaidh
[34] cion = *affection*
[35] fiacha = *fees*
[36] go dílis = go macánta
[37] claonta
[38] *taken in/fooled*
[39] *he would work wonders*
[40] slíbhín = *somebody who can't be trusted*

121

Gnáthleibhéal Spreagadh

[41] Ní ghlacfainn	
[42] I didn't pretend anything	
[43] imithe	
[44] an fiach a ghlanadh	
[45] amadán	
[46] i bhfabhar/ba mhian leis	
[47] claws	
[48] i mo bhealach féin	
[49] shocraigh	
[50] go plámásach	
[51] mo théamh	
[52] ashes	
[53] an chleasaíocht cois tine	
[54] word of mouth	
[55] security	
[56] amhrasach	
[57] peaca	
[58] géar	
[59] the blade of a sickle	

seo. Ní rachainn fad mo choise leis. Is mairg a thaobhódh[41] lena chomhairle. Ach lena choinneáil ar bís char lig mé a dhath orm[42] féin. Shuigh mé ansin go stuama, smaointeach, amhail is dá mbeadh gach focal dá chuid ag gabháil i gcion orm.

I rith an ama seo bhí Ang Wong Chuu agus Pemba ar a gcomhairle féin sa chisteanach, gach scairt cheoil acu féin agus ag bean an tí. Nuair a d'ordaigh mé an tríú buidéal leanna don tslogaire seo – bhí a chuid airgid féin, a dúirt sé, chóir a bheith reaite[43] i ndiaidh dó díolaíocht a thabhairt dá chuid oibrithe anseo sna cnoic, ach in Kathmandu dhéanfadh sé an comhar a íoc[44] liom faoi thrí. Thug Ang Wong Chuu i leataobh mé agus cuma an-tógtha air. Is cosúil gur chuir bean an tí leid ina chluas go raibh an fear istigh do mo dhéanamh go dtí an dá shúil. D'iarr sé orm gan baint ná páirt a bheith agam leis agus ar a bhfaca mé ariamh gan mo shúil a thógáil de mo sparán. Dúirt mé leis nach raibh baol ar bith go nglacfadh an breallán[45] seo lámh orm. Sa chluiche seo, gheall mé dó, bheadh an cúig deireanach agamsa. Bhí sé i bhfách[46] go mór le dul isteach liom chun an tseomra le mé a chosaint ar chrúba[47] an fhir istigh ach d'éirigh liom é a chur ar a shuaimhneas agus a sheoladh ar ais chun na cisteanach. Bhí mise a gabháil a imirt mo chuid cnaipí ar mo chonlán féin[48].

Ba léir go raibh lúcháir ar an fhear eile mé a fheiceáil ag teacht ar ais. Shocraigh sé mo chathaoir san áit ba theolaí an teas. Shoiprigh[49] sé na cúisíní go cúramach.

'Cá mhéad airgid a bheadh i gceist?' arsa mise go bladarach[50] nuair a bhí mo ghoradh[51] déanta agam.

Tháinig loinnir aoibhnis ina ghnúis. Shíl sé go raibh leis. 'Braitheann sin ort féin ach thabharfadh míle dollar seasamh maith duit sa ghnó. I do leith féin atá tú á dhéanamh.' Bhí sé spreagtha. Chrom sé síos le séideog a chur sa tine. Chuir sé luaith[52] ar fud na háite le méid a dhíograise. Bhí mé ag baint sásaimh as an chluichíocht chlúide[53] seo.

'An leor banna béil[54],' arsa mise go ceisteach, amhras i mo ghlór, 'mar urrús[55] in aghaidh caillteanais?'

Bhí eagla air go raibh mé ag éirí doicheallach[56], ag tarraingt siar. Phreab sé aniar as an chathaoir agus chaith sé dhá lámh thart orm go cosantach. 'Ná bíodh imní ar bith ort taobhú liom,' arsa seisean go muiníneach. 'Nach bhfuil mé chomh saor ó smál[57] le gloine na fuinneoige sin'?

Fráimithe san fhuinneog, bhí ceathrú gealaí ag glinniúint i bhfuacht na spéire, í chomh faobhrach[58] le béal corráin[59].

Taisteal, Laethanta Saoire agus Cearta Daonna

'Féach isteach i mo shúile i leith is gur fuinneoga iad,' arsa seisean, 'agus tchífídh tú⁶⁰ gur duine nádúrtha mé ó dhúchas. Bí cinnte nach ndéanfainn a dhath⁶¹ ach an t-ionracas le duine.' Bhí sramaí⁶² lena shúile ar an mhéad is a bhí siad ar leathadh⁶³ aige os mo chomhair in iúl is go n-amharcfainn síos isteach i nduibheagán⁶⁴ a dhúchais is go gcreidfinn go raibh sé gan choir, gan chlaonadh⁶⁵.

D'amharc mé idir an dá shúil air agus mé ag rá liom féin, 'Ní rachaidh leat, a dhiúlaigh'. Leis an tsaothar anála⁶⁶ a bhí air bhí na ribí fionnaidh ina ghaosán ar tinneall⁶⁷. Faoin am seo bhí sé siúráilte go raibh mé faoina anáil aige. 'Tabharfaidh mé suim airgid duit anois,' arsa mise go saonta, amhail is dá mbeadh muinín iomlán agam as. 'Agus an chuid eile in Kathmandu má bhíonn obair na comhlachta sásúil.'

Shamhlófá nár tháinig lá dá leas ach é. Bhí sé sna flaithis bheaga le lúcháir. Bhí sé do mo bheannú ionas go mba sheacht bhfearr a bheinn an bhliain seo chugainn. Bhí a fhios agamsa go raibh slám de lire beagluachacha na hIodáile sáite i leataobh agam le fada i dtóin mo mhála droma. D'aimsigh mé iad láithreach agus chuntas mé amach lab nótaí díobh go mórluachach⁶⁸ go raibh lán a chráige⁶⁹ aige. Shíl sé go raibh a shaint de mhaoin⁷⁰ aige ina lámh nuair a chonaic sé na nótaí míle ag carnadh⁷¹ ina bhois. Ádhúil go leor, cha raibh a fhios aige, ach oiread lena thóin, cé chomh beagthairbheach⁷² agus a bhí a stór lire.

Chomh luath agus a bhí an t-airgead istigh i gcúl a dhoirn aige, thosaigh sé ag méanfach agus ag ligean air féin go raibh néal codlata ag teacht air. Thabharfaidh sé a sheoladh in Kathmandu agus sonraí iomlána an chomhlachta domh ar maidin ach anois bhí an codladh ag fáil bua air agus chaithfeadh sé an leabaidh a bhaint amach láithreach. I ndiaidh dó mé a mholadh is a mhóradh thug sé na sála leis chun na leapa. Ba seo oíche a bhí chun a shástachta. Chodlódh sé go sámh. Ní sparán trom croí éadrom⁷³. Bhí aoibh an gháire orm gur thit mé i mo chodladh. Is fuath liom an míchothrom a dhéanamh le duine ar bith ach d'fhóir sé⁷⁴ i gceart don chneámhaire⁷⁵ seo. Bhainfí croitheadh ceart as⁷⁶ nuair a chuirfí ar a shúile dó i mbanc nó i mbiúró in Kathmandu nach raibh ina charnán lire ach sop gan luach⁷⁷. Beidh sé ag téamh ina chuid fola agus ag éirí de thalamh le fearg nuair a thuigfear dó gur buaileadh bob air.

Ar ndóigh, bhí sé ar shiúl nuair a d'éirigh mé ar maidin. Bhain sé na bonnaí as⁷⁸ le bánú an lae, a dúirt bean an tí. Bhí broid⁷⁹ air le bheith ar ais in Kathmandu. Bhí, leoga! Cé go raibh sé gaolta léi, a dúirt sí, is beag dáimh⁸⁰

---

⁶⁰feicfidh tú
⁶¹aon rud
⁶²discharges of mucus
⁶³ar oscailt/wide open
⁶⁴i bpoll
⁶⁵gan peaca, gan locht
⁶⁶heavy, fast breathing,
⁶⁷the small hairs in his nose were standing

⁶⁸pretending they were of value
⁶⁹lán a láimhe
⁷⁰a lán saibhris
⁷¹piling up
⁷²luach beag = of little value

⁷³Ní bhíonn airgead de dhíth ag an té a bhíonn sásta
⁷⁴it suited
⁷⁵rógaire
⁷⁶Bhainfí geit mhór as
⁷⁷rud gan luach/gan mhaith

⁷⁸d'imigh sé leis faoi dheifir
⁷⁹brú
⁸⁰cion

Gnáthleibhéal Spreagadh

[81] ag scriosadh
[82] sacred relics
[83] caint/ráflaí
[84] drochdheireadh

a bhí aici leis. Cha raibh ann ach slíomadóir agus b'fhearr léi gan é a bheith ag teacht faoin teach ar chor ar bith. Bhí seal i bpríosún déanta aige as a bheith ag déanamh slad[81] ar iarsmaí beannaithe[82] na dteampall agus á ndíol le turasóirí. Cha raibh fostaíocht ar bith aige, a dúirt sí, agus bhí an t-iomrá[83] amuigh air gur ar bhuirgléireacht a bhí sé ag teacht i dtír. Bhí sé tugtha don ól ó bhí sé óg, a dúirt sí, agus chuir sé críoch fhliuch[84] ar ar shaothraigh sé ariamh. Tá bean agus páistí aige ach bhí siad scartha óna chéile ón uair ar cúisíodh é as gadaíocht agus ar gearradh téarma príosúin air.

Scríobh na freagraí ar na ceisteanna seo a leanas *nó* iarrfar ar dhalta áirithe suí sa chathaoir the agus beidh air/uirthi an chéad cheist a fhreagairt ó bhéal. Nuair a bheidh an cheist freagartha aige/aici, is féidir leis/léi an chéad cheist eile a chur ar aon dalta eile is mian leis/léi.

An Chathaoir Thea

1. Cén saghas ceisteanna a chuir an strainséir ar an údar?
2. Cén post a bhí aige in Kathmandu, dar leis féin?
3. Céard a cheannaigh an t-údar don strainséir?
4. Céard a gheall an strainséir don údar dá gcuirfeadh sé airgead isteach ina chomhlacht?
5. Cén fáth ar shocraigh Cathal leanúint ar aghaidh leis an gcluiche?
6. Cén fáth ar tháinig Ang Wong Chuu amach ón gcistin?
7. Cé mhéad airgid a theastaigh ón strainséir dá chomhlacht?
8. Conas a mhothaigh an fear nuair a thug an t-údar an t-airgead dó?
9. Cad a dúirt an fear leis an údar agus é ag dul a chodladh?
10. Luaigh dhá rud a dúirt bean an tí le Cathal faoin strainséir.

Taisteal, Laethanta Saoire agus Cearta Daonna

Achoimre ar an Sliocht

- Tar éis don údar a dhinnéar a ithe tráthnóna amháin agus é ina shuí cois tine, tháinig fear ramhar isteach chun labhairt leis. Chuir sé ceist i ndiaidh ceiste ar an údar, go háirithe i dtaobh cúrsaí airgid. Ón gcaoi a raibh sé ag stánadh air agus ag cur ceisteanna air, thuig Cathal nach raibh an fear seo **dílis**[1] ná macánta agus níor thug sé mórán eolais dó. D'inis sé **cúpla bréag**[2] dó freisin.

- Bhí an fear gaolta le bean an tí agus bhí sé ar a bhealach ar ais go Kathmandu, áit a raibh sé ina fhear gnó, dar leis féin. Thosaigh sé **ag maíomh as féin**[3] agus as a chuid **gnóthaí**[4].

- Dar leis féin, bhí daoine ag obair dó ar fud an cheantair. B'fhear gnó mór le rá é agus bhí sé **gléasta**[5] go maith. Thug Cathal faoi deara go háirithe 'a chóta throm **clúimh**[6]' agus 'na bróga sléibhe **de scoth an leathair**[7] a bhí á gcaitheamh aige'. Bhí a fhios ag an údar, áfach, go raibh an fear seo ag iarraidh **dallamullóg a chur air**[8], ach **shocraigh sé ligean air**[9] go raibh sé 'bog' agus cheannaigh sé **dhá bhuideál beorach**[10] don strainséir agus d'ól an fear iad **go santach**[11].

- D'éirigh an fear **plámásach**[12] leis an údar, ag rá leis go raibh an t-ádh orthu bualadh le chéile agus **mhol sé do Chathal infheistiú ina chomhlacht**[13] déanta páipéir. **Gheall sé**[14] dó go ndéanfadh sé an-chuid airgid as.

- Tháinig sé **ní ba chóngaraí**[15] dó ansin agus dúirt sé go mbeadh sé amaideach airgead a chur amú ar **dhlíodóir**[16] dá socrú beag seo. Socrú idir cairde a bheadh ann! Ag breathnú air, shíl an t-údar go raibh **taithí mhaith**[17] ag an bhfear seo ar an dallamullóg a chur ar dhaoine agus mar sin, shocraigh Ó Searcaigh leanúint ar aghaidh leis an gcluiche!

- Nuair a d'ordaigh an t-údar an tríú buidéal beorach ón gcistin, tháinig Ang Wong Chuu amach ón gcistin agus thóg sé Cathal **ar leataobh**[18], mar bhí sé buartha faoi. Dúirt Cathal leis gan imní a bheith air.

- Chuir Cathal ceist ar an bhfear ansin, cé mhéad airgid a bheadh i gceist agus bhí an strainséir sásta. Cheap sé go raibh an t-ádh air. Míle dollar a dúirt sé a bheadh ag teastáil don ghnó. Nuair a cheap sé go raibh an t-údar **ag éirí amhrasach**[19], chuir an fear a lámha timpeall air agus dúirt sé leis gan eagla a bheith air, toisc go raibh sé féin macánta. Bhí an t-údar **ag baint sásaimh as an 'chluichíocht'**[20] seo, ar ndóigh!

- Nuair a chuala sé ansin go raibh an t-údar chun airgead a thabhairt dó, **bhí lúcháir ar an strainséir**[21]. Thug Cathal a lán lire de chuid na hIodáile **gan luach**[22] dó agus dúirt sé leis go dtabharfadh sé **a thuilleadh**[23] dó in Kathmandu dá mbeadh obair an chomhlachta sásúil. Bhí áthas ar an bhfear anois.

- Ansin thosaigh an fear **ag méanfach**[24] agus chuaigh sé a chodladh. Dúirt sé leis an údar go dtabharfadh sé a sheoladh agus **na sonraí**[25] go léir dó ar maidin. Bhainfí geit mhaith as nuair a rachadh sé go dtí banc nó biúró i Kathmandu, áfach. Bhain Cathal sult as an smaoineamh sin!

- Nuair a d'éirigh an t-údar an mhaidin dar gcionn, áfach, bhí an fear imithe. Fuair Ó Searcaigh amach ó bhean an tí go raibh an fear seo **i dtrioblóid leis an dlí**[26] agus gur chaith sé tréimhse sa phríosún. Bhí sé ina **alcólaí dífhostaithe**[27], **scartha óna chlann**[28] agus ní raibh baint ar bith aige le gnó ar bith. Cé go raibh sé gaolta léi féin, níor thaitin sé léi, toisc nach raibh aon mheas aici air.

[1] loyal
[2] a couple of lies
[3] boasting
[4] businesses
[5] dressed
[6] fur
[7] made from the best leather
[8] to fool him
[9] he decided to pretend
[10] two bottles of beer
[11] greedily
[12] flattering
[13] advised Cathal to invest in his company
[14] he promised
[15] closer
[16] lawyer
[17] good experience/used to
[18] aside
[19] becoming doubtful
[20] enjoying the game
[21] the stranger was delighted
[22] valueless
[23] more
[24] yawning
[25] the details
[26] in trouble with the law
[27] an unemployed alcoholic
[28] separated from his family

Gnáthleibhéal **Spreagadh**

Sliocht as Seal i Neipeal *le Cathal Ó Searcaigh*

Achoimre ar an Scéal i bhFoirm Pictiúr

Anois, scríobh d'achoimre féin bunaithe ar na pictiúir thuas.

Taisteal, Laethanta Saoire agus Cearta Daonna

Aonad 3

Cleachtadh Scríofa

Féach ar na carachtair thíos. Scríobh síos trí cinn d'eocharfhocail a bhaineann le gach duine acu, m.sh. An tÚdar – fear cairdiúil, cliste.

_____   _____   _____
_____   _____   _____
_____   _____   _____

Obair Ealaíne

Cruthaigh achoimre ar an scéal le chéile i bhfoirm pictiúr agus siombailí. Is féidir leat úsáid a bhaint as figiúirí agus roinnt eochairfhocal anseo is ansiúd más mian leat.

An tÚdar

Rugadh Cathal Ó Searcaigh i nGort a' Choirce, baile beag i nGaeltacht Thír Chonaill sa bhliain 1956. Rinne sé staidéar ar an Léann Ceilteach i gColáiste Phádraig, Maigh Nuad. Chaith sé blianta ag staidéar agus mar scríbhneoir cónaithe i gcoláistí éagsúla tríú leibhéil ar fud na tíre. Tá clú agus cáil náisiúnta agus idirnáisiúnta ar Chathal Ó Searcaigh mar fhile agus mar scríbhneoir agus tá neart duaiseanna litríochta buaite aige ar fud na cruinne.

Gnáthleibhéal Spreagadh

Cleachtadh Scríofa

Scríobh d'achoimre féin anois. Freagair na ceisteanna seo san achoimre.

1. Cén fáth a raibh an t-údar amhrasach faoin strainséir nuair a tháinig sé isteach ar dtús?
2. Céard a shocraigh an t-údar a dhéanamh?
3. Céard a cheannaigh sé don strainséir?
4. Cad a dúirt an strainséir leis an údar faoi féin agus faoina shaol?
5. Cé a tháinig amach ón gcistin agus cén fáth?
6. Cé mhéad airgid a theastaigh ón bhfear?
7. Céard a rinne sé nuair a fuair sé an t-airgead ón údar?
8. Cá raibh an strainséir nuair a d'éirigh an t-údar an mhaidin dar gcionn?
9. Céard a dúirt bean an tí leis an údar faoin bhfear eile?
10. Conas a mhothaigh an t-údar sa deireadh?

Tréithe na gCarachtar

An Fear Eile/An Stráinséir

- Is duine mímhacánta[1], glic é an fear. Insíonn sé bréaga[2] don údar. Deir sé gur fear gnó é agus go bhfuil a lán daoine ag obair dó in Kathmandu.
- Tá sé gléasta go deas[3] chun cabhrú leis an mbréag faoina ghnó.
- Is duine santach[4] agus glic é. Déanann sé iarracht airgead a fháil ón údar, cé go bhfuil sé ag insint bréag dó. Ansin, nuair a cheapann sé go bhfuil an t-airgead aige, deir sé go bhfuil tuirse air agus téann sé a chodladh. Éalaíonn sé[5] i rith na hoíche, áfach.
- Ag deireadh an tsleachta, tuigimid go bhfuil a lán fadhbanna pearsanta[6] ag an bhfear. Is gadaí é. Tá sé scartha[7] óna bhean chéile agus níl aon phost aige.

[1] dishonest
[2] lies
[3] nicely dressed
[4] greedy
[5] he escapes
[6] personal problems
[7] separated

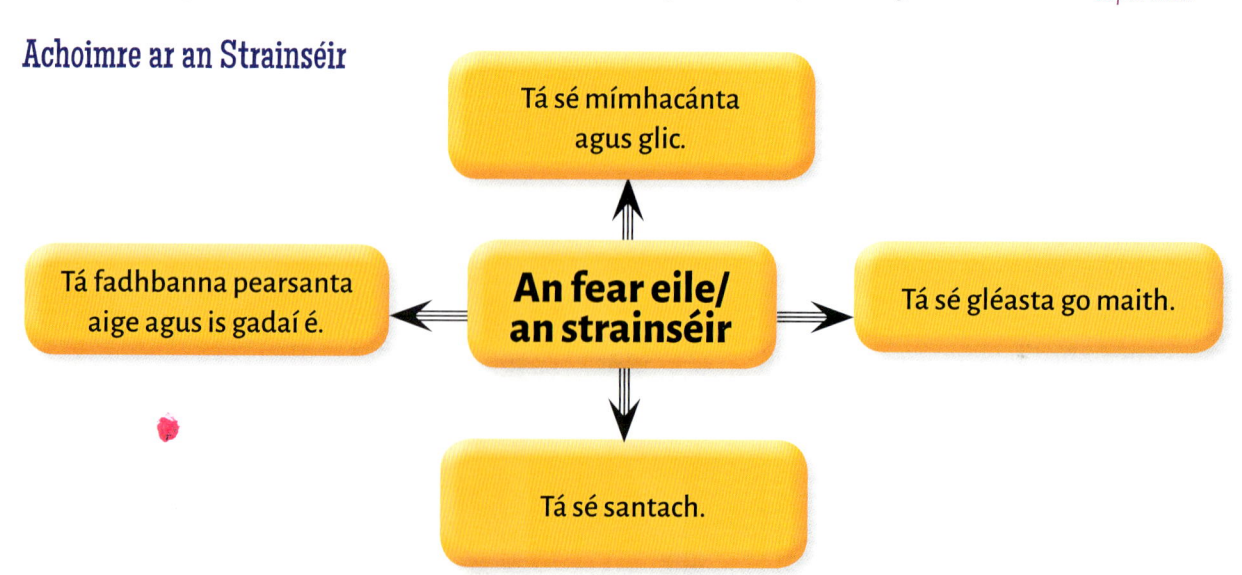

Achoimre ar an Strainséir

An fear eile/ an strainséir

- Tá sé mímhacánta agus glic.
- Tá fadhbanna pearsanta aige agus is gadaí é.
- Tá sé gléasta go maith.
- Tá sé santach.

Taisteal, Laethanta Saoire agus Cearta Daonna

An tÚdar

- Is duine cliste é an t-údar. Tá sé glic freisin. Tuigeann sé láithreach[8] go bhful an fear eile mímhacánta ach leanann Cathal ar aghaidh[9] leis an gcluiche. Ba mhaith leis an bua a fháil air.
- Ligeann sé air[10] go bhfuil suim aige sa chomhrá faoi airgead a infheistiú. Ceannaíonn sé beoir[11] don strainséir, cé go dtuigeann sé go bhfuil an fear ag insint bréag. Tá sé féin sórt mímhacánta.
- Is maith leis an chleasaíocht[12] agus baineann sé taitneamh as an gcluiche leis an strainséir. Ba mhaith leis an dallamullóg a chur air.
- Tá féith an ghrinn[13] san údar agus feicimid go bhfuil sé ag baint taitnimh as an gcluiche.
- Deir an t-údar linn sa sliocht nach maith leis a bheith mímhacánta agus míchothrom[14] le duine ar bith ach ceapann sé go bhfuil sé ceart cluiche a imirt ar an bhfear mímhacánta.

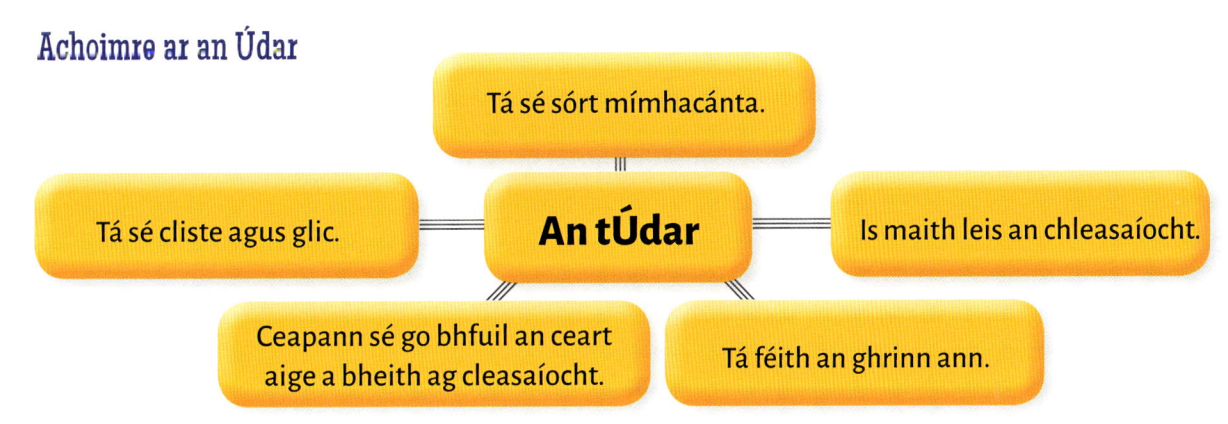

[8] *he immediately realises*
[9] *Cathal continues*
[10] *he pretends*
[11] *a beer*
[12] *playing games/tricks*
[13] *a sense of humour*
[14] *unfair*

Achoimre ar an Údar

- Tá sé sórt mímhacánta.
- Tá sé cliste agus glic.
- **An tÚdar**
- Is maith leis an chleasaíocht.
- Ceapann sé go bhfuil an ceart aige a bheith ag cleasaíocht.
- Tá féith an ghrinn ann.

Na Mioncharachtair

- Réitíonn Cathal go maith leis na mioncharachtair sa sliocht seo. Labhraíonn bean an tí go macánta leis faoin bhfear eile, cé go bhfuil sí gaolta leis.
- Tagann Ang Wong Chuu amach ón gcistin chun a rá leis an údar go bhfuil an fear eile mímhacánta agus gur gadaí é.

Cleachtadh Labhartha: Dráma

1. Cum trí cheist ba mhaith leat a chur ar Chathal (an t-údar). Is féidir le dalta eile ról an údair a ghlacadh agus na ceisteanna a fhreagairt.

   Sampla
   Conas a bhí a fhios agat go raibh an fear eile ag insint bréag? Cén fáth ar cheannaigh tú an bheoir dó?

2. Cum trí cheist ba mhaith leat a chur ar an bhfear eile/an strainséir. Is féidir le dalta eile ról an fhir a ghlacadh agus na ceisteanna a fhreagairt.

Cleachtaí Scríofa

1. Déan cur síos ar charachtar an údair sa sliocht seo.
2. An dtaitníonn an t-údar leat mar charachtar? Cuir dhá fháth le do fhreagra.
3. Cén saghas duine é an fear a tháinig isteach sa bheár chun labhairt leis an údar?
4. An mbeadh trua ar bith agat don strainséir? Tabhair dhá fháth chun tacú le do fhreagra.

Gnáthleibhéal Spreagadh

Téama an tSleachta

- Is iad na téamaí is mó atá le feiceáil sa sliocht seo ná mímhacántacht, saint agus cleasaíocht. Tá an t-údar glic go leor an bua a fháil ar an gcleasaíocht. Tá cluiche ar siúl idir an bheirt phríomhcharachtar agus faigheann an t-údar an bua sa deireadh.

- Tá féith an ghrinn san údar gan dabht. Tuigeann sé gur mhaith leis an strainséir an dallamullóg a chur air, ach leanann sé ar aghaidh leis an gcluiche. Is maith leis an chleasaíocht.

- Tá an fear eile mímhacánta agus glic. Cuireann sé a lán ceisteanna ar an údar, go háirithe faoi chúrsaí airgid agus ansin insíonn sé bréaga dó. Deir sé gur fear mór gnó é ach feicimid ag deireadh an scéil go bhfuil sé i dtrioblóid leis an dlí[15] agus gur gadaí é.

- Feicimid gliceas agus saint arís nuair a thugann an t-údar an t-airgead don fhear. Ligeann sé air go bhfuil tuirse air agus téann sé a chodladh. Ansin, imíonn sé ón teach lóistín nuair a bhíonn gach duine ina gcodladh. Ceapann sé go bhfuil an bua aige, ach is ag an údar atá an bua i ndáiríre.

[15] the law

Achoimre ar na Téamaí

| saint | mímhacántacht | gliceas |

| féith an ghrinn – cleasaíocht/an cluiche | bua ag an macántacht |

Cúinne na Litearthachta

Déan na focail sa bhosca thuas a aistriú anois sa tábla thíos agus déan iarracht iad a litriú ansin gan féachaint ar na nótaí.

As Gaeilge	As Béarla	As Gaeilge Arís!
Saint		
Mímhacántacht		
Gliceas		
Féith an ghrinn/cleasaíocht		
Macántacht		

Taisteal, Laethanta Saoire agus Cearta Daonna

Mothúcháin

Is iad na mothúcháin sa sliocht seo:

- **Saint**[16]: Tá an fear eile/an strainséir an-santach. Déanann sé iarracht airgead a fháil ón údar agus is cuma leis bréaga a insint dó.
- **Fonn cleasaíochta**[17]: Ba mhaith leis an údar cluiche a imirt ar an bhfear eile agus an bua a fháil air.
- **Fonn díoltais**[18]: Ba mhaith leis an údar díoltas a fháil ar an strainséir toisc go bhfuil sé mímhacánta agus gur gadaí é.
- **Meas**[19]: Feicimid go bhfuil meas ag úinéirí an tí lóistín ar an údar mar déanann siad iarracht é a chosaint.

[16] *greed*
[17] *a desire to play games*
[18] *a desire for revenge*
[19] *respect*

Cleachtadh Scríofa

Déan cur síos ar dhá cheann de na mothúcháin atá le brath sa sliocht seo, dar leat.

Freagra Samplach a 1a

An dtaitníonn an sliocht seo leat? Cuir fáthanna le do fhreagra.
(Is leor dhá fháth.)

Is maith liom an sliocht seo.

- Tá féith an ghrinn ag an údar agus mar sin tá sé greannmhar. Ceapaim go bhfuil an cluiche idir an bheirt phríomhcharachtar greannmhar mar tá an bheirt acu ag insint bréag. Tá sé greannmhar freisin nuair a thugann Cathal an t-airgead bréagach don strainséir agus nuair a cheapann an fear eile go bhfuil an bua aige. Ansin téann sé a chodladh agus imíonn sé ón teach i lár na hoíche.

- Is maith liom críoch an scéil nuair a bhíonn an bua ag an údar ach ceapann an fear eile go bhfuil an bua aige féin. Is críoch mhaith í seo mar bíonn an bua ag an duine is macánta sa deireadh.

Gnáthleibhéal Spreagadh

Freagra Samplach a 1b

Ní maith liom an sliocht seo.

- Tá an bheirt phríomhcharachtar mímhacánta agus ní insíonn siad an fhírinne in aon chor. Tá an bheirt acu glic agus ní maith liom an tréith sin. Tá siad ag imirt cluiche agus déanann siad iarracht an dallamullóg a chur ar a chéile. Ní cheapaim féin go bhfuil sé greannmhar. Tá an t-údar agus an strainséir plámásach[20] ach níl siad macánta in aon chor. Ansin feicimid gur gadaí é an strainséir agus go raibh sé sa phríosún roimhe seo.

- Ní maith liom an t-atmaisféar sa sliocht. Tá gach duine amhrasach agus glic agus ní bhíonn aon duine sásta. Bíonn imní ar úinéirí an tí lóistín[21] agus ceapann siad go gcreidfidh Cathal na bréaga a insíonn an fear. Níl an scéal taitneamhach, i mo thuairim.

[20] flattering

[21] the owners of the guest house

Cleachtaí Scríofa

1. Ar thaitin an sliocht seo as an leabhar *Seal i Neipeal* leat? Tabhair dhá fháth le do fhreagra..

2. Meaitseáil na litreacha leis na huimhreacha sa ghreille thíos chun abairtí iomlána a chur le chéile.

A	Is é Cathal Ó Searcaigh	1	a lán ceisteanna ar an údar.
B	Tagann an strainséir isteach sa bheár	2	é an strainséir, dar leis féin.
C	Tá an t-údar ina shuí	3	go gcreideann sé scéalta an fhir.
D	Cuireann an strainséir	4	agus mar sin buaileann sé bob air.
E	Ligeann an t-údar air	5	gan luach don strainséir.
F	Is fear gnó, mór le rá	6	tar éis don údar a dhinnéar a chríochnú.
G	Bíonn úinéirí an tí lóistín	7	nuair a fhaigheann sé an t-airgead.
H	Ní maith le Cathal an strainséir	8	cois tine nuair a thagann an fear eile isteach.
I	Tugann an t-údar a lán lira	9	údar an tsleachta seo.
J	Ceapann an strainséir go bhfuil an bua aige	10	buartha go n-éireoidh leis an bhfear an dallamullóg a chur ar an údar.

A	B	C	D	E	F	G	H	I	J

Taisteal, Laethanta Saoire agus Cearta Daonna — Aonad 3

Féinmheasúnú

Cé chomh sásta is atá tú anois go mbeidh tú in ann achoimre, téama agus carachtair an scéil thuas a phlé gan saothar gan stró? Cuir tic sa bhosca cuí.

Míshásta	Measartha sásta	An-sásta

Céim a 6b: Filíocht Ainmnithe

Sa chéim seo, foghlaimeoidh tú:
- conas an dán a mhíniú i nGaeilge níos simplí
- faoi théama an dáin 'Géibheann'
- faoin bhfile
- faoi mhothúcháin an fhile
- conas ceisteanna scrúdaithe a fhreagairt.

Cúinne na Litearthachta

Foghlaim conas na heochairfocail thíos san achoimre a litriú agus faigh amach cad is brí leo.

Féach go grinn ar na focail seo, abair amach iad, clúdaigh na focail, agus ansin scríobh na focail amach chun an litriú a chleachtadh!

As Gaeilge	As Béarla	Clúdaigh na focail ar an lámh chlé agus scríobh amach na focail anseo leat féin. Cad is brí leis na focail?
Ainmhí fiáin		
Ainmhí cumhachtach		
Easpa fuinnimh		
Saoirse		
Neamhspleáchas		
Daoirse		
Dán meafarach		
Codarsnacht		
I ngéibheann		
Faoi smacht		

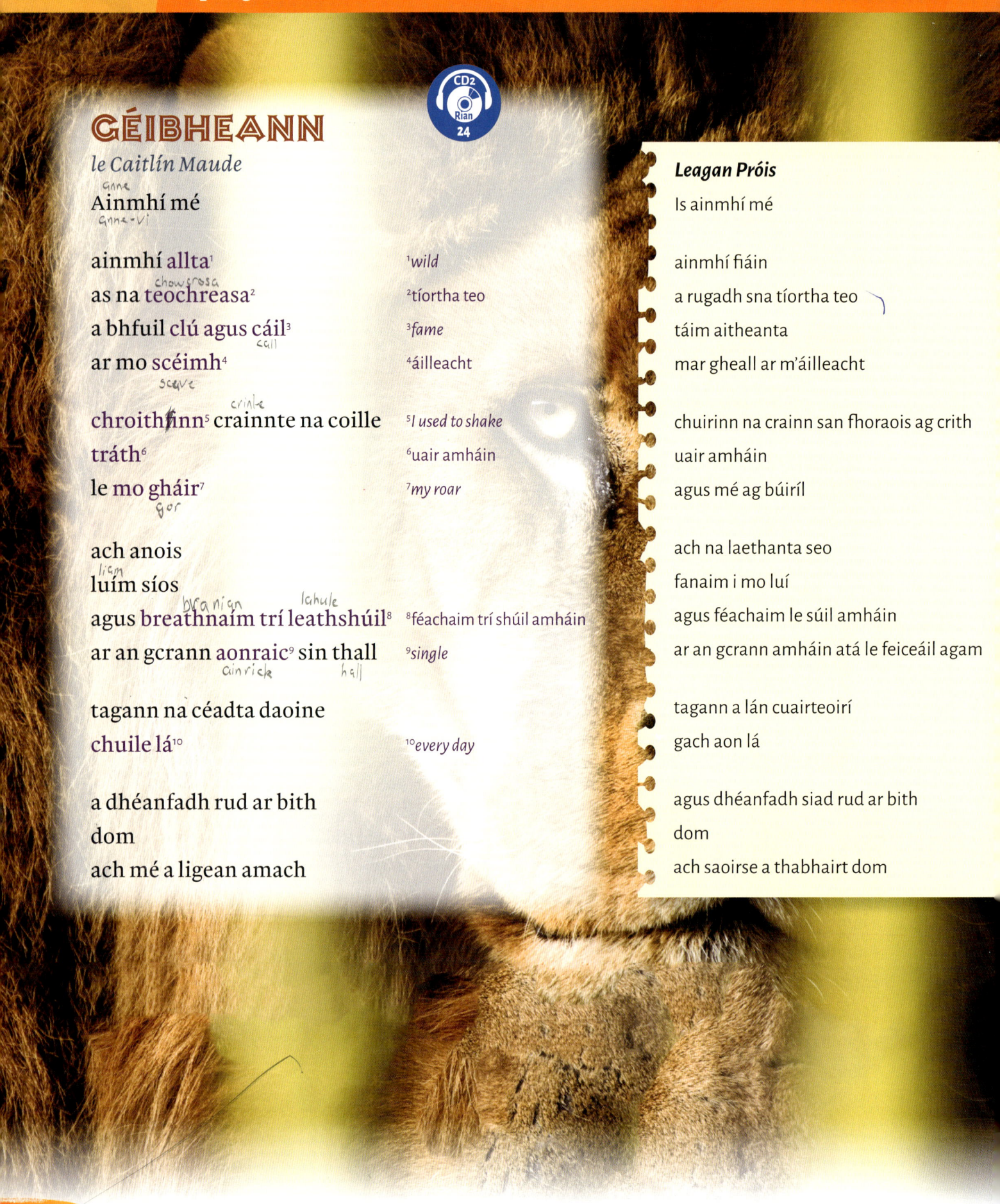

GÉIBHEANN

le Caitlín Maude

Ainmhí mé

ainmhí allta[1]
as na teochreasa[2]
a bhfuil clú agus cáil[3]
ar mo scéimh[4]

chroithfinn[5] crainnte na coille
tráth[6]
le mo gháir[7]

ach anois
luím síos
agus breathnaím trí leathshúil[8]
ar an gcrann aonraic[9] sin thall

tagann na céadta daoine
chuile lá[10]

a dhéanfadh rud ar bith
dom
ach mé a ligean amach

[1] wild
[2] tíortha teo
[3] fame
[4] áilleacht
[5] I used to shake
[6] uair amháin
[7] my roar
[8] féachaim trí shúil amháin
[9] single
[10] every day

Leagan Próis

Is ainmhí mé

ainmhí fiáin
a rugadh sna tíortha teo
táim aitheanta
mar gheall ar m'áilleacht

chuirinn na crainn san fhoraois ag crith
uair amháin
agus mé ag búiríl

ach na laethanta seo
fanaim i mo luí
agus féachaim le súil amháin
ar an gcrann amháin atá le feiceáil agam

tagann a lán cuairteoirí
gach aon lá

agus dhéanfadh siad rud ar bith
dom
ach saoirse a thabhairt dom

Taisteal, Laethanta Saoire agus Cearta Daonna — Aonad 3

An File
Rugadh Caitlín Maude i gCasla, Conamara sa bhliain 1941. Tógadh le Gaeilge í. Chaith sí roinnt blianta ag múineadh, ach bhí cáil níos mó uirthi mar aisteoir, mar amhránaí ar an sean-nós, mar fhile agus mar ghníomhaí teanga. Fuair sí bás sa bhliain 1982, ach foilsíodh cnuasach filíochta dá cuid i 1984 agus cnuasach eile drámaíochta agus próis i 1988. Foilsíodh a saothar liteartha ar fad in *Caitlín Maude: Dánta, Drámaíocht agus Prós* in 2005.

Línte an Dáin
- Deir an file gur ainmhí fiáin í a bhí ina cónaí tráth dá raibh sna creasa teo. (Línte 1–3)
- Dar leis an leon, tá clú agus cáil air mar ainmhí álainn, uasal. (Línte 4–5)
- Ansin feicimid cumhacht an ainmhí, nuair a deir sé gur chuir sé na crainn timpeall air ag crith nuair a bhí sé ag búiríl. (Línte 6–8)
- Níl an saol sin ann níos mó, áfach, agus tá an leon ina luí i gcás sa zú, ag féachaint amach le súil amháin ar an gcrann 'aonraic' amháin atá le feiceáil aige ón gcás sin. (Línte 9–12)
- Tagann a lán cuairteoirí go dtí an zú gach lá chun féachaint ar na hainmhithe. (Línte 13–14)
- Dar leis an leon, dhéanfadh na cuairteoirí sin rud ar bith ach an rud atá ag teastáil uaidh – a shaoirse a thabhairt dó. (Línte 15–17)

Cleachtaí Scríofa

Freagair na ceisteanna seo a leanas.

1. Cén t-ainmhí atá i gceist sa dán seo?
2. Cá bhfuil an t-ainmhí sa chéad leath den dán?
3. Conas a mhothaíonn sé ansin?
4. Cén fáth a raibh an t-ainmhí bródúil as féin?
5. Cá bhfios dúinn go raibh sé láidir agus cumhachtach?
6. Cá bhfuil an t-ainmhí sa dara leath den dán?
7. Conas a mhothaíonn sé anois?
8. Cad a fheiceann sé óna chás?
9. Cén fáth a dtagann na cuairteoirí go dtí an zú?
10. Cad é an rud a theastaíonn ón leon?

Téama an Dáin
- Is é téama an dáin seo ná an chodarsnacht idir an tsaoirse[1] agus daoirse[2]. Úsáideann an file íomhá an leoin chun an téama seo a chur ós ár gcomhair, 'Ainmhí mé/ainmhí allta'.
- Tráth dá raibh, bhí an leon ina chónaí go saor agus go sona sna tíortha teo. Bhí sé bródúil as a chuid áilleachta ansin, 'a bhfuil clú agus cáil ar mo scéimh'.
- Bhí sé láidir agus cumhachtach[3] agus chuir sé na crainn timpeall air ag crith nuair a bhí sé ag búiríl[4], 'chroithfinn crainnte na coille tráth'.
- Sa dara leath den dán, áfach, tá an leon ina luí i gcás sa zú. Tá sé i ngéibheann agus níl sé sásta. Féachann sé amach le súil amháin ar chrann amháin anois, 'breathnaím trí leathshúil'.
- Tagann a lán cuairteoirí go dtí an zú gach lá chun féachaint ar an leon ach ní dhéanann siad an rud a theastaíonn ón leon[5]. Ní thugann siad saoirse dó.

[1] freedom
[2] oppression
[3] powerful
[4] roaring
[5] what the lion wants

Gnáthleibhéal Spreagadh

Cleachtadh Scríofa

Meaitseáil na litreacha leis na huimhreacha sa ghreille thíos chun abairtí iomlána a chur le chéile.

A	Tá codarsnacht idir	1	nuair a bhí sé saor.
B	Caitlín Maude	2	agus é ag búiríl.
C	Tráth dá raibh	3	an dara súil a oscailt.
D	Bhí an leon sona sásta	4	an tsaoirse agus an daoirse sa dán.
E	Chroith sé na crainn	5	ach ní thugann siad saoirse don leon.
F	Tá an leon ina chónaí	6	a scríobh an dán.
G	Níl an fuinneamh aige	7	óna chás sa zú.
H	Tagann cuairteoirí go dtí an zú	8	i gcás sa zú anois.
I	Ní fheiceann sé ach crann amháin	9	mar tá tuirse air.
J	Luíonn sé síos	10	bhí an leon ina chónaí sna tíortha teo.

A	B	C	D	E	F	G	H	I	J

Anois, scríobh amach na habairtí i do chóipleabhar.

Mothúcháin

Tá a lán mothúchán sa dán seo agus tá codarsnacht idir na mothúcháin sa chéad leath den dán agus sa dara leath den dán.

- **Saoirse:** Bhí an leon saor agus sona nuair a bhí sé ina chónaí sna tíortha teo. Bhí bród air as a chuid áilleachta agus bhí sé an-láidir.

[1]strength
[2]wild

- **Neart**[1]**:** Bhí an leon an-láidir. Bhí sé fiáin[2] agus chuir sé na crainn ag crith nuair a bhí sé ag búiríl.

[3]energy

- **Fuinneamh**[3]**:** Bhí an leon lán le fuinneamh nuair a bhí sé saor. Bhí sé fiáin agus chuir sé na crainn ag crith nuair a bhí sé ag búiríl.

[4]power

- **Cumhacht**[4]**:** Bhí an leon an-chumhachtach. Bhí an chumhacht aige 'crainnte na coille' a chur ag crith.

[5]pride

- **Bród**[5]**:** Bhí an leon an-bhródúil as féin nuair a bhí sé saor. Bhí bród air as a chuid áilleachta.

[6]oppression

- **Daoirse**[6]**:** Tá an leon i ngéibheann anois. Tá sé sa zú. Níl sé saor níos mó.

[7]lack of energy

- **Tuirse/easpa fuinnimh**[7]**:** Níl an fuinneamh aige seasamh suas sa zú. Tá tuirse air, 'luím síos'.

[8]frustration

- **Frustrachas**[8]**:** Tá frustrachas agus fearg ar an leon sa zú mar tá sé i ngéibheann. Osclaíonn sé súil amháin.

- **Brón:** Tá brón an domhain ar an leon sa zú. Luíonn sé síos agus féachann sé amach óna chás le súil amháin, 'luím síos, agus breathnaím trí leathshúil'.

Achoimre Ghearr ar na Mothúcháin sa Chéad Leath

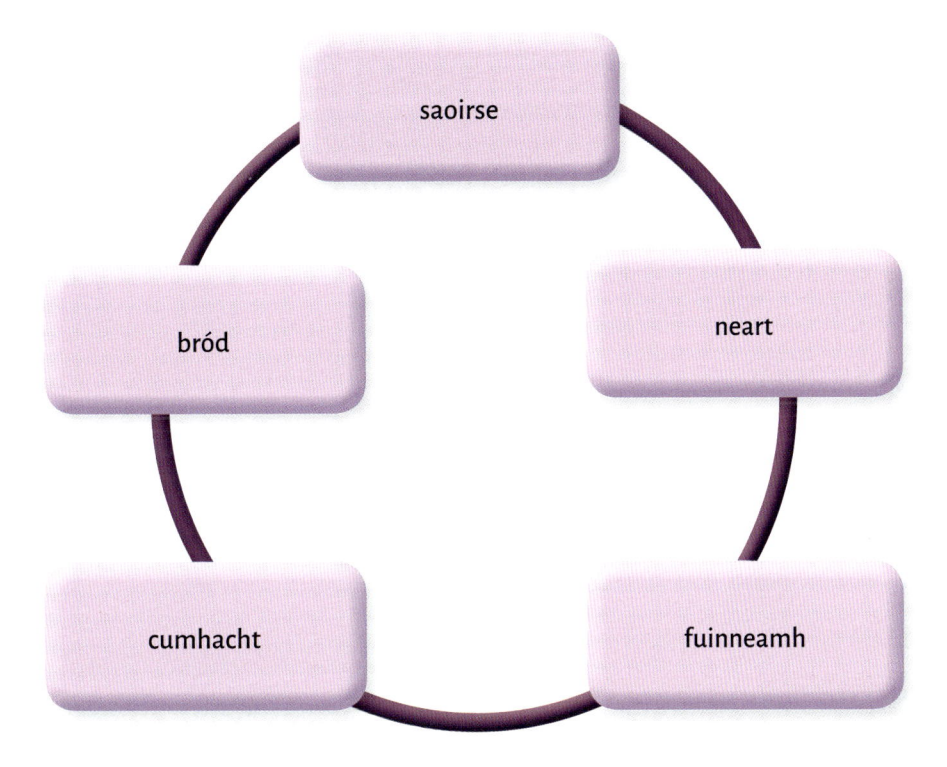

- saoirse
- neart
- fuinneamh
- cumhacht
- bród

Achoimre Ghearr ar na Mothúcháin sa Dara Leath

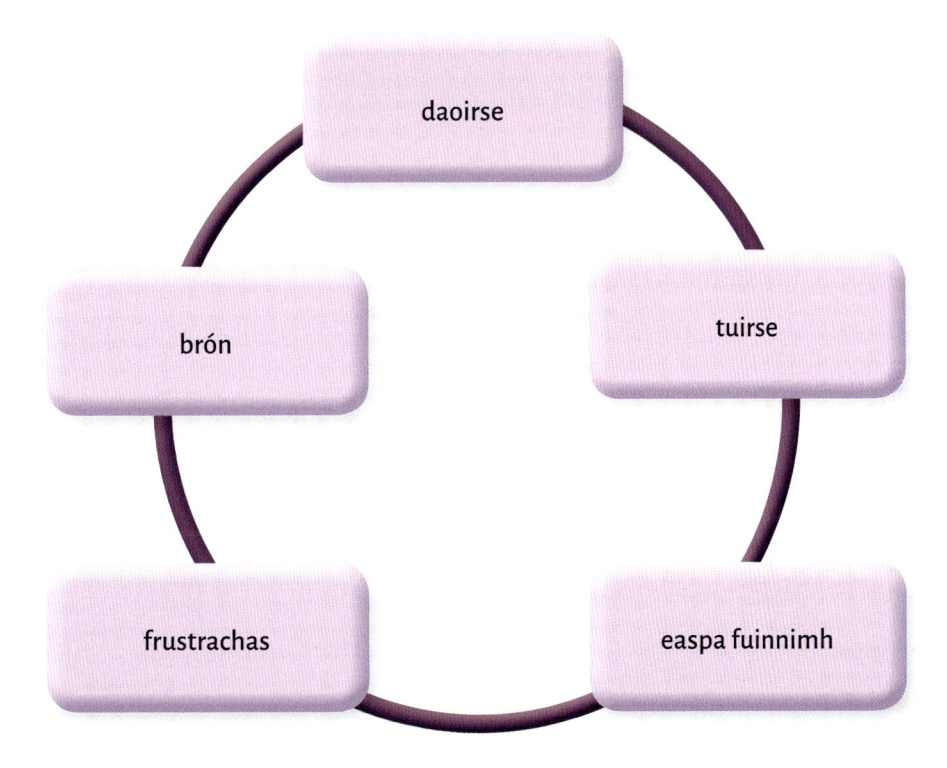

- daoirse
- tuirse
- easpa fuinnimh
- frustrachas
- brón

Gnáthleibhéal **Spreagadh**

Cleachtadh Scríofa

Líon na bearnaí leis an bhfocal ceart ón liosta thíos.

1. Bhí an leon sásta san fhoraois. Bhí _____ agus neamhspleáchas aige.
2. Is í an _____ idir an tsaoirse agus an daoirse an téama is láidre sa dán seo.
3. Bhí an leon _____ nuair a bhí sé saor. Chuir sé crainnte na coille ag crith agus é ag búiríl.
4. Bhí an leon _____ as a chuid áilleachta.
5. Tá an leon i _____ anois i gcás sa zú.
6. Níl an _____ aige an dara súil a oscailt.
7. Ní fheiceann sé ach _____ amháin anois.
8. Tagann sluaite _____ go dtí an zú gach lá.

| crann | cumhachtach | saoirse | cuairteoirí |
| ngéibheann | chodarsnacht | bródúil | fuinneamh |

Mata Boird

Déan grúpaí de cheathrar. Bíodh leathanach A3 ag gach grúpa agus bíodh ceithre chearnóg ar an leathanach. Ligfidh beirt sa ghrúpa orthu gurb iad an leon atá saor sna tíortha teo. Ligfidh an bheirt eile orthu gurb iad an leon sa zú iad. Ansin, roghnaíonn gach dalta mothúchán amháin a bhraitheann sé/sí agus ina c(h)earnóg féin, caithfidh sé/sí pictiúr beag a tharraingt a thaispeánann an mothúchán sin. Sa deireadh, caithfidh gach dalta sa rang a rá leis an rang conas a mhothaíonn sé agus an fáth a mothaíonn sé mar sin.

Teicníocht

[1] contrast

Codarsnacht[1]

Úsáideann an file an chodarsnacht sa dán 'Géibheann'.

- Tá codarsnacht ann idir an saol a bhí ag an leon nuair a bhí sé saor agus an saol atá aige anois sa zú.
- Tá codarsnacht ann freisin idir mothúcháin an leoin sa chéad leath agus sa dara leath den dán.
- Bhí an leon saor sa chéad leath den dán. Bhí sé sásta, bhí sé láidir, bhí sé bródúil agus bhí sé lán le fuinneamh.
- Anois tá an leon i ngéibheann sa zú. Tá sé míshásta, tá tuirse air agus tá brón air.

[2] images

Íomhánna[2]

Tá a lán íomhánna sa dán seo gan dabht:

- Feicimid íomhá de leon álainn agus é saor sna tíortha teo.
- Feicimid an leon ag búiríl agus na crainn ag crith timpeall air.

Taisteal, Laethanta Saoire agus Cearta Daonna

Tá na híomhánna difriúil sa dara leath den dán:
- Feicimid an leon ina luí i gcás sa zú.
- Féachann sé amach le súil amháin ar an gcrann amháin a fheiceann sé anois.
- Feicimid a lán cuairteoirí ag tabhairt cuairte ar an zú.
- Tá iomhá d'ainmhí an-bhrónach ag féachaint amach ar na cuairteoirí sin.

Ceisteanna Scrúdaithe

1. Cé a scríobh an dán seo? Tabhair trí phointe eolais faoin bhfile. (8 mharc)
2. Cad é téama an dáin seo, dar leat? Conas a léirítear an téama sin dúinn? (8 mharc)
3. Déan cur síos ar an gcodarsnacht sa dán. (8 mharc)
4. Cad iad na mothúcháin is láidre sa dán, dar leat? (8 mharc)
5. Cad iad na híomhánna a fheicimid sa dán? (8 mharc)
6. Déan cur síos ar an leon, mar a bhí sé agus mar atá sé anois? (8 mharc)

Athbhreithniú ar an Litríocht: Súil ar an Scrúdú

Ceist 2 PRÓS (50 marc)

2A Prós Ainmnithe

(a) Tabhair achoimre ar na heachtraí is tábhachtaí sa sliocht seo as an leabhar *Seal i Neipeal*. Luaigh na pointí seo san achoimre:
  (i) Déan cur síos ar an gcuma a bhí ar an strainséir/an fear a tháinig isteach sa bheár.
  (ii) Cad faoi a raibh an strainséir ag caint leis an údar?
  (iii) Cad a cheap an t-údar faoin bhfear seo? Cén fáth?
  (iv) Cén t-eolas atá sa scéal faoi úinéirí an tí lóistín?
  (v) Déan cur síos ar ar tharla nuair a thug an t-údar an t-airgead don strainséir? (25 marc)

Ceist 3 FILÍOCHT (50 marc)

3A Filíocht Ainmnithe

(a) (i) Cad é téama an dáin 'Géibheann', dar leat? Tabhair dhá phointe eolais i d'fhocail féin faoin téama sin sa dán. (8 marc)
  (ii) Scríobh nóta gairid faoi dhá íomhá a fheiceann tú sa dán. (8 marc)
  (iii) An dtaitníonn an dán seo leat? Cuir dhá fháth le do fhreagra. (9 marc)

Mo Scoil agus Cúrsaí Oibre

Aonad 4

Céim a 1: Labhairt	Céim a 2: Cluastuiscint	Céim a 3: Ceapadóireacht	Céim a 4: Gramadach	Céim a 5: Léamhthuiscint
Mo scoil Cúrsaí oibre	Mo scoil Cúrsaí oibre	Giota leanúnach: Is aoibhinn beatha an scoláire Blag: An Idirbhliain – seó faisin Scéal Litir shamplach a 1: Turas scoile Litir shamplach a 2: Post samhraidh Comhrá: Torthaí Ardteiste	An modh coinníollach	Léamhthuiscint a 1: Glenn Meade: Píolóta, Iriseoir agus Údar! Léamhthuiscint a 2: *So Sue Me!* An Blagálaí Suzanne Jackson

Torthaí Foghlama

San aonad seo, foghlaimeoidh tú:

◎ **Léamh agus tuiscint:** conas focail agus nathanna a bhaineann le do scoil, saol na scoile agus cúrsaí oibre a aithint agus a thuiscint

◎ **Labhairt:** conas cur síos a dhéanamh ar do scoil agus cúrsaí scoile, poist bhaill do theaghlaigh agus an post ba mhaith leat féin sa todhchaí

◎ **Scríobh:** conas giotaí a chumadh faoi do scoil agus chúrsaí oibre, conas giota leanúnach, blag, scéal, litir agus comhrá a chumadh bunaithe ar chúrsaí scoile agus cúrsaí oibre

◎ **Féachaint:** féachfaidh tú ar mhír físe a bhaineann le cúrsaí scoile agus cúrsaí oibre.

Mo Scoil agus Cúrsaí Oibre

Céim a 1: Labhairt

Sa chéim seo, foghlaimeoidh tú na nathanna agus eochairfhocail a bhaineann leis na topaicí 'An scoil' agus 'Cúrsaí oibre'.

Mo Scoil

Focail agus Frásaí le Foghlaim

Táim ag freastal ar...	I am attending...
mheánscoil	a secondary school
scoil phobail	a community school
scoil chuimsitheach	a comprehensive school
scoil ghairmoideachais	a vocational school
scoil do chailíní	a girls' school
scoil do bhuachaillí	a boys' school
scoil mheasctha	a mixed school
scoil chónaithe	a boarding school

Nóta Gramadaí

De ghnáth, cuireann **ar** séimhiú ar an ainmfhocal a thagann ina dhiaidh.

Mar shampla
ar bhunscoil, ar mheánscoil

De ghnáth, cuireann **ar an** urú ar an ainmfhocal a thagann ina dhiaidh, seachas ar **d** nó ar **t** (**ar an** + séimhiú i nGaeilge Uladh).

Mar shampla
ar an mbunscoil

- Ní féidir séimhiú a chur ar **l**, **n**, **r** ná ar **st**, **sm**, **sp** nó **sc** (**St** Eleanor is **sm**iling in **Sp**anish **sc**hool).
- Ní féidir urú a chur ar **l**, **m**, **n**, **r**, ná **s**.

Tá mo dheartháir/mo dheirfiúr ag freastal ar...	My brother/sister is attending...
naíolann	crèche/nursery
bhunscoil	primary school
an ollscoil	university
an meánscoil chéanna liomsa	the same secondary school as me
mheánscoil do bhuachaillí/chailíní	a boys'/girls' school

141

Gnáthleibhéal Spreagadh

Daoine sa Scoil	
dalta/daltaí	*pupil/pupils*
múinteoir/múinteoirí	*teacher/teachers*
an príomhoide	*the principal*
an phríomhoide ionaid	*the deputy principal*
an rúnaí	*the secretary*
an leabharlannaí	*the librarian*
daltaí cónaithe	*boarders*

Nóta Gramadaí

Na Bunuimhreacha

- Úsáidtear na **bunuimhreacha**[1] chun ainmhithe nó rudaí **a chomhaireamh**[2].
- Fágtar **an t-ainmfhocal**[3] **san uimhir uatha**[4] de ghnáth.
- 1–6: Cuirimid séimhiú ar an bhfocal. Ní athraítear an focal más focal é a bhfuil guta mar thús air.
- 7–10: Cuirimid urú ar an bhfocal.

[1] *cardinal numbers (numbers that denote quantity)*
[2] *to count*
[3] *the noun*
[4] *in the singular form*

I mo mhála scoile tá...		In my schoolbag there is /are...	
aon chóipleabhar amháin	one copybook	sé chóipleabhar	six copybooks
dhá chóipleabhar	two copybooks	seacht gcóipleabhar	seven copybooks
trí chóipleabhar	three copybooks	ocht gcóipleabhar	eight copybooks
ceithre chóipleabhar	four copybooks	naoi gcóipleabhar	nine copybooks
cúig chóipleabhar	five copybooks	deich gcóipleabhar	ten copybooks

Táim ag déanamh staidéir ar...			
(aon) ábhar amháin	one subject	sé ábhar	six subjects
dhá ábhar	two subjects	seacht n-ábhar	seven subjects
trí ábhar	three subjects	ocht n-ábhar	eight subjects
ceithre ábhar	four subjects	naoi n-ábhar	nine subjects
cúig ábhar	five subjects	deich n-ábhar	ten subjects

Cleachtaí Scríofa

1. Cé mhéad ábhar atá á ndéanamh agat ar scoil?
2. Cé mhéad cóipleabhar atá agat i do mhála?
3. Cé mhéad peann atá agat inniu?

Mo Scoil agus Cúrsaí Oibre

Na hÁbhair Scoile

Déanaim staidéar ar sheacht/ocht n-ábhar; ina measc tá...			
Gaeilge	Irish	Ealaín, Ceardaíocht agus Dearadh	Art, Craft and Design
Béarla	English	Ceol	Music
Matamaitic	Mathematics	Bitheolaíocht	Biology
Matamaitic Fheidhmeach	Applied Maths	Ceimic	Chemistry
Corpoideachas	Physical Education (PE)	Fisic	Physics
Stair	History	Miotalóireacht	Metalwork
Tíreolaíocht	Geography	Adhmadóireacht	Woodwork
Tíos/Eacnamaíocht Bhaile	Home Economics	Líníocht Mheicniúil	Mechanical Drawing
Fraincis	French	Grafaic Theicniúll	Technical Graphics
Gearmáinis	German	Teicneolaíocht	Technology
Iodáilis	Italian	Gnó	Business
Spáinnis	Spanish	Eacnamaíocht	Economics
Laidin	Latin	Cuntasaíocht	Accounting
Léann Clasaiceach	Classical Studies		

Do Thuairim faoi na hÁbhair Is Maith Leat nó Nach Maith Leat a Chur in Iúl

Is breá liom/is maith liom matamaitic, mar...	I like Maths because...
tá sí suimiúil/spéisiúil	it's interesting
tá sí spreagúil	it's inspiring
tá sí dúshlánach	it's challenging
tá sí éasca	it's easy
táim go maith aici	I'm good at it
tá an múinteoir cabhrach/spreagúil	the teacher is helpful/inspiring
táim go maith ag uimhreacha	I'm good with numbers

Is breá liom Gaeilge, mar...	I love Irish, because...
táim go maith ag teangacha	I'm good at languages
is aoibhinn liom fuaim na teanga	I love the sound of the language
is cuid dár n-oidhreacht agus dár bhféiniúlacht í	it's part of our heritage and our identity

Is fuath liom/ní maith liom Matamaitic, mar...	I hate/I do not like Maths, because...
tá sí leadránach	it's boring
tá sí ródheacair	it's too difficult
ní maith liom an múinteoir	I don't like the teacher
ní mhíníonn an múinteoir rudaí	the teacher doesn't explain things
nílim go maith aici	I'm not good at it
tá sí leamh	it's dull
nílim go maith ag uimhreacha	I'm not good with numbers

Gnáthleibhéal **Spreagadh**

Cleachtadh Scríofa

Meaitseáil na litreacha leis na huimhreacha sa ghreille thíos.

A	Tíreolaíocht	1	Physics
B	Cuntasaíocht	2	Biology
C	Fraincis	3	German
D	Stair	4	Chemistry
E	Mata	5	Geography
F	Béarla	6	History
G	Bitheolaíocht	7	French
H	Staidéar Gnó	8	Art
I	Ceimic	9	Accounting
J	Gearmáinis	10	Business
K	Fisic	11	English
L	Ealaín	12	Maths

A B C D E F G H I J K L

Na hÁiseanna sa Scoil agus an Foirgneamh Scoile

An scrúdaitheoir: Déan cur síos ar do scoil.

An dalta:
- Is scoil bheag í mo scoil agus is seanfhoirgneamh atá againn. Is oth liom a rá[5] nach bhfuil mórán áiseanna againn. Níl ach thart ar dhá chéad dalta agus fiche múinteoir sa scoil. Níl na háiseanna thar mholadh beirte[6].
- Is scoil mhór í mo scoil. Tá a lán áiseanna i mo scoil, ina measc: giomnáisiam, halla spóirt, cúirt leadóige, cúirt cispheile, páirc imeartha, raon reatha[7], halla ceoil, seomra ceoil, amharclann[8], seomra ealaíne, seomra ríomhairí, seomra adhmadóireachta, seomra miotalóireachta, saotharlann[9], seomra eacnamaíocht bhaile, clós, oifig an phríomhoide, oifig an rúnaí, taisceadáin[10] na ndaltaí agus mar sin de[11].
- Tá tithe réamhdhéanta[12] againn mar níl go leor seomraí ranga i mo scoil.
- Cuireadh síneadh[13] nua le mo scoil le déanaí.
- Bímid préachta leis an bhfuacht[14] go minic ar scoil mar tá seanchóras teasa[15] ann.

[5] I regret to say
[6] not great
[7] running track
[8] theatre
[9] science laboratory
[10] lockers
[11] etc.
[12] prefabs
[13] extension
[14] frozen with the cold
[15] old heating system

Mo Scoil agus Cúrsaí Oibre

Cleachtadh Scríofa

Meaitseáil an Ghaeilge leis an mBéarla.

A	Saotharlann	1	Principal's office
B	Leabharlann	2	Canteen
C	Halla spóirt	3	Basketball court
D	Giomnáisiam	4	Science laboratory
E	Seomra ceoil	5	Computer room
F	Amharclann	6	Gymnasium
G	Oifig an phríomhoide	7	Playing field
H	Seomra miotalóireachta	8	Kitchen
I	Seomra ríomhairí	9	Sports hall
J	Ceaintín	10	Library
K	Seomra adhmadóireachta	11	Metalwork room
L	Cistin	12	Music room
M	Páirc imeartha	13	Woodwork room
N	Cúirt cispheile	14	Prefabs
O	Tithe réamhdhéanta	15	Theatre

A   B   C   D   E   F   G   H   I   J   K   L   M   N   O

An Córas Smachta sa Scoil/Rialacha na Scoile

Rialacha na Scoile	
Níl cead agat a bheith déanach don scoil.	*You are not allowed to be late for school.*
Níl cead agat a bheith déanach don rang.	*You are not allowed to be late for class.*
Níl cead agat a bheith ag caint sa rang.	*You may not talk in class.*
Tá cosc ar thobac sa scoil.	*Cigarettes are forbidden in the school.*
Tá cosc ar alcól sa scoil.	*Alcohol is forbidden in the school.*
Tá cosc ar dhrugaí sa scoil.	*Drugs are forbidden in the school.*

An scrúdaitheoir: **Déan cur síos ar an gcóras smachta i do scoil.**

An dalta:
- Tá a lán rialacha scoile i mo scoil. Tá formhór díobh réasúnta go leor ach tá mórán de na rialacha amaideach, dar liom.
- Ní mór dúinn stocaí glasa a chaitheamh. Téann na múinteoirí le báiní[16] má chaithimid stocaí bána mar shampla. Tá an riail seo amaideach[17], i mo thuairim.

[16]*crazy*
[17]*silly*

145

Gnáthleibhéal Spreagadh

[18] *acne*
[19] *jacket*

- Níl cead ag na cailíní smideadh a chaitheamh. Ceapaim go bhfuil an riail sin mífhéaráilte mar caitheann mórán de na múinteoirí smideadh! Bíonn sé deacair ar dhaltaí le haicne[18] chomh maith.
- Níl cead againn casóg[19] a chaitheamh sa rang. Bímid préachta leis an bhfuacht sa rang uaireanta. Ní cheapaim go bhfuil an riail seo féaráilte mar sin!
- Ní mór dúinn a bheith in am don rang agus don scoil.
- Tá cosc ar alcól, tobac agus drugaí.

An scrúdaitheoir: Cad a tharlaíonn má bhriseann tú na rialacha?

[20] *a docket*
[21] *a penalty sheet*
[22] *you get detention (have to stay back)*
[23] *a very serious rule*
[24] *you are suspended*

An dalta:
- Faigheann tú cárta buí/duillín[20]/leathanach pionóis[21].
- Bíonn ort fanacht siar[22] má fhaigheann tú trí chárta bhuí.
- Má bhriseann tú riail thromchúiseach[23], cuirtear ar fionraí[24] thú.

Eochairnathanna (Key Phrases)	
faigheann tú	you get
bíonn ort	you have to

An scrúdaitheoir: Déan cur síos ar d'éide scoile.

An dalta:

caithim...	I wear...
sciorta	dubh/liath/corcra/gorm/dúghorm/uaine/donn/dearg/breacáin (*tartan*)
briste	liath/dubh/donn
léine	ghorm/bhán/liath
blús	bán/gorm/liath
carbhat	stríocach
bléasar	dubh/liath/corcra
casóg	dhubh/liath/dhonn/dhúghorm
stocaí	liatha/bána/dubha
bróga	dubha/donna

Frásaí a Bhaineann le Tuairiscí Scoile/Bréagscrúduithe (*Mock Exams*)			
d'éirigh liom sa scrúdú	I passed the exam	theip orm sa scrúdú	I failed the exam
d'éirigh leat	you passed	theip ort	you failed
d'éirigh leis/léi	he/she passed	theip air/uirthi	he/she failed
d'éirigh linn	we passed	theip orainn	we failed
d'éirigh libh	you (plural) passed	theip oraibh	you (plural) failed
d'éirigh leo	they passed	theip orthu	they failed

Fuair mé A i Matamaitic.	I got an A in Maths.
Fuair mé D i Stair.	I got a D in History.

Mo Scoil agus Cúrsaí Oibre **Aonad 4**

Cleachtadh Cainte
Léigh an comhrá seo os ard sa rang.

Comhrá Samplach

An scrúdaitheoir:	**Cad is ainm do do scoil?**
An dalta:	Táim ag freastal ar Scoil Áine, Baile na nGabhar, Co. Bhaile Átha Cliath.
An scrúdaitheoir:	**Cén saghas scoile í?**
An dalta:	Is scoil do chailíní í.
An scrúdaitheoir:	**Inis dom faoi do scoil. Cad iad na háiseanna atá inti?**
An dalta:	• Is scoil mhór í mo scoil. Tá a lán áiseanna againn ar scoil, ina measc halla spóirt, dhá chúirt leadóige, trí chúirt cispheile, páirc imeartha, clós, trí shaotharlann, dhá sheomra eacnamaíocht bhaile, ceaintín, seomra ceoil, dhá sheomra ealaíne, amharclann, seomra foirne, oifig an phríomhoide, oifig an phríomhoide ionaid, oifig na rúnaithe, agus dhá sheomra ríomhairí.
	• Tá iPadanna ag na múinteoirí go léir agus is féidir linn féachaint ar fhíseáin, shleamhnáin PowerPoint agus ar an Idirlíon ar chláir bhána idirghníomhacha[25] i ngach seomra ranga. Tá an t-ádh dearg linn[26].
An scrúdaitheoir:	**Cad iad na hábhair atá idir lámha agat?**
An dalta:	Déanaim staidéar ar seacht n-ábhar: Gaeilge, Béarla, Mata, Spáinnis, Ealaín, Bitheolaíocht agus Gnó.

[25] interactive whiteboards
[26] we are very lucky

An scrúdaitheoir:	**Cad é an t-ábhar is fearr leat ar scoil?**
An dalta:	Is í an ealaín an t-ábhar is fearr liom, gan aon agó. Táim go maith ag ealaín agus tá an t-ábhar éasca dom. Tá caidreamh[27] maith agam leis an múinteoir. Is ealaíontóir den chéad scoth[28] é an múinteoir agus tá sé an-spreagúil[29].
An scrúdaitheoir:	**An bhfuil aon ábhar ann nach maith leat?**
An dalta:	Ní maith liom mata mar nílim go maith ag uimhreacha. Is duine cruthaitheach[30] mé. Bíonn sé an-deacair dom fadhbanna[31] mata a réiteach[32].

[27] relationship
[28] excellent
[29] inspiring
[30] creative
[31] problems
[32] solve

An scrúdaitheoir:	**An maith leat d'éide scoile?**
An dalta:	Is maith liom an éide scoile. Caithimid sciorta uaine, geansaí uaine, léine bhán, carbhat stríocach, agus stocaí dubha. Ceapaim[33] go mbíonn sé i bhfad níos éasca ullmhú ar maidin má bhíonn éide scoile agat. Bíonn gach duine mar a chéile[34] ar scoil, agus ní bhíonn aon chomórtas faisin idir na daltaí.

[33] I think
[34] the same

An scrúdaitheoir:	**An maith leat do scoil?**
An dalta:	Is breá liom an t-atmaisféar sa scoil, toisc go bhfuil gach duine cairdiúil, agus tá mórán cairde agam ann. Tá na múinteoirí cabhrach agus díograiseach[35]. Bíonn meas acu orainn agus de ghnáth bíonn dea-chaidreamh ann idir múinteoirí agus daltaí.

[35] hardworking

147

Gnáthleibhéal Spreagadh

An scrúdaitheoir:	**An imríonn tú spórt ar son na scoile?**
An dalta:	Imrím haca le foireann na scoile agus le club áitiúil chomh maith.

An scrúdaitheoir:	**An bhfuil aon rud a bhaineann leis an scoil nach maith leat?**
An dalta:	Ní maith liom an córas smachta[36]. Má bhím déanach don rang, faighim duillín. Má fhaighim trí dhuillín bíonn orm fanacht siar tar éis na scoile. Má bhím giodamach sa rang bíonn orm fanacht siar. Ní thaitníonn sé sin liom – ach is dócha go bhfuil córas smachta éigin riachtanach[37] nó bheadh rírá[38] sa scoil!

[36] discipline system
[37] necessary
[38] a commotion

An scrúdaitheoir:	**Déan cur síos ar ghnáthlá scoile.**
An dalta:	**Éirím** ar maidin ar a seacht a chlog. **Bíonn** cithfholcadh **agam**, **cuirim** mo chuid éadaigh orm, agus **ithim** mo bhricfeasta. **Faighim** síob go dtí an scoil ó mo Mham ag a hocht a chlog. **Sroichim** an scoil ag leathuair tar éis a hocht, agus ansin **bíonn** tionól **againn** ar a naoi. **Tosaíonn** obair na ranganna ag deich tar éis a naoi, agus **bíonn** trí rang **againn** roimh an sos. **Maireann** na ranganna ar feadh cúig nóiméad is tríocha. Bíonn sos againn ag fiche cúig tar éis a deich. Ansin bíonn ceithre rang eile againn, agus bíonn an lón againn ag deich tar éis a haon. Críochnaíonn obair na scoile ag a ceathair a chlog. Gach Luan agus Céadaoin, bíonn traenáil agam leis an bhfoireann haca tar éis na scoile. Maireann an traenáil ar feadh uair go leith. **Téim** abhaile ar an mbus, agus **déanaim** m'obair bhaile. **Ithim** mo dhinnéar ag a seacht a chlog, **féachaim** ar roinnt sraithchlár nó scannán ar an teilifís. Faoin am sin **bíonn** tuirse **orm**, agus **téim a luí** timpeall leathuair tar éis a deich.

Tá na briathra san aimsir láithreach an-tábhachtach sa cheist seo. Féach ar na nótaí ar an aimsir láithreach in Aonad a 9, leathanach 354.

An scrúdaitheoir:	**Ar bhain tú taitneamh as an** Idirbhliain[39]**?**
An dalta:	Bhain, gan amhras. Bhí an seans againn mórán imeachtaí[40] agus gníomhaíochtaí[41] a dhéanamh ar nós turais lae go háiteanna suimiúla, ranganna ióga[42], Ceadúnas Eorpach Tiomána Ríomhairí[43], siúlóidí[44] sna sléibhte agus turais chuig drámaí agus ceolchoirmeacha. D'eagraíomar seó faisin i mí na Samhna agus bhí an-chraic againn. Chuamar go siopaí áitiúla chun éadaí a fháil ar iasacht[45]. D'fhoghlaim roinnt daltaí conas an soilsiú[46] agus an fhuaim[47] a dhéanamh. Bhí cuid de na daltaí ina mainicíní agus bhí daltaí eile ag canadh agus ag damhsa sa seó.

[39] Transition Year
[40] events
[41] activities
[42] yoga
[43] ECDL (European Computer Driving Licence)
[44] walks
[45] on loan
[46] the lighting
[47] the sound

148

Mo Scoil agus Cúrsaí Oibre

Bhí an deis againn foghlaim conas drumaí afracacha a sheinm. Tháinig pictiúrlann soghluaiste⁴⁸ chuig an scoil fiú agus bhíomar in ann féachaint ar scannáin inti. Ghlac mé páirt i dtionscnamh⁴⁹ darbh ainm YSI (Tionscadal na Nuálaithe⁵⁰ Sóisialta Óga) agus bhí an seans againn páirt a ghlacadh i mórán tionscnamh suimiúil chun domhan níos fearr agus sochaí níos féaráilte a chruthú. Eagraíonn an Idirbhliain imeachtaí chun *Rothaíocht i gCoinne Féinmharaithe* a chur chun cinn gach bliain freisin. Rinne mé mo chuid taithí oibre in oifig dhlíodóra⁵¹ mar ba mhaith liom a bheith i mo dhlíodóir lá éigin. Tríd is tríd, caithfidh mé a rá⁵² gur bhain mé an-sult as an Idirbhliain.

⁴⁸mobile
⁴⁹project
⁵⁰innovators
⁵¹solicitor
⁵²I have to say

Cleachtadh Cainte

Cuir na ceisteanna seo a leanas ar an duine in aice leat:

1. Inis dom beagán faoi do scoil.
2. Déan cur síos ar na háiseanna atá sa scoil. Cé na háiseanna is mó a úsáideann tú?
3. Cé mhéad ábhar atá á ndéanamh agat?
4. Cad é an t-ábhar is fearr leat, agus cén fáth sin?
5. An bhfuil aon ábhar ann nach maith leat?
6. An gcaitheann tú éide scoile?
7. Déan cur síos ar an éide scoile.
8. Cad é an rud is fearr leat faoin scoil?
9. An bhfuil aon rud ann nach maith leat faoin scoil?
10. Déan cur síos ar ghnáthlá scoile.
11. Ar bhain tú taitneamh as an Idirbhliain?

Cleachtadh Scríofa

Féach ar leathanach 9 sa Leabhrán. Scríobh leathanach mar gheall ar do scoil agus saol na scoile.

Tar Éis na Scoile/Cúrsaí Oibre

An scrúdaitheoir: Cad ba mhaith leat a dhéanamh nuair a fhágfaidh tú an scoil?

An dalta:
- Ba mhaith liom dul ag taisteal ar feadh bliana nuair a chríochnóidh mé an Ardteist.
- Beidh mé bréan den⁵³ staidéar agus beidh sos ón staidéar uaim⁵⁴.
- Ba bhreá liom dul go dtí an Astráil ar feadh bliana. Tá an aeráid⁵⁵ te agus grianmhar san Astráil agus bheadh sé sin an-mhealltach⁵⁶ dom!
- Tá sé cloiste agam go bhfuil an tírdhreach⁵⁷ go hálainn san Astráil agus go bhfuil mórán radharc le feiceáil – amhail na tránna áille, An tÁras Ceoldráma⁵⁸ i Sydney, Droichead⁵⁹ an Chuain⁶⁰ i Sydney, na páirceanna náisiúnta, an fásach⁶¹ agus Cósta an Óir.

⁵³tired of
⁵⁴I will need/want a break
⁵⁵the climate
⁵⁶enticing
⁵⁷landscape
⁵⁸Opera House
⁵⁹Bridge
⁶⁰Harbour
⁶¹the desert/bush

Gnáthleibhéal Spreagadh

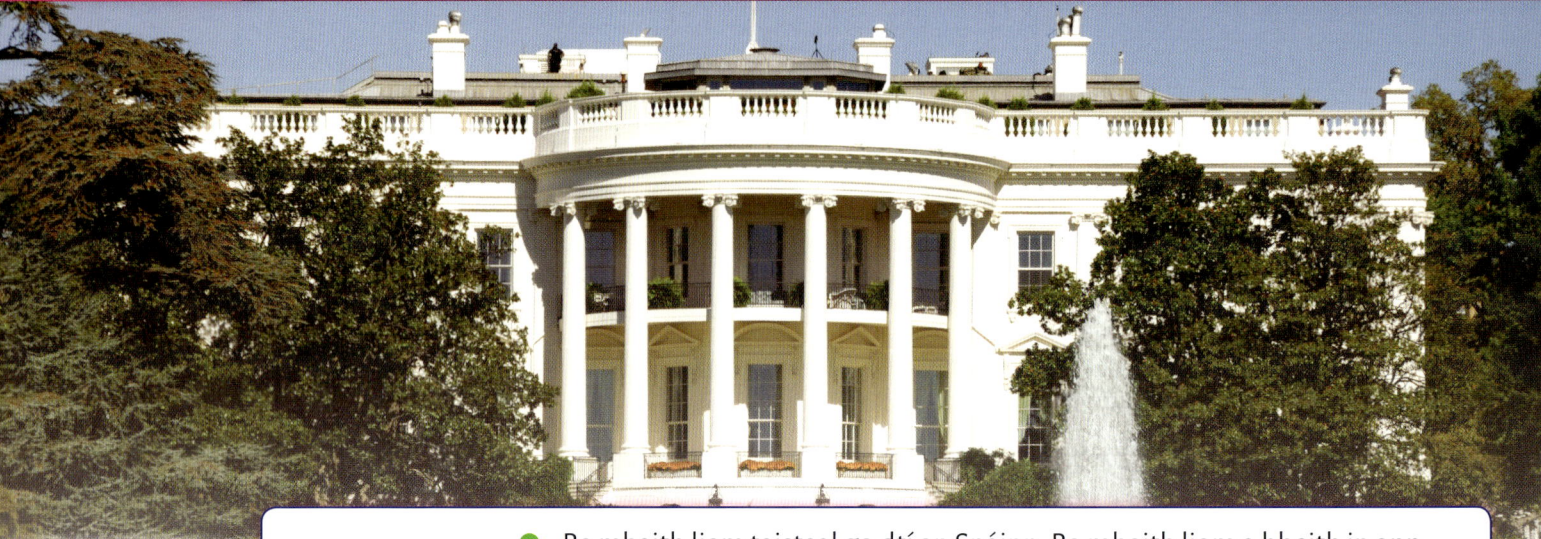

[62] sunbathing
[63] outdoor
[64] cities
[65] famous
[66] New York
[67] Statue of Liberty
[68] a musical
[69] PLC course
[70] a diploma
[71] certificate
[72] childcare

- Ba mhaith liom taisteal go dtí an Spáinn. Ba mhaith liom a bheith in ann dul ag grianaíocht[62] agus ag snámh faoin aer[63] tar éis sclábhaíocht na hArdteiste!

- Ba bhreá liom dul go Meiriceá agus cathracha[64] cáiliúla[65] ar nós Nua-Eabhrac[66] agus Washington a fheiceáil. Ba mhaith liom Dealbh na Saoirse[67] agus Oileán Ellis a fheiceáil i Nua-Eabhrac.

- Ba mhaith liom féachaint ar cheolsiamsa[68] ar Broadway. Ina dhiaidh sin, ba mhaith liom taisteal go Washington agus an Teach Bán a fheiceáil.

- Ba bhreá liom cúrsa iar-ardteiste[69]/dioplóma[70]/teastas[71] i gcúram leanaí[72] a dhéanamh.

Eochairnathanna

Beidh _____ uaim.	I will want/need _____.
Tá sé cloiste agam go bhfuil...	I have heard that...
Ba mhaith liom _____ a dhéanamh/a fheiceáil	I would like to do/see _____.
ba mhaith liom/ba bhreá liom/ba mhian liom	I would like
Ba mhaith liom staidéar a dhéanamh ar _____.	I would like to study _____.

An scrúdaitheoir: Cén cúrsa ba mhaith leat a dhéanamh tar éis na hArdteiste?
An dalta: Ba mhaith liom staidéar a dhéanamh ar...

Nóta Gramadaí

Nóta!
*ach amháin nuair a thosaíonn an focal le *st, l, n, r, sm, sp, sc*

Ar + séimhiú*			
leigheas	medicine	eolaíocht	science
fiaclóireacht	dentistry	bia-eolaíocht	food science
teiripe urlabhra agus teanga	speech and language therapy	eolaíocht ríomhaireachta	computer science
zó-eolaíocht	zoology	cógaisíocht	pharmacy
altracht	nursing	ceol	music

Mo Scoil agus Cúrsaí Oibre

teiripe shaothair	*occupational therapy*	cumarsáid	*communications*
craoltóireacht	*broadcasting*	teileachumarsáid	*telecommunications*
oistéapaite	*osteopathy*	iriseoireacht	*journalism*
fiseiteiripe	*physiotherapy*	innealtóireacht	*engineering*
na dána	*arts*	innealtóireacht mheicniúil	*mechanical engineering*
drámaíocht	*drama*	innealtóireacht shibhialta	*civil engineering*
dlí	*law*	innealtóireacht cheimiceach	*chemical engineering*
gnó	*business*	innealtóireacht leictreach	*electrical engineering*
tráchtáil	*commerce*	bunmhúinteoireacht	*primary school teaching*
achtúire	*actuary*	spórt agus fóillíocht	*sports and leisure*
cuntasaíocht	*accounting*	anamúlacht	*animation*
ríomhaireacht	*computing*	teicneolaíocht	*technology*
eitlíocht	*aviation*	pluiméireacht	*plumbing*
meicnic	*mechanics*	tógáil	*construction*
siúinéireacht	*carpentry*	leictreoireacht	*electrics*

An scrúdaitheoir: Cén fáth ar mhaith leat an cúrsa sin a dhéanamh?

An dalta:
- Ba mhaith liom staidéar a dhéanamh ar an leigheas/altracht mar ba bhreá liom a bheith ag cabhrú le daoine tinne/daoine óga!
- Bheadh an post dúshlanach[73] ach sásúil, dar liom.
- Tá an tuarastal[74] réasúnta maith agus ní haon díobháil é sin[75]!
- Bheadh an cúrsa suimiúil/dúshlánach/sásúil[76]/spreagúil[77], dar liom.
- Tá suim agam i ngruaig/sciamheolaíocht le fada an lá[78].
- Ba mhaith liom a bheith ag obair le leanaí/déagóirí/seandaoine.
- Táim go maith ag uimhreacha/ealaín/ceol/drámaíocht/spórt/eolaíocht.
- Ba mhaith liom staidéar a dhéanamh ar an dlí mar táim go maith ag scríobh agus ag díospóireacht[79].
- Ba mhaith liom staidéar a dhéanamh ar an mBéarla mar táim go maith ag scríobh aistí agus ag déanamh anailíse[80] ar an litríocht.
- Ba mhaith liom cúrsa iar-Ardteiste a dhéanamh chun cnuasach[81] pictiúr a chur le chéile agus ansin ba bhreá liom freastal ar an gColáiste Náisiúnta Ealaíne is Deartha an bhliain dar gcionn. Is aoibhinn liom a bheith ag tarraingt, ag péintéireacht, ag dealbhóireacht agus ag tarraingt beochaintí[82].

[73] *challenging*
[74] *salary*
[75] *that's no harm*
[76] *satisfying*
[77] *inspiring*
[78] *for a long time*
[79] *debating*
[80] *analysing*
[81] *collection*
[82] *animations*

Gnáthleibhéal Spreagadh

An scrúdaitheoir:	**Cá fhad a mhaireann an cúrsa?**
An dalta:	• Maireann an cúrsa leighis seacht mbliana agus ina dhiaidh sin, déanann tú staidéar ar ghné ar leith den leigheas. De ghnáth, téann tú ag obair in ospidéal ar feadh dhá bhliain mar dhochtúir sóisearach chun taithí a fháil.
	• Maireann an chéim altrachta ceithre bliana. Is féidir liom máistreacht[83] san altracht a dhéanamh ina dhiaidh sin, más mian liom. Is duine cneasta, foighneach[84] mé agus ceapaim go mbeinn go maith ag obair le daoine tinne.
	• Maireann an dioplóma i gcúram leanaí trí bliana. Déanann tú staidéar ar riachtanais speisialta[85], síceolaíocht[86] an linbh agus mórán ábhar eile. Ba bhreá liom a bheith ag obair le leanaí óga.

[83] masters degree
[84] patient
[85] special needs
[86] psychology

Cleachtadh Scríofa

Féach ar leathanach 10 sa Leabhrán. Freagair na ceisteanna mar gheall ar 'Cad ba mhaith leat a dhéanamh tar éis na scoile?'

▶ Mír Físe

Féach ar an mír físe a bhaineann leis na treoracha seo agus comhlánaigh an bhileog oibre a ghabhann léi. Téigh go dtí **www.ceacht.ie**. Tá acmhainní do mhúineadh na Gaeilge le fáil anseo. Téigh go dtí 'Acmhainní don Ardteist' agus roghnaigh 'Saol na Scoile'. Ansin, roghnaigh cnaipe E, 'Córas na bPointí (daltaí)'. Tar éis breathnú ar an bhfíseán, roghnaigh an PowerPoint chun é a íoslódáil. Tá na ceisteanna a bhaineann leis an bhfíseán san áireamh leis seo.

Mo Scoil agus Cúrsaí Oibre

Céim a 2: Cluastuiscint

Sa chéim seo, foghlaimeoidh tú:
- na heochairfhocail a bhaineann le cúrsaí scoile agus cúrsaí oibre
- foclóir agus nathanna cainte atá topaiciúil agus ábhair a bhíonn ar fáil go coitianta sna giotaí tuisceana sa scrúdú.

Tabhair aird ar na focail/nathanna seo a leanas agus tú ag ullmhú don chluastuiscint.

síneadh	extension	áiféala	regret
deontas	a grant	drochíde	bad treatment
athchóiriú	renovation	gairmthreoir	career guidance
foirgnimh shealadacha	prefabs	machnamh	reflection
folúntas	a vacancy	cinneadh	a decision
margaíocht	marketing	athsheiceáil	recheck
toilteanach	willing	tairiscint	an offer
maslaigh	insult	Éirí Amach 1916	the 1916 Rising
leasainm	a nickname	tionlacan	accompaniment
suaite	upset	ceardchumann	a trade union
thar fóir	overboard	stailc	a strike

Cuid A

CD1 Rian 35–37

Cloisfidh tú **dhá** fhógra sa chuid seo. Cloisfidh tú gach fógra díobh **faoi dhó**. Beidh sos ann leis na freagraí a scríobh tar éis na chéad éisteachta *agus* tar éis an dara héisteacht.

Fógra a hAon

Líon isteach an t-eolas atá á lorg sa ghreille anseo.

Cad a fuair an scoil?

Cathain a thosófar an obair?

Cathain a chríochnófar an tionscnamh?

Cén áit a mbeidh na pleananna don obair thógála ar taispeáint?

Gnáthleibhéal **Spreagadh**

Fógra a Dó

1. Cá bhfuil Óstán na hAbhann suite? _____
2. (a) (i) Cé mhéad post a bheidh ar fáil de bharr an óstáin nua? _____
   (ii) Cé a bheidh á lorg don bheár agus don bhialann? _____
   (b) Cá bhfuil foirm iarratais le fáil? _____

■ Cuid B

Cloisfidh tú **dhá** chomhrá sa chuid seo. Cloisfidh tú gach comhrá díobh **faoi dhó**. Cloisfidh tú an comhrá ó thosach deireadh an chéad uair. Ansin cloisfidh tú ina **dhá** mhír é. Beidh sos ann leis na freagraí a scríobh tar éis gach míre díobh.

Comhrá a hAon

An Chéad Mhír

1. Cá fhad a chaith Gearóid in oifig an phríomhoide inniu? _____
2. Cá raibh Gearóid nuair a bhí sé ag maslú agus ag gáire faoin leaid óg? _____

An Dara Mír

1. Cathain a bhí siad ag obair ar ábhar na cibearbhulaíochta ar scoil? _____
2. Cathain a fheicfidh Rónán Órlaith arís? _____

Comhrá a Dó

An Chéad Mhír

1. Cad faoi a mbeidh an múinteoir gairmthreorach ag caint? _____
2. Cén rud a bhíonn ar dhaltaí Ardteiste dar le Bean Uí Nualláin? _____

An Dara Mír

1. Cad a dhéanann daoine i bhfad níos minice na laethanta seo, dar le Bean Uí Nualláin? _____
2. Cad a ghuíonn Bean Uí Nualláin ar gach duine sna scrúduithe? _____

Mo Scoil agus Cúrsaí Oibre

Aonad 4

Cuid C

Cloisfidh tú **dhá** phíosa nuachta sa chuid seo. Cloisfidh tú gach píosa díobh **faoi dhó**. Beidh sos ann leis na freagraí a scríobh tar éis na chéad éisteachta **agus** tar éis an dara héisteacht.

Píosa a hAon

1. Cén rinceoir cáiliúil a luaitear san fhógra seo? _____
   _____

2. Cén ceoltóir aitheanta a bheidh ag seinm na píbe uilleann ar an albam? _____
   _____

Píosa a Dó

1. Cén ceardchumann a luaitear san fhógra seo? _____
   _____

2. Cén aois a chaithfidh a bheith ag iarrthóirí don uachtaránacht? _____
   _____

Céim a 3: Ceapadóireacht

Sa chéim seo, foghlaimeoidh tú:
- conas giota leanúnach/blag, scéal, litir/ríomhphost agus comhrá a chumadh bunaithe ar théama na scoile agus cúrsaí oibre
- foclóir agus nathanna cainte nua a bhaineann le gach ceann de na cleachtaí
- conas focail agus nathanna cainte áirithe a litriú le cleachtaí scríofa.

Giota Leanúnach nó Blag

Cúinne na Litearthachta

Eochairnathanna	
Bíonn orm _____ a dhéanamh.	I have to do _____.
Bíonn ort/air/uirthi	you have to/he has to/she has to
Bíonn orainn/oraibh/orthu	we have to/you have to/they have to
Bíonn ar scoláirí	students have to

Gnáthleibhéal Spreagadh

Giota Leanúnach Samplach

Is Aoibhinn Beatha an Scoláire!

Is seanfhocal coitianta é 'Is aoibhinn beatha an scoláire¹'. I mo thuairim, ní aoibhinn beatha an scoláire ar chor ar bith²! Bíonn brú, brú agus a thuilleadh³ brú ar dhaltaí agus iad ar scoil – go háirithe⁴ nuair a bhíonn siad ag staidéar don Ardteist. Bíonn cuid de na hábhair an-leadránach i mo thuairim. Tar éis lá fada ar scoil, bíonn ar dhaltaí⁵ uaireanta fada an chloig a chaitheamh ag déanamh obair scríofa sa chúigiú agus sa séú bliain. Anuas air sin⁶, bíonn orthu staidéar a dhéanamh ina dhiaidh sin gach oíche agus ag an deireadh seachtaine! Níl aon teorainn⁷ leis.

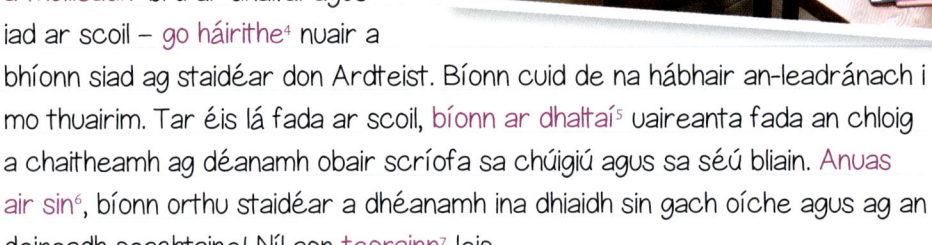

Nuair a bhíonn daoine ag obair, is féidir leo taitneamh a bhaint as an tráthnóna nuair a bhíonn an lá oibre críochnaithe ar a laghad⁸. Bíonn an t-airgead acu rudaí deasa a dhéanamh - dul chuig ceolchoirm, chuig scannán nó chuig club oíche. Bíonn an scoláire ag brath ar⁹ a t(h)uismitheoirí le haghaidh airgead póca. Uaireanta bíonn ar an scoláire¹⁰ dul ag obair ag an deireadh seachtaine anuas ar obair na scoile. Anois is arís, bíonn bulaíocht ar siúl ar scoil agus bíonn sé sin an-dian ar dhaltaí áirithe. Ní aoibhinn beatha an scoláire dar liom!

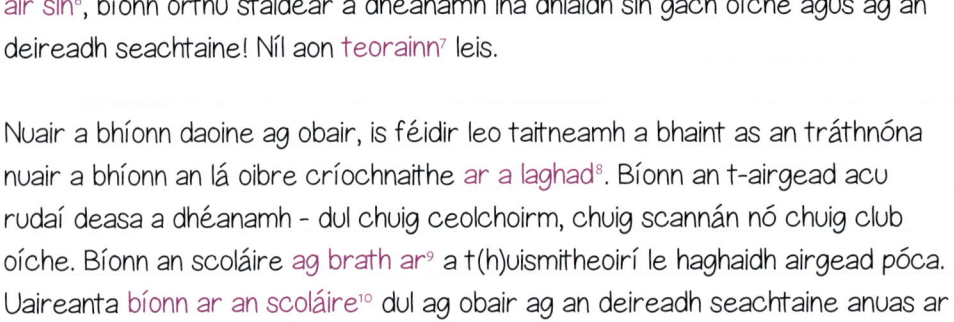

¹students have a great life
²at all
³more
⁴especially
⁵they have to
⁶on top of this
⁷limit
⁸at least
⁹depending on
¹⁰the student has to

Cleachtaí Scríofa

1. Líon na bearnaí sna habairtí seo a leanas bunaithe ar an ngiota leanúnach thuas.

    (a) Is aoibhinn beatha an _____.

    (b) Bíonn brú _____ dhaltaí a lán staidéir a dhéanamh.

    (c) Tar éis lá fada a _____ ar scoil, bíonn _____ na huaireanta fada a chaitheamh ag déanamh obair scríofa.

    (d) Níl aon_____ leis.

    (e) Is féidir le daoine a bhíonn ag obair sos a ghlacadh san oíche _____ _____ _____.

    (f) Bíonn ar scoláirí _____ _____ a dtuismitheoirí le haghaidh airgead póca.

    (g) Uaireanta bíonn scoláirí _____ phiarbhrú.

    (h) Amanna eile, bíonn bulaíocht _____ _____ ar scoil.

Mo Scoil agus Cúrsaí Oibre

Aonad 4

2. Freagair na ceisteanna seo a leanas bunaithe ar an ngiota leanúnach thuas.
   (a) Cén fáth a mbíonn brú ar dhaltaí agus iad ar scoil?
   (b) Cé mhéad ama a chaitheann daltaí ag déanamh obair scríofa de ghnáth sa chúigiú agus sa séú bliain?
   (c) Cad a bhíonn orthu a dhéanamh tar éis an obair scríofa?
   (d) Cad is féidir le daoine atá ag obair a dhéanamh tar éis an lá oibre?
   (e) Cén saghas rudaí deasa is féidir leo a dhéanamh lena gcuid airgid?
   (f) Cá bhfaigheann an scoláire airgead?
   (g) Cad eile a bhíonn ar siúl ar scoil uaireanta?
   (h) An gceapann údar an ghiota seo go bhfuil saol éasca ag scoláirí?

Cleachtaí Scríofa

1. Scríobh giota leanúnach den teideal 'Is iad laethanta na scoile na laethanta is fearr de shaol an duine!'
2. Scríobh giota leanúnach dar teideal 'Is aoibhinn liom an scoil!'
3. Scríobh giota leanúnach dar teideal 'Gnáthlá scoile'. Féach ar leathanach 148 níos luaithe sa chaibidil le haghaidh inspioráide.

Blag Samplach

An Idirbhliain: Seó Faisin

[11] update
[12] this year
[13] organising
[14] excited about it

Dia daoibh! Táim ar ais anseo ag tabhairt uasdátú[11] daoibh ar conas atá cúrsaí Idirbhliana i mbliana[12]! Táimid ag eagrú[13] seó faisin an tseachtain seo i halla na scoile agus táim ar bís mar gheall air[14]! Beidh an seó ar siúl Dé Domhnaigh seo chugainn ag a hocht a chlog san oíche. Tá leath de na ticéid díolta againn cheana féin!

[15] the principal job I have is
[16] on loan

Is é an príomhjab atá agamsa ná[15] dul chuig na siopaí éadaigh áitiúla agus éadaí deasa, faiseanta a fháil ar iasacht[16] uathu. Tá mórán seaicéad, gúnaí, barréidí, léinte, sciortaí agus brístí galánta[17] faighte agam ó cheann ceann an bhaile mhóir! Ní mór dom aire mhaith a thabhairt do na héadaí. Beidh mé ag cinntiú[18] nach gcuirfidh na cailíní donnú bréige[19] ná smideadh[20] orthu! Chomh maith leis sin, beidh mé ag damhsa le grúpa cairde d'amhrán amháin le linn an tseó! Beidh gach duine san Idirbhliain ag féachaint orainn – is dócha[21] go mbeidh na néaróga[22] ag cur isteach orm[23] ach táim ag tnúth go mór leis[24] an oíche fós!

[17] lovely
[18] ensuring
[19] false tan
[20] make-up
[21] presumably
[22] nerves
[23] bothering me
[24] really looking forward to

Gnáthleibhéal Spreagadh

Cleachtadh Scríofa

Freagair na ceisteanna seo a leanas bunaithe ar an mblag thuas.

1. Cén bhliain ina bhfuil Siún ar scoil?
2. Cá mbeidh an seó faisin ar siúl?
3. Cathain a bheidh an seó faisin ar siúl?
4. An bhfuil mórán ticéad díolta ag na daltaí go fóill don seó?
5. Cad é an príomhjab atá ag Siún?
6. Cá bhfuair Siún na héadaí don seó?
7. Cén saghas éadaí atá faighte ag Siún don seó?
8. Cén rud a bheidh á chinntiú aici?
9. Cad eile a bheidh á dhéanamh ag Siún don seó?
10. Conas a mhothaíonn sí faoi sin?

Cleachtaí Scríofa

1. Scríobh blag ar aon ghné den Idirbhliain a thaitin leat.
2. Scríobh blag ar thuras scoile. Féach ar an litir ar leathanach 161 mar inspioráid.

Scéal

Cúinne na Litearthachta

Scríobh amach na nathanna cainte atá aibhsithe le dath gorm sa scéal thíos. Ansin scríobh isteach an leagan Béarla díobh. Faoi dheireadh, clúdaigh an Ghaeilge ar chlé le do lámh agus déan iarracht na nathanna a litriú tú féin.

As Gaeilge	As Béarla	As Gaeilge Arís!
1. Sampla Bhris fuarallas amach tríom.	I broke out in a cold sweat.	Bhris fuarallas amach tríom.
2.		
3.		
4.		
5.		
6.		
7.		
8.		
9.		

Mo Scoil agus Cúrsaí Oibre

Scéal Samplach

Ceap scéal (leathleathanach nó mar sin) a mbeidh an sliocht thíos oiriúnach mar thús.

Chonaic mé an príomhoide ag teacht i mo threo. Bhí cuma fheargach ar a haghaidh. Bhí mé i dtrioblóid... 'A Oisín Uí Shúilleabháin, ba mhaith liom labhairt leat anois díreach in oifig an phríomhoide', a dúirt sé. Bhris fuarallas amach tríom. 'Beidh mé ag glaoch ar do thuismitheoirí ar ball tar éis comhrá gairid leat', a dúirt sé. Bhí mearbhall orm. Shiúlamar go hoifig an phríomhoide agus shuigh mé os comhair an phríomhoide trasna an bhoird uaidh. 'A Oisín, dúirt dalta eile go bhfaca sé thú ag caitheamh drugaí sa leithreas', a dúirt sé. Ba bheag nár thit mé i laige. Bhí mo cheann ina roithleán. Ní raibh aon bhaint agam le drugaí riamh.

Thosaigh mé ag smaoineamh. Cinnte bhí mangaire drugaí darbh ainm Marcus a bhí ag iarraidh drugaí a dhíol le daltaí sna leithris. Uaireanta bhí sé ag caitheamh haisise sna leithris fiú. Ní raibh aon bhaint agam leis. Bulaí mór, foréigneach a bhí ann agus rinne mé mo dhícheall fanacht amach uaidh. 'Níl sé sin fíor ar chor ar bith,' a dúirt mé. 'Cé a dúirt rud mar sin fúm?' Bhí cnag ar an doras.

Shiúil Marcus isteach. 'Is é Oisín an té a bhí ag caitheamh drugaí sa leithreas,' a dúirt sé. 'Is é Oisín a d'fhág an boladh haisise sa leithreas nuair a shiúil sibh isteach ní ba luaithe'. Ag an nóiméad sin, chuala mé mo mham ag glaoch orm. 'A Oisín, dúisigh, dúisigh' a dúirt sí, 'beidh tú déanach don scoil!' Ní raibh ann ach brionglóid! Nach mór an faoiseamh a bhí orm! Bheinn ag fanacht amach ó Mharcus inniu ar scoil, áfach!

Cleachtaí Scríofa

1. Líon na bearnaí bunaithe ar an eolas sa scéal thuas. Tá na focail le líonadh thíos.

   (a) Bhris_____ amach tríom.

   (b) Bhí cuma fheargach ar a _____.

   (c) Bhí mearbhall _____.

   (d) Bhí mangaire _____ darbh ainm Marcis ag díol drugaí sna leithris.

   (e) Baineadh _____ asam.

   (f) Dúirt an príomhoide go mbeadh sé ag glaoch _____ thuismitheoirí Oisín ar ball.

   (g) Bhí cnag _____ doras.

   (h) Ní raibh aon bhaint ag Oisín _____ drugaí.

   (i) Bheadh Oisín ag fanacht amach _____ Mharcus ar scoil.

   (j) Nach mór an _____ a bhí orm nuair a dhúisigh mé ón mbrionglóid!

| aghaidh | orm | fuar allas | drugaí | ó |
| faoiseamh | ar | ar an | geit | le |

159

Gnáthleibhéal Spreagadh

2. Freagair na ceisteanna bunaithe ar an scéal thuas.
   (a) Cá ndeachaigh Oisín leis an bpríomhoide ag tús an scéil?
   (b) Cén chuma a bhí ar aghaidh an phríomhoide?
   (c) An raibh a fhios ag Oisín cén fáth a raibh an príomhoide chomh feargach sin leis?
   (d) Conas a mhothaigh Oisín ag an bpointe sin?
   (e) Cé a tháinig isteach san oifig ansin?
   (f) Cad a dúirt an príomhoide le hOisín?
   (g) Cén saghas duine é Marcus?
   (h) Cad a bhíodh á dhéanamh ag Marcus sna leithris uaireanta?
   (i) Cad a dúirt Marcus faoi Oisín?
   (j) Conas a mhothaigh Oisín nuair a dhúisigh sé?

Cleachtadh Scríofa

Ceap scéal (leathleathanach nó mar sin) a mbeidh an sliocht thíos oiriúnach mar thús leis.

Bhí mé sa rang Mata agus bhí mé ag téacsáil sa rang. Chonaic an múinteoir mé agus bhí sé ar buile...

Litir nó Ríomhphost

Cúinne na Litearthachta

Scríobh amach na nathanna cainte atá aibhsithe le dath gorm sa litir thíos. Ansin scríobh isteach an leagan Béarla díobh. Faoi dheireadh, clúdaigh an Ghaeilge ar chlé le do lámh agus déan iarracht na nathanna a litriú tú féin.

As Gaeilge	As Béarla	As Gaeilge Arís!
1. *Sampla* ar bís	excited	ar bís
2.		
3.		
4.		
5.		
6.		
7.		
8.		
9.		
10.		

Litir Shamplach a 1

Bhí tú ar thuras scoile le déanaí. Scríobh an litir (leathleathanach nó mar sin) a chuirfeá chuig do chara mar gheall ar an turas scoile sin.

32 Corrán na Mistéalach
Bóthar na Mistéalach
Cathair Chorcaí
Co. Chorcaí
23 Márta, 2017

A Phádraig, a chara,

Conas atá tú? Tá súil agam go bhfuil tú i mbarr na sláinte. Tá mé tar éis teacht abhaile ó thuras scoile go Maidrid, sa Spáinn agus ba mhaith liom insint duit faoin turas.

Mar is eol duit, bhí mé ar bís roimh an turas seo mar theastaigh uaim dul go Maidrid le fada an lá. D'fhanamar i mbrú óige i lár na cathrach. Ní raibh an lóistín thar mholadh beirte ach bhain mé an-taitneamh as an turas ar aon nós.

Bhí an ghrian ag scoilteadh na gcloch gach lá le linn an turais. Chuamar go páirc phoiblí mhór darbh ainm Retiro lá amháin agus bhí seans againn dul ag grianaíocht agus eitpheil a imirt. Mar is eol duit, tá an-suim agam san ealaín. Chuamar go dtí an gailearaí ealaíne El Prado agus chonaic mé mórán pictiúr leis an ealaíontóir Goya. Lá eile, chonaiceamar pictiúir le Dali agus Picasso i ngailearaí ealaíne eile darbh ainm Museo de la Reina Sofia. Bhí sé dochreidte! Chomh maith leis sin, chuamar ar cuairt chuig an staid sacair Santiago Bernabeu. Tá suim ag mo chara Liam i sacar agus bhí an chuairt sin an-suimiúil dó.

Lá eile, chuamar ar thuras bus timpeall na cathrach. Chonaiceamar na foirgnimh stairiúla agus na radhairc. Bhain mé an-taitneamh as. Bhí seans agam mo chuid Spáinnise a chleachtadh fiú!

San oíche, chuamar go bialanna le haghaidh an dinnéir. Oíche amháin, chuamar chuig seó damhsa *flamenco*.

Aon scéal nua ó Luimneach? Abair haigh le do mhuintir. Scríobh ar ais chugam go luath.

Do chara,
Eoin

Gnáthleibhéal Spreagadh

Cleachtaí Scríofa

1. Líon na bearnaí sna habairtí seo bunaithe ar an eolas sa litir thuas.

   (a) Chuaigh Eoin ar _____ _____ go Maidrid, an Spáinn.

   (b) Is as _____ _____ é Eoin.

   (c) D'fhan Eoin agus na daltaí eile i _____ _____ nuair a bhí siad i Maidrid.

   (d) Ní raibh an brú óige _____ _____ _____ ach bhain Eoin taitneamh as an turas ar aon nós.

   (e) Tá suim _____ Eoin in ealaín.

   (f) Chonaic sé pictiúir _____ an ealaíontóir Goya sa ghailearaí _____ El Prado.

   (g) Bhí an ghrian ag scoilteadh na _____ gach lá le linn an turais scoile.

   (h) Bhí seans ag Eoin a chuid Spáinnise a _____.

   (i) Chuaigh an rang ar thuras bus timpeall na _____.

   (j) Bhain siad taitneamh _____ an turas.

   (k) Is _____ Luimneach é Pádraig.

2. Freagair na ceisteanna seo a leanas bunaithe ar an litir thuas.

   (a) Cad é seoladh Eoin?

   (b) Cá ndeachaigh Eoin ar a thuras scoile?

   (c) Cár fhan sé?

   (d) Conas a bhí an lóistín?

   (e) Conas a bhí an aimsir?

   (f) Cén t-ábhar ina bhfuil suim ag Eoin?

   (g) Cén t-ainm a bhí ar na gailearaí ealaíne a chonaic sé?

   (h) Cad é Santiago Bernabeu?

   (i) Cad a rinne Eoin agus na daltaí eile san oíche?

   (j) Cad as do Phádraig?

Cleachtaí Scríofa

1. Chuaigh tú ar thuras scoile go Páras le déanaí. Scríobh litir (leathleathanach nó mar sin) chuig do chara faoi.

2. Scríobh ríomhphost (leathleathanach nó mar sin) bunaithe ar thuras scoile a ndeachaigh tú air le deanaí.

Mo Scoil agus Cúrsaí Oibre — **Aonad 4**

Féinmheasúnú

Seicliosta

Nuair a bheidh an litir críochnaithe agat, déan cinnte go bhfuil:

- ○ an seoladh ceart
- ○ dáta ann
- ○ beannú ann
- ○ an tús ceart
- ○ agus críoch ag deireadh na litreach.

Nóta!
Féach ar leathanach 401 in Aonad a 10 le haghaidh níos mó nótaí agus leideanna maidir le conas litir a scríobh agus a leagan amach.

Obair Ghrúpa

Roinnfear an rang i ngrúpaí de cheathrar. Tóg leathanach A4 nó A3. Chun Mata Boird a chruthú, roinn an leathanach i gceithre chearnóg cosúil leis an gceann thíos. Lig oraibh go ndeachaigh sibh ar thuras scoile le déanaí agus go bhfuil sibh ag scríobh litreach chuig cara faoi. Roghnaigh an áit a ndeachaigh sibh.

- Scríobhfaidh dalta a 1 an seoladh, an dáta, an beannú agus an t-alt tosaigh.
- Scíobhfaidh dalta a 2 píosa faoin áit a ndeachaigh sibh, an áit ar fhan sibh, an aimsir.
- Scríobhfaidh dalta a 3 cúpla líne faoi na rudaí a rinne sibh agus a chonaic sibh gach lá.
- Scríobhfaidh dalta a 4 giota faoi na rudaí a rinne sibh san oíche agus críoch na litreach.
- Ansin, scríobhfaidh gach duine sa ghrúpa amach an litir ina hiomláine ar leathanach amháin.

Mata Boird

1. Seoladh, dáta, beannú	2. Cár fhan sibh? Déan cur síos air.
Táim ag scríobh chugat mar chuaigh mé ar thuras scoile le déanaí go/go dtí… Ba mhaith liom insint duit faoin turas.	Conas a bhí an aimsir gach lá?
3. Cad a rinne sibh gach lá?	4. Cad a rinne sibh san oíche?
Cad a chonaic sibh gach lá? m.sh. pálás, túr, caisleán, foirgnimh stairiúla, gailearaí ealaíne, músaem	Scríobh críoch na litreach.

Gnáthleibhéal Spreagadh

Litir Shamplach a 2

Fuair tú post samhraidh le déanaí. Scríobh litir/ríomhphost (leathleathanach nó mar sin) chuig do chara faoi.

25 Bóthar na Coiribe
Gaillimh
Co. na Gaillimhe
24 Iúil 2017

A Liam, a chara,

Conas atá tú? Tá súil agam go bhfuil cúrsaí go maith leatsa! Abair le do mhuintir go raibh mé **ag cur a dtuairisce**[25]. Táim ag scríobh chugat mar tá **dea-nuacht**[26] agam duit – fuair mé post samhraidh!

Faoi mar is eol duit, bhí mé ag lorg post samhraidh ag tús an tsamhraidh seo. Bhí **imní**[27] orm mar bhí easpa post ar fáil timpeall na cathrach. Bhuel, chonaic mé fógra ar an mballa **ag lorg**[28] freastalaithe sa teach tábhairne áitiúil le déanaí. Chuir mé mo CV isteach agus bhí agallamh agam leis an mbainisteoir. Iontas na n-iontas, fuair mé an post! Bhí áthas an domhain orm, caithfidh mé a rá!

Oibrím óna ceathair a chlog go meánoíche ó Chéadaoin go Domhnach. Bím **ag tarraingt na bpiontaí**[29], ag glacadh **orduithe**[30] le haghaidh bia, **ag freastal**[31] ar na custaiméirí, ag glanadh na mbord, ag scuabadh na n-urlár agus ag bailiú na ngloiní. Bíonn ceol traidisiúnta ar siúl sa phub ag an deireadh seachtaine agus bíonn an chraic go hiontach!

Bíonn na custaiméirí go deas **de ghnáth**[32]. Uaireanta bíonn corrdhuine **cantalach**[33] nuair a bhíonn siad ar meisce! **Tuillim**[34] ocht euro san uair agus buailim le daoine nua 'chuile lá! Bainim an-taitneamh as mar is duine cairdiúil, cainteach mé.

Ní mór dom imeacht anois[35] mar beidh mé ag dul go dtí an teach tábhairne go luath! Is fada ó chuala mé uait. Scríobh chugam go luath.

Do chara dhil,
Niall

---

[25] asking for them
[26] good news
[27] worry
[28] looking for
[29] pulling pints
[30] orders
[31] serving
[32] usually
[33] cranky
[34] I earn
[35] I must go now

Mo Scoil agus Cúrsaí Oibre

Cleachtaí Scríofa

1. Líon na bearnaí bunaithe ar abairtí sa litir thuas.

    (a) Tá súil _____ go bhfuil cúrsaí go maith leatsa.

    (b) Tuillim ocht euro _____ uair.

    (c) Is fada an lá ó chuala mé _____.

    (d) Buailim _____ daoine nua chuile lá.

    (e) Bím ag freastal _____ na custaiméirí.

    (f) Bím ag glanadh na _____.

    (g) Ní mór _____ imeacht anois.

    (h) Chuir mé isteach _____ an bpost.

    (i) Tá dea-nuacht agam _____.

    (j) Bhí imní _____ mar bhí easpa post ar fáil timpeall na cathrach.

2. Cuir Gaeilge ar na nathanna agus focail seo a leanas ón litir thuas.

An Béarla	An Ghaeilge
I must go now	
serving the customers	
cranky	
I earn	
pulling the pints	
good news	
I was worried	
I take the orders for food	
It's a long while since I heard from you	
usually	
write to me soon	

Obair Ghrúpa

1. Roinnfear an rang i ngrúpaí de cheathrar. Roghnóidh gach grúpa post amháin ón liosta thíos:
   - Fáilteoir in óstán, freastalaí i siopa éadaigh, freastalaí in ollmhargadh
   - Rúnaí in oifig
   - Feighlí leanaí

   Cuirfidh gach grúpa litir le chéile mar gheall ar phost samhraidh a fuair siad. Is féidir libh an Mata Boird thíos a úsáid chun ullmhúchán a dhéanamh don litir. Tá nathanna agus foclóir thíos bunaithe ar gach post atá luaite thuas chun cabhrú libh.

Gnáthleibhéal **Spreagadh**

Mata Boird

Dalta a 1	Dalta a 2
Scríobhfaidh dalta a 1 an seoladh, an dáta, an beannú, agus tús na litreach. Inseoidh dalta a 1 don pheannchara faoi chonas a chuala sé/sí faoin bpost, faoin agallamh, srl.	Scríobhfaidh dalta a 2 faoi na huaireanta oibre agus cad atá i gceist leis an obair féin – na dualgais a bhíonn orthu.
Dalta a 3	**Dalta a 4**
Déanfaidh dalta a 3 cur síos ar na custaiméirí/ an bainisteoir, an pá, cad a dhéanann sé/sí leis an airgead.	Scríobhfaidh dalta a 4 críoch na litreach.

Foclóir chun Cabhrú Libh an Litir a Scríobh

[36] receptionist
[37] duties
[38] I welcome
[39] events
[40] to reserve

Fáilteoir[36] in Óstán: Dualgais[37]

Cuirim fáilte roimh[38] na custaiméirí ag an deasc fáilte./ Oibrím ar an ríomhaire.

Freagraím na fóin./Cabhraím le custaiméirí seomraí agus imeachtaí[39] a chur in áirithe[40] san óstán.

[41] till
[42] label
[43] advice

Freastalaí i Siopa Éadaigh/Freastalaí in Ollmhargadh

Líonaim na seilfeanna./Glanaim na hurláir./Oibrím ag an scipéad[41]./Bím ag cur lipéad[42] ar na héadaí./Tugaim cabhair agus comhairle[43] do na custaiméirí.

[44] I organise
[45] the files
[46] I answer
[47] the accounts
[48] typing
[49] emails

Rúnaí in Oifig

Eagraím[44] na comhaid[45]./Freagraím[46] an fón./Bím ag obair ar an ríomhaire./Déanaim na cuntais[47]. Freagraím ceisteanna na gcustaiméirí. /Bím ag clóscríobh[48] litreacha./ Seolaim agus freagraím ríomhphoist[49].

[50] crèche
[51] I take care of
[52] meals
[53] playground

Feighlí Leanaí

Bailím na leanaí ón naíonra/ón naíolann[50]/ón scoil. Tugaim aire do[51] na leanaí. /Bím ag súgradh leo./Tugaim béilí[52] dóibh./Tugaim deochanna dóibh nuair a bhíonn tart orthu./Téim ag siúl leo sa phram./Téim go dtí an clós súgartha[53] leis/léi/leo.

166

Mo Scoil agus Cúrsaí Oibre

Comhrá

Tá torthaí na hArdteistiméireachta díreach faighte agat. Tá do thuismitheoirí sásta le do thorthaí. Scríobh amach an comhrá a bheadh agat le do thuismitheoirí faoi sin.

Comhrá Samplach

Máire:	Haigh, a Mham agus a Dhaid. Tá mo thorthaí Ardteiste díreach faighte agam. Seo duit an Tuairisc, a Mham.
Mam:	Comhghairdeas[54], a Mháire! Fuair tú 'A' sa Stair. Tá sé fíordheacair[55] grád 'A' a fháil sa stair. Tá an cúrsa an-leathan agus bíonn sé an-deacair cuimhneamh[56] ar na fíricí[57] go léir. Is mór an éacht[58] é sin!
Máire:	Go raibh míle maith agat, a Mham.
Daid:	Feicim go bhfuair tú grad C1 sa Mhata, a Mháire. Tá a fhios agam go raibh mata deacair duit i gcónaí. Is mór an gaisce[59] é sin! Táim an-bhródúil asat[60].
Máire:	Ní gearánta dom[61], a Dhaid. Bhí an páipéar mata ceart go leor don Ardteist. Ní raibh sé ródhona. Táim an-sásta go bhfuair mé grád 'C' i bpáipéar ardleibhéil mar ní raibh mé go maith ag mata riamh.
Daid:	Ba cheart go mbeadh tú an-sásta leis an ngrád sin, a Mháire! Is mór an t-iontas é[62] mar theip ort[63] sa bhréagscrúdú[64] Mata. Táim an-sásta duit. Conas a d'éirigh leat san Ealaín?
Máire:	Fuair mé grád B1 san Ealaín, a Dhaid. Táim an-sásta leis sin. Is féidir liom an cúrsa iar-ardteiste a dhéanamh san ealaín an bhliain seo chugainn chun portfóilió a chur le chéile.
Daid:	Tá sé tuillte agat,[65] a stór! Rinne tú dianstaidéar anuraidh. Rinne tú do dhícheall[66]. Ní bheidh aon mhórscrúdú eile amach anseo[67] chomh dian leis an Ardteist.
Máire:	Go raibh míle maith agat, a Dhaid. An gciallaíonn sé sin[68] go dtabharfaidh sibh airgead dom chun dul amach anocht?
Daid:	Ciallaíonn. Seo tríocha euro anois agus as go brách leat[69]!
Máire:	Míle buíochas!

[54] congratulations
[55] really difficult
[56] to remember
[57] the facts
[58] achievement
[59] achievement
[60] I'm very proud of you
[61] I can't complain
[62] it's a big surprise
[63] you failed
[64] mock exam
[65] you earned it
[66] you did your best
[67] in the future
[68] does that mean
[69] off with you

Cleachtaí Scríofa

1. Meaitseáil na litreacha leis na huimhreacha sa ghreille thíos. Tá na focail agus nathanna bunaithe ar an gcomhrá thuas.

A	Bréagscrúdú	1	Achievement
B	Tuillte	2	The facts
C	Gaisce	3	In the future
D	Táim an-bhródúil asat.	4	Thanks a million
E	Na fíricí	5	Earned/deserved
F	Ní gearánta dom.	6	You did your best.
G	Rinne tú do dhícheall.	7	Mock exam
H	Amach anseo	8	Off with you
I	As go brách leat	9	I am very proud of you.
J	Míle buíochas	10	I cannot complain.

A	B	C	D	E	F	G	H	I	J

Gnáthleibhéal Spreagadh

2. Freagair na ceisteanna seo a leanas bunaithe ar an gcomhrá thuas.

   (a) Cé na torthaí atá i gceist sa chomhrá seo?
   (b) Cén grád a fuair Máire sa Stair?
   (c) Cad a dúirt Maim faoin Stair?
   (d) Cén grád a fuair Máire sa Mhata?
   (e) Conas a d'éirigh le Máire sa bhréagscrúdú Mata?
   (f) Cad ba mhaith le Máire a dhéanamh an bhliain seo chugainn?
   (g) An bhfuil Mata éasca do Mháire?
   (h) Cad a deir Daid faoi scrúdú na hArdteiste?
   (i) Conas a mhothaigh a mam agus a daid faoina cuid torthaí Ardteiste?
   (j) Cad a d'iarr Máire ar Dhaid ag deireadh an chomhrá?

Céim a 4: Gramadach

An Modh Coinníollach
Féach ar na nótaí ar leathanach 362 ar an Modh Coinníollach.

Céim a 5: Léamhthuiscint

Sa chéim seo, foghlaimeoidh tú:
- foclóir a bhaineann leis an gcathair agus le taisteal
- conas ceisteanna ar an léamhthuiscint a fhreagairt go cruinn
- scileanna léitheoireachta agus tuisceana sa Ghaeilge.

Léamhthuiscint a 1

Léigh an sliocht seo a leanas agus freagair na ceisteanna **ar fad** a ghabhann leis.

Glenn Meade: Píolóta, Iriseoir agus Údar!

1. Is duine de na húdair Éireannacha is rathúla[1] den ghlúin[2] seo é Glenn Meade. Is iomaí[3] post agus saol difriúil a bhí ag Glenn Meade i rith[4] a shaoil. Tá seal[5] caite aige mar thraenálaí píolóta d'Aer Lingus, mar iriseoir[6], mar dhrámadóir, mar údar rathúil agus mar léachtóir. Rugadh i 1953 é agus tógadh Meade i bhFionnghlas, Baile Átha Cliath. Rinne sé staidéar ar an innealtóireacht agus ar an teileachumarsáid[7]. Tar éis dó céim[8] a bhaint

[1] most successful
[2] generation
[3] many are the
[4] during
[5] tamall
[6] journalist
[7] telecommunications
[8] a degree

Mo Scoil agus Cúrsaí Oibre

amach, chónaigh sé agus d'oibrigh sé i New Hampshire. D'oibrigh sé mar shaineolaí[9] i dtraenáil píolótaí. Bhí an-suim aige san eitlíocht[10] riamh agus bhí sé ina iriseoir do na nuachtáin mór le rá[11] *The Irish Times* agus the *Irish Independent*.

2. Chinn Meade go dtosódh sé ag scríobh scéinséirí[12] i lár na nóchaidí. Nuair a bhí a chéad úrscéal *Brandenburg* á scríobh aige, bhí sé ag scríobh sé lá sa tseachtain agus ag obair go lánaimseartha mar thraenálaí píolóta ag an am céanna. I measc na n-úrscéalta rathúla a scríobh sé tá *Snow Wolf, Brandenburg, Resurrection Day, The Devil's Disciple* agus *The Second Messiah*. Deir Meade gur spreag cuid dá chuid oibre mar iriseoir é chun na húrscéalta a scríobh. Bhí a chéad úrscéal *Brandenburg* bunaithe ar[13] fhás ghluaiseacht[14] na nua-Naitsithe[15] san Eoraip le linn[16] na nóchaidí. Spreagadh Meade an leabhar *Brandenburg* a scríobh tar éis dó taisteal go dtí an Ghearmáin chun alt a scríobh don nuachtán *The Irish Times* mar gheall ar an ór Naitsíoch a cailleadh ag deireadh an Dara Cogadh Domhanda[17]. Bhuail sé le seanfhear a bhí ina iaroifigeach[18] den SS de thimpiste a d'inis a scéal pearsanta dó faoin ról a bhí aige ag coimeád rúin[19] thábhachtacha an chogaidh faoi cheilt[20]. Spreag an scéal Meade chun *Brandenburg* a scríobh.

3. Eisíodh[21] a úrscéal *Snow Wolf* i 1997. Tarlaíonn imeachtaí an scéil sin nuair a bhí an Cogadh Fuar ar siúl idir Meiriceá agus an Rúis i 1953. Bhí Dwight D. Eisenhower ina uachtarán ar Mheiriceá an uair sin. Sa leabhar, faigheann sé tuairisc go bhfuil meabhairshláinte[22] an deachtóra[23] Joseph Stalin sa Rúis ag dul chun donais[24] go tapa, go bhfuil a chlár buamaí núicléacha[25] beagnach críochnaithe – rud a chuirfeadh tús le Tríú Cogadh Domhanda, b'fhéidir. Déanann sé an cinneadh[26] mór cead a thabhairt *Operation Snow Wolf* a chur ar bun. Taistealaíonn beirt ghníomhairí[27] ón CIA trasna na Rúise go Moscó chun duine de na fir is cumhachtaí[28] ar domhan (Joseph Stalin) a mharú! Ligeann an bheirt orthu[29] go bhfuil siad pósta. Faigheann an KGB amach faoin bplean, áfach, chomh luath agus a thagann an bheirt go dtí an Rúis. Bíonn orthu éalú ón KGB agus ó dhream[30] eile nach rabhadar ag súil leo! Is úrscéal corraitheach[31] é *Snow Wolf* le mórán aicsin dhrámatúil.

4. Thuill Meade clú[32] mór mar gheall ar an méid taighde[33] chúramaigh a rinne sé dá scéalta agus thaistil sé ar fud na cruinne[34] chun scéalta a fhiosrú[35] – go dtí an Rúis, an Meánoirthear agus an Eoraip chun taighde a dhéanamh. Sular tharla an t-ionsaí[36] ar an Ionad Trádála Domhanda i Nua-Eabhrac ar an 11 Meán Fomhair, 2001, scríobh agus chríochnaigh Meade úrscéal darbh ainm *Resurrection Day*. San úrscéal réadúil[37] sin, scríobh sé faoi ionsaí drámata ar Washington D.C. a rinne grúpa den eagraíocht Al Qaeda a bhí armtha le hairm cheimiceacha[38]. Nuair a bhí an t-úrscéal á scríobh aige, bhí sé ag cur agallaimh ar fhoireann shinsearach[39] an Tí Bháin, iarghníomhairí[40] ón tSeirbhís Rúnda, agus gníomhairí ón FBI. Bhí cuid de na daoine sin ag obair chun sceimhlitheoirí Al Qaeda a ghabháil[41] tar éis an ionsaithe ar 9/11. Cheap a chomhlacht foilsitheoireachta[42] i Nua-Eabhrac ag an am go raibh ábhar an úrscéil róbhrónach le cur amach tar éis ionsaí 9/11. Eisíodh an leabhar san Eoraip, áfach, agus thuill an leabhar léirmheasanna[43] iontacha agus a lán airde ó na meáin chumarsáide san Eoraip.

5. Caitheann Glenn Meade mórán ama i ndeisceart Mheiriceá Thuaidh faoi láthair agus roinneann[44] sé a chuid ama idir Éire agus Meiriceá anois. Is aoibhinn leis an tírdhreach[45], cuirtéis[46] agus cneastacht na

[9] specialist/expert
[10] aviation
[11] prestigious
[12] thrillers
[13] based on
[14] movement
[15] neo-Nazis
[16] during
[17] the Second World War
[18] former officer
[19] secrets
[20] hidden
[21] was released
[22] mental health
[23] of the dictator
[24] disimproving
[25] nuclear bomb programme
[26] decision
[27] agents
[28] most powerful
[29] they pretend
[30] group/gang
[31] exciting
[32] reputation
[33] research
[34] around the world
[35] to investigate
[36] the attack
[37] realistic
[38] chemical arms
[39] senior
[40] former agents
[41] to arrest
[42] publishing company
[43] reviews
[44] to divide
[45] landscape
[46] courtesy

169

Gnáthleibhéal Spreagadh

[47] Swedish
[48] most recent

ndaoine i ndeisceart Mheiriceá Thuaidh. Aistríodh a leabhair go 26 theanga dhifriúla – an Fhraincis, an Ghearmáinis, an tSualainnis[47], an Spáinnis agus an Tuircis san áireamh. Is iad na leabhair is déanaí[48] uaidh ná *The Second Messiah* bunaithe ar *The Dead Sea Scrolls* a eisíodh in 2011 agus *The Romanov Conspiracy* in 2012. Deirtear go bhfuil meascán an-suimiúil de stair, fíricí agus ficsean ina chuid saothair.

Ceisteanna Scrúdaithe

1. (a) Luaigh trí phost a bhí ag Glenn Meade le linn a shaoil. (Alt 1)
   (b) Cén rud inar chuir sé suim? (Alt 1) (10 marc)

2. (a) Cén fáth a raibh Glenn an-ghnóthach nuair a bhí a chéad úrscéal *Brandenburg* á scríobh aige? (Alt 2)
   (b) Cad air a raibh a chéad úrscéal *Brandenburg* bunaithe? (Alt 2) (10 marc)

3. (a) Cén ré ina dtarlaíonn imeachtaí an úrscéil *Snow Wolf*? (Alt 3)
   (b) Cén fáth a raibh imní ar an Uachtarán Eisenhower go gcuirfí tús leis an Tríú Cogadh Domhanda? (Alt 3) (10 marc)

4. (a) Cé na tíortha ar thaistil Meade chucu chun taighde a dhéanamh dá chuid scéalta? (Alt 4)
   (b) Cén fáth a raibh plota an úrscéil *Resurrection Day* an-réadúil? (Alt 4) (10 marc)

5. (a) Cá gcaitheann Glenn Meade mórán ama faoi láthair? (Alt 5)
   (b) Cad iad na buanna is mó atá le sonrú ina chuid scéinséirí? (Alt 5) (10 marc)

Mo Scoil agus Cúrsaí Oibre — Aonad 4

Léamhthuiscint a 2

Léigh an sliocht seo a leanas agus freagair na ceisteanna **ar fad** a ghabhann leis.

So Sue Me! An Blagálaí Suzanne Jackson

1. Is as na Scéirí, i dTuaisceart Co. Bhaile Átha Cliath í Suzanne Jackson, an cailín a bhunaigh an blag So Sue Me, an blag faisin is mó agus is cáiliúla in Éirinn faoi láthair. D'fhreastail sí ar Mheánscoil an Chreidimh Naofa, sna Sceirí. Tar éis di an scoil a fhágáil in 2002, bhí sí seacht mbliana déag d'aois agus ní raibh a fhios aici cad a theastaigh uaithi a dhéanamh. Thug sí faoi chúrsa sa chúram sóisialta[49] ach níor thaitin sé léi agus theip uirthi sa chéad bhliain den choláiste. Ina dhiaidh sin, d'oibrigh sí sa siopa faisin Topshop agus ansin thraenáil sí mar sciamheolaí[50]. Tamall ina dhiaidh sin, fuair sí post mar chomhairleoir earcaíochta[51]. Nuair a chaill sí an post sin in 2009, fuair sí post mar fháilteoir in oifig Spin 1038 agus 98 FM mar bhí cara léi ag obair ann. Bhí sí ag obair mar mhainicín[52] go páirtaimseartha freisin agus ag cur cláir i láthair[53] ar an gcainéal faisin Style Nation TV. Braitheann sí gur fhoghlaim sí mórán óna poist dhifriúla. Thosaigh sí ar a blag nuair a bhí sí ag obair le Spin 1038 agus 98 FM.

[49] social care
[50] beautician
[51] a recruitment consultant
[52] model
[53] presenting

171

Gnáthleibhéal Spreagadh

⁵⁴no one knew her
⁵⁵there were only
⁵⁶to set up/establish
⁵⁷famous
⁵⁸advice
⁵⁹rumours
⁶⁰to insult
⁶¹she almost gave up
⁶²upset
⁶³anyway
⁶⁴like
⁶⁵companies
⁶⁶power
⁶⁷positive thinking
⁶⁸update
⁶⁹lifestyle
⁷⁰demise
⁷¹testing
⁷²reviews
⁷³wedding blog
⁷⁴decoration
⁷⁵stationery
⁷⁶guest
⁷⁷wedding favours
⁷⁸she has great respect for
⁷⁹beauty salon
⁸⁰range
⁸¹fake tan
⁸²from strength to strength
⁸³to advertise
⁸⁴product
⁸⁵worthwhile
⁸⁶mantra/motto

2. Nuair a thosaigh sí ar an mblag, ní raibh aithne ag éinne uirthi⁵⁴. Ní raibh ach⁵⁵ fiche duine ag féachaint ar an mblag in aghaidh an lae nuair a bhunaigh sí⁵⁶ an blag i mí Iúil 2010. Bhí sí ag dul chuig mórán cóisirí le bannaí agus daoine mór le rá⁵⁷ de bharr a cuid oibre le 98fm an uair sin agus cheap sí go dtosódh sí ag blagáil mar gheall air. Thosaigh sí ag tabhairt comhairle⁵⁸ faisin ar an mblag agus ag plé nuachta agus ráflaí⁵⁹ mar gheall ar dhaoine mór le rá. Mhaslaigh⁶⁰ roinnt daoine í go géar ar an mblag ag an am. Ba bheag nár éirigh sí as⁶¹ mar bhí sí trína chéile⁶² mar gheall air. Le tacaíocht óna cairde, lean sí ar aghaidh ar aon nós⁶³. Faoi láthair, bíonn níos mó ná milliún ag féachaint ar an mblag in aghaidh na míosa. Is duine mór le rá í Suzanne anois agus tugtar cuireadh di míreanna faisin a chur i láthair ar an teilifís ar chláir amhail⁶⁴ *Xposé* agus *Ireland AM*, agallaimh a dhéanamh agus a bheith ina hambadadóir do chomhlachtaí⁶⁵ difriúla. Tugtar cuireadh di freastal ar imeachtaí amhail na seachtainí faisin idirnáisiúnta fiú i measc na mblagálaithe idirnáisiúnta is mó, cuir i gcás an tSeachtain Faisin i Nua-Eabhrac.

3. Creideann Suzanne go mór i gcumhacht⁶⁶ an smaoinimh dhearfaigh⁶⁷. Bhí tionchar mór ag na leabhair *The Secret* agus *The Power of Your Subconscious Mind* uirthi. Creideann sí go bhfaigheann tú ar ais an fuinneamh a chuireann tú amach agus go bhfuil sé fíorthábhachtach a bheith ag smaoineamh i slí dhearfach. Anois tá triúr scríbhneoirí eile aici chun cinntiú go bhfanann a blag suas chun dáta. Ar an mblag, tugann Suzanne uasdátú⁶⁸ ar stíl bheatha⁶⁹, cúrsaí scéimhe agus cúrsaí faisin. Bíonn sí ag caint lena lucht leanúna go laethúil ag tabhairt freagraí agus comhairle dóibh nuair a bhíonn deacrachtaí nó ceisteanna acu mar gheall ar chruachás⁷⁰ faisin nó scéimhe. Tá roinn ina ndéanann sí tástáil⁷¹ ar earraí difriúla agus déanann sí léirmheasanna⁷² orthu. Taispeánann sí dá lucht leanúna conas is féidir leo íomhánna difriúla a chruthú leo féin sa bhaile.

4. Faigheann Suzanne inspioráid ó dhaoine cáiliúla faiseanta amhail na mainicíní Kate Moss, Irina Shayk agus Rosie Huntington-Whitely. Tá blag bainise⁷³ fiú tosaithe aici anois os rud é go bhfuil sí geallta lena buachaillchara Dylan. Ar an mblag sin, tugann sí comhairle mar gheall ar mhaisiú⁷⁴ an tseomra bainise san óstán agus maisiú an tséipéil, stáiseanóireacht⁷⁵ bhainise, smaointe faisin saora d'aíonna⁷⁶ bainise, na healaíontóirí smididh is fearr léi agus féiríní bainise⁷⁷ fiú!

5. Is í Victoria Beckham an phearsa faisin is fearr le Suzanne mar is duine gnó rathúil í agus is máthair í. Tá an-mheas aici⁷⁸ ar an sciamheolaí agus bean ghnó Marissa Carter freisin mar thosaigh sí amach lena siopa scéimhe⁷⁹ féin i mBaile Átha Cliath ach tar éis di raon⁸⁰ de dhonnú bréige⁸¹ a chruthú, chuaigh an raon ó neart go neart⁸². Deir Suzanne go gcreideann sí go bhfuil sé fíorthábhachtach gan earra scéimhe a fhógairt⁸³ ar son airgid amháin muna gcreideann sí gur earra⁸⁴ fiúntach⁸⁵ é. Is é an siopa mórsráide is fearr léi ná River Island. I measc na gcomhlachtaí a n-oibríonn sí leo anois, tá Unilever, Topshop, Penneys, Bershka, Rockstar Tan agus Bourjois. Cosúil le Barack Obama, is é an mana⁸⁶ atá aici do chailíní eile ná 'Is féidir linn!'

172

Mo Scoil agus Cúrsaí Oibre

Ceisteanna Scrúdaithe

1. (a) Cad as do Suzanne Jackson? (Alt 1)
   (b) Luaigh ceithre phost a bhí aici sular éirigh léi mar bhlagálaí? (Alt 1) (10 marc)
2. (a) Cé mhéad duine a bhí ag féachaint ar an mblag in aghaidh an lae nuair a chuir sí an blag ar bun? (Alt 2)
   (b) Cén saghas cuirí a thugtar di sa lá atá inniu ann? (Alt 2) (10 marc)
3. (a) Cad is ainm do na leabhair a raibh tionchar mór ar Suzanne acu? (Alt 3)
   (b) Cén saghas eolais a bhíonn ar bhlag Suzanne? (Alt 3) (10 marc)
4. (a) Cá bhfaigheann Suzanne inspioráid? (Alt 4)
   (b) Cén saghas ábhair atá ar a blag bainise? (Alt 4) (10 marc)
5. (a) Cé hí an phearsa faisin is fearr léi agus cén fáth? (Alt 5)
   (b) Cén fáth a bhfuil meas aici ar an mbean ghnó Marissa Carter? (Alt 5) (10 marc)

An Ceol, an Rince agus an Teicneolaíocht

Aonad 5

Céim a 1: Labhairt	Céim a 2: Cluastuiscint	Céim a 3: Ceapadóireacht	Céim a 4: Gramadach	Céim a 5: Léamhthuiscint	Céim a 6: Litríocht
An ceol An damhsa/an rince An teicneolaíocht	An ceol An rince An teicneolaíocht	Giota leanúnach: Is breá liom an ceol! Blag: Banna ceoil Litir: Ceolchoirm a chonaic mé Ríomhphost: Ag diúltiú do chuireadh Comhrá: Ticéid don bhailé – ag tabhairt cuiridh	An chlaoninsint	Léamhthuiscint a 1: Beyoncé Léamhthuiscint a 2: Steve Jobs	Dráma: *An Lasair Choille* Athbhreithniú ar an litríocht: súil ar an scrúdú

Nóta!
Beidh rogha ar an bpáipéar scrúdaithe idir an dráma *An Lasair Choille* agus an gearrscannán *Cáca Milis*.

Torthaí Foghlama

San aonad seo, foghlaimeoidh tú:

- **Léamh agus tuiscint:** conas focail agus nathanna a bhaineann le ceol, rince agus teicneolaíocht a aithint agus a thuiscint
- **Labhairt:** conas cur síos a dhéanamh ar chúrsaí ceoil, rince agus teicneolaíochta
- **Scríobh:** conas giotaí a chur le chéile mar gheall ar chúrsaí ceoil, cúrsaí rince agus cúrsaí teicneolaíochta
- **Litríocht:** na heochairfhocail a bhaineann leis an dráma *An Lasair Choille*. Tá rogha idir an scannán *Cáca Milis* agus *An Lasair Choille* ar an gcúrsa. Beidh tú in ann freagraí scríofa a chumadh bunaithe ar théama an dráma, agus ar charachtair an dráma. Beidh tú in ann do thuairim a chur in iúl mar gheall ar an bhfáth ar thaitin/nár thaitin an dráma leat
- **Féachaint:** féachfaidh tú ar mhír físe a bhaineann leis an topaic 'An teicneolaíocht'

An Ceol, an Rince agus an Teicneolaíocht

Céim a 1: Labhairt

Sa chéim seo, foghlaimeoidh tú na heochairfhocail agus nathanna a bhaineann leis na topaicí 'An ceol', 'An rince' agus 'An teicneolaíocht'.

Ceol

An scrúdaitheoir: **An maith leat ceol?**

An dalta:
- Is breá liom ceol. Is aoibhinn liom popcheol agus ceol traidisiúnta. Seinnim an bosca ceoil agus an fheadóg stáin i ngrúpa traidisiúnta ar scoil. Is minic a sheinnimid ag ócáidí scoile agus ag seisiúin cheoil. Is é an ceoltóir traidisiúnta is fearr liom ná Séamus Ó Beaglaíoch. Seinneann sé an bosca ceoil freisin agus is as Iarthar Chiarraí é. Éistim le popcheol ar m'iFón go minic. Is é an banna is fearr liom ná Imagine Dragons. Is é an t-amhrán is fearr liom leo ná 'Demons'.

- Is aoibhinn liom ceol clasaiceach. Thosaigh mé ag seinm an phianó nuair a bhí mé ocht mbliana d'aois. Chuaigh mé chuig ranganna ceoil sa chathair go dtí le déanaí. Tá na gráid go léir bainte amach agam anois agus táim ag déanamh staidéir ar an gceol ar scoil freisin. Seinnim ceol clasaiceach ar an bpianó agus is é Chopin an cumadóir is fearr liom.

- Is breá liom ceol, go háirithe popcheol. Seinnim an giotár. Is aoibhinn liom popcheol a sheinnt ar an ngiotár agus bím ag canadh freisin. Taitníonn ceol Ed Sheeran go mór liom agus scríobhaim féin amhráin ó am go ham. Is ball mé de ghrúpa ceoil le grúpa cairde. Tugann an ceol sos iontach dom ó bhrú na scrúduithe. Bíonn gigeanna againn ó am go ham. Is slí éalaithe é ó imní an tsaoil, dar liom.

An scrúdaitheoir: **An éisteann tú le ceol go minic?**

An dalta:
- Éistim le ceol beagnach an t-am ar fad, nuair a bhím ag rith nó ag staidéar nó ag ligean mo scíthe. Bíonn mo thuismitheoirí **ag clamhsán/ag gearán**[1] go minic nach n-éistim leo toisc go gcaithim mo **chluasáin**[2] an iomarca, dar leo! Éistim le gach saghas ceoil agus faighim a lán ceoil saor in aisce ar an idirlíon. Tá sé thar a bheith éasca anois ceol maith a íoslódáil ar phraghas an-íseal nó saor in aisce.

[1] complaining
[2] headphones

Gnáthleibhéal **Spreagadh**

[3] *bass guitar*
[4] *keyboard*

- Is é Walking on Cars an grúpa ceoil is fearr liom. Tá cúigear ar fad sa ghrúpa agus canann siad rac-cheol. Is as an Daingean dóibh agus tá clú agus cáil orthu go náisiúnta agus go hidirnáisiúnta anois. Sa bhanna, tá dordghiotár[3], giotár leictreach, drumaí, méarchlár[4] agus amhránaí. Scríobhann siad a n-amhráin féin agus tá na hamhráin ar fheabhas ar fad. D'fhreastail mé ar cheolchoirm leo dhá bhliain ó shin sa 3Airéine. Bhí sé dochreidte! Bhí an t-atmaisféar leictreach ann agus bhí an ceol thar barr.

An scrúdaitheoir:	Conas a éisteann tú le ceol? An gceannaíonn tú dlúthdhioscaí nó an íoslódálann tú ceol ón idirlíon?
An dalta:	Íoslódálaim ceol ón aip Spotify. Is aip iontach é Spotify – is féidir leat ceol a íoslódáil saor in aisce ó Spotify má bhíonn leathanbhanda agat agus do sheinnliosta[5] féin a chruthú.

[5] *playlist*

An scrúdaitheoir:	An mbreathnaíonn tú ar na cláir thallainne ceoil cosúil le The X Factor nó The Voice?
An dalta:	Féachaim orthu uaireanta, cinnte. B'fhearr liom an clár The Voice, caithfidh mé a rá! Sílim go bhfuil sé níos cothroime mar chomórtas mar ní bhraitheann sé ar chor ar bith ar do chuma fhisiciúil. Casann na moltóirí thart má thaitníonn guth an amhránaí leo agus mar sin braitheann an rud ar fad ar thallann an duine. Bíonn Simon Cowell an-drochbhéasach le cuid de na hiomaitheoirí[6] ar an seó The X Factor agus Britain's Got Talent, i mo thuairim.
An scrúdaitheoir:	An mbeadh aon suim agat cur isteach ar chomórtas amhránaíochta cosúil leis an gclár ceoil The Voice riamh?
An dalta:	● Ba mhaith liom triail a bhaint as cúpla comórtas mar sin lá éigin. Ceapaim gur taithí iontach é d'aon duine seasamh os comhair slua agus canadh. Cuireann sé go mór le féinmhuinín[7] an duine gan aon agó. Bheinn neirbhíseach gan amhras ach tá súil agam nach gcuirfeadh sé sin cosc orm!

[6] *the contestants*

Nóta!
Bheadh/
Ní bheadh/
B'fhéidir...

[7] *self-confidence*

An Ceol, an Rince agus an Teicneolaíocht | Aonad 5

- Bheinn i bhfad róneirbhíseach canadh os comhair an phobail mar sin, is oth liom a rá! Is breá liom a bheith ag canadh sa bhaile ach ní bheadh aon suim agam dul ar an teilifís chun na fírinne a rá[8].

[8]to tell the truth

- Ní aontaím le cláir mar sin ar chor ar bith. Cuirtear an iomarca brú ar na hiomaitheoirí gan amhras. Chomh maith leis sin, braitheann na vótaí go minic ar[9] chairdeas agus clú an duine in ionad thallann na n-iomaitheoirí[10].

[9]to depend on

[10]contestants

An Damhsa/An Rince

An scrúdaitheoir: **An maith leat rince?**

An dalta:
- Déanaim rince gaelach le club rince i nGaillimh. Táim ag damhsa ó bhí mé an-óg sa bhunscoil. Tá scoil rince iontach againn i lár na cathrach agus tá múinteoirí den scoth ag múineadh inti. Glacaim páirt i bhfeiseanna go minic anseo in Éirinn agus thar lear corruair freisin. Tugann an damhsa seans iontach dúinn dul thar sáile. Anuraidh, mar shampla, bhíomar i mBostún. Uair amháin eile chuamar go dtí an Fhrainc agus Beirlín na Gearmáine. Bhuaigh mé craobh na hÉireann faoi dhó agus bhí sé sin thar barr freisin. D'fhreastail mé ar thrialacha[11] don seó rince Riverdance cúpla mí ó shin agus beidh mé ag dul ar chamchuairt[12] leo timpeall na Síne an bhliain seo chugainn.

[11]auditions

[12]on tour

- Téim go ranganna bailé go rialta. Táim ag freastal ar na ranganna ó bhí mé trí bliana d'aois. Tá an damhsa ar cheann de na caithimh aimsire is sláintiúla a d'fhéadfadh a bheith agat i mo bharúil féin. Tá an-chuid scile agus aclaíochta[13] ag baint leis agus chomh maith leis sin buaileann tú le cairde nua an t-am ar fad nuair a bhíonn tú ag taisteal. B'aoibhinn liom leanúint ar aghaidh leis an rince amach anseo.

[13]exercise

- Freastalaím ar ranganna hip hop agus snagbhailé[14]. Bainim an-taitneamh as. Glacaim páirt i gcomórtais go minic.

[14]jazz ballet

[15]obsessed with

An scrúdaitheoir: **An bhféachann tú ar an gclár Strictly Come Dancing?**

An dalta:
- Táim an-tógtha leis[15] an gclár sin, caithfidh mé a rá! Taitníonn sé go mór liom daoine a fheiceáil ag foghlaim scileanna nua rince. Is aoibhinn liom na stíleanna damhsa go léir a léirítear ar an gclár agus ceapaim go mbaineann na hiomaitheoirí an-sult as freisin.

177

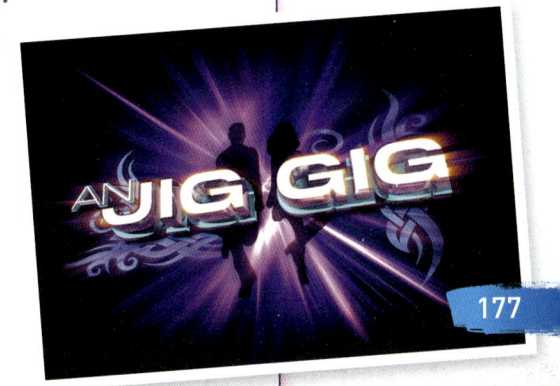

Gnáthleibhéal Spreagadh

- Ghlac mé féin páirt sa chlár *Jig Gig* ar TG4 nuair a bhí mé sa dara bliain. Bhain mé an-taitneamh go deo as! Bhí mé ag damhsa le grúpa ó mo scoil rince agus cé nach raibh an bua[16] againn, bhí gach duine ar bís faoi. Ba bhreá liom rud éigin a dhéanamh arís sa todhchaí[17].

[16] *victory*
[17] *in the future*

An Teicneolaíocht

An scrúdaitheoir: Conas a chruthaíonn tú do phroifíl phearsanta ar Facebook?

An dalta: Lógálann tú isteach[18] ar an láithreán gréasáin[19]. Úsáideann tú do sheoladh ríomhphoist nó d'uimhir fóin chun an phróifíl a chruthú. Is féidir leat grianghraif agus eolas fút féin a chur suas ar an bpróifíl phearsanta.

[18] *log on*
[19] *website*

An scrúdaitheoir: Cad iad na buntáistí[20] a bhaineann le Facebook?

An dalta:
- Is féidir leat teagmháil[21] a dhéanamh le do chairde agus le do chlann. Tá sé go hiontach má bhíonn cairde nó gaolta leat thar lear. Bíonn sé saor in aisce[22] teagmháil a dhéanamh leo má bhíonn leathanbhanda[23] agat. Bíonn sé i bhfad níos saoire[24] ná a bheith ag caint ar an nguthán póca.
- Cuireann tú feabhas ar do chuid scileanna ríomhaireachta.
- Is féidir leat féachaint ar phictiúir de dhaoine eile. Buaileann tú le daoine nua trí chairde. Is féidir leat cairdeas a chruthú le daoine nach bhfeiceann tú go laethúil, cosúil le daoine thar lear, daoine i scoileanna eile agus daoine taobh amuigh den scoil.
- Is féidir leat cruinniú[25] nó coinní[26] a eagrú ar Facebook. Má bhíonn tú ag iarraidh gig, cóisir nó ócáid[27] thábhachtach[28] a eagrú[29], is féidir leat daoine a chur ar an eolas[30] faoi ar Facebook.
- Má bhíonn gnó, earra nó seirbhís agat, is féidir leat daoine a chur ar an eolas mar gheall air ar Facebook. Tá sé i bhfad níos saoire earra nó seirbhís a fhógairt ar do leathanach Facebook ná mar atá sé é a fhógairt[31] sa pháipéar nuachtáin nó ar an raidió.
- Is féidir leat suirbhéanna agus eolas a bhailiú ar Facebook

[20] *advantages*
[21] *contact*
[22] *free*
[23] *broadband*
[24] *cheaper*
[25] *a meeting*
[26] *appointments*
[27] *event*
[28] *important*
[29] *to organise*
[30] *to inform people*
[31] *advertise*

An Ceol, an Rince agus an Teicneolaíocht

An scrúdaitheoir:	**Cad iad na míbhuntáistí[32] a bhaineann le Facebook?**	[32]*disadvantages*
An dalta:	• Uaireanta, tarlaíonn cibearbhulaíocht[33] ar Facebook. Ní féidir le daltaí éalú ón mbulaíocht nuair a bhíonn siad ar Facebook nó ar a bhfóin phóca.	[33]*cyberbullying*
	• Tá dainséar ag baint le do shonraí[34] pearsanta a chur suas ar an Idirlíon. Ba cheart do thuismitheoirí súil ghéar a choimeád ar a gcuid leanaí agus déagóirí óga nuair a bhíonn siad ar Facebook. Ligeann daoine áirithe orthu[35] gur déagóirí iad agus uaireanta is daoine dainséaracha nó péidifiligh[36] iad.	[34]*details* [35]*some people pretend* [36]*paedophiles*
	• Caitheann a lán daoine an iomarca ama ar Facebook. Bíonn siad gafa leis[37] uaireanta. Uaireanta, cuireann sé le fadhb[38] na raimhre[39] nuair a chaitheann daoine an iomarca ama ar an ríomhaire.	[37]*addicted to/ obsessed with* [38]*problem* [39]*obesity*
	• Nuair a bhíonn tú ag cur isteach ar phost, is féidir le fostaitheoirí[40] féachaint ar Facebook agus ar do chuid grianghraf. Is míbhuntáiste é sin uaireanta. Uaireanta bíonn sé níos fearr pictiúir díot ag cóisirí agus oícheanta amach le cairde a choimeád príobháideach agus gan iad a chur ar Facebook.	[40]*employers*

Cleachtaí Scríofa

1. Féach ar leathanach 29 i do Leabhrán. Scríobh alt ar an úsáid a bhaineann tú as teicneolaíocht.
2. Scríobh alt ar na buntáistí agus míbhuntáistí a bhaineann le Facebook, dar leat.

▶ Mír Físe

Féach ar an mír físe a bhaineann leis na treoracha seo agus comhlánaigh an bhileog oibre a ghabhann léi. Téigh go dtí **www.ceacht.ie**. Tá acmhainní do mhúineadh Gaeilge le fáil anseo. Téigh go dtí 'Acmhainní don Ardteist' agus roghnaigh 'An Chumarsáid'. Ansin, roghnaigh cnaipe E, 'Teicneolaíocht agus Foghlaim' agus ina dhiaidh sin cnaipe F, 'Teicneolaíocht agus spórt'. Tar éis breathnú ar na físeáin, roghnaigh na sleamhnáin PowerPoint a ghabhann leo chun iad a íoslódáil. Tá na ceisteanna a bhaineann leis na físeáin san áireamh leis seo.

Céim a 2: Cluastuiscint

Sa chéim seo, foghlaimeoidh tú:
- conas do scileanna cluastuisceana a fhorbairt
- eochairfhocail a bhaineann leis na topaicí 'An ceol', 'An rince' agus 'An teicneolaíocht'.

Tabhair aird ar na focail/nathanna seo a leanas agus tú ag ullmhú don chluastuiscint.

leathanbhanda	*broadband*	gafa le	*addicted to*
seoladh	*launched*	giuirléidí	*gadgets*
taighdeoirí	*researchers*	gradaim fiontair	*enterprise awards*
léirmheas	*review*	airgeadas	*finance*
ceolsiamsa	*musical*	táirgeadh	*production/output*
eitleog	*a kite*	cumtha	*composed*
comhlacht taifeadta	*a record company*	sólaistí	*refreshments*
mórchnag	*big hit*		

Gnáthleibhéal **Spreagadh**

Cuid A

Cloisfidh tú *dhá* fhógra sa chuid seo. Cloisfidh tú gach fógra díobh **faoi dhó**. Beidh sos ann leis na freagraí a scríobh tar éis na chéad éisteachta *agus* tar éis an dara héisteacht.

Fógra a hAon

Líon isteach an t-eolas atá á lorg sa ghreille anseo.

Cad is ainm don aip nua?

Cathain a seoladh an aip?

Cé a sheol an aip?

Cár seoladh an aip?

Fógra a Dó

1. (a) Cathain a bheidh an ceolsiamsa *Mary Poppins* ar siúl?

   (b) Cá mbeidh sé ar siúl?

2. (a) Cé na gnéithe den cheolsiamsa atá ar fheabhas ar fad dar leis na léirmheasanna?

   (b) Luaigh ceann de na hamhráin nua atá le cloisteáil sa leagan seo den cheolsiamsa.

Cuid B

Cloisfidh tú *dhá* chomhrá sa chuid seo. Cloisfidh tú gach comhrá díobh **faoi dhó**. Cloisfidh tú an comhrá ó thosach deireadh an chéad uair. Ansin cloisfidh tú ina *dhá* mhír é. Beidh sos ann leis na freagraí a scríobh tar éis gach míre díobh.

Comhrá a hAon

An Chéad Mhír

1. Cé a bhí ag canadh sa cheolchoirm a chonaic Lísa?

2. Cad as do Rihanna?

An Dara Mír

1. Luaigh trí mhórchnag a bhí aici.

    (i) _____

    (ii) _____

    (iii) _____

2. Cá mbeidh an cheolchoirm ar siúl? _____

Comhrá a Dó

An Chéad Mhír

1. Cén rud a bhfuil Seán gafa leis, dar le hÓrlaith? _____

2. Cén comhlacht atá ag cur an chairr nua seo ar an saol? _____

An Dara Mír

1. Conas a d'éirigh le hÓrlaith sa triail tiomána? _____

2. Cathain a fheicfidh Órlaith Seán arís? _____

■ Cuid C (CD1 Rian 54–56)

Cloisfidh tú **dhá** phíosa nuachta sa chuid seo. Cloisfidh tú gach píosa díobh **faoi dhó**. Beidh sos ann leis na freagraí a scríobh tar éis na chéad éisteachta **agus** tar éis an dara héisteacht.

Píosa a hAon

1. Cathain a bheidh na gradaim fiontair ar siúl? _____

2. Cad is ainm don fhiontraí a bheidh ag cur na hócáide i láthair? _____

Píosa a Dó

1. Cathain a bheidh an cheolchoirm speisialta le Cór Chúil Aodha ar siúl?

    _____

2. Cén fáth a bhfuil siad ag bailiú airgid?

    _____

✎ Céim a 3: Ceapadóireacht

Sa chéim seo, foghlaimeoidh tú:

- ✓ conas giota leanúnach/blag, scéal, litir/ríomhphost nó comhrá a scríobh ar na topaicí a bhaineann leis an aonad seo
- ✓ foclóir agus nathanna a bhaineann leis an gceol, an rince agus an teicneolaíocht.

Gnáthleibhéal **Spreagadh**

Giota Leanúnach nó Blag

Cúinne na Litearthachta

Scríobh amach na nathanna cainte atá aibhsithe le dath buí sa scéal thíos. Ansin scríobh isteach an leagan Béarla díobh. Faoi dheireadh, clúdaigh an Ghaeilge ar chlé le do lámh agus déan iarracht na nathanna a litriú tú féin.

As Gaeilge	As Béarla	As Gaeilge Arís
1. **Sampla** gan aon agó	*without a doubt*	gan aon agó
2.		
3.		
4.		
5.		
6.		
7.		
8.		
9.		
10.		

Giota Leanúnach Samplach

Is Breá Liom an Ceol!

Is aoibhinn liom an ceol gan aon agó. Éistim le ceol 'chuile lá ar mo chluasáin agus ar m'fhón póca. Is féidir liom éalú ó gach rud nuair a éistim le ceol – ó strus na scoile, ó chnáimhseáil mo thuismitheoirí, ó mo mhúinteoirí - ó gach duine! Is féidir leat do mhothúcháin a chur in iúl trí mheán an cheoil – tá sé go maith don anam, dar liom! Tá an ceol an-tábhachtach i scannáin agus fógraí. Ní haon ionadh é!

Éistim le gach saghas ceoil – braitheann sé ar an aoibh a bhíonn orm. Nuair a bhíonn síocháin uaim, éistim le ceol clasaiceach nó spioradálta ar nós *Adiemus* le Karl Jenkins. Nuair a bhíonn fearg orm, éistim le rac-cheol nó miotal trom. Nuair a bhím ag rith nó

An Ceol, an Rince agus an Teicneolaíocht

sa ghiomnáisiam, éistim le ceol rince. Nuair a bhím ag siúl nó ag ullmhú chun dul amach le mo chairde, éistim le popcheol agus rac-cheol.

Is breá liom an banna ceoil Imagine Dragons. Is féidir liom ionannú leis na lirící agus tá a gcuid ceoil an-chumhachtach! Chuaigh mé chuig ceolchoirm leo i nGaillimh le déanaí. Bhain mé an-taitneamh as an gceolchoirm. Bhí siad thar barr! Tá glór iontach ag an bpríomhamhránaí. Seinneann na ceoltóirí sa bhanna an giotár leictreach, an dordghiotár agus na drumaí.

Téim go gigeanna chomh minic agus is féidir liom. Rachaidh mé go dtí an fhéile cheoil Electric Picnic an samhradh seo chugainn. Táim ag tnúth go mór leis!

Cleachtaí Scríofa

1. Aimsigh na focail/na nathanna seo sa ghiota leanúnach thuas agus scríobh i nGaeilge iad:

    (a) I listen to music every day on my headphones **(b)** you can escape **(c)** through the medium of music **(d)** soul **(e)** I can identify with the lyrics **(f)** recently **(g)** the singer has a great voice **(h)** bass guitar **(i)** it's no surprise **(j)** I am really looking forward to it

2. Anois, scríobh do ghiota leanúnach féin dar teideal 'Ceol – Is Aoibhinn Liom É'.

Obair Ghrúpa/Obair Bhaile

Mar réamhobair don ghiota leanúnach a scríobh leat féin, cruthaigh grúpaí de cheathrar sa rang. Tóg leathanach A4 nó A3. Chun Mata Boird a chruthú, roinn an leathanach i gceithre chearnóg. Scríobhfaidh gach dalta ceithre rud faoin gceol is fearr leis/léi agus tábhacht an cheoil ina s(h)aol ina c(h)earnóg féin. Is féidir leis na daltaí smaointe a mhalartú sa tslí sin agus smaointe ó dhaltaí eile a úsáid ina ngiota leanúnach féin – ní gá duit an fhírinne iomlán a insint i do ghiota leanúnach! Nuair a bheidh sibh críochnaithe leis an obair ghrúpa, scríobhfaidh gach dalta giota leanúnach leo féin dar teideal 'Is aoibhinn liom an ceol!'

Bain úsáid as na nathanna seo a leanas:

Is breá liom…
Éistim le… chomh minic agus is féidir liom…
Téim chuig gigeanna/ceolchoirmeacha/féilte ceoil.
Is féidir liom mo mhothúcháin a scaoileadh nuair a bhím ag éisteacht le ceol.
Is féidir leat do chuid mothúchán a chur in iúl trí mheán an cheoil.
Is féidir leat ionannú leis na lirící sna hamhráin.
Tá ceol go maith don anam.
Ní haon ionadh é.

Gnáthleibhéal **Spreagadh**

Blag Samplach

Is ball de bhanna ceoil thú agus tá blag ag an mbanna. Scríobh cuntas mar gheall ar cheolchoirm a bhí agaibh le déanaí.

BLAG MO BHANNA

Haigh, a chairde! Diarmuid ar ais anseo ag tabhairt uasdátú[1] daoibh mar gheall ar[2] cheolchoirm iontach a bhí ag ár mbanna Scotia's Daughter aréir. Faoi mar is eol daoibh, bhí tús mall againn nuair a bhunaigh mé an banna cúpla mí ó shin ach táimid ag dul ó neart go neart[3] anois!

Sheinneamar ag ceolchoirm a bhí ar siúl i Scoil Lorcáin chun airgead a bhailiú don eagraíocht[4] Cycle against Suicide. Bhí slua mór ann agus bailíodh an-chuid airgid ag an doras don eagraíocht. Sheinneamar na hamhráin go léir ónár EP nua dar teideal *Escaping Babylon*. Bhí an slua ar mire[5]! Chan mé féin cúpla amhrán mar is gnáth agus ar ndóigh, sheinn mo dhlúthchara Séamas na drumaí, bhí Eoin ag seinm an dordghiotáir agus sheinn Marc an giotár leictreach. Bhí gach duine ag canadh linn agus ag damhsa. Bhí liricí[6] ár n-amhrán ar eolas ag[7] mórán de na daoine sa slua! Chuir sé sin áthas an domhain orainn.

Thug Jim Breen (an fear gnó a bhunaigh an eagraíocht Cycle against Suicide) óráid[8] iontach don slua mór. Bhí an ócáid spreagúil[9].

Beidh mé ar ais le níos mó eolais faoin mbanna an tseachtain seo chugainn! GRMA (Go raibh maith agaibh) as[10] an tacaíocht. Táimid fíorbhuíoch díbh[11]! Slán tamall!

Grá mór, Diarmuid

---

[1] an update
[2] about
[3] from strength to strength
[4] organisation
[5] crazy
[6] lyrics
[7] known by
[8] speech
[9] inspiring
[10] thanks a million for
[11] we are truly grateful to you

An Ceol, an Rince agus an Teicneolaíocht

Obair Ghrúpa/Obair Bhaile

Is léirmheastóir *(critic/reviewer)* thú a scríobhann blaganna ar cheolchoirmeacha. Scríobh blag ar cheolchoirm a chonaic tú le déanaí leis an mbanna is fearr leat.

Is féidir bunús an bhlag a ullmhú mar ghrúpa. Roinn an rang i ngrúpaí de cheathrar. Is féidir libh úsáid a bhaint as an Mata Boird thíos chun struchtúr a chur ar an mblag.

Dalta a 1	Dalta a 2
Cén t-ainm atá ar an mbanna? Cén sórt ceoil a sheinneann siad? Cá raibh an cheolchoirm ar siúl? Cathain a bhí an cheolchoirm ar siúl?	Déan cur síos ar an mbanna – an raibh glór maith ag an bpríomhamhránaí, luaigh na huirlisí a bhí ag an mbanna.
Dalta a 3	**Dalta a 4**
Déan cur síos ar an slua a bhí ann. Déan cur síos ar an atmaisféar a bhí ann.	Luaigh aon albam nó T-léine a cheannaigh tú. Cathain a bheidh an chéad cheolchoirm eile ar siúl leis an mbanna sin?

Litir nó Ríomhphost

Chuaigh tú chuig ceolchoirm le déanaí. Scríobh litir nó ríomhphost chuig cara leat ag insint dó nó di faoin gceolchoirm.

Litir Shamplach

35 Bóthar na Gréine
An Mhuileann gCearr
Co. na hIarmhí
22 Iúil 2017

A Chlíona, a chara,

Beannachtaí[1] ó Chontae na hIarmhí! Tá súil agam go bhfuil cúrsaí go maith leatsa. Bhí mé an-sásta do litir a fháil inné – míle buíochas. **Is dócha**[2] go bhfuil dath na gréine ort tar éis do **shaoire ghréine**[3] sa Spáinn! **Táim in éad leat**[4]!

Táimse ag baint taitnimh as an samhradh chomh maith. Chuaigh mé chuig ceolchoirm le Bruno Mars Dé Sathairn seo caite. Bhí an cheolchoirm ar siúl sa 3Arena agus thosaigh sé ag a hocht a chlog. Chonaic mé fógra don cheolchoirm ar an Idirlíon agus cheannaigh mé dhá thicéad ó Ticketmaster **ar an toirt**[5] domsa agus do mo chara Áine. Chosain na ticéid 80 euro an ceann – bhí siad **daor**[6] ach bhí an cheolchoirm ar fheabhas ar fad!

[1] greetings
[2] presumably
[3] sun holiday
[4] I'm jealous of you
[5] on the spot/immediately
[6] expensive

Gnáthleibhéal Spreagadh

[7] performance

[8] cowritten
[9] excellent
[10] presence
[11] thronged with people

[12] all

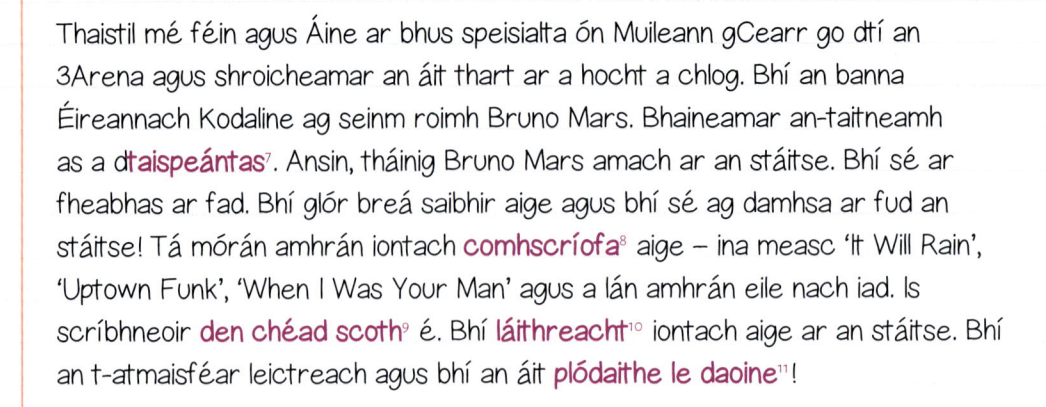

Thaistil mé féin agus Áine ar bhus speisialta ón Muileann gCearr go dtí an 3Arena agus shroicheamar an áit thart ar a hocht a chlog. Bhí an banna Éireannach Kodaline ag seinm roimh Bruno Mars. Bhaineamar an-taitneamh as a d**taispeántas**[7]. Ansin, tháinig Bruno Mars amach ar an stáitse. Bhí sé ar fheabhas ar fad. Bhí glór breá saibhir aige agus bhí sé ag damhsa ar fud an stáitse! Tá mórán amhrán iontach **comhscríofa**[8] aige – ina measc 'It Will Rain', 'Uptown Funk', 'When I Was Your Man' agus a lán amhrán eile nach iad. Is scríbhneoir **den chéad scoth**[9] é. Bhí **láithreacht**[10] iontach aige ar an stáitse. Bhí an t-atmaisféar leictreach agus bhí an áit **plódaithe le daoine**[11]!

Sin é mo nuacht **uilig**[12] faoi láthair! Caithfidh mé slán a fhágáil leat anois. Feicfidh mé go luath thú.

Slán go fóill,
Do chara
Úna

Cleachtaí Scríofa

1. Freagair na ceisteanna seo a leanas bunaithe ar an litir thuas.

(a) Cá bhfuil Úna ina cónaí?
(b) Cá raibh Clíona ar saoire?
(c) Cé a bhí ag canadh ag an gceolchoirm?
(d) Cá raibh an cheolchoirm ar siúl?
(e) Conas a thaistil Úna agus a cara chuig an gceolchoirm?
(f) Cén banna a bhí ag tabhairt tacaíochta do Bruno Mars?
(g) Luaigh dhá phointe eolais a luaigh Úna sa litir mar gheall ar thaispeántas Bruno Mars.
(h) Ainmnigh trí amhrán a chomhscríobh sé.

2. Cuir Gaeilge ar na focail/nathanna seo a leanas.

(a) greetings (b) thanks a million (c) presumably
(d) excellent (e) performance (f) presence
(g) cowritten (h) band (i) stage
(j) immediately/on the spot

3. Líon na bearnaí bunaithe ar an litir thuas.

(a) Is _____ gur bhain tú taitneamh as do shaoire ghréine _____ Spáinn.
(b) Beannachtaí _____ Chontae na hIarmhí.
(c) _____ na ticéid 80 euro an ceann.
(d) Bhí glór breá saibhir _____.
(e) Bhí láithreacht iontach aige _____ an stáitse.
(f) Bhaineamar an-taitneamh _____ a thaispeántas.
(g) Is scríbhneoir den _____ scoth é.
(h) Sin é mo nuacht uilig _____ láthair.
(i) Caithfidh mé slán a _____ anois!
(j) Slán _____ fóill!

An Ceol, an Rince agus an Teicneolaíocht

Obair Ghrúpa/Obair Bhaile

Anois tá sé in am duit do litir féin a chumadh mar gheall ar cheolchoirm a chonaic tú.

Mar chabhair duit, tá plean don litir ar an Mata Boird thíos. Cruthaigh grúpaí de cheathrar. Tabharfaidh gach dalta faoi na pointí atá luaite i gcearnóg áirithe den mhata boird. Ar deireadh, beidh litir iomlán agaibh.

Dalta a 1: Tús na Litreach	Dalta a 2: Corp na litreach – Alt a 2
Seoladh, Dáta, Beannú Luaigh go bhfuil tú ag scríobh chuig do chara chun insint dó/di faoi cheolchoirm a chonaic tú.	Freagair na ceisteanna seo a leanas: Cé a bhí ag seinm ag an gceolchoirm? Cá raibh an cheolchoirm ar siúl? Cathain a bhí sí ar siúl? Conas a chuala tú faoin gceolchoirm? Cé mhéad a chosain na ticéid? Cár cheannaigh tú na ticéid?
Dalta a 3: Alt a 3	**Dalta a 4: Críoch na litreach**
Conas a bhí glór an amhránaí? Cé na hamhráin a chan sé/sí? Cé na huirlisí ceoil a bhí ag an mbanna? Conas a bhí an taispeántas? An raibh sé/sí ag damhsa nó ag seinm uirlis cheoil? Conas a bhí an t-atmaisféar?	Scríobh críoch na litreach. Déan eagarthóireacht ar scríbhneoireacht gach duine eile le cabhair ón seicliosta gramadaí thíos.

Féinmheasúnú
Seicliosta

Déan cinnte go bhfuil na pointí gramadaí seo a leanas scríofa i gceart:

- úsáid na copaile **is**
- sa + séimhiú (eisceacht: ní chuirtear séimhiú ar fhocail a thosaíonn le **d, t, s**)
- san roimh ghuta/**f**, m.sh. san uisce, san fharraige – ach úsáidtear sa roimh **fhr**, m.sh. sa Fhrainc
- i + urú (ach amháin ar **st, l, n, r, sm, sp, sc, m, s**)
- ar an, leis an, ag an, as an, tríd an, chuig an, roimh an, faoin, ón + urú (ach amháin roimh ghuta nó **d, t, n, l, s**, m.sh. ar an oileán, ar an traein)
- ag, as, go, le, chuig, seachas + faic
- ar, de, do, roimh, um, thar, trí, faoi, mar, ó + séimhiú (eisceacht: tá roinnt eisceachtaí ag baint leis an réamhfhocal **ar** más staid/coinníoll a bhíonn i gceist, m.sh. ar meisce, ar saoire, ar ceal, ar siúl, ar mire, ar bís, ar crith nó más ionad ginearálta a bhíonn i gceist: m.sh. ar muir, ar farraige, ar talamh, ar domhan).

187

Gnáthleibhéal **Spreagadh**

Ríomhphost Samplach

Eochairnathanna	
Míle buíochas as ucht an chuiridh a thug tú dom.	Thanks a million for the invitation you gave me.
Ba bhreá liom dul ann.	I would love to go.
Is oth liom a rá nach féidir liom dul ann.	I'm sorry to say I cannot go.
faoi mar is eol duit	as you know
Táim an-bhuíoch díot as an gcuireadh.	I'm very grateful to you for the invitation.
ní mór dom	I must

Cúinne na Litearthachta

Scríobh amach na nathanna cainte/focail atá aibhsithe le dath bándearg sa fhreagra samplach thíos. Ansin, scríobh isteach an leagan Béarla díobh. Faoi dheireadh, clúdaigh an Ghaeilge ar chlé le do lámh agus déan iarracht na nathanna a litriú leat féin.

	As Gaeilge	As Béarla	As Gaeilge Arís!
1.	**Sampla** Míle buíochas as ucht do chuiridh	Thanks a million for your invitation.	Míle buíochas as ucht do chuiridh.
2.			
3.			
4.			
5.			
6.			

Thug do chara cuireadh duit dul go dtí ceolchoirm le Nathan Carter ach ní féidir leat dul. Scríobh ríomhphost chuig do chara ag diúltiú don chuireadh.

Ó: ciara@yahoo.ie
Ábhar: cuireadh dul go dtí ceolchoirm Nathan Carter
Dáta: 8 Lúnasa 2017
Go: oisín@gmail.com

A Oisín, a chara,

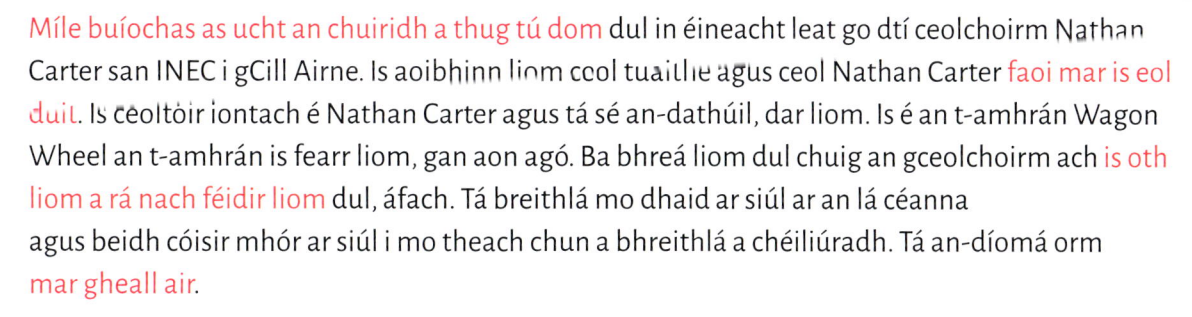

Míle buíochas as ucht an chuiridh a thug tú dom dul in éineacht leat go dtí ceolchoirm Nathan Carter san INEC i gCill Airne. Is aoibhinn liom ceol tuaithe agus ceol Nathan Carter faoi mar is eol duit. Is ceoltóir iontach é Nathan Carter agus tá sé an-dathúil, dar liom. Is é an t-amhrán Wagon Wheel an t-amhrán is fearr liom, gan aon agó. Ba bhreá liom dul chuig an gceolchoirm ach is oth liom a rá nach féidir liom dul, áfach. Tá breithlá mo dhaid ar siúl ar an lá céanna agus beidh cóisir mhór ar siúl i mo theach chun a bhreithlá a chéiliúradh. Tá an-díomá orm mar gheall air.

Tá súil agam go mbainfidh tú an-taitneamh as an gceolchoirm agus táim an-bhuíoch díot as an gcuireadh. B'fhéidir go mbeimid in ann dul go dtí ceolchoirm eile le chéile i gceann cúpla mí – coimeádfaidh mé súil ar na fógraí sa pháipéar nuachtáin.

Ní mór dom imeacht anois. Táim díreach tar éis m'obair bhaile a chríochnú agus tá tuirse an domhain orm.

Slán go fóill,

Do chara buan,
Ciara

Cleachtaí Scríofa

1. Freagair na ceisteanna seo a leanas.
    (a) Cá mbeidh an cheolchoirm le Nathan Carter ar siúl?
    (b) Cén saghas ceoil is fearr le Ciara?
    (c) Luaigh dhá phíosa eolais mar gheall ar Nathan Carter a luann Ciara.
    (d) Cén fáth nach féidir le Ciara dul chuig an gceolchoirm?
    (e) Cén fáth a bhfuil tuirse ar Chiara?

2. Cuir Gaeilge ar na focail/nathanna seo a leanas.
    (a) thanks a million for your invitation (b) as you know (c) country music (d) musician (e) I regret to say (f) however (g) I am very grateful to you (h) I must (i) party (j) bye for now

Gnáthleibhéal **Spreagadh**

Comhrá

Cúinne na Litearthachta

Scríobh amach na nathanna cainte/focail atá aibhsithe le dath bándearg sa chomhrá samplach thíos. Ansin, scríobh isteach an leagan Béarla díobh. Faoi dheireadh, clúdaigh an Ghaeilge ar chlé le do lámh agus déan iarracht na nathanna a litriú leat féin.

As Gaeilge	As Béarla	As Gaeilge Arís!
1. Sampla ní gearánta dom	I can't complain	ní gearánta dom
2.		
3.		
4.		
5.		
6.		
7.		
8.		
9.		
10.		

Comhrá Samplach

Beidh an bailé *Swan Lake* ar siúl go luath agus tá dhá thicéad agat don bhailé sin in Amharclann Bhord Gháis. Iarrann tú ar do chara dul ann in éineacht leat. Scríobh an comhrá a bheadh agat le do chara faoi sin.

Mise: Haigh, a Phádraigín. Cén chaoi a bhfuil tú?

Pádraigín: Táim go maith, a Mhagda, agus tú féin?

Mise: Ní gearánta dom, a Phádraigín. Cogar, ar mhaith leat teacht in éineacht liom go dtí an bailé *Swan Lake*?

Pádraigín: An ag magadh atá tú! Cheap mé go raibh Daithí ag dul in éineacht leat.

Mise: Bhí sé le dul ach ní bheidh sé ábalta anois mar tá sé ag dul chuig cóisir an oíche sin lena chailín nua!

Pádraigín: Ó, a Mhaighdean! B'aoibhinn liom dul. Cá mbeidh sé ar siúl agus cathain a bheidh sé ar siúl?

Mise:	Beidh sé ar siúl in Amharclann Bhord Gáis i mBaile Átha Cliath ar an gceathrú lá de mhí na Nollag. Tabharfaidh mo Mham síob dúinn ón Uaimh agus is féidir linn an bus a fháil tar éis an bhailé.
Pádraigín:	Ó, go hiontach! Cinnte, rachaidh mé in éineacht leat.
Mise:	Ar fheabhas, a Phádraigín. Beidh sé go hiontach, táim cinnte. Ní fhaca mé an bailé sin riamh. Chonaic mé an scannán *Black Swan* a bhí bunaithe ar an mbailé, áfach, agus bhí sé an-suimiúil. Bhí an scannán scanrúil fiú anseo is ansiúd! Chuaigh mé go dtí an bailé *The Nutcracker* an Nollaig seo caite. Bhí sé plódaithe agus bhí an t-atmaisféar leictreach.
Pádraigín:	Táim ar bís faoi, ag éisteacht leat ag caint, a Mhagda! Cé a chuaigh ann in éineacht leat an uair dheireanach?
Mise:	Tháinig mo mham mar bhí mé ró-óg le dul ann gan duine fásta in éineacht liom an uair sin. Cheap sí go raibh an bailé ar fheabhas freisin.
Pádraigín:	Bhuel, beidh an-chraic againn an oíche sin, a Mhagda. Beidh mé ag caint leat ag an deireadh seachtaine. Slán go fóill agus míle buíochas.
Mise:	Slán leat, a Phádraigín.

Cleachtaí Scríofa

1. Cuir Gaeilge ar na nathanna/focail seo a leanas.

   (a) I can't complain **(b)** listen **(c)** based on **(d)** I never saw it **(e)** going on **(f)** however **(g)** here and there **(h)** excited **(i)** oh my goodness **(j)** thanks a million

2. Is tusa Pádraigín anois. Scríobh an comhrá a bheadh agat féin le do mham nó le do dhaid faoin mbailé agus tú ag iarraidh cead uathu dul chuig an mbailé nó tar éis duit an bailé a fheiceáil.

3. Anois, scríobh do chomhrá féin.

   Beidh bailé ar siúl go luath agus tá dhá thicéad agat don bhailé. Iarrann tú ar do chara dul ann in éineacht leat. Scríobh an comhrá a bheadh agat le do chara faoi sin.

Céim a 4: Gramadach

An Chlaoninsint

Téigh go leathanach 369 le haghaidh nótaí in Aonad a 9 mar gheall ar an gclaoninsint.

Gnáthleibhéal **Spreagadh**

Céim a 5: Léamhthuiscint

Sa chéim seo, foghlaimeoidh tú:
- foclóir a bhaineann leis an gceol agus an teicneolaíocht
- conas anailís a dhéanamh ar shliocht.

Léamhthuiscint a 1

Léigh an sliocht seo a leanas agus freagair na ceisteanna **ar fad** a ghabhann leis.

Beyoncé

1. Is duine de na hamhránaithe is cáiliúla agus is cumasaí í Beyoncé gan amhras. Rugadh Beyoncé Giselle Knowles ar 4 Meán Fómhair 1981 i Houston, Texas. Mathew Knowles is ainm dá hathair, fear de shliocht Afracach-Meiriceánach[1], agus Tina Beyincé is ainm dá máthair, bean de shliocht Creole. Ainmníodh Beyoncé as sloinne[2] a máthar. D'fhreastail Beyoncé ar Bhunscoil Mhuire in Texas, áit ar fhreastail sí ar ranganna rince, a chuimsigh[3] bailé agus rince snagcheoil[4]. Nuair a bhí sí seacht mbliana d'aois chuir sí isteach ar a céad chomórtas tallainne, agus chan sí 'Imagine', amhrán le John Lennon. Bhuaigh sí an comórtas.

2. Nuair a bhí sí ocht mbliana d'aois bhunaigh sí banna cailíní darbh ainm Girl's Tyme. Sa bhliain 1993 d'athraigh an grúpa an t-ainm go Destiny's Child, ainm a fuair siad ó Leabhar Íseáia sa Bhíobla, agus d'athraigh athair Beyoncé an grúpa go ceathrar: Beyoncé, Kelly Rowland, LaTavia Roberson, agus LeToya Luckett. Sa bhliain 1995, d'éirigh athair Beyoncé as a phost le beith ina bhainisteoir lánaimseartha ar an mbanna. Dhear[5] máthair Beyoncé na feistis[6] don bhanna. Tar éis ceithre bliana ar an mbóthar shínigh an grúpa le Columbia Records, an comhlacht taifeadta[7].

3. Sa bhliain 1998 bhí a gcéad chnag[8] acu, darbh ainm 'No, No, No'. Bhuaigh siad a lán gradam[9] de bharr an amhráin sin, agus sa bhliain 1999 d'eisigh siad a n-albam *The Writing's on the Wall*. Díoladh seacht milliún cóip den albam sin, agus bhí cnaig acu leis na singil 'Bills, Bills, Bills', 'Jumpin' Jumpin'' agus 'Say My Name'. Bhuaigh an grúpa go leor gradam de bharr an albaim sin ag na Gradaim Grammy in 2001. Ar an drochuair, bhí easaontas[10] idir LaTavia, LeToya, agus athair Beyoncé, agus dá bharr sin d'fhág siad an grúpa sa bhliain 2000. Ar deireadh roghnaíodh Michelle Williams mar bhall[11] nua den ghrúpa in éineacht le Beyoncé agus Kelly Rowland. Sa bhliain 2000, roghnaíodh 'Independent Woman Part 1,' amhrán dá gcuid, don scannán *Charlie's Angels*. Bhí an

[1] African-American descent
[2] surname
[3] to cover
[4] jazz dance
[5] to design
[6] the outfits
[7] record company
[8] hit
[9] award
[10] dispute
[11] member

t-amhrán sin ar bharr na gcairteacha singlí i Meiriceá ar feadh aon seachtain déag.

4. Sa bhliain 2003 d'eisigh[12] Beyoncé a céad albam mar amhránaí aonair[13], dar teideal *Dangerously in Love*, agus bhí an-rath[14] air. Bhí cnag mór aici leis an amhrán 'Crazy in Love,' agus taispeánadh an físeán[15] a bhain leis ar MTV de ló is d'oíche. Sa bhliain 2004, chuir Destiny's Child a n-albam deireanach amach, dar teideal *Destiny Fulfilled*, agus scar siad in 2005. Chuir Beyoncé a lipéad faisin amach lena máthair faoin teideal House of Dereon in 2004. Is bean uaillmhianach[16] í Beyoncé, agus sa bhliain 2005 ghlac sí an phríomhpháirt in *Dreamgirls*, scannán a bunaíodh ar shaol Diana Ross agus an grúpa The Supremes. Ina dhiaidh sin d'eisigh sí a halbam *B'Day* in 2006 agus chuir sí amach a halbam *I am... Sasha Fierce* sa bhliain 2008.

5. In 2011, d'eisigh Beyoncé an t-albam 4 agus d'eisigh sí an t-albam *Lemonade* in 2016. Bhí go leor ráflaí[17] ann go raibh caidreamh[18] ag a fear céile (an rapealaíontóir[19]) Jay Z le bean eile mar bhí go leor liricí ar an albam *Lemonade* bunaithe ar[20] scéal faoi fhear atá mídhílis dá bhean. Ar scríobh Beyoncé na liricí sin chun poiblíocht[21] a chruthú dá halbam nó an bhfuil siad bunaithe ar a saol féin? Ní bheidh a fhios againn riamh ach tá a fhios ag Beyoncé conas poiblíocht a chruthú, gan amhras! Is í Beyoncé an chéad bhean riamh a bhuaigh an gradam Ealaíontóir Idirnáisiúnta sna Gradaim Cheoil Mheiriceánacha. Tá an-chuid duaiseanna ag na Gradaim Grammy buaite ag Beyoncé i gcaitheamh na mblianta chomh maith. Is amhránaí, aisteoir, agus scríbhneoir den chéad scoth í Beyoncé, gan aon agó.

[12] *release*
[13] *a solo singer*
[14] *success*
[15] *video*
[16] *ambitious*
[17] *rumours*
[18] *relationship*
[19] *artist*
[20] *based on*
[21] *publicity*

Ceisteanna Scrúdaithe

1. (a) Cathain agus cá háit ar rugadh Beyoncé? (Alt 1)
   (b) Déan cur síos ar mhuintir Beyoncé. (Alt 1) (10 marc)
2. (a) Déan cur síos ar ról athair Beyoncé ina gairm mar amhránaí. (Alt 2)
   (b) Déan cur síos ar ról mháthair Beyoncé maidir leis an mbanna. (Alt 2) (10 marc)
3. (a) Cé mhéad cóip a díoladh den albam *The Writing's on the Wall*? (Alt 3)
   (b) Déan cur síos ar an rath a bhí ar an amhrán 'Independent Woman'? (Alt 3) (10 marc)
4. (a) Cad a tharla do Destiny's Child sa bhliain 2005? (Alt 4)
   (b) Cad air a bhfuil an scannán *Dreamgirls* bunaithe? (Alt 4) (10 marc)
5. (a) Cé na ráflaí a bhain le fear céile Beyoncé nuair a d'eisigh sí a halbam *Lemonade* in 2016? (Alt 5)
   (b) Cé na gradaim atá buaite aici i gcaitheamh na mblianta? (Alt 5) (10 marc)

Gnáthleibhéal **Spreagadh**

Léamhthuiscint a 2

Léigh an sliocht seo a leanas agus freagair na ceisteanna **ar fad** a ghabhann leis.

Steve Jobs

1. I ndomhan na teicneolaíochta agus an scáileáin bhig, tá Steve Jobs (1955–2011) ar dhuine de na ceannairí is mó sa réimse[1]. Gan dabht, d'oibrigh na sluaite ar fhorbairt[2] na teicneolaíochta. Ach dá mbeadh orainn ceannródaí[3] amháin a roghnú, is é Steve Jobs a roghnófaí. Is é Steve Jobs a chuir an i-fón os comhair an tsaoil den chéad uair in 2007. Trí bliana níos déanaí, chuir sé an iPad os ár gcomhair. Bhí sé freagrach as[4] an réabhlóid a tharla i sé thionscal[5]: ríomhairí pearsanta, scannáin anamúla, ceol, i-fóin, ríomhaireacht ar thaibléid agus foilsitheoireacht dhigiteach.

2. Rugadh Steve Jobs i 1955 agus tugadh ar altramas[6] é do lánúin[7] darbh ainm Paul agus Clara Jobs a chónaigh sa cheantar timpeall San Francisco. Ba mheicneoir é a athair Paul agus chaith Jobs mórán ama ag cabhrú leis ina gharáiste agus é ag fás aníos. Ba mhinic a bhí siad ag obair ar innill[8] agus ag deisiú[9] earraí leictreonacha[10] le chéile. Dúirt Jobs nach raibh mórán suime aige in innill ach go raibh an-suim go deo aige a bheith ag caitheamh ama lena Dhaid. Bhí an-spéis ag Jobs sna hearraí leictreonacha, áfach[11], agus chuir sé aithne ar[12] na hinnealtóirí go léir a chónaigh sa cheantar. Bhí sé deacair air cairdeas a dhéanamh leis na daltaí eile ar scoil, áfach. Ba dhuine aonaránach[13] é. Bhí sé deacair ar Jobs dul i ngleic leis an struchtúr i seomra ranga traidisiúnta agus níor thaitin daoine a raibh údarás[14] acu leis. Mar sin, cuireadh ar fionraí[15] ón scoil é cúpla uair! Níor thug a athair íde béil[16] dó riamh mar tugadh drochíde[17] dá athair nuair a bhí sé óg. Chuir athair Jobs an milleán[18] ar an scoil – cheap sé nach raibh an t-ábhar a bhí á mhúineadh acu suimiúil agus dúshlánach[19] go leor dá mhac cliste.

3. Bhog clann Jobs go ceantar nua i 1967 mar bhí ar Jobs déileáil le bulaíocht sa mheánscoil ina raibh sé. Thug Jobs rogha dá thuismitheoirí – bhí sé chun éirí as[20] an scoil nó bheadh orthu bogadh go ceantar nua! Cé nach raibh mórán airgid ag an gclann, d'úsáid siad an t-airgead go léir a bhí sábháilte acu chun tigh nua a cheannach i gceantar nua – Los Altos, i gCalifornia. Bhuail sé le Bill Fernandez, buachaill eile a chuir spéis[21] in earraí leictreonacha. Tar éis tamaill chuir Bill Fernandez Steve in aithne do Steve Wozniak. Nuair a bhuail Jobs le Wozniak den chéad uair, d'fhás cairdeas eatarthu de bharr na spéise a bhí ag an mbeirt sa réalta ceoil Bob Dylan agus an tsuim a bhí ag an mbeirt acu in earraí leictreonacha. D'fhreastail Jobs ar Choláiste Reed ar feadh tamaill bhig i 1972, ach d'éirigh sé as a chuid staidéir ansin. Chuaigh sé ag taisteal tríd an Ind agus rinne sé staidéar ar Bhúdachas[22] Zen!

4. Bhunaigh[23] Jobs agus Wozniak an comhlacht Apple le chéile i 1976 agus bhain an bheirt

[1] area
[2] development
[3] pioneer
[4] responsible for
[5] industry
[6] adopted
[7] couple
[8] engines
[9] mending
[10] electronic goods
[11] however
[12] he got to know
[13] solitary
[14] authority
[15] suspended
[16] telling off
[17] abuse
[18] the blame
[19] challenging
[20] quit/resign
[21] suim = interest
[22] Buddhism
[23] establish

194

An Ceol, an Rince agus an Teicneolaíocht

acu rath agus cáil amach leis na ríomhairí pearsanta Apple I agus Apple II. Tar éis streachailt cumhachta[24], bhí ar Jobs an comhlacht Apple a fhágáil i 1985. Bhunaigh sé comhlacht darbh ainm NeXT. I 1997, cheannaigh Apple a chomhlacht agus d'fhill Jobs ar Apple mar phríomhfheidhmeannach[25]. Bhí Apple ar tí a bheith bancbhriste an uair sin ach thosaigh an comhlacht ag déanamh brabúis tar éis do Jobs filleadh ar an gcomhlacht. Leis an bhfeachtas fógraíochta[26] *Think Different* a thosaigh i 1997, d'oibrigh Steve Jobs leis an dearthóir[27] Jonathan Ive chun raon earraí a fhorbairt a raibh tionchar[28] cultúrtha ollmhór[29] acu – ina measc, an iMac, iTunes, Apple Stores, an iPod, an iTunes Store, an iFón, an App Store agus an iPad.

5. Nuair a cuireadh ceist ar Jobs mar gheall ar cad a cheap a leanaí féin faoin iPad, d'fhreagair sé nach raibh sé feicthe acu ar chor ar bith. Chuir sé féin agus a bhean chéile srian ar an méid ama a chaith a leanaí os comhair scaileáin d'aon saghas! Deir go leor dochtúirí go gcuireann an iomarca ama os comhair scáileán mór nó beag le móran fadhbanna i leanaí ar nós neamhord easnamh airde[30], tuirse agus cancar[31]. Mar sin féin, ní féidir linn an saol a shamhlú[32] gan an fón cliste, an iPad, an ríomhaire pearsanta agus ríomhaire glúine sa lá atá inniu ann[33]. Is iomaí buntáiste atá ag baint leis an teicnneolaíocht sin. Rinneadh scannán faoi Steve Jobs darbh ainm *Steve Jobs* a eisíodh in 2015. Ghlac an t-aisteoir Michael Fassbender ról Jobs. Is mór an chailliúint é bás Jobs do dhomhan na teicneolaíochta gan aon agó.

[24] power struggle
[25] CEO
[26] advertising campaign
[27] designer
[28] influence
[29] massive
[30] ADD (Attention Deficit Disorder)
[31] crankiness
[32] to imagine
[33] in today's world

Ceisteanna Scrúdaithe

1. (a) Cathain a chuir Steve Jobs an iFón os comhair an tsaoil? (Alt 1)
   (b) Cé na tionscail inar oibrigh Steve Jobs? (Alt 1) (10 marc)

2. (a) Cén fáth ar thaitin sé le Jobs a bheith ag obair ar innill agus earraí leictreonacha? (Alt 2)
   (b) Ar thaitin an scoil le Steve Jobs? (Alt 2) (10 marc)

3. (a) Cén fáth ar bhog clann Jobs go ceantar nua i 1967? (Alt 3)
   (b) Cad air a raibh cairdeas Jobs agus Wozniak bunaithe? (Alt 3) (10 marc)

4. (a) Bhain Jobs agus Wozniak rath amach le hearraí ar leith. Cé na hearraí? (Alt 4)
   (b) Cén saghas earraí a raibh tionchar mór cultúrtha acu i 1997 leis an bhfeachtas *Think Different*? (Alt 4) (10 marc)

5. (a) Cad a deir na dochtúirí faoin dainséar a bhaineann le scáileáin bheaga agus mhóra do leanaí? (Alt 5)
   (b) Cé a ghlac ról Jobs sa scannán beathaisnéise *Steve Jobs*? (Alt 5) (10 marc)

Gnáthleibhéal **Spreagadh**

Céim a 6: Litríocht

Céim a 6: Litríocht: Dráma

An Lasair Choille
le Caitlín Maude i bpáirt le Micheál Ó hAirtnéide

> Sa chéim seo, foghlaimeoidh tú:
> - faoi phlota an dráma *An Lasair Choille*
> - conas téamaí an dráma a phlé
> - conas carachtair an dráma a phlé.

Na Carachtair
- **Séamas:** fear óg (25 bliana)
- **Micil:** seanfhear (cláiríneach[1])
- **Míoda:** Cailín a thagann isteach
- **Fear:** Fear a thagann isteach

[1] *cripple*

Suíomh
Tá dhá sheomra ar an ardán. Tá leaba i seomra amháin agus is seanchistin é an seomra eile. Tá Micil sa leaba i seomra amháin agus tá Séamas sa gcistin. Tá cás éin ar crochadh sa gcistin agus lasair choille[2] istigh ann. Tá Séamas ag caint le Binncheol (an lasair choille) agus ó am go chéile déanann sé fead leis an éan.

[2] *goldfinch*

Séamas: A Bhinncheoil! A Bhinncheoil! *(Fead.)* Cas poirtín dom. Tá tú an-chiúin inniu. Ní fhéadfadh aon údar bróin a bheith agat sa teach seo. Tú te teolaí[3] agus neart le n-ithe agat. *(Fead.)* Seo, cas port amháin.

Micil: As ucht Dé ort, a Shéamais, agus éist leis an éan sin, nó an gceapann tú go dtuigeann sé thú?

Séamas: Á, mhuis, ní raibh mé ach ag caint leis. Shíl mé go raibh tú i do chodladh.

Micil: Cén chaoi a bhféadfainn codladh sa teach seo agus do leithéidse[4] d'amadán ag bladaireacht in ard do ghutha[5].

Séamas: Tá aiféala orm.

Micil: Tá, má tá. Tabhair aníos an t-airgead anseo chugam.

Séamas: Tá go maith. *(Téann sé suas chuige.)* Tá tuilleadh[6] i mo phóca agam.

[3] *cosy*
[4] *the likes of you*
[5] *talking nonsense at the top of your voice*
[6] *more/extra*

Micil:	Cuir sa sciléad[7] uilig é.	[7] skillet
Séamas:	2, 3, 4 agus sé pínne – a dhiabhail, ní hea.	
Micil:	Seo, déan deifir.	
Séamas:	5, -a, 1 -2 -3 -4 -5 -6 -7 -8 agus sé pínne.	
Micil:	£9–£10-11 – is mór an t-ionadh go raibh an ceart agat. Dhá phunt eile is beidh mé in ann an carr asail a cheannacht ó Dhúgán. Sin é an uair a dhéanfas[8] mé an t-airgead. Meas tú, cé mhéad lucht móna[9] atá agam faoi seo?	[8] déanfaidh mé [9] load of turf
Séamas:	Deich gcinn nó b'fhéidir tuilleadh.	
Micil:	Móin bhreá í. Ba cheart go bhfaighinn dhá phunt an lucht uirthi. Sin scór. Slám deas airgid. Tabhair dom peann is páipéar.	
Séamas:	Tá go maith. (*Téann síos.*) A Bhinncheoil, poirtín amháin. (*Fead.*) A Mhicil! (*Torann sa seomra.*)	
Micil:	A Shéamais, a Shéamais! Tá mé gortaithe.	
Séamas:	Go sábhála Mac Dé sinn céard d'éirigh dhuit? Cén chaoi ar thit tú as an leaba? Maróidh tú thú féin.	
Micil:	Ó! (*Osna*) Tá an t-airgead ar fud an urláir.	
Séamas:	Tá. Tá. B'fhearr duitse aire a thabhairt duit féin. Céard a dhéanfá dá mbeinnse amuigh?	
Micil:	Imigh leat síos anois. Tá mé ceart. (*Téann Séamas síos leis an scíléad.*)	
Séamas:	Thit sé as a leaba, a Bhinnceoil. Nach air a bhí an t-ádh nach raibh mé amuigh? (*Fead.*) Féach a bhfuil d'airgead againn.	
Micil:	Ach an éistfidh tú leis an airgead? Ach ar ndóigh tá sé chomh maith dom a bheith ag caint leis an tlú[10].	[10] tongs
Séamas:	A dhiabhail, a Mhicil. Céard a dhéanfas muid leis?	
Micil:	Nár dhúirt mé leat cheana go gceannóinn carr asail leis?	
Séamas:	Ach leis an scór a dhéanfas tú ar an móin?	
Micil:	Nach mór a bhaineann sé dhuit?	
Séamas:	Ní raibh mé ach á fhiafraí dhíot.	
Micil:	Céard tá ort anois? Céard tá ag gabháil trí do cheann cipín anois?	
Séamas:	Dheamhan tada. (*Stad.*) Bhí braith[11] orm imeacht.	
Micil:	Imeacht. Imeacht cén áit?	[11] intention
Séamas:	Go Sasana.	
Micil:	Go Sasana! Céard sa diabhal a thabharfadh thusa go Sasana? Níl gnó ar bith acu d'amadáin i Sasana.	
Séamas:	Ach shíl mé…	
Micil:	Ach shíl tú. Céard a shíl tú? Cé a bhí ag cur na seafóide sin i do cheann?	

197

Gnáthleibhéal Spreagadh

Séamas: Bhí mé ag caint leis an mBúrcach inné.

Micil: Hu! Coinnigh leis an mBúrcach, a bhuachaill, is beidh tú ceart. Ach céard a dhéanfása i Sasana?

Séamas: Is dóigh nach ndéanfainn mórán ach…

Micil: Nuair a fhiafrós siad díot céard a bhí tú a dhéanamh sa mbaile céard a bheas le rá agat? 'Bhí mé ar aimsir ag cláiríneach.' Níl seanduine thall ansin ag iarraidh an dara péire cos agus lámh. Agus sin a bhfuil ionatsa. Níl éirim sciortáin[12] ionat. Ní bhfaighidh tú an dara duine a inseos duit le chuile shórt a dhéanamh, mar a dhéanaimse. Ar ndóigh ní choinneoidh aon duine eile thú ach mé féin.

Séamas: Tá a fhios agam. Ní raibh mé ach ag caint.

Micil: Bhuel, ná bíodh níos mó faoi anois. Nach bhfuil muid sona sásta anseo? Gan aon duine ag cur isteach ná amach orainn.

Séamas: Tá a fhios agam, ach ba mhaith liom rud éigin a dhéanamh as mo chonlán[13] féin.

Micil: Choíche, muis, ní dhéanfaidh tusa rud as do chonlán féin. Ach an fhad a bheas mise anseo le comhairle a thabhairt duit ní rachaidh tú i bhfad amú.

Séamas: Déanfaidh tusa mo chuid smaoinimh dhom. B'in é atá i gceist agat.

Micil: Is maith atá a fhios agat, nach bhfuil tú in ann smaoineamh a dhéanamh dhuit féin. Déanfaidh mise an smaoineamh dhuit. Beidh mise mar cheann agat.

Séamas: Is beidh mise mar chosa is mar lámha agatsa. B'in é é!

Micil: Céard atá ort, a Shéamais? Tá tú dhá bhliain déag anseo anois. Ar chuir mise milleán[14] ná bréag[15] ná éagóir[16] ort riamh sa bhfad sin?

Séamas: Níor chuir. Níor chuir, ach dúirt an Búrcach…

Micil: Ná bac leis an mBúrcach, Níl a fhios aigesean tada fút. Níl a fhios aige go mbuaileann na *fits* thú. Céard a dhéanfá dá mbuailfeadh siad siúd thú thall i Sasana?

Séamas: Níor bhuail siad le fada an lá anois mé.

Micil: Hu! Bhuailfeadh siad siúd thú, an uair is lú a mbeadh súil agat leo.

Séamas: Ní raibh mé ach ag rá. Ní raibh mé dáiríre. Tá a fhios agat go maith nach bhféadfaidh mé gabháil in aon áit. Bheidís uilig ag gáirí fúm.

Micil: Nach bhfuil tú ceart go leor anseo? Mar a chéile muid. Beirt chláiríneach. Easpa géag ormsa agus easpa meabhrach[17] ortsa. Ach ní bheidh aon duine ag gáirí fúinn anseo.

Séamas: Tá aiféala orm. Nach seafóideach an mhaise[18] dhom é ar aon chaoi? Ar ndóigh, ní bheadh tada le dhéanamh ag aon duine liomsa?

Micil: Déan dearmad air. Cuir an clúdach[19] ar an sciléidín agus leag suas é.

Séamas: Níl aon chall clúdaigh air.

Micil: Tuige nach mbeadh Nach bhfuil sé beagnach ag cur thar maoil[20]? *(Tógann Séamas trí nó ceathair de chlúdaigh as an gcófra. Titeann ceann. Titeann siad uilig.)* Céard sin? Céard tá tú dhéanamh anois?

Séamas: Thit an clúdach.

Micil: As ucht Dé ort agus cuir an clúdach ar an scléad!

Séamas: Cé acu an ceann ceart?

Micil: Níl ann ach aon cheann ceart amháin.

[12] *intelligence of a tick*
[13] *for myself*
[14] *locht = blame*
[15] *a lie*
[16] *injustice*
[17] *lack of intelligence*
[18] *a silly thing*
[19] *cover*
[20] *overflowing*

An Ceol, an Rince agus an Teicneolaíocht

Séamas: Thóg mé cúpla ceann as an bpreas. Ní raibh a fhios agam cérbh é an ceann ceart.
Micil: Bain triail as cúpla ceann eile.
Séamas: Tá siad róbheag.
Micil: Tá ceann acu ceart.
Séamas: Ní gá é a chlúdach, a Mhicil. Tá a fhios agat go maith nach bhfuil mé in ann aon rud mar seo a dhéanamh.
Micil: Déan iarracht agus ná bí i do pháiste. Nach gcuirfeadh duine ar bith clúdach ar sciléad?
Séamas: Ach níl a fhios agam cé acu. A Mhuire anocht! Tá creathaí[21] ag teacht orm. Tá mé réidh!
Micil: Agus tusa an fear a bhí ag gabháil go Sasana!
Séamas: Éist liom. Éist liom. *(Sos.)*
Micil: Fág ansin é mar sin.
Séamas: *(Sos – ansin labhraíonn le Binncheol.)* Níl smid asat anocht. Céard tá ort? *(Fead.)* A Mhicil!
Micil: Céard é féin? *(Leath ina chodladh.)*
Séamas: Cuirfidh mé síos an tae?
Micil: Tá sé róluath. Ná bac leis go fóill.
Séamas: Cén uair a gheobhas muid an carr asail?
Micil: Nuair a bheas an t-airgead againn.
Séamas: An mbeidh mise ag gabháil go Gaillimh leis?
Micil: Beidh má bhíonn tu sách staidéarach. *(Sos.)*
Séamas: Scór punt! Slám breá. A Mhicil!
Micil: Céard sin? Is beag nach raibh mé i mo chodladh.
Séamas: Codail mar sin. *(Fead.)* A Mhicil!
Micil: Céard tá ort anois?
Séamas: Áit mhór í Sasana?
Micil: Bíodh beagán céille agat. Gabh i leith anseo chugam. Breathnaigh isteach sa scáthán sin. An dtuigfidh tú choíche nach mbeidh ionat ach amadán thall ansin? Ní theastaíonn uathu ansin ach fir atá in ann obair a dhéanamh, agus obair chrua freisin. Chomh luath is a labhraíonn duine leatsa tosaíonn tú ag déanamh cnaipí.
Séamas: Ní raibh mé ach á rá.
Micil: Síos leat anois agus bíodh beagán céille agat. Bí ciúin nó ní bhfaighidh mé néal codlata.
Séamas: Tá go maith. *(Sos.)*
Micil: A Shéamais!
Séamas: Is ea.
Micil: Ná tabhair aon aird ormsa. Ar mhaithe leat a bhím.
Séamas: Tá sé ceart go leor. Ní raibh mé ach ag iarraidh a bheith ag caint le duine éigin.
Micil: Cuir na smaointe dícheillí sin faoi Shasana as do cheann. Níl tú ach do do chur féin trína chéile.

[21] *shakes*

Gnáthleibhéal Spreagadh

[22] *as silent as a trout*
[23] *can*
[24] *a grain of meal*

Séamas: Tá a fhios agam. Téirigh a chodladh dhuit féin anois. *(Sos.)* A Bhinncheoil, tá tú chomh balbh le breac[22]. Cas[23] barra nó dhó. Fuar atá tú? Tabharfaidh mé gráinne mine[24] chugat. *(Fead.)* Seo cas port. *(Buailtear an doras.)* Gabh isteach. *(Míoda isteach.)*

Míoda: Dia anseo.

Séamas: Go mba hé dhuit.

Míoda: Go méadaí Dia sibh agus an mbeadh greim le n-ithe agaibh? Cad chuige an bhfuil tú ag breathnú orm mar sin?

Séamas: Ar ndóigh ní tincéara thú? Ní fhaca mé do leithéid de chailín riamh cheana.

Míoda: Sílim gur fearr dom a bheith ag gabháil sa gcéad teach eile.

Séamas: Ná himigh, ná himigh. Ní dhéanfaidh mise tada ort. Ach ní cosúil le tincéara thú.

Míoda: Is maith atá a fhios agamsa céard tá ort.

Séamas: Ní leagfainnse lámh ort, a stór. A Bhinncheoil, an bhfaca tú a leithéid riamh cheana? A haghaidh bhog bhán. As Gaillimh thú?

Míoda: Leat féin atá tú anseo?

Séamas: Is ea. Ní hea. Tá Micil sa seomra. Tá sé ar an leaba. As Gailllimh thú?

Míoda: Ní hea.

Séamas: Ní faoi ghaoth ná faoi bháisteach a tógadh thusa.

Míoda: Ní hea. Is beag díobh a chonaic mé riamh. *(Go hobann.)* Meas tú an dtabharfá cabhair dom.

Séamas: Cad chuige? Céard a d'éirigh dhuit?

[25] *you would tell*

Míoda: Dá n-insínn mo scéal duit b'fhéidir go sceithfeá[25] orm.

Séamas: Ní sceithfinn.

Míoda: *(Osna.)* Níor ith mé greim le dhá lá ná níor chodail mé néal ach an oiread.

Séamas: Ach céard a d'éirigh dhuit? Cá bhfuil do mhuintir?

Míoda: Inseoidh tú orm má insím duit.

Séamas: Ní inseoidh mé do dhuine ná do dheoraí é.

Míoda: Buíochas le Dia go bhfuil trua ag duine éigin dom.

Séamas: Déanfaidh mé a bhféadfaidh mé dhuit. Inis do scéal.

[26] *fleeing*

Míoda: Tá mé ag teitheadh[26] ó m'athair.

Séamas: Ag teitheadh ó t'athair? Cerb as thú?

Míoda: As Baile na hInse. Is é m'athair an tIarla – Iarla Chonnacht.

[27] *distance*
[28] *bitterly*
[29] *cranky*

Séamas: Iarla Chonnacht! Tháinig tú an t-achar[27] sin uilig leat féin.

Míoda: *(Go searbh[28].)* D'éirigh mé tuirseach den 'Teach Mór' is de na daoine móra.

Séamas: Fear cantalach[29] é d'athair?

200

Míoda:	Ní hea ná ar chor ar bith. Níor dhúirt sé focal riamh liom a chuirfeadh brón ná fearg orm. Ach níor lig sé thar doras riamh mé.
Séamas:	An bhfuil sé sean?
Míoda:	Ceithre scór. Sin é an fáth a raibh sé chomh ceanúil[30] orm. Tá a fhios aige gur gearr uaidh agus ní raibh aon rud eile le haiteas[31] a chur ar a chroí. Níor lig sé as a amharc[32] riamh mé. D'fheicinn aos óg an bhaile ag gabháil chuig an gcéilí agus mé i mo sheasamh i bhfuinneog mhór an pharlúis agus an brón agus an doilíos[33] ag líonadh i mo scornach.
Séamas:	Ach nach raibh neart le n-ithe agus le n-ól agat? Céard eile a bhí uait?
Míoda:	Bhí ach cén mhaith a bhí ann. Ba chosúil le héinín lag i ngéibheann mé. Cosúil leis an éinin sin ansin.
Séamas:	Tá Binncheol lánsásta anseo. Nach bhfuilir[34], a Bhinncheoil? Ach céard a dhéanfas tú anois?
Míoda:	Níl a fhios agam, ach ní rachaidh mé ar ais chuig an gcaisleán ar aon chaoi. Cé go mbeidh dinnéar mór agus coirm cheoil[35] ann anocht. Beidh na boic mhóra uilig ann faoi éide is faoi sheoda áille soilseacha. Ach, ní bheidh an dream óg ann. Ní bheidh sult ná spórt ná suirí ann. Fir mhóra, le boilg mhóra, leath ina gcodladh le tinneas óil.
Séamas:	Beidh do mháthair uaigneach.
Míoda:	Níl aon mháthair agam. Is fada an lá básaithe í[36]. Dá mbeadh deirfiúr nó deartháir féin agam.
Séamas:	Ní hionadh go raibh t'athair chomh ceanúil ort is gan aige ach thú.
Míoda:	Ach dhearmad sé go raibh mo shaol féin amach romham agus gur orm féin a bhí é a chaitheamh. Cén mhaith, cén mhaith a bheith beo mura bhféadfaidh tú a dhéanamh ach ithe agus ól? Tá mé ag iarraidh rud éigin níos fearr a dhéanamh dhom féin agus bualadh amach faoin saol.
Séamas:	(Go simplí.) Níos fearr! Ní fhéadfá mórán níos fearr a dhéanamh, ná a bheith i d'iníon ag Iarla Chonnacht.
Míoda:	B'fhearr staid ar bith ná an staid ina raibh mé.
Séamas:	Íosfaidh tú rud éigin? Tá tú caillte leis an ocras.
Míoda:	Tá mé ceart go fóillín. Is mó tuirse ná an t-ocras atá orm. Suífidh mé síos scaithimhín[37] mura miste leat.
Séamas:	Suigh, suigh. Cén t-ainm atá ort?
Míoda:	Míoda.
Séamas:	Míoda! Nach deas. Séamas atá ormsa.
Míoda:	Ainm breá d'fhear breá.
Séamas:	Tá sé maith go leor. Binncheol atá air féin.
Míoda:	Ó, a leithéid d'ainm álainn! (Sos.)
Séamas:	Cá rachaidh tú anois?
Míoda:	Níl a fhios agam. Go Sasana b'fheidir.
Séamas:	Go Sasana? Ach ní fhéadfá a ghabháil ann leat féin.
Míoda:	Dar ndóigh níl le déanamh ag duine ach gabháil go Baile Átha Cliath agus bualadh ar an mbád ag Dún Laoghaire.

[30] fond of
[31] áthas
[32] radharc = sight
[33] brón

[34] nach bhfuil tú

[35] ceolchoirm

[36] she has been dead for a long time

[37] ar feadh tamaill

Gnáthleibhéal Spreagadh

Séamas: Is ní bheidh leat ach thú féin?

Míoda: Nach liom féin a bhain mé amach an áit seo is nach beag a bhain dom. Ach tá easpa airgid orm.

Séamas: Nach bhféadfá a ghabháil go Gaillimh is jab a fháil?

Míoda: Faraor nach bhféadaim. Tá leath na dúiche[38] ar mo thóir[39] ag m'athair cheana féin. Má bheirtear orm, beidh mo chaiscín déanta[40]. Caithfidh mé filleadh ar an gcarcair[41] sin de chaisleán. Nár fhága mé an teach seo beo más sin é atá i ndán dom[42].

Séamas: Go sábhála Dia sinn, ná habair é sin, ach céard a dhéanfas tú ar chor ar bith?

Míoda: Ná bíodh imní ar bith ort fúmsa. Nuair a bheas mo scíth ligthe agam, buailfidh mé bóthar arís, téadh sé olc, maith dom. *(Sos.)* Cén sórt éin é sin?

Séamas: Lasair Choille.

Míoda: Nach mór an spórt é? Go deimhin, is mór an náiire é a choinneáil i ngéibheann mar sin. Nach mb'fhearr i bhfad dó a bheith saor amuigh faoin spéir?

Séamas: Níorbh fhearr dó muis. Níl sioc ná seabhac ag cur isteach air anseo. *(Sos.)* Gléas ceoil é sin agat. Bhfuil tú in ann casadh?

Míoda: Táim. Is minic a chaith mé an tráthnóna uilig ag casadh do m'athair sa bparlús. Bratacha boga[43] an urláir, coinnleoirí[44] óir is chuile shórt ann. Cé nár thaitnigh sé liom beidh sé tairbheach[45] anois.

Séamas: Cén chaoi?

Míoda: Nach bhféadfaidh mé corrphort a chasadh i leataobh sráide má chinneann orm – gheobhainn an oiread is a choinneodh mé ar aon chaoi.

Séamas: Ní bheidh ortsa é sin a dhéanamh. Nach bhfuil scoil ort? Gheobhfása post in oifig go héasca? Ní bheidh ortsa gabháil ó dhoras go doras.

Míoda: Is dóigh gur fíor duit é. Ach cén fáth a mbeifeása ag bacadh liom? Níl ionam ach strainséara.

Séamas: Ní hea, ná ar chor ar bith. Seanchairde muid le deich nóiméad. Ní fhaca mé cailín taobh istigh den doras seo riamh cheana agus riamh i mo shaol ní fhaca mé do leithéidse de chailín.

Míoda: Ach, is beag an chabhair a fhéadfas tú a thabhairt dom, a Shéamais. Dá mhéad míle bóthair a fhéadfas mé a chuir idir mé agus Baile na hInse, is ea is fearr. Agus casfaidh mé ceol i leataobh sráide má chaithim...

Séamas: Ní chaithfidh tú, ná choíche, a stór. *(Sos.)* Cas port dom. B'fhéidir go dtosódh Binncheol é féin nuair a chloisfeadh sé thú.

Míoda: Ní maith liom thú a eiteach[46] ach ní ceol a bheas ann ach giúnaíl[47]. Céard a chasfas mé?

Séamas: Rud ar bith.

Míoda: Céard faoi seo? *(Port sciobtha.)*

Micil: A Shéamais! Céard é sin?

Míoda: Cé atá ag caint?

Séamas: Níl ann ach Micil. Tá sé sa leaba. Tá cailín anseo, a Mhicil.

Micil: Céard atá uaithi?

Séamas: Greim lena ithe.

Micil: Níl ár ndóthain againn dúinn féin, ni áirím do chuile chailleach[48] bóthair is bealaigh dá mbuaileann faoin doras.

---

[38] leath an pharóiste = *half the district*
[39] do mo lorg = *chasing me*
[40] beidh mo phort seinnte = *it will be all over*
[41] priosún
[42] *in store for me*

[43] *soft carpets*
[44] *golden candlesticks*
[45] *beneficial*

[46] *refuse*
[47] *droning*

[48] *witch/hag*

Séamas: Ní cailleach ar bith í.

Micil: Céard eile atá inti! Tabhair an doras amach di.

Míoda: Imeoidh mé. Ná lig anuas é.

Séamas: Ara, níl sé in ann siúl.

Micil: M'anam, dá mbeinn, ní bheinn i bhfad ag tabhairt bóthair duit.

Séamas: Ach ní tincéara í, a Mhicil. Nach í iníon Iarla Chonnacht í?

Micil: Iníon Iarla Chonnacht! Chreidfeá an diabhal é féin. Cuir ar an tsráid í a deirim.

Séamas: Tá sí ag teitheadh óna hathair. Tá siad á tóraíocht[49].

Micil: Gabh aníos anseo, a iníon Iarla Chonnacht, go bhfeicfidh mé thú.

Míoda: Ní rachaidh mise sa seomra.

Micil: Céard sa diabhal a bheadh iníon Iarla Chonnacht a dhéanamh ag imeacht ag casadh ceoil ó dhoras go doras?

Míoda: Mura gcreidfidh tú mé tá sé chomh maith dhom a bheith ag imeacht.

Séamas: Ná himigh. Cá rachaidh tú anocht. Fan scaithimhín eile.

Micil: Ní ar mhaithe liomsa ná leatsa a thaobhaigh sí sin muid ar chor ar bith. Iníon Iarla Chonnacht! Go dtuga Dia ciall duit.

Míoda: Ní raibh uaim ach greim lena ithe.

Micil: Thainig thú isteach ag goid a raicleach[50]. Choinnigh súil uirthi, a Shéamais. Ghoidfeadh a leithéid sin an tsúil as do cheann.

Séamas: Muise, éist leis an gcréatúr bocht. Tá ocras agus fuacht uirthi.

Micil: A Shéamais, a Shéamais, an t-airgead! Cá bhfuil sé?

Séamas: Ar an gcófra.

Micil: Cén áit ar an gcófra?

Séamas: Sa sciléad. 'Deile?'

Micil: Dún do chlab, is ná cloiseadh sí thú!

Míoda: Caithfidh sé go bhfuil an diabhal is a mháthair ann leis an gcaoi a bhfuil tú ag caint.

Séamas: Tá aon phunt déag ann.

Micil: Dún do chlab mór, a amadáin!

Míoda: Ná bac leis sin. Ag magadh fút atá sé. Níl sé sin ach ag iarraidh searbhónta a dhéanamh dhíot. Chuile shórt a dhéanamh dhósan is gan tada a dhéanamh dhuit féin.

Séamas: Ach níl mé in ann aon rud a dhéanamh, a Mhíoda.

Míoda: Ná bíodh seafóid ort. Déarfaidh sé sin leat nach bhfuil tú in ann rud a dhéanamh, ionas go gcoinneoidh sé anseo thú ag freastal air. Agus, cé leis an t-aon phunt déag sin?

Séamas: Le Micil.

Míoda: Le Micil! Cé a shaothraigh é? An cláiríneach sin?

Séamas: Ní hé. Mise.

Míoda: Nach leatsa mar sin é? Níl baint dá laghad ag Micil dó.

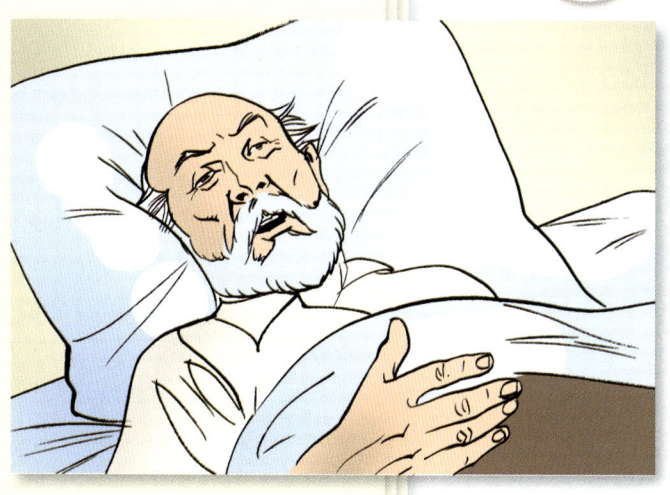

[49] *searching for her*

[50] *vixen*

Gnáthleibhéal Spreagadh

Micil: Cuir amach í.
Míoda: Tá sé in am agatsa a bheith i d'fhear, agus mórán de do shaol á chur amú ag tabhairt aire don tseanfhear sin.
Séamas: Níl a fhios agam céard a dhéanfas mé.
Míoda: Mura bhfuil a fhios agatsa é , tá a fhios agamsa é. Seo é do seans. Tá an bheirt againn sáinnithe i ngéibheann ar nós an lasair choille sin. Tabharfaidh an t-aon phunt déag sin go Sasana muid.
Séamas: Go Sasana! Is ea!
Micil: As do meabhair atá tú, a Shéamais! Ní fhágfá anseo liom féin mé tar éis a ndearna mé dhuit riamh.
Séamas: Níl a fhios agam. Ba mhaith liom imeacht.
Míoda: Má ba mhaith féin tá ceart agat. Nach fearr i bhfad dó sin a bheith thoir i dTeach na mBocht ná a bheith ag cur do shaoilse amú.
Séamas: An dtiocfása in éineacht liom, a Mhíoda? Ní imeoinn asam féin.
Míoda: Thiocfainn gan amhras.
Micil: A Shéamais!
Míoda: D'éireodh thar barr linn. Gheobhadsa post breá thall ansiúd agus d'fhéadfá gabháil in do rogha áit agus do rogha rud a dhéanamh.
Micil: Ní fheicfidh tú aon amharc uirthi sin arís go brách má thugann tú dhi an t-airgead. Sin a bhfuil uaithi sin.
Séamas: Ach céard tá uáitse? Mo chosa is mo lámha? Mo shaol trí chéile.
Micil: Tá tú meallta[51] aici cheana féin.
Míoda: Níl uaim ach fear bocht a ligean saor uaitse. Bhí orm mé féin a scaoileadh saor ón ngéibheann cheana. Seanduine ag iarriadh beatha is misneach duine óig a phlúchadh[52]. Ní óinseach ar bith mise. Tá an deis againn anois agus bainfidh muid leas[53] as. Tá saol nua amach romhainn agus luach saothair[54] an ama atá caite.
Séamas: Tá mé ag gabháil go Sasana, a Mhicil.
Micil: Ar son anam do mháthair, a Shéamais!
Séamas: Tá mé ag iarraidh rud éigin a dhéanamh ionas nach mbeidh daoine ag gáirí fúm.
Míoda: Cé a dhéanfadh gáirí faoi fhear breá?
Séamas: An gceapfása gur fear breá mé, a Mhíoda? Ní dhéanfása gáirí fúm?
Míoda: Cad chuige a ndéanfainn? Tá mé ag inseacht na fírinne[55]. *(Torann sa seomra.)*
Micil: A Shéamais, a Shéamais!
Séamas: Thit sé as an leaba.
Micil: Gabh i leith, a Shéamais. Gabh i leith.
Míoda: Ara, lig dó. Ag ligean air féin atá sé sin go bhfeicfidh sé an bhfuil máistreacht aige ort fós.
Séamas: Gabhfaidh mé suas chuige.
Míoda: Ná téirigh. Lig dó. Bíodh aige.
Séamas: Ní fhéadfaidh mé é a fhágáil ina luí ar an urlár. An bhfuil tú gortaithe?
Micil: Ar ndóigh, ní imeoidh tú, a Shéamais? Ní fhágfá anseo liom féin mé. An t-airgead! Fainic[56] an t-airgead.

[51] *seduced*
[52] *to suffocate*
[53] *benefit*
[54] *payment*
[55] *telling the truth*
[56] *beware*

Míoda:	Go deimhin, ní leagfainnse méar ar do chuid seanairgid lofa[57].
Micil:	Ardaigh aníos mé. Cuir i mo shuí suas mé. Ní bheinn in ann tada a dhéanamh de d'uireasa[58].
Míoda:	Ach dhéanfadh Séamas togha gnó de d'uireasa.
Séamas:	Éist leis, a Mhíoda.
Micil:	Is fearr an aithne atá agamsa ortsa ná atá ag aon duine ort. Ag magadh fút a bheas siad. Titfidh an t-anam asat chuile uair a dhéanfas tú botún. Beidh an domhan mór ag faire ort. Níl anseo ach mise agus ní bheidh mise ag magadh fút.
Míoda:	Is maith atá a fhios agat go bhfuil an cluiche caillte agat, a sheanchláirínigh lofa. Éist leis. Lig dó a thuairim féin a bheith aige.
Micil:	Tá a fhios agat go maith, a Shéamais, go bhfuil mé ag inseacht na fírinne. Níl maith ná maoin leat ná ní bheidh go deo. Níl meabhair ar bith ionat. Cuireann an ruidín is lú trína chéile thú. Fan anseo, áit nach gcuirfear aon aird ort.
Séamas:	Níl a fhios agam, a Mhicil, ach ar ndóigh tá an ceart agat. Níl maith ná maoin liom.
Míoda:	Stop ag caint mar sin. Fear breá láidir thú. Dhéanfá rud ar bith dá ndéanfá iarracht. Breathnaigh, tá ár ndóthain dár saol curtha amú againn faoi bhos an chait ag amadáin nach gcuirfeadh smacht ar mhada beag. Seanfhear agus cláiríneach. Níl tada cearr leatsa. Dhéanfása rud ar bith.
Séamas:	Meas tú?
Micil:	Má imíonn tú ní ligfidh mé taobh istigh den doras arís choíche thú.
Míoda:	Thoir i dTeach na mBocht ba chóir duitse a bheith le fiche bliain.
Séamas:	Bíonn togha lóistín ann ceart leor, a Mhicil. B'fhearr an aire a thabharfaidís duit ná mise. Gheobhfá chuile shórt ann!
Micil:	B'fhearr liom a bheith in ifreann! Ná fág liom féin mé! Ar son anam do mháthar!
Séamas:	Mura n-imím anois ní imeoidh mé go deo. B'fhéidir gurb é an seans deireanach é.
Micil:	Níl aon mhaith dhomsa a bheith ag caint mar sin. Imigh! Imigh!
Míoda:	D'imeodh sé arís ar aon chaoi.
Micil:	An imeodh?
Míoda:	Céard a dhéanfadh sé dá bhfaighfeása bás? Fágtha leis féin é ag ceapadh nach raibh maith ná maoin leis. Dul suas anois. Tabhair freagra ar an gceist má tá tú in ann.
Séamas:	Tá cion agam ort, a Mhicil. Níl aon rud in d'aghaidh agam. Ach tá mé tuirseach den áit seo.
Micil:	Ní chuirfidh mise níos mó comhairle ort.
Séamas:	Beidh mé ag imeacht mar sin. Tabharfaidh mé liom an t-airgead.
Míoda:	Míle moladh le Dia, tháinig misneach duit sa deireadh.
Séamas:	Ach ní raibh mé amuigh faoin saol cheana riamh.
Míoda:	Níl sa saol ach daoine. Cuid acu ar nós Mhicil. Cuid acu ceart go leor. Éireoidh thar barr leat. Má tá fúinn imeacht tá sé chomh maith dhúinn tosú ag réiteach. Céard a thabharfas tú leat.
Séamas:	Níl agam ach a bhfuil ar mo chraiceann. Ar ndóigh, ní chaithfidh muid imeacht fós?
Míoda:	Caithfidh muid. Gheobhaidh muid marcaíocht go Gaillimh fós.
Séamas:	An dtabharfaidh muid Binncheol linn?

[57] *rotten*

[58] *without you*

Gnáthleibhéal Spreagadh

Míoda:	Ní thabharfaidh. Bheadh sé sa mbealach.
Séamas:	Céard faoi Mhicil? Caithfidh muid a inseacht do dhuine éigin go bhfuil sé anseo leis féin.
Míoda:	Ar ndóigh, buaileann duine éigin isteach anois is arís?
Séamas:	Beidh siad ag teacht leis an mbainne ar maidin.
Míoda:	Cén chlóic[59] a bheas air go dtí sin? Seo cá bhfuil do chóta?
Séamas:	Sa seomra.
Míoda:	Déan deifir. Faigh é.
Séamas:	Níl mé ag iarraidh gabháil sa seomra.
Míoda:	Ara, suas leat. Ná bíodh faitíos ort roimhe sin. B'fhéidir go dtosódh sé ag báisteach.
Séamas:	Tá go maith, a Mhicil, sílim go bhfuil an ceart agam. A Mhicil, mura labhróidh tú liom mar sin bíodh agat. Cén áit i Sasana a rachfas muid?
Míoda:	Londain.
Séamas:	Nach mór an gar[60] dom, tusa a bheith liom, a Mhíoda. Ní dheachaigh mé ag taisteal riamh cheana. *(Osna[61].)* Meas tú an mbeidh sé ceart go dtí amárach leis féin?
Míoda:	Déan dearmad air anois. Ní fheicfidh tú arís go brách é.
Séamas:	Is dóigh nach bhfeicfead.
Míoda:	Téanam. An bhfuil tú réidh?
Séamas:	Tá, ach ní imeoidh muid fós.
Míoda:	Mura n-imeoidh, beidh aiféala ort. Téanam go beo. Céard tá ort?
Séamas:	Níl a fhios agam. B'fhéidir nach dtiocfainn ar ais go deo.
Míoda:	Mura dtaga féin, ní dochar é sin.
Micil:	Ná himigh, a Shéamais.
Séamas:	Caithfidh mé, a Mhicil.
Micil:	Caillfear i dTeach na mBocht mé.
Míoda:	Is gearr uait ar aon chaoi.
Micil:	Fágfaidh mé agat an teach is an talamh ar ball má fhanann tú.
Séamas:	Cén mhaith ar ball?
Micil:	Fágfaidh mé agat anois é.
Séamas:	Níl aon mhaith dhuit a bheith ag caint. Ta bean anseo agus bean dheas – nach gceapann gur amadán mé. Ar mhaithe leat féin a choinnigh tú anseo mé. Is beag an imní a bhí ort fúmsa riamh.
Micil:	Admhaím gur beag a d'fhéadfainn a dhéanamh asam féin, ach cá bhfuil an dara duine a choinneodh thusa? Fuist, a bhean. Tagann *fits* air. Céard a dhéanfas tú ansin?
Míoda:	A Shéamais!
Séamas:	Níor tháinig na *fits* orm riamh ó bhí mé i mo pháiste.
Míoda:	Téanam! Cá bhfios duinn nach bhfuil fir an Tí Mhóir sa gcomharsanacht?
Séamas:	Fan scaithimhín eile. Gheobhaidh muid marcaíocht go Gaillimh go héasca.
Míoda:	Cá gcuirfidh muid an t-airgead? Aon phunt déag!

[59] harm
[60] isn't it a good thing
[61] a sigh

Micil: Sin a bhfuil uaithi sin. Mar a chéile í féin agus chuile bhean eile. Coinneoidh siad leatsa a fhad is tá do phóca teann[62].

Míoda: Éist do bhéal thusa! *(Buailtear an doras.)* Ó!

Séamas: Fir an Tí Mhóir!

Míoda: Stop! S-s-shhhhh! *Guth (Amuigh.)* A Mhíoda! A Mhíoda!

Míoda: Ná habair tada. *Guth (fear isteach):* A Mhíoda!

Séamas: Cé thú féin?

Fear: Cá raibh tú ó mhaidin? Is dóigh nach bhfuil sciúrtóg[63] faighte agat?

Séamas: A Mhíoda, cé hé féin?

Fear: Is mór an t-ádh ort, a bhuachaill nó thabharfadh mise crigín faoin gcluas duit[64]. Ceapann tú bhféadfaidh tú do rogha rud a dhéanann le cailín tincéara?

Séamas: A Mhíoda!

Míoda: Dún do bhéal, a amadáin!

Séamas: Tincéara thú.

Míoda: Ar ndóigh, ní cheapann tú gurb é seo Iarla Chonnacht agat?

Séamas: Ach dúirt tú...

Míoda: Dúirt mé – céard eile, céard eile a déarfainn, nuair a cheap amadán gur bean uasal a bhí ionam? 'Ar ndóigh, ní tincéara thú!' Há! Há! Há!

Fear: Gabh abhaile, á óinseacháin, chuig do champa – áit ar rugadh is a tógadh thú.

Míoda: Níl ionam ach tincéara, a Shéamais, nach bhfuil in ann rud ar bith a dhéanamh ach goid is bréaga.

Séamas: Céard faoi Shasana?

Míoda: Sasana! Brionglóidigh[65] álainn ghlórmhar[66]! Níl gnó dhíom ach in áit amháin – sa gcampa. Tá mé chomh dona leat féin. Fan le do sheanchláiríneach.

Fear: Déan deifir. Ná bac le caint. Tá bóthar fada amach romhainn.

Míoda: *(Ag gabháil amach.)* Iníon Iarla Chonnacht. Há! Há! Há! A amadáin! Há!

Fear: Ba chóir duit náire a bheith ort. Murach leisce a bheith orm, chuirfinnse néal[67] ort. Ag coinneáil Mhíoda go dtí an tráth seo. Ag déanamh óinseach di.

Séamas: Ach dúirt sí –

Fear: Dúirt sí! Ise ba chiontach. Cé a chreidfeadh tincéara? Agatsa atá an ceart mo léan. Go maithe Dia dhuit é. *(Imíonn.)*

Séamas: *(Stad.)* A Bhinncheoil! Rinne sí amadán dom.

Micil: Anois, tá a fhios agat é, is níl aon ghá dhomsa é a rá leat.

Séamas: Tá a fhios agam é.

Micil: Rinne sí amadán críochnaithe dhíot.

Séamas: Rinne, ach ar bhealach, ní dhearna. D'oscail sé mo shúile dhom. Bhfuil a fhios agat cén fáth a gcoinníonn an tincéara sin Míoda agus cén fáth a gcoinnímse Binncheol? Inseoidh mise dhuit cén fáth. Mar tá muid uilig go truamhéalach[68]. Tá muid mar

[62] *full*

[63] *a cent*

[64] *I would give you a clip on the ear*

[65] *dream*
[66] *glorious*

[67] *a blow*

[68] *pitiful*

207

Gnáthleibhéal Spreagadh

[69] *squalour/filth*
[70] *dirt*

tá muid. Tá tusa i do chláiríneach agus bhí tú ag iarraidh cláiríneach a dhéanamh díomsa freisin. Agus, tá an tincéara ag iarraidh Míoda a choinneáil ina chuid salachair[69] agus ina chuid brocamais[70] féin. Agus coinnímse Binncheol i ngéibheann ionas go mbeidh sé chomh dona liom féin. Ceapaim má cheapaim go maródh an sioc is an seabhac é dá ligfinn saor é – ach níl ansin ach leithscéal. Ach, ní i bhfad eile a bheas an scéal mar sin. *(Éiríonn. Imíonn amach leis an gcás. Sos.)*

Micil: A Shéamais, cá raibh tú?

Séamas: Scaoil mé amach Binncheol. Agus an bhfuil a fhios agat céard é féin – chomh luath is a d'oscail mé an doras sciuird sé suas i mbarr an chrainn mhóir agus thosaigh sé ag ceol.

Micil: 'Bhfuil tú ag imeacht a Shéamais, nó ar athraigh tú t'intinn?

[71] *Life is strange*

[72] *ever*

Séamas: Is ait an mac an saol[71]. Ní bheadh a fhios agat céard a tharlódh fos. Tiocfaidh athrú ar an saol – orainne agus ar chuile shórt. Ach ní bheidh Binncheol ná éan ar bith i ngéibheann sa gcás sin arís go brách[72]. *(Tógann suas an cás.)*

Cúinne na Litearthachta

Foghlaim conas na heochairfhocail thíos san achoimre a litriú agus faigh amach cad is brí leo.
Féach go grinn ar na focail seo, abair amach iad, clúdaigh na focail, agus ansin scríobh na focail amach chun an litriú a chleachtadh!

As Gaeilge	As Béarla	Clúdaigh na focail ar an lámh chlé agus scríobh amach na focail anseo leat féin.
míchumas		
i ngéibheann		
cláiríneach		
sáinnithe		
saoirse agus daoirse		
easpa féinmhuiníne		
saonta		
maslaí		
bean tincéara		

An Ceol, an Rince agus an Teicneolaíocht

Achoimre ar an Dráma

- Is dráma gearr é seo. Tá dhá sheomra ar an ardán; seomra leapa agus cistin. Tá Micil (**seanchláiríneach**[1]) sa leaba sa seomra codlata agus tá Séamas (fear óg, cúig bliana is fiche) sa chistin ag caint le lasair choille atá i gcás éin sa chistin. Tá Séamas **saonta**[2] agus deas. Tá sé ag tabhairt aire don chláiríneach atá sa leaba.

- Tá Séamas ag iarraidh ceol a bhaint as an lasair choille, Binncheol. Ní chanann an lasair choille mar tá sé i g**cás**[3]. Níl sé saor.

- **Maslaíonn**[4] Micil Séamas an t-am ar fad ón leaba. Feicimid go luath sa dráma mar sin go gcaitheann Micil le Séamas mar amadán.

- Bíonn Séamas bocht **leithscéalach**[5] i gcónaí le Micil.

- Tá aon phunt déag **i dtaisce**[6] ag an mbeirt acu i **sciléad**[7]. Tá sé ar intinn ag Micil carr asail a cheannach leis an airgead. Ba mhaith leis an mhóin a iompar agus airgead a dhéanamh as. Bíonn Micil ag caint faoi airgead an t-am ar fad. Tá sé **gafa leis**[8]. Is é Séamas a dhéanann an obair ar fad, **áfach**[9].

- Deir Séamas leis an gcláiríneach go bhfuil sé ag smaoineamh ar dhul go Sasana am éigin. Maslaíonn Micil é. 'Níl gnó ar bith acu d'amadáin i Sasana,' a deir sé leis. Is léir nach bhfuil Séamas róchliste. Faighimid amach chomh maith go dtagann *fits* air uaireanta ach ní raibh siad air le fada dar le Séamas.

- Tá Micil **ag brath ar**[10] Shéamas.

- Tá **socrú**[11] de shaghas éigin ag an mbeirt. Tá Séamas mar chosa ag Micil agus tá Micíl mar mheabhair ag Séamas, dar le Micil. **Cuireann Micil ina luí ar**[12] Shéamas go bhfuil an bheirt acu sona leis an socrú sin atá acu le dhá bhliain déag anuas.

- Athraíonn cúrsaí, áfach, nuair a thagann Míoda (bean tincéara) isteach sa teach.

- Tá sí ag lorg bia agus tá Séamas an-deas léi. Is duine glic í Míoda. Feiceann sí go bhfuil Séamas saonta.

- **Cumann sí**[13] scéal dó. Is í iníon Iarla Chonnacht í dar léi atá **ag éalú**[14] óna hathair. Deir sí go raibh sí **i ngéibheann**[15] ag a hathair. Níl sí saor sa bhaile lena hathair dar léi.

- Tá Séamas **meallta**[16] aici. Creideann sé a cuid scéalta agus glacann sé trua di.

- Tá a fhios ag Micil gur tincéir í agus screadann Micil uirthi a bheith ag imeacht.

- Deir Micil go ngoidfidh Míoda an t-airgead atá acu.

- Deir Míoda nach bhfuil Séamas saor san áit ina bhfuil sé.

- **Maslaíonn**[17] Míoda Micil. Deir sí gur mhaith léi dul go Sasana le Séamas.

- Deir Séamas go bhfuil eagla air go mbeidh daoine ag gáire faoi. Deir Míoda gur fear breá é Séamas.

- Tá plean ag Séamas ansin dul go Sasana le Míoda agus deir sé go bhfuil airgead aige don bheirt acu. Ba mhaith leis a bheith saor.

- Tá Micil **ar mire**[18] nuair a chloiseann sé é seo. Tosaíonn sé **ag impí ar**[19] Shéamas ansin gan é a fhágáil leis féin. Geallann sé dó go bhfágfaidh sé an teach agus an talamh aige fiú.

- Tá Séamas fós **trócaireach**[20] agus cneasta ach feiceann sé go bhfuil sé féin ábalta déanamh gan Mhicil.

- Is ag an bpointe seo a thagann fírinne an scéil amach. Tagann athair Mhíoda isteach ansin. Is fear tincéara é. Tugann sé **íde béil**[21] do Mhíoda.

[1] old cripple
[2] naive
[3] cage
[4] insults
[5] apologetic
[6] in savings
[7] skillet
[8] obsessed with
[9] however
[10] depending on
[11] arrangement
[12] Micil convinces
[13] she composes
[14] escaping
[15] in captivity
[16] seduced/enticed
[17] insults
[18] furious
[19] begging/pleading with
[20] merciful
[21] a scolding

Gnáthleibhéal **Spreagadh**

- Ordaíonn an fear di filleadh ar an gcampa, áit a bhfuil sí i ngéibheann. Tosaíonn Míoda ag magadh faoi Shéamas. Tugann Míoda agus Micil amadán ar Shéamas.

- Faoin am seo, tá súile Shéamais oscailte, dar leis féin. Feiceann sé go bhfuil sé féin i ngéibheann chomh maith le gach duine eile sa dráma. Tá Micil i ngéibheann ina chorp féin mar chláiríneach. Tá Séamas i ngéibheann sa saol atá aige ag tabhairt aire do Mhicil gach lá. Tá an lasair choille i ngéibheann ina chás. Tógann sé an cás éin amach agus ligeann sé saor an lasair choille. Imíonn an t-éan in airde ar chrann, áit a ndéanann sé ceol den chéad uair sa dráma.

- Ní fios ag an deireadh céard a dhéanfaidh Séamas féin, ach **tá ceacht foghlamtha aige**[22] ó thús an dráma gan dabht.

[22] he has learned a lesson

An Lasair Choille
le Caitlín Maude i bpáirt le Micheál Ó hAirtnéide

Achoimre ar an Dráma i bhFoirm Pictiúr

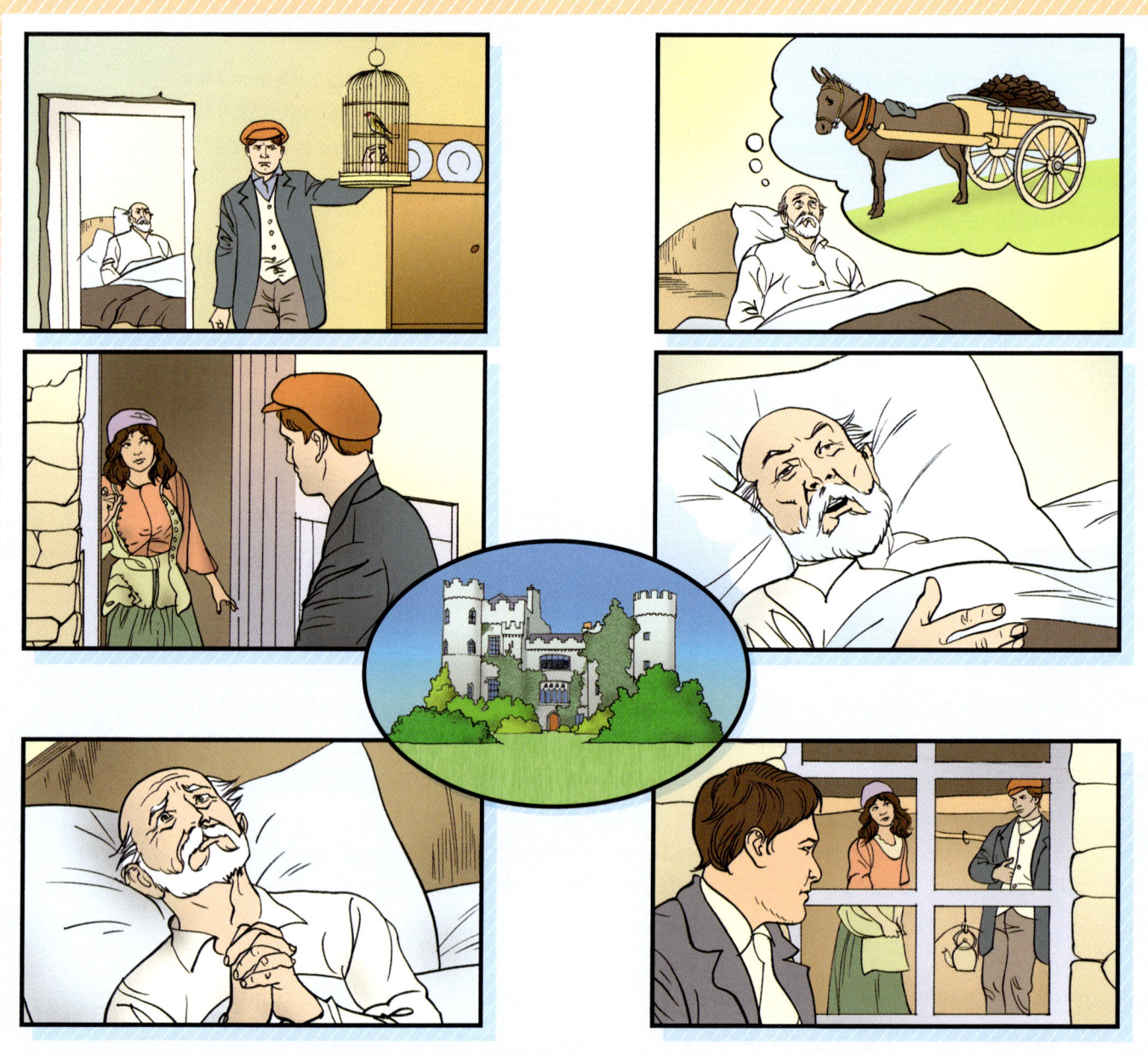

Anois, scríobh d'achoimre féin bunaithe ar na pictiúir thuas.

An Ceol, an Rince agus an Teicneolaíocht

Cleachtaí Scríofa

1. Cuir Gaeilge ar na focail seo a leanas:

   (a) an old cripple (b) a goldfinch (c) innocent/gullible (d) in saving (e) fleeing/escaping
   (f) begging/imploring (g) in captivity (h) a scolding (i) seduced (j) furious (k) merciful

2. Cruthaigh achoimre ar an dráma i bhfoirm pictiúr agus siombailí. Is féidir leat úsáid a bhaint as figiúirí agus roinnt eochairfhocal anseo is ansiúd más mian leat.

Scríobh na freagraí ar na ceisteanna seo a leanas *nó* iarrfar ar dhalta áirithe suí sa chathaoir the agus beidh air/uirthi an chéad cheist a fhreagairt ó bhéal. Nuair a bheidh an cheist freagartha aige/aici, is féidir leis/léi an chéad cheist eile a chur ar aon dalta eile is mian leis/léi.

1. Déan cur síos ar an ardán.
2. Cá bhfuil an lasair choille fad an dráma?
3. Cén t-ainm atá ar an éan?
4. Cé hé Micil?
5. Cén fáth a bhfuil Micil sa leaba?
6. Cén socrú atá ann idir Micil agus Séamas?
7. Conas a mhothaíonn Séamas nuair a thagann Míoda isteach?
8. Cé mhéad airgid atá sa sciléad?
9. Cá bhfuil an sciléad fágtha?
10. Cén fáth a gceapann Séamas gur amadán é?
11. Cén ceacht a mhúineann Míoda do Shéamas?
12. Céard a dhéanann Micil nuair a bhíonn eagla air go n-imeoidh Séamas uaidh?
13. Cé hé an duine deireanach a thagann ar an stáitse?
14. Cén fáth a bhfuil an duine sin sa teach?
15. Céard a dhéanann Séamas leis an éan ag deireadh an dráma?

16. Fíor nó bréagach?

    (a) Bhí Séamas an-chliste.
    (b) Ba chláiríneach é Micil.
    (c) Bhí Micil óg.
    (d) Chan Binncheol an t-am ar fad.
    (e) Bhí Micil an-chineálta le Séamas.
    (f) Thug Séamas aire do Mhicil.
    (g) Mhaslaigh Micil Séamas go minic.
    (h) Bhí sé ar intinn ag Micil ba a cheannach chun airgead a thuilleadh.
    (i) Ba í iníon Iarla Chonnacht í Míoda.
    (j) Bhí Séamas meallta ag Míoda.
    (k) Bhí Séamas ag iarraidh dul go Meiriceá le Míoda.
    (l) Bhí eagla ar Mhicil go ngoidfeadh Míoda a gcuid airgid.
    (m) Ba dhuine macánta í Míoda.
    (n) Bhí athair Mhíoda feargach léi nuair a tháinig sé chuig an teach.
    (o) Scaoil Séamas an lasair choille saor ag deireadh an dráma agus chan sé den chéad uair.

Cleachtadh Labhartha: Dráma

Ba cheart do dhalta amháin ligean air/uirthi gurb é/í Micil. Is féidir leis an gcuid eile den rang ceisteanna a chumadh ba mhaith leo a chur ar Mhicil.

Samplaí

1. Cén gaol atá aige le Séamas?
2. Cén fáth a bhfuil sé chomh gránna sin le Séamas?
3. An bhfuil sé sona ina shaol?

211

Gnáthleibhéal Spreagadh

Ba cheart do dhalta amháin ligean air/uirthi gurb é/í an lasair choille. Smaoineoidh an chuid eile den rang ar cheisteanna ar mhaith leo a chur ar an éan.

Samplaí
1. Cén fáth nach gcanann sé ar chor ar bith?
2. Cad a cheapann sé faoi Mhicil/Shéamas?

Is féidir leis an dalta a s(h)amhlaíocht a úsáid chun na ceisteanna a fhreagairt.

Ceisteanna Scrúdaithe

'Micil: Go Sasana! Céard sa diabhail a thabharfadh tusa go Sasana? Níl gnó ar bith acu d'amadáin i Sasana. (*An Lasair Choille*).

Déan cur síos ar an gcaidreamh idir Micil agus Séamas sa dráma *An Lasair Choille*.

Tabhair achoimre ar phlota an dráma *An Lasair Choille* a bhfuil staidéar déanta agat air. (25 marc)

Téama an Dráma

Daoirse

[1] *oppression*
[2] *in captivity*
[3] *stuck*
[4] *dishonest*

Is é an daoirse[1] an téama is láidre sa dráma seo. Is siombail é an t-éan den easpa saoirse agus é i ngéibheann[2] i gcás beag éin sa chistin. Ní chanann sé ar chor ar bith mar tá sé míshásta. Tá Micil, an cláiríneach, sáinnithe[3] ina leaba. Tá Séamas faoi smacht ag Micil agus é ag lorg a shaoirse phearsanta. Tá Míoda i ngéibheann ag a hathair gránna. Ba mhaith le Séamas éalú ón saol atá aige agus dul go Sasana. Is bean mhímhacánta[4] í Míoda, an cailín tincéara ach osclaíonn sí a shúile do Shéamas go bhfuil sé i ngéibheann ag Micil. Ní fios dúinn ag an deireadh céard a dhéanfaidh Séamas lena shaol ach nuair a ligeann sé saor an lasair choille óna chás, feicimid go bhfuil a cheacht féin foghlamtha[5] aige. Tuigeann sé go bhfuil féidearthachtaí[6] eile ar fáil dó seachas an saol atá aige le Micil.

[5] *learned*
[6] *possibilities*
[7] *disability*
[8] *intellectual*
[9] *self-confidence*
[10] *skillet*
[11] *shaking*
[12] *he depends on*
[13] *direction*

Míchumas

Tá téama an mhíchumais sa dráma freisin agus an daoirse a bhaineann leis an míchumas go minic. Níl úsáid na gcos ag Micil agus dá bhrí sin braitheann sé go mór ar Shéamas ina shaol. Ar an taobh eile, tá míchumas[7] intleachtúil[8] de shaghas éigin ar Shéamas. Níl an fhéinmhuinín[9] aige éalú ó smacht Mhicil. Tá deacracht aige an clúdach ceart a roghnú don sciléad[10] agus tosaíonn sé ag crith[11] nuair a éiríonn Micil crosta leis. Braitheann sé féin ar[12] Mhicil chun treoir[13] a thabhairt dó ina shaol.

Achoimre ar na Téamaí

- Daoirse — Micil, Séamas, Míoda agus an t-éan i ngéibheann
- Míchumas
- Tada athraithe, Micil maslach le Séamas i gcónaí
- Oscailt súl, saoirse, neamhspleáchas

Tréithe na gCarachtar

Níl ach cúigear carachtar ar fad sa dráma seo, Micil (cláiríneach ina leaba), Séamas (fear óg cúig bliana is fiche), Míoda (bean tincéara), athair Mhíoda, agus, ar ndóigh, an lasair choille (Binncheol), ina chás éin.

Séamas

- Tá Séamas cúig bliana is fiche d'aois. Tá sé ag obair don seanchláiríneach Micil. Is fear **óg**, **cineálta**, **saonta**[14] é Séamas. Tá sé deas agus cineálta don lasair choille, do Mhicil agus do Mhíoda. Tá Micil agus Míoda gránna leis sa dráma, áfach. Ó thús an dráma, feicimid go bhfuil sé **faoi smacht**[15] ag Micil.

- Níl **féinmhuinín**[16] **ar bith aige** agus mar sin, bíonn sé **bog**[17], **leithscéalach**[18] le Micil nuair a **mhaslaíonn**[19] Micil é. Is minic a thugann Micil amadán air sa dráma. Tá dochar fadtéarmach á dhéanamh ag an seanfhear dó mar sin. In ionad an fód a sheasamh dó féin, éiríonn Séamas neirbhíseach agus **leithscéalach**. Tá sé **saonta**, **simplí** mar charachtar gan dabht. Creideann sé gurb í iníon Iarla Chonnacht í Míoda agus tá trua aige di. Tá sé an-**soineanta**[20]. Ceapann sé go rachaidh sé féin agus Míoda go Sasana le chéile.

- Cuireann Míoda ar a shúile do Shéamas go bhfuil sé i ngéibheann ag Micil agus go bhfuil an t-éan **i ngéibheann**[21] aige féin. Ní fios dúinn ag an deireadh céard a dhéanfaidh Séamas lena shaol ach nuair a ligeann sé saor an lasair choille óna chás, feicimid go bhfuil a cheacht féin **foghlamtha**[22] aige. Tuigeann sé go bhfuil **féidearthachtaí**[23] eile ar fáil dó seachas an saol atá aige le Micil.

[14] naive
[15] under control
[16] self-confidence
[17] soft
[18] apologetic
[19] insults
[20] innocent
[21] in captivity
[22] learned
[23] possibilities

Cleachtadh Scríofa

Scríobh achoimre ar thréithe Shéamais.

Micil

- Is **seanchláiríneach**[24] é Micil. Braitheann sé go mór ar Shéamas. Tá úsáid na gcos caillte aige agus tá sé **sáinnithe**[25] sa leaba. Níl ar a chumas fiú amháin éirí as an leaba as a stuaim féin.

- Tá sé **cliste**[26] agus **glic**[27]. Tuigeann sé gur féidir leis smacht a choinneáil ar Shéamas mar tá Séamas saonta. Caitheann sé leis mar amadán agus ní bhíonn sé deas le Séamas. Tá a fhios aige gur tincéir í Míoda.

- Tá Micil **leithleach**[28]. Tá sé i gceist aige an t-airgead a dhéanfaidh an bheirt acu as an gcarr asail, a choimeád dó féin. Chom maith leis sin, níl sé sásta aon bhia a roinnt le Míoda. Nuair a luann Séamas Sasana, déanann sé gach iarracht na smaointe sin a chur as a chloigeann. Is cuma leis faoi Shéamas.

- Tá Micil gafa le hairgead. Bíonn sé ag caint faoi airgead an t-am ar fad.

- Tá sé **gránna le**[29] Séamas agus níos déanaí le Míoda. Maslaíonn sé an bheirt acu agus screadann sé orthu. 'Dún do chlab mór, a amadáin!' agus 'cuir amach í', a deir sé.

- Tá a chorp lag ach tá carachtar láidir aige.

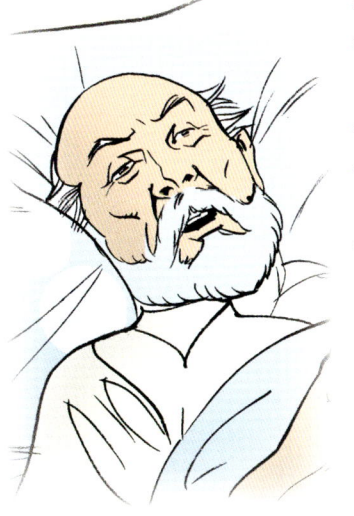

[24] old cripple
[25] stuck
[26] clever
[27] sly
[28] selfish
[29] horrible to

Gnáthleibhéal Spreagadh

Cleachtadh Scríofa

Scríobh achoimre ar thréithe Mhicil.

Míoda

- Cailín óg tincéara í Míoda.
- **Is duine mímhacánta**[30] **í. Insíonn sí bréaga**[31] ón nóiméad a shiúlann sí isteach an doras. Insíonn sí do Shéamas gurb í iníon Iarla Chonnacht í. Deir sí go bhfuil sí ag éalú óna hathair mar ní thugann sé aon saoirse di.
- Tá sí glic. Tuigeann sí go bhfuil Séamas beagáinín simplí agus saonta. Tuigeann sí go bhfuil Séamas meallta aici. Tá súil aici bia agus airgead a fháil ó Shéamas dá bhrí sin.
- Tá sí **leithleach**. Deir sí le Séamas go mbeidh sí sásta dul go Sasana leis. Cuireann na smaointe sin sceitimíní áthais ar Shéamas agus is cuma le Míoda faoi seo. Deir Séamas go bhfuil go leor airgid aige don bheirt acu i Sasana. An t-airgead a theastaíonn ó Mhíoda!
- Tá **ról tábhachtach** ag Míoda sa dráma seo gan dabht. Osclaíonn sí a shúile do Shéamas. **Léiríonn sí dó go bhfuil sé i ngéibheann** sa saol atá aige le Micil agus nach bhfuil sé sin ceart. Tuigeann Séamas nach bhfuil an lasair choille sásta ina chás agus ligeann sé saor é. Níl a fhios againn cad a tharlóidh ach tá ceacht foghlamtha ag Séamas.

[30]*dishonest*
[31]*lies*

Cleachtadh Scríofa

Scríobh achoimre ar thréithe Mhíoda.

Ceisteanna Scrúdaithe

(i) Déan cur síos gairid ar théama an dráma seo.

(ii) Cén sórt duine é Séamas, dar leat? Déan cur síos gairid air agus inis cén fáth ar thaitin (nó nár thaitin) sé leat. (Is leor dhá fháth.)

(iii) Cén sórt duine é Micil, i do thuairim? Dean cur síos gairid air agus inis cén fáth ar thaitin (nó nár thaitin) sé leat. (Is leor dhá fháth.)

(iv) Cén sórt duine í Míoda, dar leat? Déan cur síos gairid uirthi agus inis cén fáth ar thaitin (nó nár thaitin) sí leat. (Is leor dhá fháth.)

(v) Déan cur síos ar an gcaidreamh idir Micil agus Séamas sa dráma seo.

(25 marc)

Freagra Samplach a 1

Déan cur síos ar dhá rud a thaitin (nó nár thaitin leat) faoin dráma seo.

Thaitin an dráma seo liom. Tá plota an dráma seo fíorshimplí. Níl ach dhá sheomra, ceathrar carachtar agus éan ann. Tá fadhb le **réiteach**[1] sa dráma agus tagtar ar réiteach ag an deireadh. Tá críoch shona ann mar sin. Téama **uilíoch**[2] é téama na daoirse, ar ndóigh.

Tá an ceacht atá le foghlaim **soiléir**[3] dúinn. Bhí Séamas i ngéibheann ina shaol mar sclábhaí ag an seanchláiríneach Micil ag tús an dráma. Ní raibh an **fhéinmhuinín**[4] aige aon rogha eile a fheiceáil roimhe sin. Tar éis do Mhíoda a shúile a oscailt, tuigeann sé nach bhfuil sé sin ceart agus go bhfuil **féidearthachtaí**[5] eile ar fáil dó.

Thaitin críoch an dráma liom mar bhí sé éifeachtach agus **drámatúil**[6]. Nuair a ligeann Séamas an t-éan saor, feicimid go bhfuil sé féin athraithe **fosta**[7]. Tuigeann sé ag an bpointe sin nach bhfuil sé sáinnithe ná i ngéibheann a thuilleadh. **Dá bhrí sin**[8], thaitin an dráma go mór liom.

[1] solve/solution
[2] universal
[3] clear
[4] self-confidence
[5] possibilities
[6] dramatic
[7] freisin
[8] therefore

Mothúcháin
Freagra Samplach a 2

Déan cur síos ar dhá mhothúchán sa dráma *An Lasair Choille*.

Tá brón **le brath**[9] sa dráma seo gan aon agó mar tá ceathrar de na carachtair i ngéibheann. I dtosach tá atmaisféar gruama ar an stáitse. Is **cláiríneach**[10] é Micil. Tá sé brónach mar tá sé **sáinnithe**[11] ina leaba agus ní féidir leis éirí as an leaba gan cabhair Shéamais. Tá brón ar an lasair choille mar tá sé i ngéibheann sa chás éin. Sin an fáth nach gcanann sé.

Tá Séamas i ngéibheann freisin. Tugann sé aire do Mhicil gach lá. Níl saoirse aige mar tá smacht ag Micil air. Tá Séamas **saonta**[12] agus beagáinín simplí. Níl aon **fhéinmhuinín**[13] aige mar **maslaíonn**[14] Micil é an t-am ar fad. Cuireann sé sin brón ar Shéamas. Tá brón ar Mhíoda (an cailín tincéara) mar tá sí i ngéibheann sa champa.

Tá dóchas le brath ag deireadh an dráma. Osclaíonn an comhrá le Míoda súile Shéamais. Tá a fhios aige go bhfuil **féidearthachtaí**[15] eile ar fáil dó ina shaol.

[9] to be felt
[10] cripple
[11] stuck
[12] naive
[13] self-confidence
[14] insults
[15] possibilities

Gnáthleibhéal **Spreagadh**

Tuigeann sé gur féidir leis saol níos fearr a bheith aige. Ansin, osclaíonn sé an cás éin agus ligeann sé Binncheol (an lasair choille) saor. Canann an lasair choille den chéad uair mar tá áthas air. Tuigeann Séamas agus an lucht féachana an t-áthas a bhaineann le saoirse. Nílimid cinnte cad a dhéanfaidh Séamas ach tá ceacht **foghlamtha**[16] aige.

[16]*learned*

Freagra Samplach a 3

Cé na mothúcháin a spreag an dráma ionat?

[17]*abuse*
[18]*situation*
[19]*hope*

[20]*immediately*
[21]*he convinced Séamas*
[22]*except*
[23]*he insulted*
[24]*self-confidence*

[25]*hopeful*

[26]*possibilities*
[27]*he released*
[28]*free*

Nuair a chonaic mé an **drochíde**[17] a thug Micil do Shéamas sa dráma seo, bhí fearg agus frustrachas orm. Bhí Séamas sa **chás**[18] sin le fada. Bhí Séamas ag freastal ar Mhicil an t-am ar fad agus níor bhraith sé mórán **dóchais**[19] go raibh athrú ag teacht ar an scéal go luath. Fiú nuair a luaigh sé Sasana, chuir Micil stop leis an gcaint sin **láithreach**[20]. **Chuir sé ina luí ar Shéamas**[21] nach mbeadh aon duine eile sásta cur suas leis **ach amháin**[22] é féin. **Mhaslaigh sé**[23] Séamas an t-am ar fad agus bhí Séamas cineálta leis i gcónaí. Rinne sé a lán dochair d'**fhéinmhuinín**[24] Shéamais. Chuir an drochíde a thug Micil do Shéamas fearg an domhain orm.

Bhí mé **dóchasach**[25] ag deireadh an dráma, áfach. D'oscail a chomhrá le Míoda súile Shéamais. Bhí a fhios ag Séamas nach raibh sé ceart do Mhicil é a choimeád i ngéibheann. Bhí a fhios aige go raibh **féidearthachtaí**[26] eile ar fáil dó sa saol. Nuair a thuig Séamas an ceacht sin, **scaoil sé**[27] an lasair choille **saor**[28] agus chan an t-éan den chéad uair. Ba shiombail é sin den áthas a bhaineann le saoirse.

Bhí críoch shona leis an dráma agus mar sin mhothaigh mé dóchasach.

Ceisteanna Scrúdaithe

(i) Ar thaitin an dráma *An Lasair Choille* leat? Cuir fáthanna le do thuairim. (Is leor dhá fháth.)

(ii) Déan cur síos ar rud amháin a tharla sa dráma seo a chuir áthas nó brón nó fearg ort. Mínigh an fáth ar mhúscail an rud sin an mothúchán sin ionat.

(iii) Scríobh nóta gairid ar chríoch an dráma *An Lasair Choille*.

(iv) Déan cur síos gairid ar charachtar Mhíoda sa dráma.

(v) Cad iad na príomh-mhothúcháin atá sa dráma *An Lasair Choille*?

(25 marc)

An Ceol, an Rince agus an Teicneolaíocht

Ceist Scrúdaithe/Obair Ghrúpa

Is féidir le grúpaí difriúla tabhairt faoi cheist dhifriúil thíos agus na freagraí a mhalartú nuair a bheidh siad críochnaithe.

Féinmheasúnú

Ceartúchán an fhreagra: Déan cinnte go bhfuil na heochairfhocail ón scéal agus ó na nótaí a bhaineann leis an scéal litrithe i gceart.

Ná déan dearmad struchtúr maith a chur ar an bhfreagra le:

- **Tús:** Déan tagairt d'fhoclaíocht na ceiste sa chéad abairt. Tabhair dhá mhórphointe i gcorp an fhreagra. Tabhair sampla/fianaise ón scéal chun tacú le do fhreagra.
- **Críoch:** Déan tagairt d'fhoclaíocht na ceiste san abairt dheireanach.

Athbhreithniú ar an Litríocht: Súil ar an Scrúdú

Ceist 2 PRÓS (50 marc)

2A Prós Ainmnithe

(a)   *An Lasair Choille*

Tabhair achoimre ar na heachtraí is tábhachtaí sa ghearrdhráma *An Lasair Choille*.

Luaigh na pointí seo:

   (i)   An chaint a dhéanann Séamas agus Micil ag tús an ghearrdhráma.

   (ii) An scéal atá ag Míoda agus an chaint a dhéanann sí féin agus Séamas le chéile.

   (iii) Cad a tharlaíonn do Mhíoda ag deireadh an ghearrdhráma?

   (iv) Cén pháirt atá ag Binncheol sa ghearrdhráma agus cad a tharlaíonn dó ag an deireadh?

   (v)   Luaigh fáth amháin a dtaitníonn Micil leat nó fáth amháin nach dtaitníonn Micil leat? (25 marc)

2B Prós Roghnach

Níl cead aon ábhar a bhaineann le Prós Ainmnithe a úsáid sna freagraí ar an bPrós Roghnach.

(a)   Maidir le dráma roghnach a ndearna tú staidéar air i rith do chúrsa, tabhair achoimre ar na heachtraí is tábhachtaí ann. (23 marc)

Ní mór teideal an dráma sin, mar aon le hainm an scríbhneora, a scríobh síos go soiléir. (2 mharc)

An Ghaeilge, an Ghaeltacht agus Béaloideas

Aonad 6

Céim a 1: Labhairt	Céim a 2: Cluastuiscint	Céim a 3: Ceapadóireacht	Céim a 4: Gramadach	Céim a 5: Léamhthuiscint	Céim a 6: Litríocht
An Ghaeilge An Ghaeltacht Éireannachas Féilte An turasóireacht Seachtain na Gaeilge	Saol na Gaeilge An Ghaeilge féin An turasóireacht An Ghaeltacht	Giota leanúnach: An áit is fearr liom in Éirinn Litir: Cúrsa sa Ghaeltacht Ríomhphost: Ag tabhairt cuiridh do chara dul chuig an bparáid Lá Fhéile Pádraig Comhrá mar gheall ar TG4	Réamhfhocail shimplí agus na forainmneacha réamhfhoclacha	Léamhthuiscint a 1: An Turasóireacht in Éirinn Léamhthuiscint a 2: Eoghan McDermott	6a Prós: 'Oisín i dTír na nÓg' 6b Filíocht: 'An tEarrach Thiar' Athbhreithniú ar an litríocht: súil ar an scrúdú

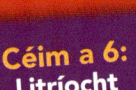

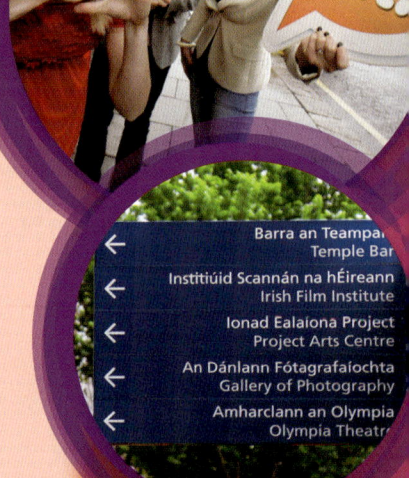

Torthaí Foghlama

San aonad seo, foghlaimeoidh tú:

- **Léamh agus tuiscint:** conas focail agus nathanna a bhaineann le teanga agus saol na Gaeilge a aithint agus a thuiscint, conas focail agus nathanna a bhaineann leis an nGaeltacht agus le féilte agus turasóireacht a aithint
- **Labhairt:** conas topaicí ar nós na Gaeilge, na Gaeltachta, féilte agus na turasóireachta in Éirinn a phlé
- **Scríobh:** conas giota leanúnach/blag, litir/ríomhphost agus comhrá a cheapadh agus a phleanáil ar thopaicí ar nós na Gaeilge, na Gaeltachta, féilte agus turasóireachta
- **Litríocht:** na heochairfhocail agus nathanna a bhaineann leis an scéal 'Oisín i dTír na nÓg'. Beidh tú in ann téamaí an scéil a phlé agus anailís a dhéanamh ar na carachtair. Beidh tú in ann do thuairim a chur in iúl faoin scéal; na heochairfhocail agus nathanna a bhaineann leis an dán 'An tEarrach Thiar'. Beidh tú in ann na téamaí, mothúcháin agus teicnící fileata a phlé. Beidh tú in ann do thuairim faoin dán a chur in iúl
- **Féachaint:** féachfaidh tú ar mhír físe a bhaineann leis an nGaeilge, leis an Éireannachas, Seachtain na Gaeilge agus féilte.

Aonad 6

An Ghaeilge, an Ghaeltacht agus Béaloideas

Céim a 1: Labhairt

Sa chéim seo, foghlaimeoidh tú:
- eochairfhocail agus nathanna a bhaineann le todhchaí agus tábhacht na Gaeilge
- eochairfhocail a bhaineann leis an nGaeltacht, leis an Éireannachas agus leis an turasóireacht in Éirinn
- eochairfhocail a bhaineann le féilte agus Seachtain na Gaeilge.

Eochairnathanna	
Bainim taitneamh as _____.	I enjoy _____.
Taitníonn _____ go mór liom.	I enjoy _____.
i mo thuairim/dar liom	in my opinion
smaoiním ar	I think about
Baineann X le Y.	X is associated with Y.

An Ghaeilge, an Ghaeltacht, Éireannachas, Féilte, Seachtain na Gaeilge agus an Turasóireacht

An scrúdaitheoir: **An bhfuil an Ghaeilge tábhachtach i do thuairim?**

An dalta: Tá an Ghaeilge an-tábhachtach i mo thuairim mar gurb í ár dteanga dhúchais[1] í. Mar a deir an seanfhocal, 'Tír gan teanga, tír gan anam[2]'.

An scrúdaitheoir: **An bhfuil todhchaí[3] geal i ndán don[4] Ghaeilge, i do thuairim?**

An dalta:
- Ceapaim go bhfuil todhchaí geal i ndán don Ghaeilge mar tá i bhfad níos mó Gaelscoileanna agus coláistí samhraidh sa tír anois ná mar a bhí.
- Féachann a lán daoine ar TG4. Tá raon[5] iontach clár ar an stáisiún. Is féidir le daoine in áit ar bith an Ghaeilge a chloisteáil ar Web TV TG4.
- Éisteann a lán daoine le Raidió na Gaeltachta agus le raidió Rí-Rá.

An scrúdaitheoir: **An bhféachann tú ar TG4 go minic?**

An dalta:
- Ní fhéachaim ar TG4 go minic.
- Féachaim ar TG4 go minic/anois is arís.
- Is aoibhinn liom spórt. Féachaim ar na cláir *Rugbaí Beo* agus *GAA Beo* go minic.
- Is aoibhinn liom ceol. Féachaim ar na cláir cheoil *Glór Tíre*, *Fleadh TV* agus *Pop4*.
- Is breá liom na cláir faisnéise[6] a bhíonn ar TG4. Bíonn siad an-suimiúil.
- Is breá liom féachaint ar *Ros na Rún/Ó Tholg go Tolg*.

[1] native
[2] a country without a language is a country without a soul
[3] future
[4] in store for
[5] range

[6] documentaries

219

Gnáthleibhéal Spreagadh

[7] *without a doubt*
[8] *quiz*
[9] *events*

[10] *shamrock*
[11] *parade*
[12] *marching bands*
[13] *floats*
[14] *going on*

An scrúdaitheoir:	**An mbaineann tú taitneamh as Seachtain na Gaeilge?**
An dalta:	Bainim, gan amhras[7]. Déanann gach duine iarracht Gaeilge a labhairt ar scoil i rith Sheachtain na Gaeilge. Bíonn céilí, biongó as Gaeilge, tráth na gceist[8] agus a lán imeachtaí[9] eile ar siúl sa scoil i rith sheachtain na Gaeilge.
An scrúdaitheoir:	**Cad a dhéanann tú de ghnáth Lá Fhéile Pádraig?**
An dalta:	De ghnáth, téim ar Aifreann ar maidin. Caithim seamróg[10] agus éadaí glasa. Tar éis an Aifrinn, téim go dtí an pharáid[11] i lár na cathrach/i lár an bhaile mhóir. Bíonn bannaí máirseála[12], rinceoirí agus mórán éadromán[13] sa pharáid gach bliain. Ina dhiaidh sin, buailim le mo chairde de ghnáth. Uaireanta bíonn ceolchoirm le banna éigin ar siúl[14] ar an tsráid agus féachaimid air. Ansin téim abhaile le haghaidh mo dhinnéir.

An scrúdaitheoir:	**An raibh tú riamh sa Ghaeltacht? Inis dom faoi.**
An dalta:	• Ní raibh mé sa Ghaeltacht riamh ach ba mhaith liom dul ann. D'inis mo chairde dom go raibh an-chraic acu sa Ghaeltacht.
	• Bhí. D'fhreastail mé ar chúrsa Gaeilge sa Ghaeltacht i nDún Chaoin, i gCorca Dhuibhne. Bhain mé an-taitneamh as.
	• D'fhan mé le bean tí sa cheantar. Bhí mé in ann Gaeilge a labhairt léi agus lena clann gach lá./D'fhan mé sa choláiste. Bhí an-chraic agam leis na daltaí eile. Rinneamar iarracht a bheith ag caint as Gaelainn gach lá.

▶ Mír Físe

Féach ar an mír físe a bhaineann leis na treoracha seo agus comhlánaigh an bhileog oibre a ghabhann léi.

Téigh go dtí **www.ceacht.ie**. Tá acmhainní do mhúineadh Gaeilge le fáil anseo. Téigh go dtí 'Acmhainní don Ardteist' agus roghnaigh 'An Ghaeilge agus an Ghaeltacht'. Ansin, roghnaigh 'An Ghaeilge timpeall orainn'. Tar éis breathnú ar an bhfíseán, cliceáil ar an gcáipéis Word chun an bhileog oibre a íoslódáil.

[15] *magazines*

[16] *nearby*
[17] *improvement*

An scrúdaitheoir:	**Conas a chaith tú gach lá sa Ghaeltacht?**
An dalta:	Bhí ranganna Gaeilge againn gach maidin. Rinneamar staidéar ar an ngramadach, léamhthuiscintí, agus ailt ó nuachtáin agus irisí[15]. D'imríomar cluichí as Gaeilge agus bhíomar ag cleachtadh ár gcuid cainte. Tar éis am lóin, d'imríomar cineálacha éagsúla spóirt ar nós: peil, sacar, rugbaí, leadóg, cispheil, eitpheil agus araile. Nuair a bhí an aimsir go breá, chuamar ag siúl sna sléibhte nó ag snámh. Bhí tránna áille in aice láimhe[16]. Um thráthnóna, bhí céilí againn nó comórtas tallainne. Anois is arís, chuamar go dtí an Daingean chuig an bpictiúrlann nó ag siopadóireacht. Chuir mé feabhas[17] mór ar mo chuid Gaelainne.

An Ghaeilge, an Ghaeltacht agus Béaloideas — Aonad 6

An scrúdaitheoir: **Cad is brí le hÉireannachas[18], dar leat?**
An dalta:
- Baineann Éireannachas leis[19] an nGaeilge, an spórt gaelach, ceol gaelach agus nósanna[20] Éireannacha, dar liom[21].
- Smaoiním ar[22] an spórt gaelach – peil ghaelach, iománaíocht, camógaíocht.
- Smaoiním ar cheol gaelach agus rince gaelach.
- Smaoiním ar an gcraic a bhíonn againn in Éirinn.
- Smaoiním ar na nósanna Éireannacha atá againn. Bímid i gcónaí ag magadh fúinn féin[23] agus ag magadh faoi gach duine eile! Ólaimid a lán tae! Ithimid bricfeasta Éireannach go minic.

[18] Irishness
[19] associated with
[20] customs
[21] in my opinion/ according to me
[22] I think about
[23] laughing at ourselves

Obair Bhaile

Féach ar leathanach 24–25 sa Leabhrán agus freagair na ceisteanna a bhaineann leis an nGaeltacht agus le Seachtain na Gaeilge.

An scrúdaitheoir: **An dtagann a lán turasóirí go hÉirinn?**
An dalta:
- Tagann a lán turasóirí go hÉirinn gach bliain.
- Tá an tírdhreach[24] agus na radhairc go hálainn in Éirinn lenár lochanna, sléibhte, cnoic, tránna agus aibhneacha[25].
- Tagann a lán daoine chun iontais[26] na hÉireann a fheiceáil ar nós Aillte an Mhóthair[27], Chlochán an Aifir[28], agus Lochanna Chill Airne[29].
- Tá cultúr na bpubanna an-tarraingteach[30] do thurasóirí leis an gcraic agus spraoi a bhíonn iontu.
- Tagann roinnt turasóirí chun stair na hÉireann a bhlaiseadh, mar shampla: Leabhar Cheanannais i mBaile Átha Cliath, na foirgnimh stairiúla, Coláiste na Tríonóide, Brú na Bóinne[31], Caisleán Bhun Raite[32], na caisleáin, na dolmáin agus na séipéil ar fud na tíre.
- Tá ceol traidisiúnta, spórt gaelach agus damhsa gaelach na tíre mealltach[33] do thurasóirí. Is aoibhinn le turasóirí seónna[34] ar nós Riverdance agus gigeanna[35] le grúpaí traidisiúnta i bpubanna agus amharclanna[36] ar fud na tíre.

An scrúdaitheoir: **An bhfuil an turasóireacht tábhachtach don tír, i do thuairim?**
An dalta: Tá an turasóireacht[37] an-tábhachtach don tír agus d'eacnamaíocht[38] na tíre gan dabh[39]. Cruthaíonn[40] an turasóireacht poist in ostáin, pubanna, bialanna, caiféanna, siopaí, músaeim, agus araile. Bíonn a lán ceantar faoin tuath agus ar an gcósta ag brath ar[41] an turasóireacht. Bíonn poist ag a lán daoine sna ceantair sin in óstáin, caiféanna, siopaí agus pubanna agus mar sin de.

[24] landscape
[25] rivers
[26] wonders
[27] Cliffs of Moher
[28] the Giant's Causeway
[29] Lakes of Killarney
[30] attractive
[31] Newgrange
[32] Bunratty Castle
[33] enticing/attractive
[34] shows
[35] gigs
[36] theatres
[37] tourism
[38] economy
[39] without a doubt
[40] creates
[41] depending on

Gnáthleibhéal Spreagadh

An scrúdaitheoir:	**Cad a dhéanann tú Lá Nollag de ghnáth?**
An dalta:	• Dúisím agus osclaím mo bhronntanais atá faoin gcrann Nollag. Tugaim bronntanais do mo mhuintir. Ansin bíonn bricfeasta Éireannach againn agus téimid go dtí an tAifreann.
	• Tar éis an Aifrinn, téimid go teach mo sheantuismiteoirí/téimid ar ais go dtí mo theach/téimid go teach m'aintín.
	• Bíonn dinnéar na Nollag againn. Ithimid turcaí, liamhás[42], prátaí, cairéid agus bachlóga Bruiséile[43]. Don mhilseog, bíonn cáca Nollag/maróg Nollag[44]/pióg[45] úll agus uachtar/uachtar reoite againn.
	• Tar éis an dinnéir, féachaimid ar scannán/ar an teilifís agus titimid inár gcodladh[46]!

[42] ham
[43] Brussels sprouts
[44] Christmas pudding
[45] pie
[46] we fall asleep

Nóta Gramadaí

Tabhair faoi deara an aidiacht shealbhach[47] sa nath thíos.

[47] possessive adjective

titim i mo chodladh	titeann tú i do chodladh	titeann sé ina chodladh
titeann sí ina codladh	titimid in ár gcodladh	titeann sibh in bhur gcodladh
titeann siad ina gcodladh		

An scrúdaitheoir:	**Cad a dhéanann tú Oíche Shamhna de ghnáth?**
An dalta:	• Gléasann mo dheartháir/dheirfiúr óg suas[48] mar phúca[49]/shióg[50]/shárlaoch[51].
	• Tugaim mo dheartháir/mo dheirfiúr chun bob nó bia[52] a imirt timpeall an eastáit.
	• Ina dhiaidh sin, buailim le mo chairde agus téimid go dtí tine chnámh[53].
	• Uaireanta bíonn cóisir chultacha bréige[54] ar siúl i dteach duine de mo chairde.
	• Bíonn seachtain saor againn ón scoil agus bainim an-taitneamh as an sos!

[48] dress up
[49] ghost
[50] fairy
[51] superhero
[52] trick or treat
[53] bonfire
[54] fancy dress

Aonad 6
An Ghaeilge, an Ghaeltacht agus Béaloideas

Céim a 2: Cluastuiscint

Sa chéim seo, foghlaimeoidh tú:
- eochairfhocail agus nathanna a bhaineann le saol na Gaeilge, leis an nGaeltacht, leis an Éireannachas, leis an nGaeilge, agus leis an turasóireacht
- conas ábhar cluastuisceana a phróiseáil agus ceisteanna a fhreagairt air.

> Le haghaidh leideanna maidir le conas ullmhúchán a dhéanamh don triail cluastuisceana, féach ar Aonad a 10, leathanach 406.

Tabhair aird ar na focail/nathanna seo a leanas agus tú ag ullmhú don chluastuiscint.

ciste	*a fund*	margadh na Gearmáine	*the German market*
ceardlanna	*workshops*	todhchaí	*future*
faofa	*approved*	stádas oifigiúil	*official status*
comórtas díospóireachta	*debating competition*	éileamh	*demand*
teachtaireacht	*message*	feachtas	*campaign*
tionscal	*industry*	clibeáil	*tag*
earnáil	*sector*	féith an ghrinn	*sense of humour*
tithe lóistín	*guesthouses*	ionsaí	*attack*
iostas féinfhreastail	*self-catering accommodation*	tionchar	*influence*
dul chun cinn	*progress*	coimhlint	*conflict*
tais	*damp*		

Cuid A *(CD1 Rian 57–59)*

Cloisfidh tú **dhá** fhógra sa chuid seo. Cloisfidh tú gach fógra díobh **faoi dhó**. Beidh sos ann leis na freagraí a scríobh tar éis na chéad éisteachta *agus* tar éis an dara héisteacht.

Fógra a hAon

Líon isteach an t-eolas atá á lorg sa ghreille anseo.

Cén contae a luaitear san fhógra seo?

Luaigh seirbhís amháin a chuireann Comhar Naíonraí na Gaeltachta ar fáil.

Cé mhéad duine atá fostaithe ag an gcomhlacht go lánaimseartha?

Cé mhéad dalta a ghlacann páirt i seirbhísí iarscoile?

Gnáthleibhéal **Spreagadh**

Fógra a Dó
1. (a) Cathain a thosóidh Seachtain na Gaeilge?

   (b) Cá mbeidh tráth na gceist ar siúl don tríú bliain?

2. (a) Cé dóibh a mbeidh an comórtas díospóireachta ar siúl?

   (b) Cad a bheidh ar siúl tráthnóna Dhéardaoin?

■ Cuid B

Cloisfidh tú **dhá** chomhrá sa chuid seo. Cloisfidh tú gach comhrá díobh **faoi dhó**. Cloisfidh tú an comhrá ó thosach deireadh an chéad uair. Ansin cloisfidh tú ina **dhá** mhír é. Beidh sos ann leis na freagraí a scríobh tar éis gach míre díobh.

Comhrá a hAon

An Chéad Mhír
1. Cén t-ábhar atá á phlé ag Éamonn agus an láithreoir?

2. Cé na margaí thar lear a luaitear?

An Dara Mír
1. Cén laghdú a chonacthas san earnáil champála agus charbháin, dar le hÉamonn?

2. Conas a bhí an aimsir an samhradh seo caite?

Comhrá a Dó

An Chéad Mhír
1. Cén lá atá i gceist leis an spriocdháta don aiste?

2. Cad a rinne Colm sa rang?

An Dara Mír
1. Cén bhliain ina raibh Colm nuair a chuaigh sé go dtí an Ghaeltacht den chéad uair?

2. Cad a dhéanfaidh Dónall anocht?

An Ghaeilge, an Ghaeltacht agus Béaloideas — Aonad 6

Cuid C

Cloisfidh tú **dhá** phíosa nuachta sa chuid seo. Cloisfidh tú gach píosa díobh **faoi dhó**. Beidh sos ann leis na freagraí a scríobh tar éis na chéad éisteachta **agus** tar éis an dara héisteacht.

Píosa a hAon

1. Cé na suíomhanna sóisialta a luaitear?
   _____

2. Cén rud is maith linn, dar leis an bhfeachtas?
   _____

Píosa a Dó

1. Cár tharla an t-ionsaí a luadh sa phíosa nuachta seo?
   _____

2. Cé a bhí in éineacht leis an bhfear ón mBeilg?
   _____

Céim a 3: Ceapadóireacht

Sa chéim seo, foghlaimeoidh tú:
- an foclóir, nathanna agus eochairfhocail a bhaineann leis na topaicí 'An tÉireannachas' agus 'An Ghaeilge', 'An Ghaeltacht' agus 'Féilte'
- conas feidhmiú mar bhall de ghrúpa trí mheán an obair ghrúpa
- conas giota leanúnach/blag, litir/ríomhphost agus comhrá a leagan amach agus struchtúr a chur orthu
- conas taighde a dhéanamh agus do smaointe a chur in iúl ó bhéal.

Obair Ghrúpa

Cumfaidh na daltaí dán dar teideal 'Sin Éireannachas!' Críochnóidh gach líne sa dán leis an nath 'sin Éireannachas!' Smaoineoidh na daltaí ar na rudaí a ritheann leo nuair a smaoiníonn siad ar nóisean an Éireannachais. Mar chabhair, féach ar na pictiúir thíos.

225

Gnáthleibhéal Spreagadh

- Roinnfear an rang i ngrúpaí de cheathrar.
- Cuirfidh gach grúpa na heochairfhocail a ritheann leo ar mheabhairmhapa/ghineadóir smaointe.
- Ansin, cumfaidh gach grúpa dán faoin Éireannachas.
- Déan athrá ar an nath céanna ag deireadh gach líne chun struchtúr a chur ar an dán nó smaoinigh ar shlí éigin eile chun struchtúr a chur ar an dán.

> **Mar shampla**
> Gasúir ag imirt peile, sin Éireannachas!
> Daoine ag ól cupán tae, sin Éireannachas

Scríobh na dánta ar phóstaeir le marcair agus íomhánna/pictiúir. B'fhéidir gurbh fhéidir leis an múinteoir leas a bhaint astu do sheastáin do Sheachtain na Gaeilge nó iad a chur ar an mballa chun Lá Fhéile Pádraig a cheiliúradh.

Giota Leanúnach nó Blag

Eochairnathanna	
Is í _____ an áit is fearr liom ná _____.	My favourite place is _____.
ag tabhairt aire do	taking care of
in aice láimhe	nearby
i ngar do	near to

Giota Leanúnach Samplach

An Áit is Fearr Liom in Éirinn

Is í Co. Chiarraí an áit is fearr liom in Éirinn, gan aon agó. Téim ar saoire go dtí feirm mo sheanathar i gCo. Chiarraí gach bliain. Tá a fheirm suite cúig mhíle ó Chill Airne, i gCo. Chiarraí. Bím ag obair amuigh faoin aer leis gach lá — ag crú na mbó[1], ag bailiú an fhéir agus ag tabhairt aire do na hainmhithe.

Tá an tírdhreach[2] go hálainn i gCo. Chiarraí. Tá Lochanna Chill Airne[3] in aice láimhe[4] agus tá siad go hálainn ar fad. Tá páirc náisiúnta[5] in aice leo agus is breá liom dul ag siúl ann. Tá a lán cnoc agus sléibhte in aice láimhe freisin. Uaireanta, téimid go dtí an trá. Is féidir le mo dheartháir níos sine tiomáint agus bíonn sé sin an-áisiúil. Tá an trá suite i ngar don[6] bhaile mór, Trá Lí, ar an gcósta. Bíonn an-spraoi agam le mo dheartháireacha agus deirfiúracha ar an trá.

[1] milking the cows
[2] the landscape
[3] Lakes of Killarney
[4] nearby
[5] national park
[6] near to

An Ghaeilge, an Ghaeltacht agus Béaloideas

Bíonn Cill Airne dubh le turasóirí[7] i rith an tsamhraidh. Bíonn an t-atmaisféar go hiontach sa bhaile mór. Tá a lán bialann agus caiféanna deasa i gCill Airne. Is baile mór gleoite[8] é. Bíonn a lán féilte[9] ar siúl i gCo. Chiarraí i rith an tsamhraidh. Bíonn Aonach an Phoic[10] ar siúl i gCill Orglan i lár mhí Lúnasa. Is baile mór é Cill Orglan atá fiche nóiméad ó Chill Airne. Bíonn Féile Rós Thrá Lí ar siúl ag deireadh mhí Lúnasa. Is aoibhinn liom dul go dtí an pháirc siamsaíochta[11], na margaí sráide[12] agus na gigeanna a bhíonn ar siúl amuigh faoin aer[13].

Bíonn a lán gigeanna maithe ar siúl san INEC i gCill Airne. Chonaic mé an banna Walking on Cars ann an samhradh seo caite. Is í Co. Chiarraí an áit is fearr liom in Éirinn gan aon agó.

[7]thronged with tourists
[8]lovely/charming
[9]festivals
[10]Puck Fair
[11]entertainment park
[12]street markets
[13]outdoors

Cleachtaí Scríofa

1. Cuir Gaeilge ar na focail seo a leanas.

    (a) entertainment park **(b)** lakes **(c)** mountains **(d)** hills **(e)** band **(f)** festivals
    (g) markets **(h)** landscape **(i)** outdoor **(j)** lovely

2. Freagair na ceisteanna seo a leanas bunaithe ar an ngiota leanúnach thuas.

    (a) Cad í an áit is fearr le scríbhneoir an ghiota thuas?
    (b) Cá bhfanann an scríbhneoir?
    (c) Déan cur síos ar thírdhreach an chontae a luaitear thuas.
    (d) Ainmnigh dhá fhéile a luaitear thuas.
    (e) Cathain a bhíonn Aonach an Phoic ar siúl?
    (f) Cad is ainm don bhaile mór ina mbíonn Aonach an Phoic ar siúl?
    (g) Cathain a bhíonn Féile Rós Thrá Lí ar siúl?
    (h) Cad a deir an scríbhneoir faoi Chill Airne?
    (i) Cén banna a chonaic an scríbhneoir an samhradh seo caite?
    (j) Cá mbíonn na gigeanna agus ceolchoirmeacha ar siúl i gCill Airne?

Obair Ghrúpa/Obair Bhaile

Scríobh giota leanúnach dar teideal 'An áit is fearr liom in Éirinn'.

Roinnfear an rang i ngrúpaí de cheathrar. Bain feidhm as na ceannteidil thíos ar an mata boird agus scríobhfaidh gach dalta a c(h)uid smaointe síos ina c(h)earnóg den Mhata Boird. Má tá tú ag scríobh an ghiota leat féin, bain feidhm as na ceannteidil ar an mata boird chun struchtúr a chur ar do ghiota leanúnach.

Gnáthleibhéal Spreagadh

Mata Boird

Dalta 1	Dalta 3
Scríobhfaidh dalta a 1 tús an ghiota ag lua cad í an áit is fearr leis an ngrúpa in Éirinn. Ansin, déanfaidh an dalta cur síos ar thírdhreach na háite. an tírdhreach (na cnoic/lochanna/aibhneacha/tránna/radhairc san áit)	Déanfaidh dalta a 3 cur síos ar na pointí thíosluaite sa tríú mír den ghiota. aon radhairc speisialta atá le feiceáil san áit (caisleáin, dolmáin, páirc phoiblí, séadchomharthaí, músaeim, foirgnimh stairiúla)
Dalta 2	Dalta 4
Déanfaidh dalta a 2 cur síos ar na pointí thíosluaite sa dara mír den ghiota. an tsiamsaíocht atá ar fáil san áit (na féilte/gigeanna/ceolchoirmeacha/cluichí a bhíonn ar siúl san áit)	Scríobhfaidh dalta a 4 píosa ar na pointí thíosluaite agus déanfaidh sé/sí suimiú suas ar an ngiota. an aimsir, na daoine, aon rud eile Suimiú suas samplach: Is í _____ an áit is fearr liom in Éirinn gan aon agó.

Litir nó Ríomhphost

Cúinne na Litearthachta

Scríobh amach na nathanna cainte/focail atá aibhsithe le dath bándearg sa fhreagra samplach thíos. Ansin, scríobh isteach an leagan Béarla díobh. Faoi dheireadh, clúdaigh an Ghaeilge ar chlé le do lámh agus déan iarracht na nathanna a litriú leat féin.

As Gaeilge	As Béarla	As Gaeilge Arís!
1. Sampla le cara liom	with a friend of mine	le cara liom
2.		
3.		
4.		
5.		
6.		
7.		
8.		
9.		
10.		

An Ghaeilge, an Ghaeltacht agus Béaloideas

Litir Shamplach

Bhí tú ar chúrsa Gaeilge sa Ghaeltacht le déanaí. Scríobh an litir (leathleathanach nó mar sin) a chuirfeá chuig do chara mar gheall ar an gcúrsa sin.

Bóthar na Trá
An Spidéal
Co. na Gaillimhe
5 Lúnasa 2016

A Mhaidhc, a chara

Cén chaoi a bhfuil tú? Tá súil agam go bhfuil tú i mbarr na sláinte! Bhí mé ag freastal ar chúrsa sa Ghaeltacht an tseachtain seo caite. Táim ag scríobh chugat chun insint duit faoi.

Chuaigh mé go dtí an Spidéal le cara liom chun freastal ar chúrsa Gaeilge. Bhí an cúrsa ar siúl i gcoláiste áitiúil agus d'fhanamar le bean tí ón gceantar. Bhí naonúr againn sa teach agus bhí an-chraic againn! Bhíomar ag caint as Gaeilge leis an mbean tí agus lena clann gach lá. Bhí mac aici a bhí ar chomhaois liom agus bhí sé an-dathúil! Ba rógaire cruthanta é chomh maith! Bhí sé ag cúirteáil leis na cailíní go léir.

Thosaigh an cúrsa gach lá ar a naoi a chlog. D'fhreastalaíomar ar ranganna gach maidin óna naoi go dtí a haon a chlog. Rinneamar staidéar ar an ngramadach, ar ailt ó nuachtáin Ghaeilge agus d'imríomar cluichí as Gaeilge. Rinneamar cleachtadh ar ár gcuid Gaeilge labhartha freisin ar ndóigh. San iarnóin d'imríomar spórt nó chuamar go dtí an trá áitiúil nuair a bhí an aimsir go deas. Uaireanta chuamar ag siúl sna sléibhte nó sna cnoic. San oíche, bhí comórtas tallainne nó céilí againn. Bhuail mé le mórán daoine cairdiúla agus rinne mé cairdeas nua le mórán daoine nua. Bhí sé 'togha' mar a deir siad anseo sa Spidéal!

Táim ar ais sa bhaile arís anois. Ba bhreá liom bualadh leat go luath má tá tú ar fáil. Cuir téacs chugam go luath más féidir.

Slán go fóill,
Cáit

Gnáthleibhéal Spreagadh

Cleachtaí Scríofa

1. Cuir Gaeilge ar na focail/nathanna seo a leanas.

    (a) it was great (b) a friend of mine (c) grammar
    (d) spoken Irish (e) available (f) if possible
    (g) a total rogue (h) of course (i) flirting
    (j) talent competition

2. Líon na bearnaí thíos bunaithe ar an litir thuas.

    (a) Ba rógaire _____ é.
    (b) Rinne mé cairdeas _____ mórán daoine difriúla.
    (c) Cuir téacs chugam go luath más _____ .
    (d) Ba bhreá liom bualadh _____ .
    (e) Rinneamar staidéar _____ an ngramadach.
    (f) D'imríomar cluichí _____ Gaeilge.
    (g) Thosaigh an cúrsa gach lá _____ a naoi a chlog.
    (h) D'fhreastalaíomar _____ chúrsa.
    (i) Táim ar ais abhaile _____ .
    (j) Bhí an-chraic _____ .

3. Freagair na ceisteanna seo a leanas bunaithe ar an litir thuas.

    (a) Cá raibh Cáit ag freastal ar chúrsa Gaeilge?
    (b) Cár fhan sí?
    (c) Cén saghas duine ab ea mac bhean an tí?
    (d) Cathain a thosaigh a ranganna gach maidin?
    (e) Cén saghas rudaí a rinne siad sa rang?
    (f) Cad a rinne siad gach iarnóin?
    (g) Cad a rinne siad san oíche?
    (h) Ar chuir sí feabhas ar a cuid Gaeilge?
    (i) Déan cur síos ar na daoine a d'fhreastail ar an gcúrsa.
    (j) Cá bhfuil Cáit anois?

An Ghaeilge, an Ghaeltacht agus Béaloideas

Aonad 6

Ríomhphost Samplach

Bhí tú ag caint le do chara le déanaí ag iarraidh plean a dhéanamh le chéile do Lá Fhéile Pádraig. Seol ríomhphost chuige ag tabhairt cuiridh dó dul go dtí an pharáid Lá Fhéile Pádraig.

Ó: diarmuid@eircom.ie
Ábhar: Plean do Lá Fhéile Pádraig
Go: daithí@gmail.com
Am: 10.00 i.n., Dé Céadaoin 14 Márta

A Dhaithí, a chara,

Tá súil agam go bhfuil cúrsaí go maith leatsa. Bhíomar ag caint le déanaí mar gheall ar Lá Fhéile Pádraig. Ar mhaith leat dul chuig an bparáid[1] liom Lá Fhéile Pádraig?

Faoi mar is eol duit[2], chonaic mé an pharáid anuraidh agus bhí sé ar fheabhas ar fad! Bhí sé ar siúl i lár na cathrach. Bhí an t-atmaisféar dochreidte[3]! Bhí iliomad[4] bannaí máirseála, rinceoirí, ceoltóirí, éadromán[5] agus flótaí[6] ildaite[7], iontacha ann ag grúpaí amhail[8] Macnas agus Samhlaíocht. Tar éis na paráide, bhí an-chuid bannaí mór le rá[9] ag seinm ar an tsráid – The Coronas agus Kodaline ina measc. Ceapaim go mbeidh an-chraic againn. Labhair mé le Séamas cheana féin[10]. Dúirt sé gur mhaith leis dul ann[11].

Seol ríomhphost chugam go luath má theastaíonn uait dul[12] ann agus socróimid[13] cá mbuailfimid agus cén t-am.

Beir bua[14],

Diarmuid

---

[1] the parade
[2] as you know
[3] unbelievable
[4] a multitude
[5] balloons/floats
[6] floats
[7] multicoloured
[8] like
[9] well-known
[10] already
[11] He said that he would like to go
[12] if you want to go
[13] we will arrange
[14] best wishes

Cleachtaí Scríofa

1. Freagair na ceisteanna bunaithe ar an ríomhphost thuas.
    (a) Cén plean atá ag Diarmuid?
    (b) Cad a dúirt sé faoin bparáid anuraidh?
    (c) Ainmnigh grúpa a thaispeáin flótaí ildaite iontacha sa pharáid.
    (d) Cé na bannaí a sheinn ag an bparáid anuraidh?
    (e) Cé a dúirt le Diarmuid gur mhaith leis dul cheana féin?

2. Cuir Gaeilge ar na focail/nathanna seo a leanas.
    (a) floats (b) bands (c) well-known (d) like/such as (e) already (f) best wishes (g) as you know (h) unbelievable (i) a multitude

3. Scríobh ríomhphost chuig cara leat ag tabhairt cuiridh dó/di bualadh leat Lá Fhéile Pádraig.

Gnáthleibhéal **Spreagadh**

Comhrá

Ceapann tú gur cainéal iontach é TG4 ach ní aontaíonn do chara leat. Scríobh amach an comhrá a bheadh agaibh le chéile faoi sin.

Comhrá Samplach

Síle:	Haigh, a Órlaith. Caidé mar atá tú?
Órlaith:	Dia duit, a Shíle. Táim go breá, is tú féin?
Síle:	Go maith. An raibh tú ag amharc ar an gclár sin *Féilte*[1] ar TG4 aréir? Chuaigh an láithreoir Máire Treasa Ní Dhubhghaill ar cuairt chuig Gaeltacht Ghaoth Dobhair! Bhí an clár an-suimiúil.
Órlaith:	Ó, ní amharcaim ar[2] TG4 riamh. Sílim gur cainéal[3] leamh[4], leadránach é.
Síle:	Ó, a Órlaith! Is léir nach bhféachann tú ar TG4 riamh! Tá go leor clár deas ar TG4.
Órlaith:	Ó, an gceapann tú go bhfuil? Tabhair sampla dom.
Síle:	Bhuel, cuir i gcás[5] an clár *Féilte*. Téann na láithreoirí timpeall na tíre chuig na ceantair Ghaeltachta. Téann siad ag dreapadóireacht, ag cadhcáil[6] agus ag déanamh gníomhaíochtaí randamacha[7] leis na daoine áitiúla. Buaileann siad le daoine an-suimiúil chomh maith.
Órlaith:	Ó, i ndáiríre[8]? An bhfuil aon chláir eile ar TG4 a thaitníonn leat?
Síle:	Tá iliomad[9] clár ann a thaitníonn liom. Is breá liom féachaint ar na cláir spóirt *Rugbaí Beo* agus *Seó Spóirt*. Taitníonn an clár *Wwoofáil* go mór liom. Is clár taistil é. Téann na láithreoirí chun fanacht ar fheirmeacha orgánacha[10]. Faigheann siad lóistín agus bia mar íocaíocht.
Órlaith:	Déarfainn go bhfuil sé sin suimiúil, caithim a rá[11] a Shíle. B'fhéidir go dtosóidh mé ag féachaint ar TG4 mar sin.
Síle:	Ba cheart duit, a Órlaith! Bain triail as[12]! Caithfidh mé imeacht anois. Oíche mhaith, a thaisce.
Órlaith:	Oíche mhaith, a Shíle.

[1] festivals
[2] watch
[3] channel
[4] dull
[5] take for example
[6] kayaking
[7] random acts
[8] seriously/really
[9] a multitude
[10] organic
[11] I have to say
[12] try it

Cleachtaí Scríofa

1. Freagair na ceisteanna seo a leanas bunaithe ar an gcomhrá thuas.

   (a) Cén clár a raibh Síle ag amharc air aréir? Cad a cheapann Órlaith faoi TG4?

   (b) Cad a shíleann Síle faoi TG4?

   (c) Cad a dhéanann na láithreoirí sa chlár *Féilte*?

   (d) Cén saghas gníomhaíochtaí randamacha a dhéanann na láithreoirí le daoine áitiúla uaireanta?

   (e) Cad iad na cláir eile ar TG4 a thaitníonn le Síle?

   (f) Cad a fhaigheann daoine mar íocaíocht nuair a théann siad ag 'Wwoofáil'?

   (g) Cad a deir Órlaith ag deireadh an chomhrá?

An Ghaeilge, an Ghaeltacht agus Béaloideas

Aonad 6

2. Cuir Gaeilge ar na focail/nathanna thíos.

   (a) payment **(b)** watching **(c)** presenters **(d)** random acts **(e)** festivals **(f)** a multitude **(g)** try it out **(h)** I have to go now **(i)** accommodation **(j)** organic

3. Ceapann tú gur cainéal iontach é TG4 ach ní aontaíonn do chara leat. Scríobh an comhrá (leathleathanach nó mar sin) a bheadh agat le do chara faoi sin.

Céim a 4: Gramadach

Na Réamhfhocail Shimplí agus na Forainmneacha Réamhfhoclacha

Féach ar na nótaí ar na réamhfhocail shimplí agus na forainmneacha réamhfhoclacha ar leathanach 375 in Aonad a 9

Céim a 5: Léamhthuiscint

Sa chéim seo, foghlaimeoidh tú:
- an foclóir agus na heochairfhocail a bhaineann leis an topaic 'An turasóireacht in Éirinn'. D'fhéadfá an foclóir ón léamhthuiscint seo a úsáid chun giota a scríobh dar teideal 'An tír is fearr liom ar domhan'
- foclóir a bhaineann le stair, seandálaíocht, an tírdhreach, an aimsir, cultúr, siamsaíocht agus muintir na tíre
- conas eolas a phróiseáil agus ceisteanna a fhreagairt air.

Léamhthuiscint a 1

Léigh an sliocht seo a leanas agus freagair na ceisteanna **ar fad** a ghabhann leis.

An Turasóireacht in Éirinn

1. Tagann go leor turasóirí go hÉirinn gach bliain. Cén fáth? Bhuel, baineann go leor cúiseanna leis. Tá clú agus cáil ar Éirinn mar thír na Naomh agus na nOllamh[1]. Mar sin, tagann a lán turasóirí a bhfuil suim acu sa stair agus i mbéaloideas[2] na tíre ar cuairt go dtí an tír. Tá a lán caisleán, foirgneamh stairiúil[3] agus dolmán le feiceáil ar fud

[1] land of saints and scholars
[2] folklore
[3] historical buildings

233

Gnáthleibhéal Spreagadh

[4] the Book of Kells
[5] Newgrange
[6] temple
[7] ancient
[8] site
[9] glen
[10] decorated
[11] ruins
[12] of the monks
[13] landscapes
[14] depend on
[15] natural wonders
[16] Cliffs of Moher
[17] the Giant's Causeway
[18] beautiful
[19] ancestors
[20] marketing
[21] based on
[22] interest

na tíre. Tagann cuairteoirí chun Leabhar Cheanannais[4] a fheiceáil i gColáiste na Tríonóide. Tá go leor áiteanna stairiúla againn cosúil le Sí an Bhrú[5] suite i mBrú na Bóinne, Co. na Mí. Tógadh Sí an Bhrú níos mó na 5000 bliain ó shin (timpeall 3000 RC). Mar sin, tá an áit stairiúil seo níos sine ná Stonehenge i Sasana agus na Pirimidí san Éigipt. Is teampall[6] ársa[7] é agus áit atá tábhachtach maidir le cúrsaí spioradálta agus cúrsaí reiligiúnda.

2. Tugann a lán turasóirí cuairt ar Ghleann Dá Loch i gCo. Chill Mhantáin. Tá an láithreán[8] suite i ngleann[9] le dhá loch áille, agus tá cloigtheach, séipéil chloiche agus crois mhaisithe[10] fós le feiceáil ann. Tagann siad chun na fothracha[11] de mhainistreacha agus clochair a fheiceáil ar fud na tíre ar nós fhothracha na manach[12] atá le feiceáil ar Sceilig Mhichíl agus mar sin de. Rinneadh taifeadadh ar radhairc den scannán cáiliúil Star Wars ar Sceilig Mhichíl agus ar Cheann Sibéal i gCo. Chiarraí fiú de bharr an tírdhreacha[13] lainn, dhrámata atá le feiceáil ann. Anuas air sin, tá clú agus cáil ar Éireannaigh mar dhaoine a bhfuil féith an ghrinn iontu, atá cairdiúil agus a chuireann fáilte mhór roimh thurasóirí. Braitheann a lán Éireannach ar[14] an turasóireacht chun slí bheatha a bhaint amach agus mar sin, déanann siad gach iarracht fáilte mhór a chur roimh thurasóirí.

3. Tagann a lán daoine go hÉirinn chun áilleacht na tíre a fheiceáil. Tagann siad chun taitneamh a bhaint as na radhairc agus tírdhreach na tíre in Éirinn – tá a lán tránna áille, lochanna, sléibhte, cnoc, aibhneacha agus páirceanna glasa againn sa tír. Tagann siad chun iontais nádúrtha[15] ar nós Cheann Sleá i gCo. Chiarraí a fheiceáil, Aillte an Mhóthair[16] i gCo. an Chláir, Chlochán an Aifir[17] i gCo. Aontroma agus mar sin de. Tagann siad chun cuairt a thabhairt ar chathracha, bailte móra agus sráidbhailte gleoite[18] na hÉireann. Faigheann siad blas de chultúr na hÉireann. Téann siad go dtí na tithe tábhairne agus éisteann siad leis na seisiúin cheoil a bhíonn ar siúl iontu go minic. Baineann siad taitneamh as an gcraic agus an spórt a bhíonn le fáil iontu. Labhraíonn siad le muintir chairdiúil na tíre agus bíonn an-chraic acu leo.

4. Uaireanta tagann daoine go hÉirinn chun eolas a fháil faoina n-oidhreacht agus a sinsir[19]. Téann siad ar ais go ceantar a muintire agus faigheann siad eolas ó na daoine áitiúla faoina seantuismitheoirí nó sin-seantuismitheoirí. Smaoineamh cliste margaíochta[20] ab ea Tóstal Éireann 2013. Bhí sé bunaithe ar[21] an méid spéise[22] a bhí ag

daoine thar lear ina gcúlra Éireannach agus a bhí ag iarraidh teagmháil a dhéanamh lena ngaolta Éireannacha. Thug daoine ó cheann ceann na tíre[23] cuireadh dá ngaolta[24] i dtíortha eile teacht go hÉirinn agus a gcuid Éireannachais a chéiliúradh. Mheall Tóstal Éireann an-chuid turasóirí chuig an tír. Chomh maith leis sin, chruthaigh[25] sé ceangail níos láidre idir daoine anseo in Éirinn agus a ngaolta agus cairde thar lear.

5. Tá seónna ar nós Riverdance chomh maith le seónna ceoil agus damhsa eile ag mealladh[26] a lán turasóirí go hÉirinn le fada an lá. Is iomaí duine a chonaic seó mar sin thar lear agus a spreagadh chun cuairt a thabhairt ar an tír dá bharr. Uaireanta téann siad go dtí cluichí gaelacha ar nós cluichí peile, iománaíochta agus camógaíochta nó féachann siad orthu ar an teilifís agus faigheann siad blas[27] dár spórt gaelach. Tá cultúr saibhir againn sa tír seo agus meallann an cultúr sin mórán cuairteoirí agus turasóirí chuig an tír. Ar dheireadh thiar thall[28], tá a lán rudaí difriúla ag baint leis an tír a mheallann turasóirí go hÉirinn, ina measc an stair a bhaineann leis an tír, tírdhreach álainn na tíre, an ceol, spórt agus craic a bhíonn le fáil agus muintir chairdiúil na tíre.

[23] from one end of the country to the other
[24] relatives
[25] created
[26] enticing
[27] taste
[28] in conclusion

Ceisteanna Scrúdaithe

1. (a) Cén saghas rudaí/áiteanna stairiúla atá againn sa tír seo? (Alt 1)
   (b) Cén fáth a bhfuil Sí an Bhrú tábhachtach mar áit? (Alt 1) (10 marc)
2. (a) Cá bhfuil Gleann Dá Loch suite? (Alt 2)
   (b) Cad atá le feiceáil ar Sceilig Mhichíl? (Alt 2) (10 marc)
3. (a) Déan cur síos ar thírdhreach na hÉireann. (Alt 3)
   (b) Cad a bhíonn le fáil i dtithe tábhairne na hÉireann? (Alt 3) (10 marc)
4. (a) Cad air a raibh nóisean Thóstal Éireann bunaithe? (Alt 4)
   (b) Cad a chruthaigh Tóstal Éireann? (Alt 4) (10 marc)
5. (a) Cén saghas seónna atá ag mealladh a lán turasóirí go hÉirinn? (Alt 5)
   (b) Cén saghas spórt gaelach a luaitear in Alt a 5? (10 marc)

Gnáthleibhéal Spreagadh

Obair Ghrúpa

Ligigí oraibh go bhfuil sibh ag dearadh bróisiúir faoin turasóireacht in Éirinn (nó an tír is fearr libh ar domhan) agus na rudaí atá le feiceáil/le déanamh in Éirinn (nó aon tír eile is fearr libh).

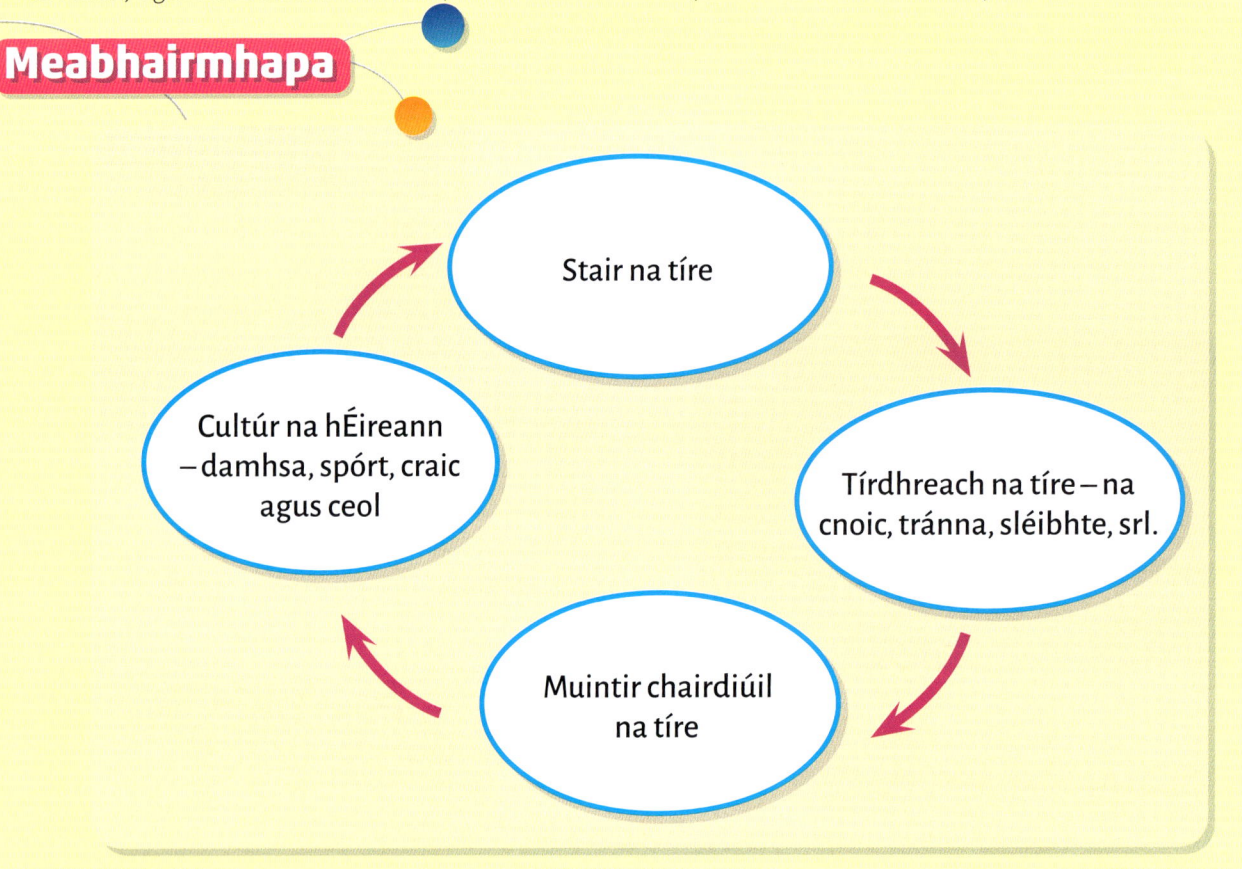

Meabhairmhapa

- Stair na tíre
- Tírdhreach na tíre – na cnoic, tránna, sléibhte, srl.
- Muintir chairdiúil na tíre
- Cultúr na hÉireann – damhsa, spórt, craic agus ceol

Sula dtugann sibh faoin tasc, dearfaidh sibh póstaeir le chéile le foclóir cabhrach agus pictiúr den rud in aice leis.

- Póstaer a 1: tírdhreach na tíre
- Póstaer a 2: stair na tíre
- Póstaer a 3: muintir agus cultúr na tíre
- Póstaer a 4: siamsaíocht agus áiseanna na tíre

Roinnfear an rang i ngrúpaí de cheathrar. Is féidir libh úsáid a bhaint as Mata Boird roinnte i gceithre chearnóg. Cuir na cinnteidil thíos ar na ceithre chearnóg ar an Mata Boird.

Nóta Gramadaí

An Tuiseal Ainmneach	An Tuiseal Ginideach	An Tuiseal Tabharthach	An Tuiseal Ainmneach Iolra
Éire	muintir na hÉireann	in Éirinn as Éirinn	–
an tír	muintir na tíre	sa tír	na tíortha

An Ghaeilge, an Ghaeltacht agus Béaloideas

Mata Boird

Dalta 1	Dalta 3
Tús an bhróisiúir: Déan cur síos ar aidhm an bhróisiúir agus luaigh an tír atá i gceist. Déan cur síos ar thírdhreach na tíre agus ar na radhairc atá le feiceáil sa tír.	Déan cur síos ar mhuintir agus cultúr na tíre (an bia, an teanga, ceol agus rince dúchasach na tíre, ceol dúchasach na tíre, nósanna na ndaoine sa tír).
Dalta 2	**Dalta 4**
Déan cur síos ar an aimsir agus an stair a bhaineann leis an tír.	An tsiamsaíocht agus na háiseanna do thurasóirí atá ar fáil sa tír. Críoch an bhróisiúir: déan achoimre ar bhuanna[1] na tíre a roghnaigh tú/sibh.

[1] *attributes*

Léamhthuiscint a 2

Léigh an sliocht seo a leanas agus freagair na ceisteanna **ar fad** a ghabhann leis.

Eoghan McDermott

1. Is ambasadóir iontach é an láithreoir teilifíse agus raidió Eoghan McDermott don Ghaeilge. Baineann sé úsáid as an gcúpla focal go minic ar a chlár raidió ar 2fm cé gur clár Béarla é. Is minic a bhíonn sé ag magadh agus ag pleidhcíocht leis[1] an léitheoir nuachta as Gaeilge i rith an chláir. Is duine éirimiúil[2], leathanaigeanta[3] agus greannmhar é. Sheol sé an t-albam *Ceol 2016* – a raibh bannaí agus amhránaithe mór le rá amhail Ed Sheeran agus The Coronas air. D'oibrigh sé le Conradh na Gaeilge, 2fm agus Raidió Rí-Rá chun an dlúthdhiosca a chruthú. Is é raidió Rí-Rá an t-aon chairtstáisiún[4] raidió lán-Ghaeilge don aos óg in Éirinn. Mar chuid den chéad duais don chomórtas 'Beo' a bhí ar siúl mar chuid d'Oireachtas 2016 i gCill Airne, bhí an deis ag grúpa de dhéagóirí darbh ainm 'Tine' ó Chontae Mhaigh Eo amhrán dá gcuid féin a chur ar an albam *Ceol 2017*!

2. Admhaíonn McDermott go raibh tionchar[5] ollmhór ag an nGaeilge ar a ghairm féin mar aisteoir agus pearsa mór le rá sna meáin.

Cé nach cainteoir dúchais[6] é Eoghan, tá sé líofa sa Ghaeilge. Thosaigh sé a ghairm[7] sna meáin mar aisteoir ar dhráma Gaeilge do dhaoine óga darbh ainm *Seacht*. Bhí an príomhról, Pete aige. Ina dhiaidh sin chuir sé an clár ceoil *Pop 4* i láthair ar TG4 – clár seachtainiúil a thaispeáin físeáin cheoil ó na cairteacha agus a thug ardán do ghrúpaí Éireannacha. Chuir sé an clár díospóireachta *Frenemies* i láthair do RTÉ 2 agus clár irise dátheangach[8] darbh ainm *Imeall Geall* ar an mBBC. Chuir sé isteach ar an gcomórtas

[1] *messing with*
[2] *intelligent*
[3] *broadminded*
[4] *chart music station*
[5] *influence*
[6] *native speaker*
[7] *profession*
[8] *bilingual*

237

Gnáthleibhéal Spreagadh

[9] *former presenters*
[10] *awards*
[11] *reality show*
[12] *suffering*
[13] *period of time*
[14] *separate from*
[15] *charitable organisation*
[16] *suicide*
[17] *self-harm*
[18] *he admitted*
[19] *copresenter*
[20] *mood*
[21] *not only that*
[22] *first-class*
[23] *choreographer*
[24] *once*

Pick Me MTV in 2008 ach bhuaigh Laura Whitmore an gradam sin!

3. In 2013, chuaigh McDermott thar lear go Sasana chun tabhairt faoi phost nua sa stáisiún raidió Radio X. I measc na n-iarláithreoirí[9] a d'oibrigh leis an stáisiún raidió sin, tá Dermot O'Leary, Russell Brand, Alex Zane, Ricky Gervais agus Jimmy Carr. Ainmníodh McDermott don ghradam Pearsa Nuathagtha is Fearr ag na gradaim[10] náisiúnta raidió sa Bhreatain agus mhaígh scríbhneoir ón nuachtán *The Guardian* gurbh é a chlár an clár ab fhearr den seánra sin sa Bhreatain. I Meán Fomhair 2013, bhí McDermott ar an teilifís sa Bhreatain den chéad uair ag cur an chláir réaltachta[11] *Celebrity Super Spa* i láthair do Chainéal a 5.

4. Admhaíonn McDermott go raibh sé ag fulaingt[12] le linn na tréimhse[13] sin, áfach. Cé go raibh sé ag baint an-taitneamh as a phost nua agus domhan corraitheach na meán a bhí timpeall air, bhí sé tar éis scaradh óna[14] chailín. Bhí sé tar éis bogadh go tír nua – áit nach raibh a chairde ná a chlann timpeall air. Nuair a iarradh air a bheith ina ambasadóir don eagraíocht charthanach[15] Pieta House in 2013 (eagraíocht a oibríonn chun féinmharú[16] agus féindochar[17] a laghdú), d'admhaigh sé[18] gur fhuiling sé féin ón nGalar Dubh agus féindochar nuair a bhí sé i Sasana. Chuir sé físeán mar gheall air ar YouTube – rud a chabhraigh leis na mílte duine óg ar fud na tíre, is dócha.

5. D'oibrigh McDermott mar chomhláithreoir[19] ar chúig shraith den chlár ceoil *The Voice of Ireland* in éineacht le Kathryn Thomas. Ó Mheán Fomhair 2014 ar aghaidh, bhí sé ag cur an chláir *The Eoghan McDermott Show* i láthair ar 2fm. Chuir sé sraith darbh ainm *Drunk* i láthair ar RTÉ 2 chomh maith – clár a rinne scrúdú ar éifeacht an alcóil ar an gcorp agus ar an meon. Creideann sé go láidir go bhfuil sé an-tábhachtach aclaíocht de shaghas éigin a dhéanamh chun meon[20] agus corp sláintiúil a bheith agat. Téann sé ag snámh sula dtéann sé ag obair nuair is féidir leis. Ní hamháin[21] gur aisteoir agus láithreoir teilifíse agus raidió den chéad scoth[22] é Eoghan ach bhí sé ina chóiréagrafaí[23] tráth[24]! Rinne sé traenáil sa rince ag an ionad rince i mBroadway. D'oibrigh sé mar rinceoir ag tabhairt tacaíochta d'amhránaithe agus grúpaí ar nós Rihanna, The Pussycat Dolls agus Chris Brown fiú!

An Ghaeilge, an Ghaeltacht agus Béaloideas

Ceisteanna Scrúdaithe

1. (a) Cén fáth ar ambasadóir iontach é Eoghan don Ghaeilge? (Alt 1)
   (b) Conas a fuair an grúpa déagóirí darbh ainm 'Tine' seans amhrán dá gcuid féin a thaifeadadh don albam *Ceol 2017*? (Alt 1) (10 marc)
2. (a) Conas a thosaigh Eoghan a ghairm sna meáin? (Alt 2)
   (b) Cén saghas cláir a bhí i gceist le *Pop4* ar TG4? (Alt 2) (10 marc)
3. (a) Cad ab ainm don stáisiún raidió a raibh sé ag obair leis i Sasana? (Alt 3)
   (b) Cad a dúirt scríbhneoir ón nuachtán *The Guardian* mar gheall ar chlár Eoghain ar Radio X? (Alt 3) (10 marc)
4. (a) Cén fáth a raibh Eoghan ag fulaingt nuair a bhí sé i Sasana? (Alt 4)
   (b) Cén saghas eagraíochta é Pieta House? (Alt 4) (10 marc)
5. (a) Ainmnigh dhá chlár teilifíse a bhí á gcur i láthair ag Eoghan. (Alt 5)
   (b) Cén bhaint a bhí aige leis an rince tráth? (Alt 5) (10 marc)

Céim a 6: Litríocht

Céim a 6a: Prós

Oisín i dTír na nÓg

Sa chéim seo, foghlaimeoidh tú:
- faoi phlota an scéil 'Oisín i dTír na nÓg'
- conas téamaí an scéil a phlé
- conas anailís a dheanamh ar na carachtair sa scéal
- conas do thuairim a chur in iúl faoin scéal agus faoi na carachtair.

Gnáthleibhéal Spreagadh

Cúinne na Litearthachta

Foghlaim conas na heochairfocail thíos san achoimre a litriú agus faigh amach cad is brí leo.

Féach go grinn ar na focail seo, abair amach iad, clúdaigh na focail, agus ansin scríobh na focail amach chun an litriú a chleachtadh!

As Gaeilge	As Béarla	Clúdaigh na focail ar an lámh chlé agus scríobh amach na focail anseo leat féin.
Scéal béaloidis		
Each		
Giorta		
Gleann na Smól		
Uasal		
Laoch		
Seilg		
Niamh Chinn Óir – ainm duine de na carachtair		
Spéirbhean		
Faoi gheasa		
Torthúil		
Capall draíochta		
Na tonnta		
Grianáin lonracha		
Gadhar (madra)		
Eilit mhaol		
Claíomh óir		
Fathach		
Fómhar Buílleach – ainm duine de na carachtair		
Iníon rí na mBeo – duine de na carachtair		
Óige síoraí		
Leisce		
Fiailí agus neantóga		

Oisín i dTír na nÓg

Bhí trí chéad fear ag baint chloch[1] i nGleann na Smól, gleann aoibhinn seilge[2] na Féinne. Bhí buíon[3] acu crom istigh faoi leac mhór agus gan dul acu a tógáil. Luigh sí anuas orthu go raibh siad á gcloí aici, agus cuid acu ag titim i laige. Chonaic duine de na maoir[4] ina araicis[5].

'Á ríghaiscígh[6] óig,' ar seisean, 'tabhair tarrtháil[7] ar mo bhuíon, nó ní bheidh aon duine acu beo.

'Is náireach le rá é nach dtig le neart bhur slua an leac sin a thógáil,' arsa an marcach. 'Dá mairfeadh Oscar, chuirfeadh sé d'urchar[8] í thar mhullach[9] bhur gcinn.'

Luigh sé anonn ar a chliathán[10] deas agus rug ar an leac[11] ina lámh. Le neart[12] agus le lúth[13] a ghéag chuir sé seacht bpéirse as a háit í. Bhris giorta[14] an eich[15] bháin le meáchan[16] an urchair, agus sular mhothaigh an gaiscíoch bhí sé ina sheasamh ar a dhá bhonn[17] ar thalamh na hÉireann, D'imigh an t-each bán chun scaoill[18] air agus fágadh é féin ina sheanduine bhocht dhall i measc an tslua i nGleann na Smól.

Tugadh i láthair Phádraig Naofa é sa chill. B'iontach le gach uile dhuine an seanóir[19] críon[20] liath a bhí os méid gach fir agus an rud a tharla dó.

'Cé thú féin, a sheanóir bhoicht?' arsa Pádraig.

'Is mé Oisín i ndiaidh na Féinne,' ar seisean. 'Chaill mé mo dheilbh[21] agus mo ghnúis[22]. Tá mé i mo sheanóir bhocht dhall, gan bhrí[23], gan mheabhair[24], gan aird[25].'

'Beannacht ort, a Oisín uasail,' arsa Pádraig. 'Ná bíodh gruaim ort fá bheith dall, ach aithris[26] dúinn cad é[27] mar a mhair tú i ndiaidh na Féinne.'

[1] digging up stones
[2] hunting
[3] slua = a crowd
[4] leaders
[5] up to him
[6] great hero
[7] cabhair = help
[8] shot
[9] over/above
[10] side
[11] carraig = rock
[12] strength
[13] agility
[14] belly band
[15] horse
[16] weight
[17] cos = feet
[18] in a panic
[19] seanduine = old man
[20] withered
[21] appearance
[22] face/countenance
[23] without meaning
[24] without sense
[25] without focus/attention
[26] inis = tell
[27] conas

Gnáthleibhéal Spreagadh

[28] deacair = *difficult*

[29] láthair = *presence*

[30] *seduced*

[31] *remnants of a slaughter*

[32] *a female rider*

[33] *with the most beautiful face*

[34] *royal crown*

[35] *down to her ankles/covers to her heels*

[36] *curls*

[37] *dew*

[38] *most beautiful looking woman*

[39] *husband*

[40] *spirited Oisín of the strong hands*

[41] *unrequited love*

[42] *about his disposition*

[43] *a spell*

[44] *suffers*

[45] *hero*

[46] *bending*

[47] *widespread*

[48] *decline*

[49] *death*

[50] *refusal*

[51] lánúin = *couple*

[52] *honour*

'Ní hé mo bheith dall is measa liom,' arsa Oisín, 'ach mo bheith i ndiaidh Oscair agus Fhinn. Inseoidh mé mo scéal daoibh, cé gur doiligh[28] liom é.

Ansin shuigh Oisín i bhfianaise[29] Phádraig agus na cléire gur inis sé a scéal ar Thír na nÓg agus ar Niamh Chinn Óir a mheall[30] ón Fhiann é.

Maidin cheo i ndiaidh Chath Ghabhra bhí fuílleach áir[31] na Féinne ag seilg fá Loch Léin. Níorbh fhada go bhfaca siad aniar chucu ar each bhán an marcach mná[32] ab áille gnaoi[33]. Rinne siad dearmad den tseilg le hiontas inti. Bhí coróin ríoga[34] ar a ceann agus brat donn síoda a bhí buailte le réalta dearg-óir á cumhdach go sáil[35]. Bhí a gruaig ina duala[36] buí óir ar sileadh léi agus a gormshúile mar dhrúcht[37] ar bharr an fhéir.

'Cé thú féin, a ríon óg is fearr maise agus gnaoi[38]?' arsa Fionn.

'Niamh Chinn Óir is ainm domh,' ar sise, 'agus is mé iníon Rí na nÓg.'

'An é do chéile[39] a d'imigh uait nó cad é an buaireamh a thug an fad seo thú?' arsa Fionn.

'Ní hé mo chéile a d'imigh uaim agus níor luadh go fóill le fear mé,' ar sise. 'Ach, a Rí na Féinne, tháinig mé le grá do do mhac féin, Oisín meanmach na dtreanlámh[40].'

'A iníon óg,' arsa Fionn, 'cad é mar a thug tú grá do mo mhacsa thar fhir bhréatha an tsaoil?'

'Thug mé grá éagmaise[41] dó as an méid a chuala mé i dTír na nÓg fána phearsa agus fána mhéin[42],' arsa Niamh.

Chuaigh Oisín é féin ina láthair ansin agus rug greim láimhe uirthi. 'Fíorchaoin fáilte romhat chun na tíre seo, a ríon álainn óg,' ar seisean.

'Cuirim geasa[43] ort nach bhfulaingíonn[44] fíorlaoch[45] a Oisín fhéil,' ar sise, 'mura dtaga tú ar ais liom go Tír na nÓg. Is í an tír í is aoibhne faoin ghrian. Tá a crainn ag cromadh[46] de toradh is bláth agus is fairsing[47] inti mil is fíon. Gheobhaidh tú gach ní inti dá bhfaca súil. Ní fheicfidh tú meath[48] ná éag[49] agus beidh mise go deo agat mar bhean.' 'Do dhiúltú[50] ní thabharfaidh mé uaim,' arsa Oisín. 'Is tú mo rogha thar mhná an domhain, agus rachaidh mé le fonn go Tír na nÓg leat.'

Ansin chuaigh Oisín ar mhuin an eich bháin agus chuir Niamh Chinn Óir ar a bhéala. Rinne na Fianna an dís[51] a chomórodh[52] go béal na mara móire siar.

An Ghaeilge, an Ghaeltacht agus Béaloideas

'A Oisín,' arsa Fionn, 'mo chumha[53] thú ag imeacht uaim agus gan súil agam le do theacht ar ais go brách[54].'

Shil na deora frasa[55] anuas le grua Oisín agus phóg sé a athair go caoin[56]. B'iomaí lá aoibhinn a bhí ag Fionn agus Oisín i gceann na Féinne fá réim, ag imirt fichille is ag ól, ag éisteacht cheoil is ag bronnadh séad[57]. B'iomaí lá eile a bhí siad ag sealgaireacht i ngleannta míne nó ag treascairt[58] laoch i ngarbhghleic[59]. D'imigh a ghné d'Fhionn ar scaradh lena mhac.

Chroith an t-each bán é féin chun siúil. Rinne sé trí seitreacha[60] ar an tráigh agus thug a aghaidh siar díreach ar an fharraige le hOisín is le Niamh. Ansin lig na Fianna trí gártha cumha[61] ina ndiaidh.

Thráigh an mhínmhuir[62] rompu agus líon na tonnta tréana ina ndiaidh. Chonaic siad grianáin lonracha[63] faoi luí gréine ar a n-aistear[64]. Chonaic siad an eilit mhaol ar léim lúith[65] agus an gadhar bán á tafann. Chonaic siad ainnir[66] óg ar each dhonn ag imeacht ar bharr na toinne, úll óir ina deasláimh agus an marcach ina diaidh ar each bhán le claíomh chinn óir.

Tháinig siad i dtír[67] ag dún Rí na mBeo, mar a raibh iníon an rí ina brá[68] ag Fómhar Builleach. Chuir Oisín comhrac[69] thrí oíche is thrí lá ar Fhómhar Builleach, gur bhain sé an ceann de agus gur lig saor iníon Rí na mBeo.

Ansin ghluais siad leo thar an gharbhmhuir go bhfaca siad an tír aoibhinn lena dtaobh, na machairí míne[70] fá bhláth, na grianáin a cumadh as clocha solais, agus an dún rí a raibh gach dath ann dá bhfaca súil. Tháinig trí caogaid laoch ab fhearr lúth agus céad ban óg ab áille gnaoi[71] ina n-araicis[72], agus tugadh le hollghairdeas[73] iad chuig Rí agus chuig Banríon Thír na nÓg.

'Fáilte romhat, a Oisín mhic Fhinn,' arsa Rí na nÓg. 'Beidh do shaol buan[74] sa tír seo agus beidh tú choíche óg.'

Níl aoibhneas dár smaoinigh croí air nach mbeidh agat, agus Niamh Chinn Óir go deo mar chéile.'

Chaith siad fleá is féasta a mhair[75] deich n-oíche is deich lá i ndún[76] an rí, agus pósadh Oisín agus Niamh Chinn Óir.

Is iomaí bliain a chaith siad fá aoibhneas i dTír na nÓg, gan meath ná éag ná easpa. Bhí beirt mhac acu ar bhaist siad Fionn is Oscar orthu agus iníon álainn a dtug siad Plúr na mBan uirthi.

Fá dheireadh smaoinigh Oisín gur mhaith leis Fionn agus na Fianna a fheiceáil arís. D'iarr sé an t-each bán ó Niamh go dtugadh sé cuairt ar Éirinn.

[53] brón
[54] ever
[55] plentiful tears
[56] tenderly
[57] rudaí luachmhara
[58] ag cloí = defeating
[59] cathanna garbha = rough battles
[60] neighs
[61] cries of sorrow
[62] the calm sea subsided
[63] shimmering sunhouses
[64] journey
[65] agility
[66] cailín
[67] they came into harbour
[68] príosúnach
[69] cath/troid
[70] the level plains
[71] aghaidh
[72] ina dtreo
[73] le háthas
[74] síoraí = eternal
[75] lasted
[76] fort

243

Gnáthleibhéal Spreagadh

[77] deacair
[78] remember

'Gheobhaidh tú sin, cé gur doiligh[77] liom do ligean uaim,' arsa Niamh. 'Ach, a Oisín, cuimhnigh[78] a bhfuil mé a rá! Má chuireann tú cos ar thalamh na hÉireann ní thiocfaidh tú ar ais go brách.'

[79] níl eagla orm

'Ní heagal domh[79], a Niamh álainn,' ar seisean. 'Tiocfaidh mé slán ar ais ar an each bhán.'

'Deirim leat fá dhó, a Oisín, má thig tú anuas den each bhán, nach bhfillfidh tú choíche go Tír na nÓg.'

[80] brón

'Ná bíodh cian[80] ort, a Niamh chaoin. Tiocfaidh mé slán ar ais go Tír na nÓg.'

[81] withered

'Deirim leat fá thrí a Oisín, má ligeann tú uait an t-each bán éireoidh tú i do sheanóir chríon[81] liath, gan lúth, gan léim, gan amharc súl. Níl Éire anois mar a bhí, agus ní fheicfidh tú Fionn ná na Fianna.'

D'fhág Oisín slán ag Niamh Chinn Óir, ag a dhís mhac agus a iníon. Chuaigh sé ar mhuin an eich bháin agus thug a chúl go dubhach[82] le Tír na nÓg.

[82] go gruama/brónach
[83] crowd of riders
[84] size
[85] aspect
[86] storytelling
[87] an t-ainm a bhí ar dhún Fhinn Mhic Cumhaill
[88] fiailí = weeds
[89] nettles

Nuair a tháinig sé i dtír in Éirinn bhuail eagla é nach raibh Fionn beo. Casadh marcshlua[83] air a chuir iontas ina mhéid[84] agus ina ghnaoi[85], agus nuair a chuir sé ceist orthu an raibh Fionn beo nó ar mhair aon duine eile den Fhiann dúirt siad go raibh seanchas[86] orthu ag lucht scéalaíochta.

Bhuail tuirse agus cumha Oisín agus thug sé a aghaidh ar Almhain Laighean[87]. Ní fhaca sé teach Fhinn in Almhain. Ní raibh ina ionad ach fliodh[88] agus neantóg[89].

'A Phádraig, sin duit mo scéal,' arsa Oisín. 'Nuair a fuair mé Almhain folamh thug mé m'aghaidh go dubhach ar ghnáthbhailte na Féinne. Ar theacht go Gleann na Smól domh thug mé tarrtháil[90] ar an bhuíon gan bhrí[91] agus chaill mé an t-each bán. Chaill mé mo lúth[92] agus mo neart, mo dheilbh[93] agus amharc mo shúl[94].'

[90] cabhair
[91] gan neart
[92] my agility
[93] my appearance
[94] my eyesight
[95] a source of joy
[96] heaven
[97] offered
[98] d'aontaigh
[99] cúinne
[100] na daoine a raibh aithne aige orthu
[101] béile
[102] an seomra bia
[103] mar
[104] daoine a bhaineann leis an ré chéanna

'Cúis luaíochta[95] do chumha, a Oisín, agus gheobhaidh tú Neamh[96] dá bharr,' arsa Pádraig.

Thairg[97] Pádraig ansin Óisín a chonneáil ar a theaghlach agus a thabhairt leis ar a thurais ar fud Éireann, óir bhí trua aige son tseanóir dhall agus ba mhaith leis seanchas an tseansaoil a fháil uaidh agus soiscéal Dé a theagasc dó i ndeireadh a aoise. Thoiligh[98] Oisín dul leis mar gur shantaigh sé gach cearn[99] agus gach baile ina mbíodh na Fianna a shiúl arís agus mar nach raibh lúth a choirp ná amharc a shúl aige le himeacht in aon áit leis féin ná aon duine dá lucht aitheantais[100] le fáil.

Ansin tháinig a bproinn[101] agus d'fhiafraigh Pádraig d'Oisín an rachadh sé chun an phroinntí[102] mar aon le cách.

'Tabhair mo chuid bia agus mo leaba i leataobh domh,' arsa Oisín, 'óir[103] ní lucht comhaimsire[104] domh na daoine anois.'

244

An Ghaeilge, an Ghaeltacht agus Béaloideas

Achoimre an Scéil: Cuid a 1

Gleann na Smól

- Bhí trí chéad fear ag iarraidh cloch a bhogadh i nGleann na Smól (áit álainn a mbíodh na Fianna **ag seilg**[1] ann fadó) agus bhí **ag teip orthu**[2].
- Bhí an charraig mhór róthrom don ghrúpa fear. Bhí na fir tuirseach traochta.
- Go tobann, chonaic siad **laoch**[3] óg, láidir, dathúil ag teacht ar chapall ina d**treo**[4]. Oisín, a bhí ann. Bhí ionadh ar Oisín nach raibh na fir in ann an chloch a ardú. Chuir an chuma lag a bhí ar an slua fear ionadh ar Oisín.
- **Chrom sé**[5] síos agus chaith sé an chloch i bhfad uaidh **gan saothar gan stró**[6]. Bhris an strapa giorta ar an gcapall agus thit Oisín den chapall. Theith an capall bán agus nuair a leag Oisín cos ar thalamh na hÉireann, fágadh Oisín ina sheanduine bocht, dall i measc na bhfear i nGleann na Smól.
- Chuir **claochlú**[7] Oisín ionadh ar na fir agus thug siad Oisín chuig Naomh Pádraig.
- **Mhínigh** Oisín **don**[8] Naomh gur mhac le Fionn Mac Cumhail (**ceannaire**[9] na bhFiann) é.
- Chuir Naomh Pádraig fáilte mhór roimhe.
- Bhí an-bhrón ar Oisín nuair a chuala sé go raibh a athair Fionn Mac Cumhaill, a mhac Oscar agus na Fianna go léir marbh le trí chéad bliain.
- D'inis sé scéal a bheatha go brónach do Naomh Phádraig faoi Niamh Chinn Óir agus conas a **mheall sí go Tír na nÓg é**[10].

[1] hunting
[2] failing
[3] hero
[4] direction
[5] he bent down
[6] to take in one's stride/without further ado
[7] transformation
[8] explain to
[9] leader
[10] she enticed him to go to Tír na nÓg

CUID a 1

Scríobh freagraí na gceisteanna seo a leanas *nó* iarrfar ar dhalta áirithe suí sa chathaoir the agus beidh air/uirthi an chéad cheist a fhreagairt ó bhéal. Nuair a bheidh an cheist freagartha aige/aici, is féidir leis/léi an chéad cheist eile a chur ar aon dalta eile is mian leis/léi.

1. Cé mhéad fear a bhí ag iarraidh an charraig mhór a bhogadh?
2. Cén modh taistil a bhí ag Oisín?
3. Cén chuma a bhí ar Oisín?
4. Cén chaoi ar mhothaigh Oisín nuair a chonaic sé nach raibh an slua fear in ann an charraig a bhogadh?
5. Conas a bhris strapa ghiorta a chapaill?
6. Cad a tharla nuair a thit Oisín ar an talamh?
7. Cad a rinne na fir le hOisín tar éis dó athrú ina sheanfhear dall, críonna?
8. Cérbh é athair Oisín?
9. Conas a mhothaigh Oisín nuair a thuig sé go raibh Fionn agus na Fianna marbh?
10. Cén scéal a d'inis Oisín do Naomh Phádraig ansin?

Gnáthleibhéal Spreagadh

[margin notes:]
[11] *curly*
[12] *royal rown*
[13] *brown silk cloak*
[14] *dew*
[15] *bravery*
[16] *heroism*
[17] *handsomeness*
[18] *under a spell*
[19] *prosperous*
[20] *became (got up)*
[21] *either*
[22] *willingly*
[23] *Oisín shed tears*
[24] *playing chess*
[25] *neigh*
[26] *three shouts of sorrow*

Achoimre an Scéil: Cuid a 2

Niamh Chinn Óirr

- Lá amháin, tar éis Chath Gabhra, bhí Fionn Mac Cumhail, a mhac Oisín agus na Fianna ag seilg in aice le Loch Léin. Chonaic siad cailin álainn ar chapall bán ag teacht ina dtreo. Niamh Chinn Óir a bhí inti – iníon rí Thír na nÓg. Bhí gruaig fhada **chatach**[11] fhionn uirthi, bhí **coróin ríoga**[12] ar a ceann agus chaith sí **clóca donn síoda**[13]. Bhí dath gorm ar a cuid súl cosúil le dath an **drúchta**[14] ar an bhféar.

- Dúirt sí le Fionn Mac Cumhail agus le hOisín go raibh sí i ngrá le hOisín. Chuala sí scéalta faoina **chrógacht**[15] agus a **laochas**[16], faoina phearsantacht agus a **dhathúlacht**[17]. Dúirt sí go gcuirfeadh sí Oisín **faoi gheasa**[18] muna raibh sé sásta filleadh ar Thír na nÓg léi. Ba thír álainn, **thorthúil**[19] í Tír na nÓg. Ní bhfuair éinne bás i dTír na nÓg. Níor **éirigh**[20] aon duine sean ansin **ach an oiread**[21]. Dúirt Oisín go raibh sé sásta dul léi **go fonnmhar**[22].

- Chuaigh Fionn agus na Fianna leo go dtí an trá in éineacht leo agus d'fhág Fionn slán lena mhac go brónach. **Shil Oisín deora**[23] agus phóg sé a athair.

- Smaoinigh sé ar an saol a bhí á fhágáil aige ina dhiaidh – agus ar na laethanta a chaith sé ag seilg, **ag imirt fichille**[24], ag éisteacht le ceol, ag troid agus ag ól leis na Fianna. Rinne an capall bán trí **sheitreach**[25] ar an trá agus thug sé aghaidh ar Thír na nÓg le Niamh agus Oisín in airde air. Ansin lig Fionn agus na Fianna **trí gháir cumha/bróin**[26] ina ndiaidh.

CUID a 2

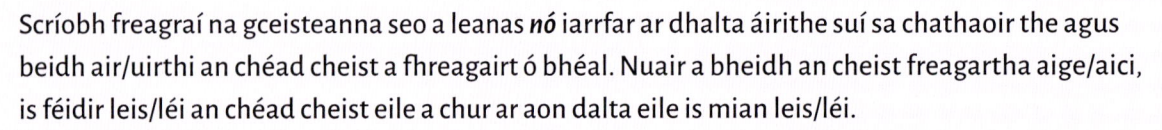

Scríobh freagraí na gceisteanna seo a leanas *nó* iarrfar ar dhalta áirithe suí sa chathaoir the agus beidh air/uirthi an chéad cheist a fhreagairt ó bhéal. Nuair a bheidh an cheist freagartha aige/aici, is féidir leis/léi an chéad cheist eile a chur ar aon dalta eile is mian leis/léi.

1. Conas a chaith na Fianna a gcuid laethanta?
2. Cad a bhí á dhéanamh acu nuair a tháinig Niamh Chinn Óir ar an bhfód?
3. Déan cur síos ar chuma Néimhe.
4. Cérbh é athair Néimhe?
5. Cén tagairt a dhéanann Niamh don draíocht tar éis di a scéal a mhíniú d'Fionn agus Oisín?

An Chathaoir Thé

An Ghaeilge, an Ghaeltacht agus Béaloideas

Achoimre an Scéil: Cuid a 3

An Turas go Tír na nÓg

- D'eitil an capall bán thar na tonnta. Ar an turas, chonaic siad a lán **iontas**[27]. Chonaic siad **eilit mhaol**[28] le madra bán ina diaidh, cailín le húll óir ina lámh in airde ar chapall bán ag marcaíocht trasna na dtonnta agus fear ar chapall bán le **claíomh chinn óir**[29] ina lámh ina diaidh.

- **Tháinig siad i dtír**[30] ag dún Rí na mBeo. Nuair a chuala Oisín go raibh iníon Rí na mBeo ina priosúnaí ag an bh**fathach**[31] Fómhar Builleach, chaith sé trí lá ag troid in aghaidh an fhathaigh. Ar deireadh bhain Oisín an ceann den fhathach agus **scaoil sé saor**[32] iníon Rí na mBeo.

- Nuair a tháinig siad i dtír i dTír na nÓg, chonaic Oisín mórán iontas – tithe tógtha le **clocha solais**[33], páirceanna faoi bhláth, agus dún an rí a raibh dathanna an **bhogha báistí**[34] air. Chuir rí Thír na nÓg céad míle fáilte rompu. Tháinig trí chaogaid laoch agus céad ban óg álainn agus bhí féasta mór acu ar feadh deich lá is deich n-oíche chun pósadh Oisín agus Niamh a **chéiliúradh**[35].

- Chaith Oisín na blianta fada le Niamh Chinn Óir i dTír na nÓg agus níor tháinig aois ná **meath**[36] ar Oisín ná ar éinne eile sa tír. Bhí beirt mhac – Fionn agus Oscar – acu agus bhí iníon amháin acu darbh ainm Plúr na mBan.

[27]wonders
[28]hornless doe
[29]a gold-handled sword
[30]they came to land
[31]giant
[32]he set free
[33]stones of light
[34]rainbow
[35]celebrate
[36]decline

CUID a 3

Scríobh freagraí na gceisteanna seo a leanas *nó* iarrfar ar dhalta áirithe suí sa chathaoir the agus beidh air/uirthi an chéad cheist a fhreagairt ó bhéal. Nuair a bheidh an cheist freagartha aige/aici, is féidir leis/léi an chéad cheist eile a chur ar aon dalta eile is mian leis/léi.

1. Conas a thaistil Oisín agus Niamh ó Éirinn go Tír na nÓg?
2. Cén saghas iontas a chonaic siad ar an turas sin?
3. Cén fáth a raibh iníon Rí na mBeo i g**cruachás**[37]?   [37]difficulty
4. Cad a rinne Oisín mar gheall ar a cruachás?
5. Déan cur síos ar an bhfáilte a cuireadh roimh Oisín agus Niamh nuair a tháinig siad i dtír i dTír na nÓg.
6. Déan cur síos ar Thír na nÓg.
7. Cé mhéad leanbh a bhí ag Oisín agus Niamh?

247

Gnáthleibhéal Spreagadh

> ### Achoimre an Scéil: Cuid a 4
>
> *Filleadh Oisín go hÉirinn*
>
> - Tar éis tamaill, áfach, tháinig brón agus uaigneas ar Oisín. Theastaigh uaidh Fionn agus na Fianna a fheiceáil arís. D'iarr sé ar Niamh an capall bán a thabhairt dó chun filleadh ar Éirinn. **Bhí leisce ar Niamh**[38] ligean dó imeacht. Thug sí trí **rabhadh**[39] dó gan cos a leagan ar thalamh na hÉireann nó ní bheadh sé in ann filleadh ar Thír na nÓg go deo. Mhínigh sí dó nach bhfeicfeadh sé Fionn agus na Fianna. Bhí Oisín **ceanndána**[40] agus d'fhág sé slán go brónach léi.
> - Nuair a chuaigh Oisín ar ais go hÉirinn, **ní raibh tásc ná tuairisc ar**[41] Fhionn agus na Fianna. Bhí siad go léir marbh le trí chéad bliain roimhe. Chuaigh Oisín go hAlmhain Laighean ach ní fhaca sé teach Fhinn ann. Ní raibh ann ach **fiailí**[42] agus **neantóga**[43].
> - Tar éis d'Oisín scéal a bheatha a insint dó, gheall Pádraig dó go raibh áit **tuillte**[44] ar Neamh aige de bharr **an méid**[45] bróin a bhí air.
> - Chuaigh Pádraig agus Oisín ar thuras timpeall na hÉireann mar theastaigh ó Oisín na bailte ina mbíodh na Fianna a fheiscint arís. Theastaigh ó Phádraig **soiscéal**[46] Dé a roinnt le hOisín agus scéalta Oisín a chloisint. Bhí Oisín lag, sean, **dall**[47] agus gan chairde. Thairg Pádraig dinnéar dó sa seomra bia ach theastaigh ó Oisín a bheith ag ithe leis féin mar bhí a mhuintir agus a chairde imithe **go deo**[48].

[38] *Niamh was reluctant*
[39] *warning*
[40] *stubborn*
[41] *there was no sign of*
[42] *weeds*
[43] *nettles*
[44] *earned/deserved*
[45] *the amount of*
[46] *gospel*
[47] *blind*
[48] *forever*

CUID a 4

Scríobh freagraí na gceisteanna seo a leanas *nó* iarrfar ar dhalta áirithe suí sa chathaoir the agus beidh air/uirthi an chéad cheist a fhreagairt ó bhéal. Nuair a bheidh an cheist freagartha aige/aici, is féidir leis/léi an chéad cheist eile a chur ar aon dalta eile is mian leis/léi.

1. Cén fáth ar theastaigh ó Oisín filleadh ar Éirinn?
2. Cén rabhadh a thug Niamh faoi thrí dó sular fhág sé Tír na nÓg?
3. An bhfaca Oisín Fionn agus na Fianna nuair a d'fhill sé ar Éirinn?
4. Cén sórt cuma a bhí ar mhuintir na hÉireann nuair a d'fhill sé?
5. Cén fáth ar thit sé den chapall ar thalamh na hÉireann?
6. Cad a tharla dó nuair a thit sé den chapall?
7. Cé dó ar inis sé scéal a bheatha?
8. Conas a bhraith Oisín ag deireadh a shaoil, an dóigh leat?

Oisín i dTír na nÓg

Achoimre ar an Scéal i bhFoirm Pictiúr

Anois, scríobh d'achoimre féin bunaithe ar na pictiúir thuas.

Gnáthleibhéal **Spreagadh**

Cleachtadh Labhartha: Dráma

1. Ba cheart do dhalta amháin ligean air/uirthi gurb é/í Oisín. Is féidir leis an gcuid eile den rang ceisteanna a chumadh ar mhaith leo a chur ar Oisín.
2. Ba cheart do dhalta amháin ligean air/uirthi gurb é/í Niamh Chinn Óir. Is féidir leis an gcuid eile den rang ceisteanna a chumadh agus iad a chur ar Niamh.

Ceisteanna Scrúdaithe

1. 'Ansin shuigh Oisín i bhfianaise Phádraig agus na cléire gur inis sé a scéal ar Thír na nÓg agus ar Niamh Chinn Óir a mheall ón Fhiann é.'

   Déan cur síos ar na scéalta a d'inis Oisín don slua faoi Thír na nÓg agus faoi Niamh Chinn Óir. (25 marc)

2. 'Niamh Chinn Óir is ainm domh... is mé iníon Rí na nÓg... tháinig mé le grá do do mhac féin, Oisín.' Inis cad a tharla d'Oisín ina dhiaidh sin sa scéal go dtí gur fhill sé ar Ghleann na Smól. (25 marc)

3. 'Ansin chuaigh Oisín ar mhuin an eich bháin agus chuir Niamh ar a bhéala.' Tabhair cuntas ar ar tharla d'Oisín ina dhiaidh sin go dtí gur tháinig sé thar n-ais go hÉirinn arís. (25 marc)

Na Carachtair

Oisín

- Is é Oisín an príomhcharachtar sa scéal seo. Is mac é le Fionn Mac Cumhaill, ceannaire na Féinne. Feicimid dhá thaobh le hOisín sa scéal seo – Oisín óg agus Oisín mar sheanduine.

- Is duine **láidir agus cróga** é Oisín óg. Is 'fear mór álainn' é. Bhí sé in ann carraig mhór a bhogadh nuair nach raibh trí chéad fear in ann í a bhogadh. Bhí sé in ann an fathach – Fómhar Builleach – a mharú! Bhí sé **barbartha** – bhain sé an cloigeann den fhathach!

- Is duine **grámhar** é Oisín. Pógann sé a athair Fionn Mac Cumhaill sula bhfágann sé Éire chun dul go Tír na nÓg le Niamh Chinn Óir. Bíonn sé uaigneach i ndiaidh a athar agus na Fianna tar éis tamaill i dTír na nÓg. Taispeánann sé a ghrá do Niamh sa scéal mar téann sé go Tír na nÓg léi le fonn agus fágann sé a athair agus a chairde di. Tá sé an-bhródúil as[1] a mhac Oscar. Deir sé go mbeadh Oscar in ann an charraig mhór a chaitheamh gan saothar gan stró[2] dá mairfeadh sé.

- Is **duine uaigneach, brónach** é Oisín ag deireadh an scéil. Bíonn an-bhrón air nuair a fhaigheann sé amach go bhfuil Fionn agus na Fianna marbh le fada an lá. Athraíonn sé ina sheanduine dall[3], lag nuair a thiteann sé den chapall i nGleann na Smól. Tá sé scartha[4] ó Niamh Chinn Óir agus a leanaí.

[1] very proud of
[2] without a problem
[3] blind
[4] separated from

An Ghaeilge, an Ghaeltacht agus Béaloideas

Achoimre ar Thréithe Oisín
- Is laoch láidir, cróga é Oisín óg.
- Is duine grámhar é – is mac grámhar é agus is fear céile grámhar é ag Niamh.
- Is duine barbartha é. Baineann sé an cloigeann den fhathach Fómhar Builleach.
- Is duine brónach, uaigneach é ag deireadh an scéil.

Cleachtaí Scríofa

1. Cén sórt duine é Oisín sa scéal seo, dar leat? Déan cur síos gairid air agus inis cén fáth ar thaitin (nó nár thaitin) sé leat. (Is leor dhá fháth.)
2. Is duine an-ghrámhar é Oisín sa scéal 'Oisín i dTír na nÓg'. An aontaíonn tú leis an ráiteas sin?
3. Is duine an-chróga é Oisín sa scéal 'Oisín i dTír na nÓg'. Do thuairim faoi sin.

Niamh Chinn Óir

- Is carachtar í Niamh Chinn Óir **ón ósnádúr**[5], ó thír draíochta[6] darb ainm Tír na nÓg.
- Fanann Niamh **óg go deo**[7] mar ní fhaigheann éinne ó Thír na nÓg bás agus ní théann siad in aois.
- Is bean **álainn, ríoga** í. Tá gruaig chatach[8] fhionn uirthi, caitheann sí coróin[9] ar a ceann agus brat/clóca síoda le réalta air.
- Tá a chuid súl cosúil leis an drúcht[10] ar an bhféar.
- Tá cumhachtaí draíochta[11] aici agus is bean cheanndána[12], láidir í. Tháinig sí go hÉirinn chun a grá d'Oisín a chur in iúl. Bhí sí sásta é a chur faoi gheasa[13] chun é a thabhairt ar ais go Tír na nÓg léi.
- Chuaigh sí go hÉirinn sa tóir ar[14] Oisín! D'fhógair sí[15] a grá os comhair na Féinne, athair Oisín agus Oisín féin! Bhí sí údarásach[16]!
- Is **bean ghrámhar** í agus tá triúr páistí aici le hOisín – Fionn, Oscar agus Plúr na mBan. Bhí an-bhrón uirthi nuair a dúirt Oisín léi go raibh sé ag iarraidh filleadh ar Éirinn.

[5]supernatural
[6]magic
[7]forever
[8]curly
[9]crown
[10]dew
[11]magical powers
[12]headstrong
[13]under a spell
[14]chasing
[15]she announced
[16]dominant

Achoimre ar Thréithe Néimhe
- Is carachtar ón ósnádúr í. Is iníon Rí Thír na nÓg í.
- Is bean álainn, ríoga í.
- Is bean údarásach í.
- Is bean cheanndána, láidir í.
- Is bean ghrámhar í.
- Tá cumhachtaí draíochta aici

Cleachtadh Cainte

Cén sórt duine í Niamh Chinn Óir sa scéal seo, dar leat? Déan cur síos gairid uirthi agus inis cén fáth ar thaitin (nó nár thaitin) sí leat. (Is leor dhá fháth.)

Gnáthleibhéal Spreagadh

Naomh Pádraig

[17] generous
[18] welcoming
[19] he welcomes Oisín
[20] blind
[21] shelter
[22] company
[23] holy
[24] gospel of God
[25] earned/deserved
[26] heaven
[27] broadminded
[28] magic
[29] spells
[30] barbarism

- Is duine **flaithiúil**[17], **fáiltiúil**[18], **cineálta** é Naomh Pádraig. Tar éis d'Oisín athrú ina sheanduine i nGleann na Smól, **cuireann sé fáilte roimh Oisín**[19] nuair a thugann na fir Oisín chuige. Bíonn trua aige d'Oisín mar tá Oisín sean, **dall**[20] agus lag. Tugann sé aire dó. Tugann sé **dídean**[21], **comhluadar**[22] agus bia dó. Tugann sé Oisín ar thuras timpeall na hÉireann mar teastaíonn ó Oisín cuairt a thabhairt uair amháin eile ar na bailte ina raibh na Fianna.

- Is duine **naofa**[23] é. Is é an príomhról atá ag Naomh Pádraig ná **soiscéal Dé**[24] a scaipeadh. Insíonn sé soiscéal Dé d'Oisín – duine ó dhomhan na págántachta. Deir sé le hOisín go bhfuil áit **tuillte**[25] aige ar **Neamh**[26].

- Is duine **leathanaigeanta**[27] é Naomh Pádraig. Tagann Oisín ó dhomhan na págántachta ach éisteann Pádraig le scéalta Oisín – scéalta faoi **dhraíocht**[28], **geasa**[29] agus **barbarthacht**[30]. Tá Pádraig leathanaigeanta go leor chun glacadh le duine atá an-difriúil leis.

Cleachtaí Scríofa

1. Scríobh achoimre ar thréithe Naomh Pádraig.

2. Cén sórt duine é Pádraig sa scéal seo, dar leat? Déan cur síos gairid air agus inis cén fáth ar thaitin (nó nár thaitin) sé leat. (Is leor dhá fháth.)

Cúlra an Scéil

[31] to protect
[32] foreign invaders/ attackers
[33] high king
[34] outdoors
[35] hunting

- **Na Fianna:** Ba ghrúpa saighdiúirí Éireannacha iad na Fianna a bhí ag iarraidh Éire **a chosaint**[31] ó **ionróirí iasachta**[32] nuair a bhí Cormac Mac Airt ina **ardrí**[33] ar Éirinn.

- **An Fhiannaíocht:** Sraith scéalta agus dánta a bhaineann leis an bhFiann is ea an Fhiannaíocht. Bhí na scéalta sin bunaithe ar ghnáthdhaoine. Bhí na scéalta suite amuigh **faoin aer**[34] de ghnáth mar chaith na Fianna a gcuid ama amuigh **ag seilg**[35] sna coillte, ag taisteal ar fud na tíre, cois farraige nó cois locha nó ag troid amuigh faoin aer.

- Cuid den bhéaloideas is ea an Fhiannaíocht mar atá, scéalta a insíodh ó bhéal cois tine fadó. Scríobhadh na scéalta síos ón dóú haois déag ar aghaidh.

Cleachtaí Scríofa

1. Déan cur síos ar conas a bhuail Oisín le Niamh. Líon na bearnaí leis na focail thíos.

   Lá amháin, tar éis Chath Gabhra, bhí Fionn Mac Cumhaill, a mhac Oisín agus na Fianna ag _____ in aice le Loch Léin.

   Chonaic siad _____ álainn ar each bán ag teacht ina dtreo. Niamh Chinn Óir a bhí ann – iníon le rí Thír na nÓg.

   Bhí gruaig fhada chatach fhionn uirthi, bhí coróin _____ ar a ceann agus chaith sí clóca donn síoda. Bhí dath gorm ar a cuid súl cosúil le dath na drúchta ar an bhféar.

   Chuir sí in iúl d'Fhionn Mac Cumhaill agus d'Oisín go raibh sí i ngrá le hOisín; chuala sí scéalta faoina chrógacht agus a laochas.

An Ghaeilge, an Ghaeltacht agus Béaloideas

Bhagair sí go gcuirfeadh sí Oisín _____ _____ muna raibh sé sásta filleadh ar Thír na nÓg léi – tír álainn, torthúil na meala – áit nach dtiocfadh aois ná meath riamh ar éinne a chónaigh inti.

Dúirt Oisín go raibh sé sásta dul léi go _____.

Chuaigh Fionn agus na Fianna leo go dtí an trá in éineacht leo agus d'fhág Fionn _____ lena mhac go brónach. Chaoin Oisín agus phóg sé a athair.

Smaoinigh sé ar an saol a bhí á fágáil aige – agus ar na laethanta a chaith sé ag seilg, ag imirt _____, ag éisteacht le ceol, ag troid agus ag ól leis na Fianna.

| fonnmhar | spéirbhean | slán seilg | fichille ríoga | faoi gheasa |

2. Meaitseáil na litreacha leis na huimhreacha sa ghreille thíos chun abairtí iomlána a chur le chéile.

A	Is scéal béaloideas é	1	tháinig spéirbhean álainn in airde ar chapall bán.
B	Is duine láidir é Oisín mar	2	iníon rí Thír na nÓg í.
C	Bhris strapa ghiorta an chapaill. Nuair a thit Oisín ar thalamh na hÉireann	3	an scéal 'Oisín i dTír na nÓg', tógtha ón tsraith scéalta darb ainm an Fhiannaíocht.
D	Tugadh Oisín	4	go raibh sí i ngrá le hOisín.
E	D'inis sé scéal a bheatha	5	d'éirigh leis an charraig mhór a ardú i nGleann na Smól nuair nach raibh 300 fear in ann í a bhogadh!
F	Lá amháin nuair a bhí na Fianna ag seilg in aice le Loch Léin	6	ar Oisín chun é a thabhairt ar ais go Tír na nÓg!
G	Ba Niamh Chinn Óir í –	7	don Naomh.
H	Bhí gruaig chatach óir uirthi agus	8	d'athraigh sé ina sheanfhear dall, lag.
I	Dúirt sí os comhair Oisín, na Féinne agus Fhinn Mhic Cumhaill	9	súile gorma cosúil leis an drúcht.
J	Bhí sí sásta geasa a chur	10	go cillín Naomh Pádraig.

| A | B | C | D | E | F | G | H | I | J |

Cleachtadh Cainte

Cad é téama an scéil 'Oisín i dTír na nÓg', dar leat? Pléigh do thuairimí leis an dalta in aice leat. Ansin roinn na tuairimí sin leis an gcuid eile den rang. Déan liosta de na príomhthéamaí a thagann chun solais i measc an ranga ar an mbord/i do chóipleabhar. Déan liosta de cheithre fhocal nua as Gaeilge a fhoghlaimíonn tú.

Gnáthleibhéal **Spreagadh**

Freagra Samplach a 1

Déan cur síos ar théama an scéil 'Oisín i dTír na nÓg'.

Laochas

Tá an laochas[1] ar cheann de théamaí an scéil 'Oisín i dTír na nÓg'. Deirtear gur chaith na Fianna mórán laethanta ag troid i gcoinne[2] 'laoch[3] i ngarbhghleic[4]'. Ba thréith[5] thábhachtach é an laochas i measc na bhFiann.

Ní haon eisceacht[6] é Oisín, mac Fhinn (ceannaire na bhFiann) sa scéal seo. Taispeántar crógacht[7] agus laochas Oisín go soiléir sa scéal. Téann sé i gcabhair ar iníon Rí na mBeo atá ina priosúnach ag fathach[8] darb ainm Fómhar Builleach. Caitheann sé trí lá agus trí oíche ag troid i gcoinne an fhathaigh ach buann sé ar deireadh[9] nuair a bhaineann sé a chloigeann de agus scaoileann sé iníon Rí na mBeo saor[10].

nó

Draíocht

Tá draíocht[11] le feiceáil sa scéal 'Oisín i dTír na nÓg'. Is carachtar ón ósnádúr[12] í Niamh Chinn Óir. Is as tír dhraíochtúil darb ainm Tír na nÓg í. Ní fhaigheann éinne bás sa tír sin, ní théann éinne in aois[13] sa tír dhraíochta sin.

Is spéirbhean álainn í Niamh a bheidh óg go deo. Deir sí le hOisín go mbeadh sí sásta é a chur faoi gheasa[14] chun é a thabhairt léi go Tír na nÓg. Eitlíonn siad ar chapall bán draíochta trasna na farraige. Is ainmhí draíochta é an capall sin mar is féidir leis marcaíocht trasna na dtonnta.

Feiceann Oisín a lán iontas[15] draíochta ar an turas go Tír na nÓg cosúil leis an eilit mhaol[16], grianáin[17] sa spéir, cailín ag marcaíocht trasna na farraige ar chapall donn agus marcach ar chapall bán le claíomh chinn óir[18].

---

[1] heroism
[2] against
[3] hero
[4] rough battles
[5] characteristic
[6] exception
[7] bravery
[8] giant
[9] in the end
[10] he releases
[11] magic
[12] supernatural
[13] nobody ages
[14] under a spell
[15] wonders
[16] hornless doe
[17] tithe gréine = houses built of light
[18] a gold-handled sword

Aonad 6
An Ghaeilge, an Ghaeltacht agus Béaloideas

Cleachtadh Scríofa

Scríobh nóta ar théamaí an scéil 'Oisín i dTír na nÓg'.

Cleachtadh Cainte

Cad é príomh-mhothúcháin an scéil 'Oisín i dTír na nÓg', dar leat? Pléigh do thuairimí leis an dalta in aice leat. Ansin roinn na tuairimí sin leis an gcuid eile den rang. Déan liosta de na príomh-mhothúcháin a luaitear ar an mbord/i do chóipleabhar. Déan liosta de cheithre fhocal nua as Gaeilge a fhoghlaimíonn tú.

Freagra Samplach a 2

Déan cur síos ar dhá mhothúchán atá sa scéal, dar leat.

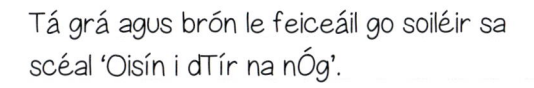

Tá grá agus brón le feiceáil go soiléir sa scéal 'Oisín i dTír na nÓg'.

Feicimid grá sa scéal. Tagann Niamh Chinn Óir go hÉirinn mar tá sí i ngrá le hOisín. Dá bhrí sin[19], teastaíonn uaithi[20] Oisín a thabhairt ar ais go Tír na nÓg léi. Titeann Oisín i grá léi ar an toirt[21]. Fágann sé a chairde agus a athair chun dul go tír eile i bhfad i gcéin[22] le Niamh Chinn Óir.

Bhí grá ag Oisín dá athair Fionn Mac Cumhaill. Bhí sé ag caoineadh agus phóg sé a athair go caoin[23] nuair a bhí sé ag fágáil slán leis[24] chun dul go Tír na nÓg. Taispeánann sé sin grá Oisín dá athair.

Bhí uaigneas ar Oisín i ndiaidh Fhinn agus na Féinne tar éis tamaill nuair a bhí sé i dTír na nÓg. Tháinig sé ar ais go hÉirinn ar an gcapall bán chun iad a fheiceáil cé go ndúirt Niamh leis go raibh siad go léir imithe. Nuair a thit sé den chapall, d'athraigh sé ina sheanduine. Bhí brón an domhain air nuair a chuala sé go raibh Fionn agus na Fianna imithe le fada an lá. Bhí sé scartha ó[25] Niamh Chinn Óir agus a leanaí freisin. Ní raibh sé ábalta dul ar ais go Tír na nÓg mar bhí an gheis[26] briste. Níor theastaigh uaidh ithe le daoine eile sa phroinnteach[27] fiú[28]. Tá brón le feiceáil sa scéal seo gan aon agó[29].

[19] therefore
[20] she wants
[21] on the spot
[22] far away
[23] tenderly
[24] saying goodbye to
[25] separated from
[26] spell
[27] eating house
[28] even
[29] without a doubt

Gnáthleibhéal Spreagadh

Cleachtadh Cainte

Pléigh na rudaí a thaitin (nó nár thaitin) leat faoin scéal 'Oisín i dTír na nÓg' leis an dalta in aice leat. Ansin pléigh na tuairimí sin leis an gcuid eile den rang. Déan liosta de na pointí a dhéantar ar an mbord/i do chóipleabhar.

Freagra Samplach a 3

Ar thaitin an scéal 'Oisín i dTír na nÓg' leat? Tabhair dhá fháth le do fhreagra.

[30] *chasing*
[31] *on her own*
[32] *under a spell*
[33] *even*
[34] *sacrifices*

[35] *magic*
[36] *houses of light*
[37] *hornless doe*

[38] *magical powers*

Thaitin an scéal 'Oisín i dTír na nÓg' liom mar bhí sé rómánsúil. Is scéal grá é agus is breá liomsa scéalta grá. Chuaigh Niamh Chinn Óir sa tóir ar[30] an ngrá. Tháinig sí léi féin[31] go hÉirinn chun a grá a fhógairt os comhair Oisín, a athair agus na Féinne. Bhí sí cróga agus ceanndána. Bhí sí sásta Oisín a chur faoi gheasa[32] fiú[33] má theastaigh sé! Rinne Oisín íobairtí[34] ar son an ghrá freisin. D'fhág sé slán lena athair, a chairde agus na Fianna chun dul le Niamh Chinn Óir go Tír na nÓg.

Thaitin an draíocht[35] sa scéal go mór liom. Feiceann Oisín mórán iontas ar an turas go Tír na nÓg – tithe geala[36], eilit mhaol[37], capaill eile ag eitilt trasna na dtonnta srl. Is tír draíochta í Tír na nÓg. Ní fhaigheann éinne bás i dTír na nÓg agus ní éiríonn éinne sean ann. Tá cumhachtaí draíochta[38] ag Niamh Chinn Óir. Tá sí in ann Oisín a chur faoi gheasa má theastaíonn uaithi. Thaitin an draíocht sa scéal go mór liom.

Ceisteanna Scrúdaithe

(i) Déan cur síos ar Oisín sa scéal 'Oisín i dTír na nÓg'.
(ii) Déan cur síos ar Niamh Chinn Óir sa scéal 'Oisín i dTír na nÓg'.
(iii) Cad é téama an scéil 'Oisín i dTír na nÓg'? Déan plé gairid air.
(iv) Déan cur síos ar dhá mhothúchán atá sa scéal 'Oisín i dTír na nÓg'.
(v) Tabhair dhá fháth ar thaitin/nár thaitin an scéal 'Oisín i dTír na nÓg' leat.   (25 marc)

Céim a 6b: Filíocht Ainmnithe

Sa chéim seo, foghlaimeoidh tú:
- cad is brí leis an dán 'An tEarrach Thiar'
- faoi théama agus teicnící fileata an dáin 'An tEarrach Thiar'
- faoi shaol an fhile Máirtín Ó Direáin
- conas do thuairim a chur in iúl maidir leis an dán.

An tEarrach Thiar
le Máirtín Ó Direáin

[1] earth	Fear ag glanadh cré[1]
[2] tread of spade	De ghimseán spáide[2]
	Sa gciúineas
[3] humid	I mbrothall[3] lae
[4] sound	Binn an fhuaim[4]
	San Earrach thiar.
	Fear ag caitheamh
[5] basket	Cliabh[5] dá dhroim
[6] seaweed	Is an fheamainn[6] dhearg
[7] glistening	Ag lonrú[7]
	I dtaitneamh gréine
[8] stony beach	Ar dhuirling[8] bhán
[9] bright	Niamhrach[9] an radharc
	San Earrach thiar.
[10] little pools	Mná i locháin[10]
[11] the part of the beach that is seen at low tide	In íochtar diaidh-thrá[11]
[12] folded	A gcótaí craptha[12]
[13] shadows	Scáilí[13] thíos fúthu
[14] peaceful sight	Támhradharc[14] síothach[15]
[15] peaceful	San Earrach thiar.
[16] hollow strokes	Tollbhuilí[16] fanna[17]
[17] weak	Ag maidí rámha
	Currach lán éisc
[18] beach	Ag teacht chun cladaigh[18]
[19] sea	Ar ór-mhuir[19] mhall
	I ndeireadh lae
	San Earrach thiar.

257

Gnáthleibhéal Spreagadh

Leagan Próis

Tá feirmeoir ag glanadh cré
de bhróigín spáide.
Tá an áit ciúin agus suaimhneach agus
tá an aimsir brothallach agus te.
Fuaim bhinn san earrach san iarthar.

Iompraíonn fear ciseán feamainne ar a dhroim síos ar an trá.
Tá an fheamainn dhearg ag lonrú
faoin ngrian
ar an trá bhán chlochach.
Radharc geal, álainn é
le linn an earraigh thiar.

Tá mná ag obair le chéile ina seasamh i linnte beaga sa lagthrá, an áit ina mbíonn an taoide tráite.
Tá a gcótaí fillte suas acu agus iad ag obair. Tá a scáilí le feiceáil thíos fúthu. Tá an radharc síochánta agus suaimhneach
le linn an earraigh thiar.

Cloistear buillí laga na máidí rámha ag bualadh an uisce.
Tá na hiascairí ag teacht abhaile agus tá a mbáid bheaga lán d'éisc agus iad ag rámhaíocht ar an bhfarraige chiúin. Tá grian an tráthnóna ag taitneamh ar an bhfarraige agus mar sin tá dath óir ar an uisce le linn an earraigh thiar.

An File
- Is é Máirtín Ó Direáin (1911–1988) a scríobh an dán seo.
- Is duine de mhórfhilí na Gaeilge é.
- Rugadh i 1910 ar Inis Mór é – an t-oileán is mó de na hoileáin Árann.
- D'fhág Ó Direáin an t-oileán nuair a bhí sé ocht mbliana déag d'aois agus fuair sé post mar chléireach in Ard-Oifig an Phoist i nGaillimh.
- Bhog sé go Baile Átha Cliath cúpla bliain ina dhiaidh sin.
- Fuair sé bás i mBaile Átha Cliath sa bhliain 1988.

Eochairfhocail do Cheisteanna Gearra			
cé	what	conas	how
cad	what	cén fáth	why
cathain	when	cá bhfios dúinn	how do we know
cén t-am	what time		

An Ghaeilge, an Ghaeltacht agus Béaloideas

Cleachtaí Scríofa

1. Cé a scríobh an dán seo?
2. Cá bhfuil sé suite?
3. Cad atá á dhéanamh ag an bhfeirmeoir sa chéad véarsa?
4. Cén saghas fuaime í, dar leis an bhfile?
5. Cad atá á bhailiú ag na fir sna ciseáin sa dara véarsa?
6. Cén dath atá ar an bhfeamainn?
7. Cén fáth a bhfuil an fheamainn ag lonrú?
8. Cad atá á dhéanamh ag na mná sa tríú véarsa, an dóigh leat?
9. Conas atá an t-atmaisféar/an radharc sa tríú véarsa, dar leis an bhfile?
10. Cad atá á dhéanamh ag na hiascairí sa cheathrú véarsa?
11. Cén dath atá ar an bhfarraige sa véarsa deireanach?
12. Cén t-am den lá atá i gceist sa véarsa deireanach?

Ceisteanna Scrúdaithe

1. (a) Conas atá an aimsir sa dán seo?
   (b) Cén dath a bhí ar an bhfeamainn?
   (c) Cá bhfios duit go raibh an iascaireacht go maith?
   (d) Cathain a d'fhill na hiascairí ar an gcladach? (8 marc)
2. Inis i d'fhocail féin, cad a bhí á dhéanamh ag an bhfear sa chéad véarsa den dán seo. (8 marc)
3. Inis i d'fhocail féin, cad a bhí istigh sa chliabh a bhí ag an bhfear sa dara véarsa. (8 marc)
4. Déan cur síos gairid, i d'fhocail féin, ar an radharc a chuirtear os ár gcomhair sa cheathrú véarsa. (8 marc)

Leid!
Uaireanta bíonn cuid de na ceisteanna scrúdaithe an-chosúil le ceisteanna gearra. Freagair na ceisteanna seo a leanas.

Leid!
Bain úsáid as an leagan próis den dán thuas chun cabhrú leat na ceisteanna seo a leanas a fhreagairt.

Obair Ealaíne

Tarraing pictiúr le haghaidh gach véarsa den dán 'An tEarrach Thiar'. Tabhair mionsonraí na bhfocal sna línte faoi deara agus tú ag tarraingt.

Gnáthleibhéal **Spreagadh**

Cleachtaí Scríofa

1. Cruthaigh achoimre ar an dán leis na habairtí thíos. Meaitseáil na litreacha leis na huimhreacha sa ghreille thíos chun abairtí iomlána a chur le chéile.

A	Is faoi oileán dúchais an fhile – mar atá, Inis Mór sna hoileáin Árann	1	geal, dar leis an bhfile.
B	Léiríonn an file	2	ag iompar na feamainne i gciseáin.
C	Sa chéad véarsa, tá an feirmeoir	3	an dán 'An tEarrach Thiar'.
D	Tá sé ag cur	4	ar an bhfarraige mar tá an ghrian ag taitneamh.
E	Is fuaim bhinn í	5	pictiúr idéalach, traidisiúnta den saol ar an oileán.
F	Tá an aimsir	6	i locháin bheaga ag bailiú na feamainne.
G	Sa dara rann, tá na fir	7	sa chaoi nach n-éireoidh siad fliuch agus iad ina seasamh san uisce.
H	Luann an file an fheamainn dhearg	8	ag glanadh cré dá spád.
I	Tá an radharc álainn agus	9	síochánta, dar leis an bhfile.
J	Sa tríú véarsa, tá na mná	10	ag teacht abhaile le báid lán le héisc.
K	Tá a gcótaí craptha	11	dar leis an bhfile.
L	Tá an radharc	12	ag lonrú faoin ngrian ar an trá bhán.
M	Sa véarsa deireanach, tá na hiascairí	13	brothallach agus te.
N	Cloistear an fhuaim chiúin	14	de na maidí rámha ag bualadh an uisce.
O	Tá dath óir	15	na mbarraí mar tosaíonn glasraí, prátaí agus gach gné den nádúr ag fás san earrach.

A	B	C	D	E	F	G	H	I	J	K	L	M	N	O

2. Aimsigh focal eile as Gaeilge do na focail seo a leanas.

    (a) séimh **(b)** brothall **(c)** cliabh **(d)** duirling **(e)** niamhrach **(f)** craptha **(g)** síothach **(h)** cladach **(i)** fanna

Cleachtadh Labhartha: Dráma

Lig ort gur feirmeoir nó iascaire thú a chónaíonn ar Inis Mór. Léiríonn an file pictiúr idéalach de shaol an oileáin sa dán seo. Cuirfidh na daltaí eile sa rang ceisteanna ort mar gheall ar shaol an oileáin le linn an gheimhridh agus i rith an tsamhraidh.

Freagróidh tú ceisteanna mar gheall ar:

- an aimsir
- an saghas oibre a dhéanann tú ag an am sin den bhliain
- na caithimh aimsire a bhíonn agat ar an oileán
- conas mar a réitíonn tú leis na daoine eile ar an oileán, cén saghas pobail atá ar an oileán, srl.

An Ghaeilge, an Ghaeltacht agus Béaloideas   **Aonad 6**

Cleachtadh Cainte

Cad is téama don dán 'An tEarrach Thiar', dar leat? Pléigh do thuairimí leis an dalta in aice leat. Ansin pléigh tuairimí an ranga. Déan liosta de na príomhthéamaí a luaitear ar an mbord/i do chóipleabhar.

Freagra Samplach a 1

Cad is téama don dán 'An tEarrach Thiar', dar leat?/Cad é príomh-mhothúchán an dáin 'An tEarrach Thiar'?

Eochairnathanna	
is aoibhinn leis an bhfile	déanann sé cur síos ar
is breá leis	léiríonn/luann an file

Is é téama/príomh-mhothúchán an dáin 'An tEarrach Thiar' ná grá an fhile dá áit dhúchais[1]. Is breá leis a oileán dúchais – Inis Mór – an t-oileán is mó de na hOileáin Árann.

[1]native place

Is aoibhinn leis an bhfile áilleacht an oileáin. Déanann sé cur síos ar dhathanna áille an oileáin, m.sh. an fheamainn dhearg ag lonrú[2] ar an trá bhán agus dath óir na farraige nuair a bhíonn an ghrian ag taitneamh uirthi um thráthnóna.

[2]shimmering

Is aoibhinn leis an suaimhneas[3] agus atmaisféar síochánta[4] atá le fáil ann. Luann sé an 'ciúineas shéimh' agus 'támh-radharc síothach'. Luann sé fuaimeanna binne[5] an oileáin. m.sh. 'toll-bhuilí fanna ag maidí rámha'.

[3]peace
[4]peaceful
[5]sweet sounds

Léiríonn an file muintir an oileáin ag obair le chéile ag baint agus ag bailiú na feamainne. Is áit idéalach[6] é an t-oileán, dar leis, agus tá grá an fhile don oileán an-soiléir[7].

[6]idealistic
[7]clear

Cleachtadh Scríofa

Scríobh alt gairid ar phríomh-mhothúchán an dáin 'An tEarrach Thiar'.

Gnáthleibhéal Spreagadh

Íomhánna/Pictiúir an Dáin

[1] *idyllic*

[2] *focused on*

[3] *peaceful*

Léiríonn an file íomhá idéalach[1], rómánsúil den oileán Inis Mór sa dán 'An tEarrach Thiar'. Luann an file a ghrá dá áit dhúchais le híomhánna áille dírithe ar[2] an tsúil agus ar an gcluas. Léiríonn sé áilleacht an oileáin agus an saol simplí, síochánta[3], traidisiúnta a bhí ag na daoine ar an oileán.

[4] *earth*

[5] *sowing the crops*

- **Véarsa a 1:** Feicimid íomhá den fheirmeoir amuigh sa pháirc ag glanadh cré[4] dá spád agus é ag cur na mbarraí[5] le linn an earraigh. Cloisimid fuaim bhinn na spáide ar lá te sa chiúnas síochánta. Mar sin, tá an íomhá sa chéad véarsa dírithe ar an tsúil agus ar an gcluas.

- **Véarsa a 2:** Sa dara véarsa, cruthaíonn an file íomhá de na fir ag baint na feamainne ar an oileán. Luann an file íomhá d'obair thraidisiúnta shéasúrach an oileáin. Luann sé áilleacht na trá agus dathanna na feamainne; 'Is an fheamainn dhearg/Ag lonrú/I dtaitneamh gréine/Ar dhuirling bhán' – íomhá atá dírithe ar an tsúil. Baineann a lán dathanna leis na híomhánna – tá dath dearg ar an bhfeamainn agus tá dath liath agus bán ar an trá leis an ngaineamh[6] agus na clocha[7]. Deir sé gur 'niamhrach' (focal a chiallaíonn 'geal' nó 'álainn') an radharc.

[6] *sand*

[7] *stones*

[8] *verse*

- **Véarsa a 3:** I rann[8] a trí, cruthaíonn an file íomhá de mhná an oileáin ag obair le chéile ag baint/bailiú na feamainne. Tá brí an tseanfhocail, 'Ar scáth a chéile a mhaireann na daoine' le feiceáil anseo. Léiríonn an file an spiorad pobail[9] a bhí ar an oileán agus an cairdeas a bhí eatarthu. D'oibrigh siad go dian ach d'oibrigh siad le chéile. Chabhraigh siad lena chéile. Dar leis an bhfile, is íomhá shuaimhneach[10] í.

[9] *community spirit*

[10] *peaceful*

- **Véarsa a 4:** Luann an file íomhánna atá dírithe ar an tsúil agus dírithe ar an gcluas sa véarsa deireanach. Déanann an file cur síos ar na hiascairí ag teacht abhaile i mbáid lán le héisc ón bhfarraige. Luann sé na dathanna agus na fuaimeanna a bhaineann leis an radharc. Léiríonn sé dath óir na farraige; 'ar ór-mhuir mhall' agus an tsíocháin[11] a bhain le fuaim na maidí rámha[12] san fharraige; 'Tollbhuillí fanna/Ag maidí rámha'. Íomhá shimplí, álainn atá i gceist anseo a thaispeánann áilleacht an oileáin agus an saol síochánta, traidisiúnta a bhí ag na daoine ar an oileán.

[11] *peace*

[12] *the sound of the oars*

An Ghaeilge, an Ghaeltacht agus Béaloideas

Ceisteanna Scrúdaithe

1. Luaigh dhá íomhá (phictiúr) atá sa dán. Déan cur síos i d'fhocail féin ar an dá íomhá (phictiúr) sin. **(8 marc)**

2. Scríobh nóta gairid ar dhá cheann de na dathanna a úsáidtear sa dán. **(9 marc)**

3. Luaigh dhá íomhá (phictiúr) ón dán a thaitin leat. Déan cur síos ar an bhfáth ar thaitin an dá íomhá sin leat. **(8 marc)**

Freagra Samplach a 2

Cad iad na fuaimeanna áille a bhí le cloisteáil ar an oileán?

Cloistear go leor fuaimeanna áille[1] sa dán seo mar tá íomhánna an dáin dírithe ar an tsúil agus ar an gcluas[2]. Sa chéad véarsa, cloisimid an feirmeoir ag glanadh cré[3] dá spád. Deir an file gur fuaim bhinn í. Luann an file an ciúnas séimh[4] atá le cloisteáil ar an oileán. Is áit shuaimhneach, chiúin, shíochánta í.

Sa cheathrú véarsa, cloistear buillí laga[5] na maidí rámha[6] ag bualadh an uisce san fharraige nuair a bhíonn na hiascairí ag teacht abhaile lena mbáid lán le héisc. Is fuaim shíochánta, álainn í sin agus is féidir linn fuaim na farraige a shamhlú[7].

[1] beautiful sounds
[2] focused on the eye and the ear
[3] earth
[4] gentle
[5] weak blows
[6] oars
[7] to imagine

Cleachtadh Scríofa

Líon na bearnaí sa fhreagra samplach thíos leis na focail thíosluaite.

Cén pictiúr, dar leat, a fhaighimid den dúlra (an nádúr) sa dán 'An tEarrach Thiar'? Faighimid pictiúr iontach _____ dúlra sa dán 'An tEarrach Thiar gan _____ agó. Léiríonn sé áilleacht an nádúir. Chomh maith _____ sin, léiríonn sé conas a chabhraíonn an nádúr le muintir[8] an _____ mhaireachtáil[9]. Luann sé an feirmeoir ag obair _____ pháirc leis an gcré[10] sa chéad véarsa. Braitheann an feirmeoir ar an gcré agus ar an aimsir dá shlí bheatha[11] ach oibríonn sé in áit chiúin, álainn sa pháirc. Cruthaíonn an file íomhá _____ den fheamainn dhearg ag lonrú[12] faoin ngrian ar an trá _____ sa dara véarsa. Bailíonn na fir agus na mná an fheamainn – is féidir leo an fheamainn a úsáid mar leasú[13], mar rud le hithe nó mar leigheas[14].
Sa véarsa _____, luann an file pictiúr álainn de na hiascairí ag teacht abhaile i mbáid lán d'éisc agus an ghrian ag taitneamh ar an bhfarraige óir um thráthnóna. Faighimid léargas ar na fuaimeanna _____ a bhaineann _____ an nádúr freisin le lapadáil na maidí rámha[15] san uisce agus an tsíocháin atá le brath. Tugann an file cur síos iontach ar an dúlra sa dán seo, gan aon agó[16].

[8] people
[9] survive
[10] earth
[11] livelihood
[12] glistening
[13] fertiliser
[14] a cure
[15] oars
[16] without a doubt

sa	den	álainn	deireanach	leis
binne	bhán	leis	oileáin	aon

263

Gnáthleibhéal Spreagadh

Freagra Samplach a 3

Déan cur síos gairid i d'fhocail féin ar trí cinn de na cineálacha oibre a bhí á ndéanamh ag na daoine sa dán sin.

[1] sowing the crops
[2] presumably

[3] baskets
[4] community
[5] people live/survive in the shadow of each other, i.e. people survive by helping each other
[6] verse

Léiríonn an file cineálacha difriúla oibre sa dán seo. Sa chéad véarsa, luann sé an feirmeoir ag obair sa pháirc lena spád – ag cur na mbarraí[1], is dócha[2].

Sa dara véarsa, luann an file na fir ag bailiú na feamainne ar an trá bhán agus ag iompar na feamainne i gciseáin[3]. Sa tríú véarsa, léiríonn an file na mná ag baint agus ag bailiú na feamainne ar an trá. Oibríonn an pobal[4] le chéile chun an tasc a dhéanamh. Mar a deir an seanfhocal 'ar scáth a chéile a mhaireann na daoine[5]'.

Sa cheathrú rann[6], feicimid na hiascairí ag teacht abhaile um thráthnóna agus tá a mbáid bheaga lán le héisc. Sin iad na trí cineál oibre a luann an file sa dán 'An tEarrach Thiar'.

Cleachtadh Cainte

Pléigh na rudaí a thaitin (nó nár thaitin) leat faoin dán 'An tEarrach Thiar' agus na rudaí a thaitin (nó nár thaitin) leis an dalta in aice leat faoin dán. Déan liosta de na príomhphointí a luaitear. Pléigh na tuairimí leis an gcuid eile den rang.

Freagra Samplach a 4

An maith leat an dán seo? Cuir fáthanna le do thuairim. Is leor dhá fháth.

[1] without a doubt
[2] beautiful

[3] shimmering

Is breá liom an dán 'An tEarrach Thiar' gan amhras[1]. Tá na híomhánna sa dán go haoibhinn[2] ar fad. Is breá liom na dathanna áille a úsáideann an file chun cur síos a dhéanamh ar áilleacht an oileáin. Luann sé an fheamainn dhearg ag lonrú[3] faoin ngrian ar an trá bhán. Léiríonn sé dath óir na farraige nuair a bhíonn an ghrian ag taitneamh aníos uirthi sa tráthnóna. Taitníonn na híomhánna áille sin go mór liom.

[4] message
[5] to survive

[6] the spirit of the community

Is breá liom teachtaireacht[4] an dáin freisin. Oibríonn muintir an oileáin le chéile agus cabhraíonn siad lena chéile chun maireachtáil[5] ar an oileán. Bailíonn na fir an fheamainn i gciseáin agus baineann na mná go léir an fheamainn ar an trá le chéile. Is aoibhinn liom spiorad an phobail[6] ar an oileán. Mar a deir an seanfhocal 'is ar scáth a chéile a mhaireann na daoine'.

An Ghaeilge, an Ghaeltacht agus Béaloideas

Cleachtadh Scríofa

Ar thaitin an dán 'An tEarrach Thiar' leatsa? Luaigh dhá fháth le do fhreagra.

Cleachtadh Cainte

Pléigh na mothúcháin a spreag an dán 'An tEarrach Thiar' ionat agus sa dalta in aice leat. Déan liosta de na mothúcháin a luaitear agus na fáthanna atá leis na mothúcháin sin. Pléigh na mothúcháin leis an gcuid eile den rang.

Freagra Samplach a 5

Pléigh na mothúcháin a spreag/mhúscail an dán seo ionat.

Spreag an dán 'An tEarrach Thiar' áthas ionam agus grá don nádúr. Bhí na híomhanna d'áilleacht an oileáin agus den saol ar an oileán go hálainn agus síochánta[1]. Thaitin na dathanna a luaigh an file sa dán go mór liom — an fheamainn dhearg ag lonrú[2] faoin ngrian, an trá bhán chlochach, an fharraige órga[3] agus mar sin de. Thaitin na fuaimeanna sa dán liom freisin — fuaim bhinn an fheirmeora ag glanadh a spáid sa chéad véarsa, an ciúnas 'séimh' agus fuaim álainn na maidí rámha san uisce sa véarsa deireanach. Is éalú deas é an dán ón saol gnóthach, torannach[4], nua-aimseartha[5] a bhíonn ann i gcathracha agus bailte móra sa lá atá inniu ann.

[1]*peaceful*
[2]*shimmering*
[3]*golden*
[4]*noisy*
[5]*modern*

Cleachtadh Scríofa

Pléigh na mothúcháin a spreag an dán 'An tEarrach Thiar' ionat.

Féinmheasúnú

Cé chomh sásta is atá tú anois gur féidir leat téama agus teicnící fileata an dáin thuas a phlé gan saothar gan stró? Cuir tic sa bhosca cuí.

Míshásta	Measartha sásta	An-sásta

Gnáthleibhéal **Spreagadh**

Athbhreithniú ar an Litríocht: Súil ar an Scrúdú
PRÓS AINMNITHE (50 marc)

Ceist 2 PRÓS (50 marc)

2A Prós Ainmnithe

(a) Oisín i dTír na nÓg

Tabhair achoimre ar na heachtraí is tábhachtaí sa scéal béaloidis 'Oisín i dTír na nÓg'.

Luaigh na pointí seo san achoimre:

(i) Déan cur síos ar an gcuma a bhí ar Niamh Chinn Óir nuair a tháinig sí ag lorg Oisín.

(ii) Cén t-eolas a thug Niamh Chinn Óir d'Oisín faoi Thír na nÓg?

(iii) Cén sórt saoil a bhí ag Oisín leis na Fianna sular imigh sé go Tír na nÓg?

(iv) Cén t-eolas atá sa scéal faoi na páistí a bhí ag Niamh Chinn Óir agus Oisín?

(v) Déan cur síos ar an timpiste a tharla d'Oisín nuair a d'fhill sé ó Thír na nÓg? (25 marc)

2B Prós Roghnach

Níl cead aon ábhar a bhaineann le Prós Ainmnithe a úsáid sna freagraí ar an bPrós Roghnach.

Maidir le gearrscéal roghnach a ndearna tú staidéar air le linn do chúrsa, déan plé ar dhá ghné den ghearrscéal a chuaigh i bhfeidhm ort. (23 marc)

Ceist 3 FILÍOCHT (30 marc)

Filíocht Ainmnithe nó Filíocht Roghnach (30 marc)

Freagair Ceist 3A (Filíocht Ainmnithe) nó Ceist 3B (Filíocht Roghnach) thíos.

3A Filíocht Ainmnithe

(a) (i) Cén obair atá ar siúl ag an bhfear i véarsa a 1?

(ii) Cén sórt fuaime atá i véarsa a 1?

(iii) Conas atá an aimsir i véarsa a 2?

(iv) Cá bhfuil na mná i véarsa a 3? (8 marc)

(b) Déan cur síos, i d'fhocail féin, ar an bpictiúr den churrach a thugann an file dúinn i véarsa a ceathair. (Is leor dhá phointe eolais.) (8 marc)

(c) An maith leat an dán seo? Cuir fáthanna le do fhreagra. (Is leor dhá fháth.) (9 marc)

Níl cead aon ábhar a bhaineann leis an bhFilíocht Ainmnithe a úsáid i bhfreagra ar an bhFilíocht Roghnach.

3B Filíocht Roghnach

(a) (i) Maidir le dán roghnach nua-aimseartha amháin a scríobh bean agus a ndearna tú staidéar air i rith do chúrsa, cad is téama don dán sin, dar leat? Tabhair dhá phointe eolais i d'fhocail féin faoin téama sin sa dán. (8 marc)

(ii) Luaigh íomhá (pictiúr) amháin ón dán atá suimiúil, dar leat. Mínigh an íomhá (an pictiúr) sin i d'fhocail féin. (6 mharc)

(iii) An maith leat an dán seo? Cuir fáthanna le do fhreagra. (Is leor dhá fháth.) (9 marc)

(iv) Ní mór teideal an dáin sin, maraon le hainm an fhile, a scríobh síos go cruinn. (2 mharc)

Daoine Óga, Grá agus Caidrimh

Aonad 7

Céim a 1: Labhairt	Céim a 2: Cluastuiscint	Céim a 3: Ceapadóireacht	Céim a 4: Gramadach	Céim a 5: Léamhthuiscint	Céim a 6: Litríocht
Daoine óga agus fadhbanna daoine óga Grá Caidrimh an duine óig	Daoine óga Caidrimh an duine óig	Giota leanúnach nó blag: Bíonn saol breá ag daoine óga sa lá atá inniu ann Litir nó ríomhphost: Ag scríobh chuig cara i dtír eile tar éis na hArdteiste Comhrá: D'fhill tú abhaile go déanach ó chóisir	Céimeanna comparáide na háidiachta	Léamhthuiscint a 1: Jennifer Lawrence Giotaí Gearra léamhthuisceana: Daoine óga inspioráideacha in Éirinn!	6a Prós: 'Dís' 6b Filíocht: 'Mo Ghrá-sa (Idir Lúibíní)' Athbhreithniú ar an litríocht: súil ar an scrúdú

Torthaí Foghlama

San aonad seo foghlaimeoidh tú:

◎ **Léamh agus tuiscint:** conas focail agus nathanna a bhaineann le grá agus caidrimh a aithint agus a thuiscint, conas focail agus nathanna a bhaineann le saol an duine óig agus fadhbanna daoine óga a aithint agus a thuiscint

◎ **Labhairt:** conas cur síos a dhéanamh ar chaidrimh idir daoine, conas cúrsaí a théann i bhfeidhm ar dhaoine óga a phlé

◎ **Scríobh:** conas giota leanúnach nó blag, litir agus comhrá a scríobh mar gheall ar thopaicí a bhaineann le saol an duine óig

◎ **Litríocht:** na heochairfhocail a bhaineann leis an scéal 'Dís'. Beidh tú in ann téamaí agus carachtair an scéil a phlé. Beidh tú in ann do thuairimí a chur in iúl freisin chomh maith le topaicí a bhaineann leis an scéal amhail caidrimh, téama an phósta, cúrsaí oibre, srl a phlé. Foghlaimeoidh tú na heochairfhocail a bhaineann leis an dán 'Mo Ghrá-sa (Idir Lúibíní)' agus beidh tú in ann téamaí agus teicnící filíochta an dáin a phlé

◎ **Féachaint:** féachfaidh tú ar mhír físe a bhaineann le daoine óga, grá agus caidrimh.

Gnáthleibhéal **Spreagadh**

Céim a 1: Labhairt

Sa chéim seo, foghlaimeoidh tú:
- na heochairfhocail agus nathanna a bhaineann le daoine óga, grá agus caidrimh an duine óig
- conas fadhbanna daoine óga a phlé.

Eochairnathanna	
sílimse/ceapaim/dar liom/i mo thuairim/is é mo bharúil ná	in my opinion
Is cúis náire í/tá sé náireach.	It's a disgrace.
Is cúis imní í.	It's a cause for concern.
Is fadhb thromchúiseach í.	It's a serious problem.
Ní mór don rialtas rud éigin a dhéanamh faoi.	The government must do something about it.
sa lá atá inniu ann/i láthair na huaire	at present

Fadhbanna Daoine Óga

An scrúdaitheoir: An bhfuil saol deacair ag daoine óga sa lá atá inniu ann, i do thuairim?

An dalta:
- Uaireanta bíonn saol an duine óig deacair – braitheann sé ar an duine óg agus a c(h)uinsí clainne.
- Má bhíonn an duine óg dathúil, cliste agus saibhir le clann ghrámhar a thugann tacaíocht dó nó di bíonn saol breá ag an duine óg. Ach cé mhéad duine a bhfuil na rudaí sin go léir aige/aici?
- Tá daoine óga faoi bhrú ag múinteoirí, tuismitheoirí, comhaosaigh[1], ag na meáin agus ag scrúduithe. Bíonn cathú[2] an óil agus cathú na ndrugaí ann i gcónaí freisin.

An scrúdaitheoir: Cad iad na fadhbanna is mó a chuireann isteach ar dhaoine óga, dar leat?

An dalta: Dar liom, tá mórán fadhbanna ann a chuireann isteach ar dhaoine óga, ina measc bulaíocht, brú ó chóras na bpointí, fadhb an óil, fadhb na ndrugaí, fadhbanna airgeadais agus fadhbanna clainne.

An scrúdaitheoir: An bhfuil daoine óga faoi bhrú ag córas na bpointí, i do thuairim?

An dalta: Ceapaim go bhfuil daoine óga faoi bhrú millteanach[3] ag córas na bpointí. Níl go leor áiteanna ar fáil ar na cúrsaí ollscoile. Tá na pointí do na cúrsaí níos airde[4] ná mar a bhí siad riamh[5]. Dá bhrí sin, bíonn daoine óga faoi bhrú chun a ndóthain pointí a fháil san Ardteist. Éiríonn roinnt daltaí tinn leis an mbrú.

[1] peers
[2] temptation
[3] under awful pressure
[4] higher
[5] ever

Daoine Óga, Grá agus Caidrimh — Aonad 7

An scrúdaitheoir:	**Cén sórt fadhbanna clainne agus fadhbanna pearsanta a bhíonn ag cur isteach ar[6] dhaoine óga, dar leat?**
An dalta:	• Bíonn a lán fadhbanna clainne agus pearsanta ag cur isteach ar dhaoine óga uaireanta.
	• Tá an-chuid clann scartha[7] i láthair na huaire[8]. Nuair a bhíonn tuismitheoirí scartha nó colscartha[9], is minic a bhíonn argóintí nó teannas[10] sa teaghlach. Bíonn an duine óg buartha agus trína chéile[11] mar gheall air seo go minic. Má bhogann tuismitheoir amháin amach as an teach, is minic a bhíonn an déagóir uaigneach gan a d(h)aid nó a m(h)am.
	• Anois is arís, bíonn fadhb na drochíde[12] ann sa bhaile. Is fadhb uafásach ar fad í sin don duine óg.
	• Má bhíonn alcólach[13] nó andúileach[14] drugaí sa teaghlach, cruthaíonn sé[15] strus agus anró[16] sa bhaile don duine óg.
	• Uaireanta eile bíonn fadhbanna airgeadais[17] sa bhaile agus cuireann sé sin brú agus strus ar an teaghlach uilig, an duine óg san áireamh[18]. Is minic a bhíonn ar an duine óg post páirtaimseartha a bheith aige/aici. Níl sé éasca an fuinneamh[19] a bheith agat freastal ar an scoil, staidéar a dhéanamh, do chuid obair bhaile a dhéanamh agus post páirtaimseartha a bheith agat le linn an téarma scoile! Ar an lámh eile, is breá le roinnt daoine óga post páirtaimseartha a bheith acu chun a bheith neamhspleách[20] ar a dtuismitheoirí.
An scrúdaitheoir:	**Cad a cheapann tú faoi fhadhb na bulaíochta i measc na n-óg?**
An dalta:	• Is fadhb thromchúiseach í fadhb na bulaíochta gan dabht.
	• Tá difríocht mhór idir masla[21] amháin agus bulaíocht leanúnach[22] dírithe ar dhuine áirithe.
	• Bíonn a lán cibearbhulaíochta ar siúl sa lá atá inniu ann freisin. Bíonn sé deacair éalú ó na bulaithe[23].

[6] *bothering/upsetting*
[7] *separated*
[8] *at the present time*
[9] *divorced*
[10] *tension*
[11] *upset*

[12] *abuse*
[13] *alcoholic*
[14] *addict*
[15] *it creates*
[16] *misery*
[17] *financial problems*
[18] *included*
[19] *energy*
[20] *independent*

[21] *an insult*
[22] *continuous*
[23] *bullies*

Gnáthleibhéal Spreagadh

[24] serious
[25] underage drinking
[26] peer pressure
[27] to experiment/to try out
[28] foolish
[29] of course

An scrúdaitheoir:	Cad a shíleann tú faoi fhadhb na hógmheisciúlachta?
An dalta:	• Is fadhb thromchúiseach[24] í an ógmheisciúlacht[25] sa tír seo.
	• Ólann an-chuid daoine óga de bharr an phiarbhrú[26].
	• Bíonn roinnt daoine óga ag iarraidh triail a bhaint as[27] rud éigin nua agus bíonn roinnt eile ag iarraidh éalú óna gcuid fadhbanna.
	• Is minic a dhéanann daoine rudaí amaideacha[28] nuair a bhíonn siad ar meisce.
	• Ar ndóigh[29], déanann alcól damáiste do shláinte an duine freisin.

[30] without a doubt

[31] widespread

An scrúdaitheoir:	An gceapann tú go bhfuil fadhb na ndrugaí tromchúiseach i measc na n-óg?
An dalta:	• Is fadhb an-tromchúiseach í fadhb na ndrugaí i measc daoine óga, gan aon agó[30].
	• Bíonn roinnt daoine óga fiosrach agus ag iarraidh triail a bhaint as drugaí.
	• Bíonn daoine eile ag iarraidh éalú óna gcuid fadhbanna nuair a chaitheann siad drugaí.
	• Bíonn mórán drugaí saor agus ar fáil go forleathan[31] ar fud na tíre.
	• Is fadhb mhór í.

[32] emphasis
[33] perfect
[34] help
[35] hairdressers
[36] make-up artists
[37] airbrushing
[38] plastic surgery

An scrúdaitheoir:	An dóigh leat go mbíonn daoine óga faoi bhrú ag na meáin?
An dalta:	Ceapaim go mbíonn daoine óga faoi bhrú ag na meáin, gan dabht. Cuireann na meáin an-bhéim[32] ar íomhá agus ar chuma an duine. Cuireann sé sin brú ar dhaoine óga. Braitheann siad faoi bhrú a bheith dathúil, faiseanta agus foirfe[33] cosúil leis na réaltaí ceoil agus na haisteoirí. De ghnáth, bíonn cabhair[34] ag na réaltaí ó ghruagairí[35] agus smideoirí[36] ar feadh cúpla uair an chloig sula nglactar grianghraif díobh. Is minic a bhíonn aerphéinteáil[37] i gceist freisin. Uaireanta bíonn máinliacht phlaisteach[38] ag réaltaí – cuir i gcás muintir Kardashian! Ní thuigeann a lán daoine é sin agus cuireann siad brú orthu féin a bheith cosúil leis na réaltaí.

[39] screens
[40] exercise
[41] fast food
[42] fresh
[43] fat

An scrúdaitheoir:	Ar an lámh eile, is fadhb mhór í an raimhre faoi láthair...
An dalta:	• Is fadhb mhór í cinnte. Caithimid go léir an iomarca ama ag féachaint ar scáileáin[39] – ar ár bhfóin phóca, ar ár n-iPadanna, ar an teilifís nó ar an ríomhaire. Uaireanta éiríonn daoine leisciúil. Ní chaitheann siad a ndóthain ama i mbun aclaíochta[40].
	• Nuair a bhíonn daoine ag obair ar feadh uaireanta fada, bíonn an cathú ann bia próiseáilte a cheannach nó mearbhia[41] a cheannach. Bíonn sé níos éasca ná an t-am a chaitheamh ag ceannach bia úr[42] agus ag cócaireacht.
	• Bíonn bia próiseáilte agus mearbhia lán le siúcra, salann agus saill[43] agus cuireann sé go mór le fadhb na raimhre.

270

Daoine Óga, Grá agus Caidrimh

Obair Bhaile

Féach ar leathanach 26–27 i do Leabhrán. Freagair na ceisteanna a ghabhann le fadhbanna daoine óga.

Cleachtadh Cainte

Cuir na ceisteanna seo a leanas ar an duine in aice leat. Freagair na ceisteanna ó bhéal agus ansin scríobh síos na freagraí.

1. An bhfuil saol deacair ag daoine óga sa lá atá inniu ann?
2. Cad iad na fadhbanna is mó a chuireann isteach ar dhaoine óga, dar leat?
3. An gcuireann córas na bpointí an iomarca brú ar dhaoine óga?
4. Cad iad na fadhbanna pearsanta agus clainne is mó a chuireann as do dhéagóirí, i do thuairim?
5. An fadhb thromchúiseach í fadhb na bulaíochta, i do thuairim?
6. An gceapann tú go bhfuil fadhb mhór ógmheisciúlachta in Éirinn faoi láthair?
7. An fadhb mhór í fadhb na ndrugaí in Éirinn i measc na n-óg, dar leat?
8. An fadhb thromchúiseach í an raimhre in Éirinn faoi láthair? Cén fáth a bhfuil sé sin ag tarlú?

Grá agus Caidrimh

Nathanna Úsáideacha	
Tá/Níl caidreamh maith agam le mo thuistí.	I do/don't have a good relationship with my parents.
Táimid an-mhór lena chéile.	We are very close.
Tacaíonn siad liom.	They support me.
Cabhraíonn siad liom.	They help me.
Is dlúthchairde muid.	We are close friends.
Tá muinín agam as/aisti.	I trust him/her.
Réitím go maith leis/léi/leo.	I get on well with him/her/them.
Cuireann sé/sí isteach orm.	He/She annoys/upsets/bothers me.
Tá mo dhaid ródhian.	My dad is too strict.
Bímid in adharca a chéile go minic.	We argue with each other (lock horns) often.
Bím ag argóint leis/léi/leo go minic.	I often argue with him/her/them.
Is duine díograiseach é.	He is a hardworking person.
Is duine réchúiseach í.	She is an easygoing person.

Gnáthleibhéal Spreagadh

Aidiachtaí chun Cur Síos a Dhéanamh ar Dhaoine			
cineálta/cneasta	kind	greannmhar	funny
cairdiúil	friendly	cúthail	shy
flaithiúil	generous	béasach	polite
goilliúnach	sensitive	drochbhéasach	rude
cainteach	chatty	stuama/ciallmhar	sensible
macánta	honest	tuisceanach	understanding
mímhacánta	dishonest	deas	nice
cróga/misniúil	brave	féinmhuiníneach	self-confident
teasaí	hot-headed	dána	bold
cliste	clever	ceanndána	stubborn
éirimiúil	intelligent	fiosrach	inquisitive
glic	sly/cute	leisciúil	lazy
amaideach	foolish	díograiseach	hardworking
gealgháireach	cheerful/jollly	réchúiseach	easygoing

An scrúdaitheoir: An bhfuil caidreamh maith agat le do mham agus do dhaid?

An dalta:
- Tá caidreamh iontach agam le mo thuistí agus réitím go maith leo. Is daoine tuisceanacha, leathanaigeanta iad mo thuismitheoirí. Tugann siad tacaíocht dom ach tugann siad méid áirithe saoirse dom chomh maith. Táimid an-mhór le chéile.
- Réitím go maith le mo mham. Is duine cneasta, cabhrach í agus tacaíonn sí liom maidir le gach rud a dtugaim faoi i mo shaol. Tá mo dhaid ródhian, i mo thuairim, áfach. Ní ligeann sé dom dul amach ag an deireadh seachtaine le mo chairde go dtí an club oíche. Cuireann sé an-bhrú orm a bheith ag staidéar an t-am ar fad. Bímid in adharca a chéile anois is arís mar tá an bheirt againn ceanndána.

An scrúdaitheoir: Inis dom faoi do chara is fearr.

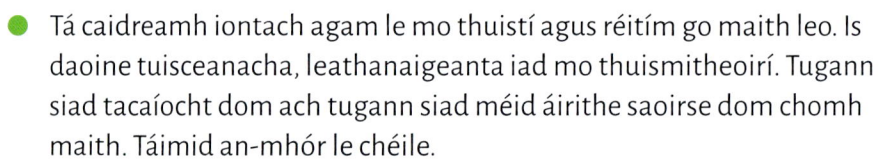

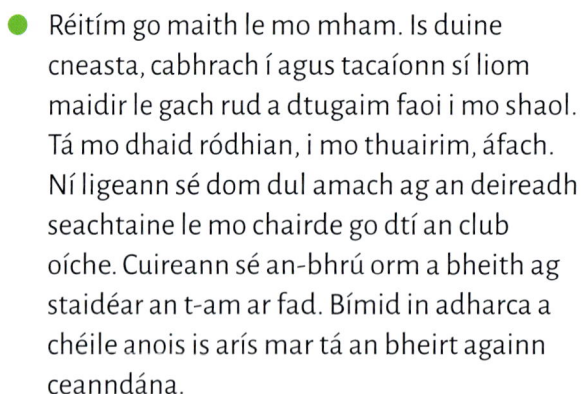

An dalta:
- Mícheál is ainm do mo chara is fearr. Is duine cúthail[44], greannmhar é. Imrímid peil le chéile agus téimid go dtí an phictiúrlann nó an baile mór le chéile ag an deireadh seachtaine. Is duine iontaofa[45] é agus tá muinín agam as[46].
- Siobhán an t-ainm atá ar mo chara is fearr. Táimid an-mhór le chéile le blianta beaga anuas mar chuamar go dtí an bhunscoil chéanna le chéile. Is duine cairdiúil, cainteach í agus bíonn an-chraic againn le chéile. Freastalaíonn an bheirt againn ar ranganna damhsa le chéile freisin.

[44] shy
[45] trustworthy
[46] I trust him

Daoine Óga, Grá agus Caidrimh — Aonad 7

Mír Físe

Féach ar an mír físe a bhaineann leis na treoracha thíos agus comhlánaigh an bhileog oibre a ghabhann léi. Téigh go dtí **www.ceacht.ie**. Tá acmhainní do mhúineadh Gaeilge le fáil anseo. Téigh go dtí 'Acmhainní don Ardteist' agus roghnaigh 'Caidrimh'; ansin roghnaigh 'Cén saghas duine thú?' Tar éis breathnú ar an bhfíseán, cliceáil ar an gcáipéis Word chun an bhileog oibre a íoslódáil.

Obair Bheirte

Úsáidtear na frásaí seo a leanas i nGaeilge labhartha laethúil. Scríobh amach an Ghaeilge ar na nathanna seo a leanas. Seasann na litreacha do thús na bhfocal as Gaeilge.

> **Mar shampla**
> GRMA = go raibh maith agat

MB	Ss	Tt	Tmslao	Cc a bhf t
Thanks a million	*Safe and sound*	*Tired and exhausted*	*I am starved with the hunger*	*How are you?*
BB	FAB	G n-é a t-á L	TGBÉ	T ab d
Be prosperous!	*No problem*	*Good luck!*	*Take it easy!*	*I am very grateful to you*
TBO	ST	T Á O	TSSF	DD
I'm sorry	*Bye for now*	*I'm happy!*	*That is true!*	*Hello*
TSA	TASGML	LCD	BLD	TSL
I hope	*I am really looking forward to it*	*Hopefully*	*Thanks be to God*	*I enjoy sport*

Céim a 2: Cluastuiscint

Sa chéim seo, foghlaimeoidh tú:
- eochairfhocail a bhaineann le daoine óga agus caidrimh
- conas do scileanna cluastuisceana a fhorbairt.

> Le haghaidh níos mó leideanna faoi conas ullmhúchán a dhéanamh don triail cluastuisceana, féach ar leathanach 406 in Aonad a 10.

Gnáthleibhéal Spreagadh

Tabhair aird ar na focail/nathanna seo a leanas agus tú ag ullmhú don chluastuiscint.

comhairleoir gairme	*career guidance counsellor*	sainmhíniú	*definition*
máistreacht	*a master's degree*	drochíde	*abuse/bad treatment*
iarrthóirí	*applicants*	frithbhulaíocht	*anti-bullying*
fuinniúil	*energetic*	féidearachtaí	*possibilities*
cumarsáid	*communications*	mangairí	*dealers*
tuarastal	*salary*	eagraíocht	*organisation*
spíonta amach	*exhausted*	urraíocht	*sponsorship*
comhaoiseach	*peer*	saor in aisce	*free*

Cuid A

Cloisfidh tú *dhá* fhógra sa chuid seo. Cloisfidh tú gach fógra díobh **faoi dhó**. Beidh sos ann leis na freagraí a scríobh tar éis na chéad éisteachta *agus* tar éis an dara héisteacht.

Fógra a hAon

Líon isteach an t-eolas atá á lorg sa ghreille anseo.

Cén contae ina bhfuil an mheánscoil a luaitear?	
Cé mhéad dalta atá ag freastal ar an meánscoil seo?	
Cad iad na huaireanta oibre a bhaineann leis an bpost mar chomhairleoir gairmthreorach?	
Cad é an spriocdháta do na hiarratais don phost seo?	

Fógra a Dó

1. (a) Cén saghas cúrsaí a bheidh á bplé ar an gclár nua seo?
   _____

   (b) Luaigh dhá thréith a bheidh ag an láithreoir.
   (i) _____
   (ii) _____

2. (a) Cé mhéad mí a gheobhaidh an láitheoir mar laethanta saoire? _____
   _____

   (b) Cad é an tuarastal atá i gceist don láithreoir? _____
   _____

Cuid B

Cloisfidh tú **dhá** chomhrá sa chuid seo. Cloisfidh tú gach comhrá díobh **faoi dhó**. Cloisfidh tú an comhrá ó thosach deireadh an chéad uair. Ansin cloisfidh tú ina **dhá** mhír é. Beidh sos ann leis na freagraí a scríobh tar éis gach míre díobh.

Comhrá a hAon

An Chéad Mhír

1. Cén fáth a bhfuil Órlaith tuirseach? _____

2. Ar bhuaigh foireann Órlatha an díospóireacht? _____

An Dara Mír

1. An minic a tharlaíonn ionsaithe fisiceacha ar dhaoine ar scoil, dar le Peadar? _____

2. Ar mhaith le Peadar cabhrú le hÓrlaith an lá frithbhulaíochta a eagrú? _____

Comhrá a Dó

An Chéad Mhír

1. Cá raibh an mangaire drugaí aréir? _____
2. Cár aimsíodh na drugaí ar an mangaire drugaí? _____

An Dara Mír

1. Cén fáth a n-iompaíonn roinnt daoine óga ar dhrugaí, dar le Gráinne? _____

2. Cad ba chóir do scoileanna a dhéanamh, dar le Gráinne? _____

Cuid C

Cloisfidh tú **dhá** phíosa nuachta sa chuid seo. Cloisfidh tú gach píosa díobh **faoi dhó**. Beidh sos ann leis na freagraí a scríobh tar éis na chéad éisteachta **agus** tar éis an dara héisteacht.

Píosa a hAon

1. Cad is ainm don albam nua atá á lainseáil ag Conradh na Gaeilge? _____
2. Cé na hamhránaithe agus bannaí mór le rá a bheidh ar an albam? _____

Gnáthleibhéal **Spreagadh**

Píosa a Dó

1. Cad a bhuaigh Raidió Rí-Rá? _____
   _____

2. Cén saghas ceoil a bhíonn le cloisteáil ar Raidió Rí-Rá? _____

Céim a 3: Ceapadóireacht

Sa chéim seo, foghlaimeoidh tú:
- an foclóir agus na heochairfhocail a bhaineann leis an topaic 'Fadhbanna daoine óga'
- conas feidhmiú mar bhall de ghrúpa trí mheán an obair ghrúpa
- conas blag ar an topaic thíos a leagan amach.

Giota Leanúnach nó Blag

Blag Samplach

Scríobh giota leanúnach nó blag ar an ábhar seo a leanas: 'Bíonn saol breá ag daoine óga sa lá atá inniu ann.'

[1] Are you joking?
[2] statement
[3] bothering
[4] dealing with
[5] dealing with
[6] divorce
[7] violence
[8] peer pressure
[9] physical appearance
[10] emphasis
[11] the amount
[12] photo
[13] everyone must
[14] make-up
[15] nails
[16] there is no mention of it
[17] clear

Bíonn saol breá ag daoine óga sa lá atá inniu ann! An ag magadh atá tú[1]? Ní aontaím leis an ráiteas[2] seo ar chor ar bith! Tá a lán fadhbanna difriúla ag cur isteach ar[3] dhaoine óga sa lá atá inniu ann. Bíonn siad ag déileáil leis[4] an strus a bhaineann le córas na bpointí ar scoil. Uaireanta bíonn orthu post páirtaimseartha a fháil chun íoc as costas na leabhar agus rudaí difriúla ar scoil fiú! Bíonn siad ag plé le[5] bulaíocht ar scoil agus ar an idirlíon uaireanta. Bíonn ar roinnt daoine óga déileáil le fadhbanna ina dteaghlaigh amhail colscaradh[6], fadhb an óil, fadhb na ndrugaí agus foréigean[7] sa bhaile. Uaireanta bíonn piarbhrú[8] ar dhaoine óga óna gcairde chun alcól a ól nó drugaí a ghlacadh.

Bíonn brú uafásach ar dhaoine óga maidir lena gcuma fhisiceach[9]. *(terrible pressure)* Cuireann na meáin (irisí agus cláir ar an teilifís) béim[10] mhór ar chuma an duine. Féach ar chláir ar nós *Keeping Up with the Kardashians* agus *E! News*! Féach ar an méid[11] grianghraf[12] a chuireann daoine suas ar Snapchat nó Instagram na laethanta seo. Ní mór do gach duine[13] féachaint go hálainn an t-am ar fad maidir lena gcuid éadaigh, a stíl gruaige, a smideadh[14] a n-ingne[15] agus mar sin de. Cad mar gheall ar phearsantacht an duine? Níl trácht air[16]! Tá sé soiléir[17] domsa nach bhfuil saol breá ag daoine óga sa lá atá inniu ann!

Daoine Óga, Grá agus Caidrimh | Aonad 7

Cleachtaí Scríofa

1. Déan liosta de na fadhbanna a bhíonn ag daoine óga a luaitear sa bhlag thuas.
2. Cuir Gaeilge ar na nathanna/focail seo a leanas.

   (a) physical appearance **(b)** emphasis **(c)** stress **(d)** dealing with **(e)** there is no mention of it **(f)** it is clear **(g)** peer pressure **(h)** bothering **(i)** statement **(j)** to pay for **(k)** part-time job

Obair Ghrúpa

Anois, scríobh do bhlag féin dar teideal 'Bíonn saol breá ag daoine óga sa lá atá inniu ann'. Roinnfear an rang i ngrúpaí. Bain úsáid as an Mata Boird thíos chun struchtúr a chur leis an mblag.

Dalta a 1	Dalta a 2
Tús an bhlag: Réamhrá – luaigh na pointí a bheidh á bplé agat. Luaigh brú na hArdteiste	Fadhbanna airgeadais: poist pháirtaimseartha
Dalta a 3	**Dalta a 4**
Fadhbanna le bulaíocht, piarbhrú, drugaí, alcól	Brú ó na meáin maidir le híomhá agus cuma an duine

Litir nó Ríomhphost

Cúinne na Litearthachta

Scríobh amach na nathanna cainte atá aibhsithe le dath gorm sa litir thíos. Ansin, scríobh isteach an leagan Béarla díobh. Faoi dheireadh, clúdaigh an Ghaeilge ar chlé le do lámh agus déan iarracht na nathanna a litriú tú féin.

As Gaeilge	As Béarla	As Gaeilge Arís!
1. **Sampla** Tá súil agam go bhfuil tú féin agus do mhuintir i mbarr na sláinte.	I hope you and your family are in top health.	Tá súil agam go bhfuil tú féin agus do mhuintir i mbarr na sláinte.
2.		
3.		
4.		
5.		
6.		
7.		
8.		
9.		
10.		

277

Gnáthleibhéal Spreagadh

Litir Shamplach

D'fhág an cara is fearr a bhí agat an scoil (nó an tír) an bhliain seo caite agus tá sé (nó sí) agus a c(h)lann ina gcónaí sa Fhrainc (nó i dtír éigin eile) anois. Scríobh an litir nó an ríomhphost a chuirfeá chuig an gcara sin tar éis na hArdteistiméireachta.

12 Bóthar na Coille
Dún Garbhán
Co. Phort Láirge
25 Meitheamh 2016

A Fhionnáin dhil,

Conchúr anseo! Conas atá tú? Tá súil agam go bhfuil tú féin agus do mhuintir i mbarr na sláinte. Aon scéal ón bhFrainc?

Mar is eol duit, bhí mé ag déanamh na scrúduithe ardteiste níos luaithe sa mhí. Tá brón orm nach raibh mé ábalta scríobh chugat le fada mar bhí mé ag staidéar go dian. Ní féidir liom an faoiseamh agus áthas atá orm anois a chur in iúl! Táim chomh sásta a bheith críochnaithe leis na scrúduithe! Deirtear gurb í an Ardteist an scrúdú is deacra a dhéanfaidh tú riamh. Creidim go bhfuil sé sin fíor! Is fuath liom mata agus bíonn sé an-deacair staidéar a dhéanamh ar ábhar nach dtaitníonn leat ar chor ar bith! Ar a laghad, beidh mé ag déanamh staidéir ar ábhair a thaitníonn liom as seo amach - má fhaighim na pointí do mo chúrsa!

Chuir mé isteach ar chúrsa sna dána in Ollscoil Luimnigh an bhliain seo chugainn. Ba mhaith liom staidéar a dhéanamh ar an stair agus ar an bpolaitíocht. Le cúnamh Dé, gheobhaidh mé na pointí! Is aoibhinn liom an stair agus ceapaim go mbeadh an cúrsa an-suimiúil san ollscoil.

Cad mar gheall ortsa? Conas atá cúrsaí sa Fhrainc? An bhfuil tú críochnaithe le do chuid scrúduithe go fóill? An Bac a ghlaotar ar na scrúduithe ag deireadh na meánscoile sa Fhrainc, nach ea? An bhfuil a fhios agat cén cúrsa ba mhaith leat a dhéanamh an bhliain seo chugainn? An rachaidh tú go dtí an ollscoil sa Fhrainc nó ar ais in Éirinn?

Scríobh chugam go luath,
Do chara dil,
Conchúr

Daoine Óga, Grá agus Caidrimh Aonad 7

Cleachtaí Scríofa

1. Líon na bearnaí sna habairtí seo, bunaithe ar an eolas sa litir thuas.

   (a) Cad mar gheall _____?

   (b) Gheobhaidh mé na pointí _____ mo chúrsa, le _____ Dé.

   (c) Beidh mé ag déanamh _____ ar ábhair a thaitníonn liom as _____ amach.

   (d) _____ gurb í an Ardteist an scrúdú is _____ a dhéanfaidh tú riamh i do shaol.

   (e) Is aoibhinn _____ an stair.

   (f) Chuir mé isteach _____ chúrsa sna dána san ollscoil.

   (g) Tá súil _____ go bhfuil tú i mbarr na sláinte.

   (h) Is fuath _____ Mata.

2. Anois, scríobh do litir/do ríomhphost féin.

   Bhí do scrúduithe Ardteiste agat le déanaí. Tá do chara ina chónaí/ina cónaí i dtír éigin eile. Scríobh an litir nó an ríomhphost a chuirfeá chuig an gcara sin tar éis na hArdteistiméireachta.

Comhrá

Cúinne na Litearthachta

Scríobh amach na nathanna cainte atá aibhsithe le dath bándearg sa chomhrá thíos. Ansin, scríobh isteach an leagan Béarla díobh. Faoi dheireadh, clúdaigh an Ghaeilge ar chlé le do lámh agus déan iarracht na nathanna a litriú tú féin

As Gaeilge	As Béarla	As Gaeilge Arís!
1. Sampla cogar	listen	cogar
2.		
3.		
4.		
5.		
6.		
7.		
8.		
9.		
10.		

279

Gnáthleibhéal Spreagadh

Comhrá Samplach

Tá tú tar éis filleadh abhaile an-déanach ó chóisir. Osclaíonn do mháthair doras an tí duit mar go ndearna tú dearmad eochair a thabhairt leat. Níl sí róshásta leat. Scríobh an comhrá a bheadh idir an bheirt agaibh.

Mise:	Haigh, a Mham.
Mam:	Cogar, a Mháire. Cén fáth a bhfuil tú ag teacht abhaile chomh déanach seo?
Mise:	Ó... á... Bhí an chóisir fós ar siúl nuair a d'fhág mé, a Mham. Tá go leor de mo chairde fós ann! Tá mé tagtha abhaile go luath i gcomparáid le formhór mo chairde!
Mam:	I ndáiríre? Tá sé a cúig a chlog ar maidin, a Mháire! Caithfidh mé a rá go bhfuil sé deacair dom é sin a chreidiúint! Anuas air sin, rinne tú dearmad ar do chuid eochracha. Bhí mé i mo dhúiseacht ar feadh na hoíche ar fad agus bhí mé an-bhuartha fút!
Mise:	Ó, a Mham! Bíonn tú buartha fúm i gcónaí agus níl aon ghá leis.
Mam:	A leithéid de dhánacht! An bhfuil tú ag rá go bhfuil an locht ormsa? Tá tú chomh leithleach! Is cuma sa tsioc leat má bhím buartha fút! Leis an méid rudaí atá ag tarlú do dhaoine istoíche ar na sráideanna na laethanta seo, tá cúis mhaith agam a bheith buartha. Níl tú ach seacht mbliana déag agus níl ciall dá laghad agat!
Mise:	Tá brón orm, a Mham. Ní raibh mé ag iarraidh imní a chur ort. Is é an rud a tharla ná gur scar buachaill Shíle léi anocht. Bhí sí trína chéile mar gheall air sin agus theastaigh uaithi caint liom mar gheall air. Bhí sé an-deacair dom í a fhágáil léi féin agus í trína chéile.
Mam:	Ceart go leor, a Mháire. Is féidir liom é sin a thuiscint. Ach ná tar abhaile chomh déanach seo arís, go háirithe nuair nach bhfuil do chuid eochracha agat! Ceart go leor?
Mise:	Ceart go leor. Oíche mhaith, a Mham.
Mam:	Oíche mhaith, a stór.

Cleachtaí Scríofa

1. Cuir Gaeilge ar na nathanna/focail seo a leanas on gcomhrá thuas.

    (a) such cheek **(b)** especially **(c)** really **(d)** to say goodbye **(e)** sense **(f)** I was worried about you **(g)** there is no need **(h)** I am sorry **(i)** her boyfriend broke up with her **(j)** she was upset **(k)** I was awake **(l)** you couldn't care less **(m)** you are to blame

2. Scríobh an comhrá a bheadh agat féin le do mham nó le do dhaid tar éis duit filleadh abhaile an-déanach ó chlub oíche.

Daoine Óga, Grá agus Caidrimh

Féinmheasúnú
Seicliosta

Déan cinnte go bhfuil na pointí gramadaí seo a leanas scríofa i gceart:

- ○ úsáid na copaile **is**
- ○ sa + séimhiú (ach ní bhíonn aon séimhiú ar **d, t, s**)
- ○ i + urú (ach amháin ar **l, n, r, m, s**)
- ○ ar an, leis an, ag an, as an, tríd an, roimh an, faoin, ón + urú (ach amháin roimh ghuta nó **d, n, t, l, s**)
- ○ i gcanúint Uladh, úsáidtear séimhiú i ndiaidh ar an, leis an, ag an, as an, tríd an, roimh an, faoin, ón
- ○ ag, as, go, le, chuig, seachas + faic
- ○ ar, de, do, roimh, um, thar, trí, mar, ó, faoi + séimhiú go hiondúil.

Céim a 4: Gramadach

Céimeanna Comparáide na hAidiachta

Féach ar leathanach 385 ar an topaic seo in Aonad a 9.

Céim a 5: Léamhthuiscint

Sa chéim seo, foghlaimeoidh tú foclóir a bhaineann le daoine óga, scannáin, leabhair agus aisteoirí.

Gnáthleibhéal **Spreagadh**

Léamhthuiscint

Léigh an sliocht seo a leanas agus freagair na ceisteanna **ar fad** a ghabhann leis.

[1] salary
[2] academy
[3] hyperactivity
[4] peers
[5] talent scout
[6] career
[7] auditions
[8] Jennifer greatly impressed the agents
[9] fame
[10] in the series
[11] action-heroine

Jennifer Lawrence

1. Is í Jennifer Lawrence atá ag fáil an tuarastail[1] is airde mar bhanaisteoir ar domhan go dtí seo. Tá gradam faighte aici mar an t-aisteoir is fearr ag Gradaim Oscar agus tá ceithre ainmniúchán eile ón Acadamh[2] faighte aici! Rugadh Jennifer Lawrence ar an 15 de Lúnasa, 1990 i Louisville, Kentucky, Meiriceá. Deir Jennifer nach raibh a hóige róshona – d'fhulaing sí ón hipirghníomhaíocht[3] agus imní sóisialta. Níor bhraith sí compordach i measc a comhaosach[4]. Thaitin marcaíocht go mór léi agus chuaigh sí ar cuairt ar fheirm áitiúil chun dul ag marcaíocht gach lá.

2. Thug spotálaí tallainne[5] Jennifer faoi deara i Nua-Eabhrac nuair a bhí sí ar saoire ann; ní raibh sí ach ceithre bliana déag d'aois. Ní raibh a Mam róthógtha leis an nóisean go mbeadh Jennifer ag iarraidh gairm[6] mar aisteoir a bhaint amach ach bhog sí go Nua-Eabhrac ar feadh tamaill bhig sa chaoi go bhféadfadh Jennifer freastal ar thrialacha[7].

Chuaigh Jennifer go mór i bhfeidhm ar na gníomhairí[8] ó na gníomhaireachtaí tallainne. Shínigh Jennifer leis an ngíomhaireacht tallainne CESD agus bhog sí go LA go gairid ina dhiaidh sin. Bhí Jennifer saghas uaigneach ar dtús mar ní raibh aon chairde aici in LA. Thug a máthair cead di dul sa tóir ar an aisteoireacht má chríochnaigh sí an mheánscoil. Múineadh sa bhaile í agus d'éirigh léi é sin a dhéanamh.

3. Bhain Jennifer clú agus cáil[9] amach mar gheall ar a ról mar Mystique sa scannán *X-Men: First Class* in 2011 agus bhí sí in ann leanúint ar aghaidh leis an ról sin sna scannáin eile sa tsraith[10] *X-Men*. Tar éis di pháirt Katniss Everdeen a fháil sa tsraith *Hunger Games* (bunaithe ar leabhair den teideal céanna) 2012–2015, ba í Lawrence an banlaoch eachtraíochta[11] leis an tuarastal is airde riamh. Bhí na scannáin sin bunaithe ar thrí leabhar eachtraíochta darbh ainm *The Hunger Games*, *Catching Fire* agus *Mockingjay*. Bhí na húrscéalta bunaithe ar dhomhan cruálach lonnaithe i dtír darbh ainm Panem – tír ina raibh ceantar saibhir darbh ainm Capitol agus dhá cheantar déag a bhí bocht. Bhí ar leanaí a roghnaíodh

Daoine Óga, Grá agus Caidrimh — Aonad 7

ó na ceantair bhochta páirt a ghlacadh i gcluichí ina bhfuair beagnach gach duine bás seachas[12] duine amháin agus taispeánadh na cluichí sin ar an teilifís do na daoine saibhre i gceantar Capitol mar shiamsaíocht[13]!

4. Fuair Lawrence gradam ón Acadamh don bhanaisteoir is fearr sa scannán grinn-rómánsúil *Silver Linings Playbook* (2012). Bhuaigh sí trí ghradam i searmanas The Golden Globes dá róil sna scannáin *Silver Linings Playbook, American Hustle* agus dá ról mar Joy sa scannán *Joy*. Tá an scannán *Joy* bunaithe ar[14] fhíorscéal faoi mháthair cholscartha[15] darbh ainm Joy Mangano a bhí bancbhriste. D'éirigh le Joy a bheith ina milliúnaí nuair a chruthaigh sí giuirléid[16] darbh ainm The Miracle Mop agus cheannaigh sí an paitinn[17] do mhórán giuirléidí eile. Dhíol sí na giuirléidí sin ar an gcainéal siopadóireachta meiriceánach QVC.

5. Is feimineach[18] í Lawrence. Creideann sí gur féidir le mná a bheith báúil agus ceanndána ag an am céanna. Cháin sí an bhearna[19] idir an pá d'fhir agus mná in Hollywood. Tacaíonn sí leis an bpósadh comhghnéis[20]. Cé gur tógadh i gclann a thacaigh leis an bpáirtí Poblachtánach[21] i Meiriceá í, deir sí nach féidir léi tacú le páirtí polaitiúil nach dtacaíonn le cearta bunúsacha do mhná. Chomh maith leis sin, tacaíonn Lawrence le roinnt mhaith eagraíochtaí carthanachta ar nós World Food Programme, Feeding America agus Thirst Project. D'oibrigh sí leis na Náisiúin Aontaithe chun feasacht[22] a ardú mar gheall ar bhochtanas agus ocras. Bhunaigh sí an eagraíocht The Jennifer Lawrence Foundation in 2016 chun tacaíocht a thabhairt d'eagraíochtaí carthanachta ar nós Boys & Girls Clubs of America agus na Cluichí Oilimpeacha Speisialta. Is eiseamláir iontach í do chailíní óga gan aon agó.

[12] besides
[13] entertainment
[14] based on
[15] divorced
[16] gadget
[17] patent
[18] feminist
[19] gap
[20] same-sex marriage
[21] Republican party
[22] awareness

Ceisteanna Scrúdaithe

1. (a) Cathain agus cá háit ar rugadh Jennifer Lawrence? (Alt 1)
   (b) Cén saghas óige a bhí aici, dar léi? (Alt 1) (10 marc)
2. (a) Cé a thug Jennifer faoi deara nuair a bhí sí ar saoire i Nua-Eabhrac? (Alt 2)
   (b) Cad a rinne a Mam chun cabhrú le Jennifer freastal ar thrialacha? (Alt 2) (10 marc)
3. (a) Cathain a bhain Jennifer clú agus cáil amach? (Alt 3)
   (b) Cá raibh an tsraith *The Hunger Games* suite? Déan cur síos ar an tír ina raibh an tsraith suite? (Alt 3) (10 marc)
4. (a) Cén searmanas ag ar bhuaigh sí trí ghradam? (Alt 4)
   (b) Cérbh í Joy Mangano? (Alt 4) (10 marc)
5. (a) Cén fáth a ndeirtear gur feimineach í Jennifer? (Alt 5)
   (b) Cén fáth ar eiseamláir maith í Jennifer do chailíní óga? (Alt 5) (10 marc)

Gnáthleibhéal **Spreagadh**

Giotaí Gearra Léamhthuisceana: Píosa Seoige!

> **Nóta!**
> Níl na giotaí léamhthuisceana scríofa de réir stíl na léamhthuiscintí sna páipéir scrúdaithe, tá na giotaí seo ann chun daoine óga a spreagadh agus mar phíosa seoige dóibh.

Daoine Óga Inspioráideacha in Éirinn!

Bertram Allen

Ainmníodh Bertram Allen mar Phearsa Spóirt Óg na Bliana ag an bpáipéar nuachtáin the *Irish Independent* i 2014. Bhí an naoú háit déag ar domhan aige in 2014 maidir leis an rangú domhanda sa seóléimneach. Bhuaigh sé duais ag Seó Capall idirnáisiúnta i Londain le déanaí freisin. Bhuaigh sé an Longines World Cup Grand Prix i Verona san Iodáil i mí na Samhna 2014.

1. Cé a ainmníodh mar phearsa spóirt óg na bliana in 2014?
2. Cén páipéar nuachtáin a rinne urraíocht ar an ngradam?
3. Cén gradam a bhuaigh sé in 2014?

Paul Clarke

Bhuaigh Paul Clarke an duais is mó ag Eolaí Óg na Bliana le BT ag tús 2015 nuair a bhí sé seacht mbliana déag d'aois. D'aimsigh sé na freagraí do chothromóidí[1] a bhain le teoiric ghraif[2] a bhí gan réiteach[3] roimhe sin.

[1] equations
[2] graph theories
[3] solution

1. Cén duais a bhuaigh Paul Clarke in 2015?
2. Cad a d'aimsigh sé?

Lauren Boyle

Bhuaigh Lauren Boyle an gradam do chailín digiteach na bliana – gradam atá urraithe ag an Aontas Eorpach – nuair nach raibh sí ach naoi mbliana d'aois. Bhunaigh Lauren Cool Kids Studio – tionscnamh le trí shuíomh idirlín a thóg sí. Múineann sí códú agus múineann sí Scratch, HTML agus CSS.

1. Cén gradam a bhuaigh Lauren Boyle?
2. Cén aois a bhí aici ag an am?
3. Cad a bhunaigh Lauren?
4. Cad a mhúineann Lauren?

Jordan Casey

Nuair a bhí sé dhá bhliain déag d'aois, bhí Jordan ar an gclár teilifíse *Junior Dragons' Den* ar RTÉ ag tabhairt taispeántais ar a chomhlacht cluichí darb ainm Casey Games. Anois tá sé ag iarraidh cur lena ghnó le níos mó cluichí agus aipeanna idirlín. Tá sé ag díriú go háirithe ar chlár chun cabhrú le múinteoirí súil a choimeád ar dhul chun cinn a ndaltaí. Tá suim ag Apple, Google, LinkedIn agus Twitter ina thionscnaimh!

1. Cén clár teilifíse a raibh Jordan air?
2. Cad is ainm dá chomhlacht?
3. Cad air a bhfuil sé ag díriú a airde anois?

284

Daoine Óga, Grá agus Caidrimh

Caolan Fleming

Nuair a bhí Caolan aon bhliain déag d'aois, d'eisigh[4] sé a chéad aip ar an margadh andróideach[5]. Trí bliana níos déanaí, tá sé ag obair ar chlár a dhéanann monatóireacht[6] ar ghníomhaíocht[7] leanaí ar líne. Seolann an clár an t-eolas go léir chuig na tuismitheoirí.

[4]to release
[5]android
[6]monitoring
[7]activity

1. Cad a d'eisigh Caolan nuair a bhí sí aon bhliain déag?
2. Cad air a bhfuil sé ag obair anois?

Zak Gilsenan

Is peileadóir den chéad scoth[8] é Zak Gilsenan ó Chaisleán Cnucha i mBaile Átha Cliath. Tugtar an 'Messi gaelach' air. Thosaigh sé ag traenáil ag an acadamh[9] mór le rá[10] 'La Masia' in Barcelona. Deirtear go bhfuil Zak ag bogadh go foireann Learphoill anois.

1. Cén leasainm a thugtar ar Zak?
2. Cén t-acadamh ar fhreastail sé air?
3. Cá bhfuil sé ag bogadh anois, dar leis na ráflaí?

[8]excellent
[9]academy
[10]famous

Ciara Ginty

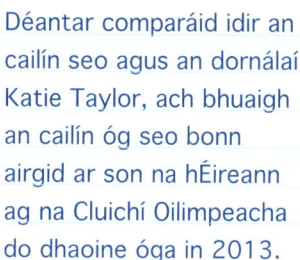

Déantar comparáid idir an cailín seo agus an dornálaí Katie Taylor, ach bhuaigh an cailín óg seo bonn airgid ar son na hÉireann ag na Cluichí Oilimpeacha do dhaoine óga in 2013.
Is as Maigh Eo í agus bhuaigh sí an gradam mar Churadh Sóisearach Domhanda in 2013.
Tá sí ag fáil clú agus cáil ar stáitse na dornálaíochta domhanda.

1. Cé hí an laoch a chuirtear i gcomparáid le Ciara?
2. Cad a bhuaigh Ciara in 2013?
3. Cad as di?

Austin Gleeson

D'aimsigh an t-imreoir iománaíochta seo pointe i gcoinne Cho. Chorcaí in 2016 ar son Phort Láirge agus dúradh go raibh sé ar cheann de na pointí ab fhearr le linn an tséasúir sin. Ní raibh sé ach ocht mbliana déag agus é ag imirt ag an leibhéal sinsearach. Roimhe sin, d'imir Austin mar imreoir lárpháirce d'fhoireann mhionúir Phort Láirge agus bhuaigh an fhoireann sin an cluiche ceannais uile-Éireann.

1. Cén spórt a imríonn Austin?
2. Cad as d'Austin?
3. Cén aois a bhí aige nuair a thosaigh sé ag imirt leis an bhfoireann shinsearach?

Saoirse Ronan

Is aisteoir cáiliúil í Saoirse Ronan a ainmníodh do ghradam Oscar le haghaidh a róil sna scannáin *Atonement* agus *Brooklyn* agus a ghlac páirt sna scannáin mór le rá *Brooklyn* agus *Hanna*. Ainmníodh í le haghaidh gradam Bafta agus Golden Globe freisin. Rugadh i 1994 i Nua-Eabhrac í agus b'aisteoir é a hathair freisin.

1. Cén áit agus cathain a rugadh Saoirse?
2. Cé na scannáin ina raibh sí?

SOAK

Is amhránaí agus cumadóir í Bridie Monds-Watson ó Dhoire i dTuaisceart Éireann. Thosaigh sí ag foghlaim an ghiotáir sé bliana ó shin ach cheana féin, ainmníodh í don ghradam BBC Music Sound in 2015, mar ealaíontóir nua ag Spotify. Ainmníodh í do ghradam Meteor Amhrán na Bliana in 2015 freisin.

1. Cén ghairm atá ag Bridie Monds-Watson?
2. Cad as di?
3. Cad iad na gradaim a bhaineann léi?

285

Gnáthleibhéal Spreagadh

Céim a 6: Litríocht

Céim a 6a: Prós

Sa chéim seo, foghlaimeoidh tú:
- faoi phlota an scéil 'Dís'
- conas téamaí an scéil a phlé
- conas carachtair an scéil a phlé
- conas stíl scríbhneoireachta an scéil a phlé.

Dís
le Siobhán Ní Shúilleabháin

'Sheáin?' [*John*]

'Hu?'

'Cuir síos an páipéar agus bí ag caint liom.' [*Put down the paper and talk to me*]

'Á anois, muna bhféadfaidh fear suí cois tine agus páipéar a léamh tar éis a lá oibre.' [*Now, if a man can't sit by the fire and read a paper after his working day*]

'Bhíos-sa ag obair leis feadh an lae, sa tigh.' [*I worked all day at home*]

'Hu?'

¹*if a man can't*

Daoine Óga, Grá agus Caidrimh

'Ó, tá go maith, trom blúire den bpáipéar agus ná habhair, "geobhair[2] é go léir tar éis tamaill!"

'Ní rabhas chun é sin a rá. Seo duit.'

Lánúin cois tine tráthnóna.

Leanbh ina chodladh sa phram.

Stéig feola ag díreo[3] sa chistin.

Carr ag díluacháil[4] sa gharáiste.

Méadar leictreach ag cuntas chuige a chuid aonad...

'Hé! Táim anso! Sheáin! Táim anso[5]!'

'Hu?'

'Táim sa pháipéar.'

'Tusa? Cén áit? N'fhacas-sa[6] tu.'

'Agus tusa ann leis.'

'Cad tá ort? Léas-sa[7] an leathanach san roimh é thabhairt duit.'

'Tá's agam. Deineann tú[8] i gcónaí. Ach chuaigh an méid sin i ngan fhios duit[9]. Táimid araon[10] anso. Mar gheall orainne atá sé.'

'Cad a bheadh mar gheall orainne ann? Ní dúrtsa[11] faic le héinne.'

'Ach dúrtsa. Cuid mhaith.'

'Cé leis? Cad é? Taispeáin dom! Cad air go bhfuil tú ag caint?'

'Féach ansan. Toradh[12] suirbhé a deineadh. Deirtear ann go bhfuil an ceathrú cuid de mhná pósta na tíre míshona, míshásta. Táimse ansan, ina measc.'

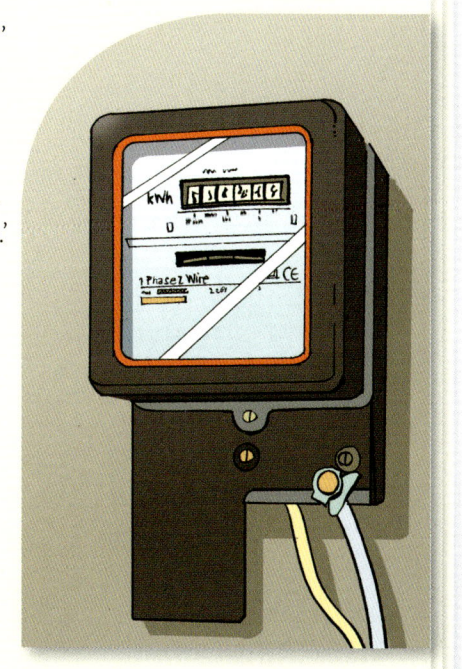

'Tusa? Míshona, míshásta? Sin é an chéad chuid a chuala de.'

'Tá sé ansan anois os comhair do dhá shúl. Mise duine des na mná a bhí sa tsuirbhé sin. Is cuimhin liom an mhaidean go maith. I mí Eanáir ab ea é; drochaimsir, doircheacht[13], dochmacht[14], billí, sales ar siúl agus gan aon airgead chucu, an sórt san. Eanáir, Feabhra, Márta, Aibreán, Bealtaine, Meitheamh. Cheart go mbeadh sé aici aon lá anois.'

'Cad a bheadh aici?'

'Leanbh. Cad eile a bheadh ag bean ach leanbh!'

[2] gheobhaidh tú
[3] defrosting
[4] devaluing
[5] anseo
[6] ní fhaca mé
[7] léigh mé
[8] déanann tú
[9] unbeknownst to you
[10] both
[11] dúirt mé
[12] result
[13] darkness
[14] gloom

Gnáthleibhéal Spreagadh

'Cén bhean?'

'An bhean a tháinig chugam an mhaidean san.'

'Cad chuige, in ainm Dé?'

'Chun an suirbhé a dhéanamh, agus ísligh do ghlór nó dúiseoir[15] an leanbh. Munar féidir le lánúin suí síos le chéile tráthnóna agus labhairt go deas ciúin sibhialta[16] le chéile.'

'Ní raibh uaim ach an páipéar a léamh.'

'Sin é é. Is tábhachtaí an páipéar ná mise. Is tábhachtaí an rud atá le léamh sa pháipéar ná an rud atá le rá agamsa. Bhuel, mar sin, seo leat agus léigh é. An rud atá le rá agam, tá sé sa pháipéar sa tsuirbhé. Ag an saol go léir le léamh. Sin mise feasta. Staitistic. Sin a chuirfidh mé síos leis in aon fhoirm eile bheidh le líonadh agam. *Occupation? Statistic*. Níos deise ná *housewife* cad a dearfá?'

'Hu?'

'Is cuma leat cé acu chomh fada is a dheinim obair *housewife*. Sin é a dúrtsa léi leis.'

'Cad dúraís léi?'

'Ná tugtar fé ndeara aon ní a dheineann tú mar bhean tú, ach nuair ná deineann tú é. Cé thugann fé ndeara go bhfuil an t-urlár glan? Ach má bhíonn sé salach, sin rud eile.'

'Cad eile a dúrais[17] léi?'

'Chuile rud.'

'Fúmsa leis?'

'Fúinn araon, a thaisce[18]. Ná cuireadh sé isteach ort[19]. Ní bhíonn aon ainmneacha leis an tsuirbhé — chuile rud neamhphearsanta coimeádtar chuile eolas go discréideach fé rún[20]. Compútar a dheineann amach an toradh ar deireadh a dúirt sí. Ní cheapas[21] riamh go mbeinn im lón compútair!'

'Stróinséir[22] mná a shiúlann isteach 'on tigh chugat agus tugann tú gach eolas di fúinne?'

[15] *dúiseoidh tú*
[16] *civilised*
[17] *dúirt tú*
[18] *love*
[19] *don't let it bother you*
[20] *in confidence*
[21] *níor cheap mé*
[22] *strainséar*

'Ach bhí jab le déanamh aici. N'fhéadfainn gan cabhrú léi. An rud bocht, tá sí pósta le dhá bhliain, agus 'bhreá léi leanbh ach an t-árasán atá acu ní lomhálfaidh[23] an t-úinéir aon leanbh ann agus táid araon ag obair chun airgead tí a sholáthar mar anois tá leanbh chucu agus caithfidh siad a bheith amuigh as an árasán, agus níor mhaith leat go gcaillfeadh sí a post ar mhaith? N'fhéadfainn an doras a dhúnadh sa phus uirthi maidean fhuar fhliuch mar é a bhféadfainn.'

[23]*allow*

'Ach níl aon cheart ag éinne eolas príobháideach mar sin fháil.'

'Ní di féin a bhí sí á lorg. Bhí sraith ceisteanna tugtha di le cur agus na freagraí le scrí síos. Jab a bhí ann di sin. Jab maith leis, am áirithe sin sa ló, agus costaisí taistil. Beidh mé ábalta an sorn[24] nua san a cheannach as.'

[24]*hob*

'Tusa? Conas?'

'Bog réidh anois. Ní chuirfidh sé isteach ar an gcáin ioncaim agatsa. Lomhálann siad an áirithe sin: *working wife's allowance* mar thugann siad air – amhail is nach aon *working wife* tú aige baile ach is cuma san.'

'Tá tusa chun oibriú lasmuigh? Cathain, munar mhiste dom fhiafraí?'

'Níl ann ach obair shealadach, ionadaíocht[25] a dhéanamh di faid a bheidh sí san ospidéal chun an leanbh a bheith aici, agus ina dhiaidh san. Geibheann siad ráithe[26] saoire don leanbh.'

[25]*substitution*
[26]*trí mhí*

'Agus cad mar gheall ar do leanbhsa?'

'Tabharfaidh mé liom é sa bhascaed i gcúl an chairr, nó má bhíonn sé dúisithe, im bhaclainn[27]. Cabhair a bheidh ann dom. Is maith a thuigeann na tincéirí san.'

[27]*arms*

'Cad é? Cén bhaint atá ag tincéirí leis an gcúram?'

'Ní dhúnann daoine doras ar thincéir mná go mbíonn leanbh ina baclainn.'

'Tuigim. Tá tú ag tógaint an jab seo, ag dul ag tincéireacht ó dhoras go doras.'

'Ag suirbhéireacht ó dhoras go doras.'

'Mar go bhfuil tú míshona, míshásta sa tigh.'

'Cé dúirt é sin leat?'

'Tusa.'

'Go rabhas[28] míshona, míshásta. Ní dúirt riamh.'

[28]*go raibh mé*

'Dúraís. Sa tsuirbhé. Féach an toradh ansan sa pháipéar.'

Gnáthleibhéal Spreagadh

'Á, sa tsuirbhé! Ach sin scéal eile. Ní gá gurb í an fhírinne a inseann tú sa tsuirbhé.'

'Cad a deireann tú?'

'Dá bhfeicfeá an liosta ceisteanna, fé rudaí chomh príobháideach! Stróinséir mná a shiúlann isteach, go dtabharfainnse fios gach aon ní di, meas óinsí[29] atá agat orm ea ea? D'fhreagraíos a cuid ceisteanna, a dúrt leat sin rud eile ar fad.'

'Ó!'

'Agus maidir leis an jab, táim á thógaint chun airgead soirn nua a thuilleamh sin uile. Ar aon tslí, tusa fé ndear é.'

'Cad é? Mise fé ndear cad é?'

'Na rudaí a dúrt léi.'

'Mise? Bhíos-sa ag obair.'

'Ó, bhís! Nuair a bhí an díobháil[30] déanta.'

'Cén díobháil?'

'Ní cuimhin liom anois cad a dheinis[31], ach dheinis rud éigin an mhaidean san a chuir gomh[32] orm, nó b'fhéidir gurb é an oíche roimh ré féin é, n'fheadar[33]. Agus bhí an mhaidean chomh gruama, agus an tigh chomh tóin-thar-ceann[34] tar éis an deireadh seachtaine, agus an bille ESB tar éis teacht, nuair a bhuail sí chugam isteach lena liosta ceisteanna, cheapas gur anuas ós na Flaithis[35] a tháinig sí chugam. Ó, an sásamh a fuaireas scaoileadh[36] liom féin agus é thabhairt ó thalamh d'fhearaibh. Ó an t-ualach[37] a thóg sé dem chroí! Diabhail chruthanta[38]

[29] óinseach = a female fool

[30] an damáiste
[31] rinne tú
[32] fearg
[33] níl a fhios agam
[34] upside down
[35] the Heavens
[36] release/vent
[37] burden
[38] out and out devils

a bhí iontu, dúrt gach aon diabhal duine acu, bhíomar marbh riamh acu, dúrt inár sclábhaithe bhíomar acu, dúrt. Cad ná dúrt! Na scéalta a chumas di! Níor cheapas riamh go raibh féith na cumadóireachta[39] ionam.'

'Agus chreid sí go rabhais ag insint na fírinne, go rabhais ag tabhairt freagra macánta ar gach aon cheist a chuir sí?'

'Bhuel, ní raibh aon *lie detector* aici, is dóigh liom. N'fhaca é ar aon tslí. Ní déarfainn gurb é a cúram é, ní mhór dóibh síceolaí a bheith acu i mbun na jaib mar sin. Ó, chuir sí an cheist agus thugas-sa an freagra, agus sin a raibh air. Agus bhí cupán caife againn ansin, agus bhíomar araon lánsásta.'

'Ach ná feiceann tú ná fuil san ceart? Mná eile ag léamh torthaí mar seo. Ceathrú de mhná pósta na tíre míshásta? Cothóidh sé míshástacht iontusan leis.'

'Níl aon leigheas agamsa ar conas a chuireann siad rudaí sna páipéir. D'fhéadfaidís a rá go raibh trí ceathrúna de mhná na tíre sona sásta, ná féadfaidís, ach féach a ndúradar[40]? Ach sé a gcúramsa[41] an páipéar a dhíol, agus ní haon nath le héinne an té atá sona, sásta. S'é an té atá míshásta, ag deanamh agóide[42], a gheibheann éisteacht sa tsaol so. Ó chuile mhéan cumarsáide. Sin mar atá: ní mise a chum ná a cheap. Aon ní amháin a cheapas féin a bhí bunoscionn leis an tsuirbhé, ná raibh a dóthain ceisteanna aici. Chuirfinnse a thuilleadh leo. Ní hamháin "an bhfuil tú sásta, ach an dóigh leat go mbeidh tú sásta, má mhaireann tú leis?"'

'Conas?'

'Na Sínigh fadó, bhí an ceart acu tá's agat.'

'Conas?'

'Sa nós san a bhí acu, nuair a chailltí an fear, a bhean chéile a dhó[43] ina theannta. Bhí ciall leis.'

'Na hIndiaigh a dheineadh san narbh ea?'

'Cuma cé acu, bhí ciall leis mar nós. Bhuel, cad eile atá le déanamh léi? Tá gá le bean chun leanaí a chur ar an saol agus iad a thógaint, agus nuair a bhíd tógtha agus bailithe leo tá gá léi fós chun bheith ag tindeáil ar[44] an bhfear. Chuige sin a phós sé í, nach ea? Ach nuair a imíonn seisean, cad ar a mhaith í ansan? *Redundant*! Tar éis a saoil. Ach ní fhaigheann sí aon *redundancy money* ach pinsean beag suarach[45] baintrí[46].'

'Ach cad a mheasann tú is ceart a dheanamh?'

'Níl a fhios agam. Sa tseansaol, cuirtí i gcathaoir súgáin sa chúinne í ag riar[47] seanchaíochta[48] agus seanleigheasannna, má bhí sí mór leis an mbean mhic, nó ag bruíon is ag achrann léi muna raibh, ach bhí a háit aici sa chomhluadar[49]. Anois, níl faic aici. Sa tslí ar gach éinne atá sí. Bhí ciall ag na Sínigh. Meas tú an mbeadh fáil in aon áit ar an leabhar dearg san?'

'Cén leabhar dearg?'

[39] *gift of composing/ making up stories*

[40] *dúirt siad*
[41] *duty*
[42] *protest/strike*

[43] *to burn*

[44] *tending to*

[45] *miserable*
[46] *pinsean baintrí = widow's pension*

[47] *recounting*
[48] *storytelling*
[49] *company*

Gnáthleibhéal Spreagadh

'Le Mao? Dheas liom é léamh. Dheas liom rud éigin a bheith le léamh agam nuair ná geibhim an páipéar le léamh agus nuair ná fuil éinne agam labhródh liom. Ach beidh mo jab agam sara fada. Eanáir, Feabhra, Márta, Aibreán, Bealtaine, Meitheamh; tá sé in am. Tá sé thar am. Dúirt sí go mbeadh sí i dteagbháil liom mí roimh ré. Ní théann aon leanbh thar deich mí agus a dhícheall a dhéanamh… Is é sin má bhí leanbh i gceist riamh ná árasán ach oiread[50]. B'fhéidir ná raibh sí pósta féin. B'fhéidir gur insint éithigh[51] dom a bhí sí chun go mbeadh trua agam di, agus go bhfreagróinn a cuid ceisteanna. Agus chaitheas mo mhaidean léi agus bhí oiread le déanamh agam an mhaidean chéanna; níochán is gach aon ní ach shuíos síos ag freagairt ceisteanna di agus ag tabhairt caife di, agus gan aon fhocal den bhfírinne ag teacht as a béal! Bhuel, cuimhnigh air sin! Nach mór an lúbaireacht[52] a bhíonn i ndaoine!'
Lánúin cois tine tráthnóna.

[50]*either/neither*
[51]*bréaga = lies*
[52]*deceit*

An leanbh ina chodladh sa phram.
An fear ina chodladh fén bpáipéar.
An stéig feola ag díreo sa chistin.
An carr ag díluacháil sa gharáiste.
An bhean
Prioc preac
liom leat
ann as.
Tic toc an mhéadair leictrigh ag cuntas chuige na n-aonad.

Daoine Óga, Grá agus Caidrimh

Achoimre an Scéil: Cuid a 1

- Tá lánúin phósta ina suí cois tine. Tá an fear (Seán) ag léamh an nuachtáin tar éis dó teacht abhaile ón obair agus tá a bhean (ní thugtar aon ainm uirthi sa scéal) ina suí sa seomra suí leis. Tá leanbh ina chodladh sa phram, tá carr ag **díluacháil**[1] sa gharáiste, tá **méadar**[2] **ag cuntas na n-aonad**[3] agus tá an fheoil don dinnéar **ag díreo**[4] sa chistin. Tugann na rudaí sin **léargas**[5] dúinn ar cé chomh leadránach agus **leamh**[6] is a bhíonn an **gnáthshaol**[7] ag **lánúin phósta**[8] uaireanta.

- Tosaíonn an bheirt ag argóint lena chéile. Teastaíonn ón mbean a bheith ag caint lena fear céile. Bhí sí **ina haonar**[9] sa bhaile ar feadh an lae ar fad ag glanadh an tí agus ag tabhairt aire don bhabaí. Dar le Seán, tá sé tuirseach tar éis a lá oibre. Deir Bean Sheáin go bhfuil siad sa pháipéar nuachtáin. Ní fhaca Seán é féin ná í sa pháipéar. Taispeánann an bhean alt dá fear céile sa pháipéar faoi shuirbhé a rinneadh le déanaí faoi mhná na tíre. Ghlac sí féin páirt sa suirbhé sin maidin amháin i mí Eanáir. Dar leis an suirbhé, dúirt an **cheathrú cuid**[10] de mhná pósta na tíre go raibh siad míshásta ina saol pósta agus dúirt bean Sheáin go raibh sí míshásta ina saol pósta sa suirbhé freisin.

[1] devaluing
[2] metre
[3] counting the units
[4] defrosting
[5] insight
[6] dull
[7] normal life
[8] married couple
[9] on her own
[10] a quarter

CUID a 1

Scríobh freagraí na gceisteanna seo a leanas *nó* iarrfar ar dhalta áirithe suí sa chathaoir the agus beidh air/uirthi an chéad cheist a fhreagairt ó bhéal. Nuair a bheidh an cheist freagartha aige/aici, is féidir leis/léi an chéad cheist eile a chur ar aon dalta eile is mian leis/léi.

1. Cén fáth ar thug bean Sheáin íde béil do Sheán ag tús an scéil?
2. Cén fáth a raibh Seán tuirseach?
3. Cad a bhí ag tarlú don charr sa gharáiste?
4. Cad a bhí ag tarlú don stéig sa chistin?
5. Cén toradh a bhí ar an suirbhé sa pháipéar nuachtáin?

Achoimre an Scéil: Cuid a 2

- Tháinig bean suirbhé an mhaidin sin i mí Eanáir. Bhí bean Sheáin crosta an mhaidin sin. Bhí sí feargach le Seán mar gheall ar rud éigin, bhí an aimsir go dona agus bhí an bille leictreachais tar éis teacht. Dúirt sí féin leis an mbean go raibh sí míshona lena fear. Dúirt sí nach raibh meas aige ar an obair a rinne sí mar bhean tí. Dúirt sí go raibh mná tí ina 'sclábhaithe' ag na fir agus gur '**dhiabhail chruthanta**[11] iad na fir! Is léir go mbraitheann sí go bhfuil a fear céile **ag déanamh neamhairde uirthi**[12]. Dar léi feiceann Seán urlár salach ach ní fheiceann sé urlár glan.

- Feicimid uafás Sheáin gur thug sí eolas pearsanta mar sin do strainséir. Is léir nach dtuigeann sé in aon chor nach bhfuil a bhean chéile sásta, ná cén fáth nach mbeadh sí sásta. Ceapann an bhean gur cuma lena fear mar gheall uirthi agus gur 'tábhachtaí an páipéar' ná ise.

- Míníonn an bhean do Sheán ansin an fáth ar ghlac sí páirt sa suirbhé. Deir sí go raibh trua aici do bhean an tsuirbhé. Dúirt bean an tsuirbhé go raibh sí ag iompar clainne agus nach raibh cead aici fanacht san árasán a bhí ar cíos aici nuair a bheadh leanbh aici. Míníonn sí do Sheán go bhfuair sí **faoiseamh**[13] iontach ó bheith **ag insint bréag**[14] faoin saol uafásach a bhí aici leis agus gur chum sí scéalta iontacha.

[11] out and out devils
[12] ignoring her
[13] relief
[14] telling lies

293

Gnáthleibhéal Spreagadh

CUID a 2

Scríobh freagraí na gceisteanna seo a leanas *nó* iarrfar ar dhalta áirithe suí sa chathaoir the agus beidh air/uirthi an chéad cheist a fhreagairt ó bhéal. Nuair a bheidh an cheist freagartha aige/aici, is féidir leis/léi an chéad cheist eile a chur ar aon dalta eile is mian leis/léi.

1. Cén fáth a raibh bean Sheáin crosta an mhaidin sin i mí Éanair?
2. Cad a dúirt sí mar gheall ar na fir le bean an tsuirbhé?
3. Cad a dúirt bean Sheáin mar gheall ar urláir shalacha agus urláir ghlana?
4. Cén fáth a raibh trua ag bean Sheáin do bhean an tsuirbhé?
5. Conas a mhothaigh bean Sheáin tar éis di bréaga a insint do bhean an tsuirbhé?

Achoimre an Scéil: Cuid a 3

[15] maternity leave
[16] oven

- Deir bean Sheáin go bhfuil sé i gceist aici féin dul amach ag obair (an leanbh in éineacht léi), chun **saoire mháithreachais**[15] bhean an tsuirbhé a chlúdach. Is léir go bhfuil níos mó saoirse agus a cuid airgid féin ag teastáil uaithi. Dar léi féin, beidh sí in ann **sorn**[16] nua a cheannach leis an airgead! Níl Seán sásta leis sin ar chor ar bith. Tá sé buartha faoina leanbh agus níl sé pioc sásta nuair a chloiseann sé go bhfuil sé ar intinn ag a bhean dul ó dhoras go doras cosúil le bean tincéara agus an leanbh i mbascaed nó ina baclainn aici.

[17] the Chinese
[18] to burn
[19] sarcasm

- Luann sí ansin nós a bhí ag **na Sínigh**[17] (dar le Seán bhí an nós ag na hIndiaigh) bean chéile fir mhairbh **a dhó**[18]. Dar leis an mbean sa scéal seo, bhí an ceart acu! (Is sampla soiléir de **shearbhas**[19] na mná é sin, ar ndóigh.)

CUID a 3

Scríobh freagraí na gceisteanna seo a leanas *nó* iarrfar ar dhalta áirithe suí sa chathaoir the agus beidh air/uirthi an chéad cheist a fhreagairt ó bhéal. Nuair a bheidh an cheist freagartha aige/aici, is féidir leis/léi an chéad cheist eile a chur ar aon dalta eile is mian leis/léi.

1. Cad atá i gceist ag bean Sheáin a dhéanamh?
2. Cén rud a theastaíonn ó bhean Sheáin a cheannach leis an airgead a thuillfidh sí?
3. An mbíonn Seán sásta nuair a chloiseann sé go mbeidh bean Sheáin ag déanamh ionadaíochta do bhean an tsuirbhé le linn a sosa máithreachais?
4. Cén nós a bhí ag na Sínigh fadó, dar le bean Sheáin?

294

Daoine Óga, Grá agus Caidrimh

Achoimre an Scéil: Cuid a 4

- Bhí áit ag an tseanbhean sa saol fadó dar le bean Sheáin. Bhí eolas aici mar gheall ar **leigheasanna**[20] agus seanscéalta. Dá bharr, bhí **meas**[21] ag daoine uirthi.
- Theastaigh ó bhean Sheáin an leabhar dearg leis an deachtóir Mao a fháil. Deir sé **go searbhasach**[22] go mbeadh sé go deas rud éigin a bheith le léamh aici.
- Deir sí ansin nach rachaidh sí amach ag obair ar chor ar bith toisc go gceapann sí go raibh bean an tsuirbhé ag insint bréige di. Tá fearg uirthi anois gur chuir sí am amú ag caint léi in ionad a bheith ag déanamh a cuid oibre sa teach. Bhí sí ag caint le bean an tsuirbhé mar gheall ar an **ionadaíocht**[23] don **sos máithreachais**[24] sé mhí roimhe sin agus ní fhaca sí bean an tsuirbhé **ó shin i leith**[25]!
- Mar bharr ar an donas, titeann a fear céile ina chodladh ar an taobh eile den tine agus í fós ag caint agus tá rudaí mar a bhí siad ag tús an scéil.

[20]*cures*
[21]*respect*
[22]*sarcastically*

[23]*substitution*
[24]*maternity leave*
[25]*since then*

CUID a 4

Scríobh freagraí na gceisteanna seo a leanas *nó* iarrfar ar dhalta áirithe suí sa chathaoir the agus beidh air/uirthi an chéad cheist a fhreagairt ó bhéal. Nuair a bheidh an cheist freagartha aige/aici, is féidir leis/léi an chéad cheist eile a chur ar aon dalta eile is mian leis/léi.

1. Cén fheidhm/ról a bhí ag seanmhná fadó in Éirinn?
2. Cén leabhar ar mhaith le bean Sheáin a fháil, dar léi?
3. Cén fáth a bhfuil amhras ar bhean Sheáin faoin méid a d'inis bean an tsuirbhé di ag deireadh an scéil?
4. Cad a tharlaíonn fad is atá bean Sheáin fós ag caint ag deireadh an scéil?

Gnáthleibhéal Spreagadh

Dís le Siobhán Ní Shúilleabháin
Achoimre ar an Scéal i bhFoirm Pictiúr

Daoine Óga, Grá agus Caidrimh — Aonad 7

毛主席语录

Anois, scríobh d'achoimre féin bunaithe ar na pictiúir thuas.

Gnáthleibhéal **Spreagadh**

Cleachtadh Scríofa

Fíor nó bréagach?

1. Bhí bean Sheáin an-sásta ina pósadh le Seán.
2. Bhí bean Sheáin ag obair i siopa i rith an lae.
3. Bhí leanbh amháin ag Seán agus bean Sheáin.
4. Bhí fonn cainte ar Sheán nuair a tháinig sé abhaile tar éis lá oibre.
5. Chaith bean Sheáin gach lá ina haonar sa teach ag glanadh agus ag tabhairt aire don leanbh.
6. Chum bean Sheáin scéalta uafásacha faoina bpósadh le Seán nuair a bhí sí ag caint le bean an tsuirbhé.
7. Bhí Seán an-sásta go raibh a bhean ag insint rudaí príobháideacha faoin bpósadh do 'stróinséir mhná'.
8. Bhí sé ar intinn ag bean Sheáin ionadaíocht a dhéanamh do bhean an tsuirbhé nuair a bheadh sí ar shos máithreachais óna post.
9. Bhí sé de nós ag na Sasanaigh bean chéile a dhó lena fear céile nuair a fuair an fear céile bás fadó.
10. Tháinig bean an tsuirbhé ar ais chuig bean Sheáin tar éis sé mhí chun a post a thairgeadh di.

Ceisteanna Scrúdaithe

1. 'Lánúin cois tine tráthnóna... Leanbh ina chodladh sa phram.' 'Dís'

    Déan cur síos ar an gcomhrá idir Seán agus a bhean chéile an tráthnóna sin. (25 marc)

2. Tabhair achoimre ar an ngearrscéal 'Dís' a bhfuil staidéar déanta agat air. (14 marc)

3. 'Tá sé ansan anois os comhair do dhá shúl. Mise duine des na mná a bhí sa tsuirbhé sin. Is cuimhin liom an mhaidean go maith. I mí Eanáir ab ea é; drochaimsir, doircheacht, dochmacht, billí, sales ar siúl agus gan aon airgead chucu, an sórt san.'

    Déan cur síos ar an gcomhrá a bhí ag bean Sheáin le bean an tsuirbhé nuair a tháinig sí chuig an teach i mí Eanáir. (14 marc)

An tÚdar

Rugadh Siobhán Ní Shúilleabháin i mBaile an Fheirtéaraigh, Corca Dhuibhne, Co. Chiarraí i 1928. Chaith sí seal ag múineadh agus chaith sí tamall ag obair ar fhoclóir Béarla-Gaeilge de Bhaldraithe. Bhain sí cáil amach mar scríbhneoir – gearrscéalaí, file, úrscéalaí[1] agus drámadóir ba ea í. Chónaigh sí i nGaillimh ar feadh roinnt blianta. Fuair sí bás in 2013.

[1] novelist

Daoine Óga, Grá agus Caidrimh — Aonad 7

Téamaí an Scéil

Téama an Phósta/Téama na Coimhlinte

- Is é téama an phósta an téama is tábhachtaí sa scéal seo. Léiríonn an t-údar na deacrachtaí[1] a bhíonn ann don phósadh i slí ghreannmhar.
- Tá beirt phríomhcharachtar sa scéal, Seán agus a bhean chéile. Ní thugann an t-údar aon ainm uirthi mar braitheann[2] bean Sheáin nach bhfuil sí tábhachtach[3] do Sheán agus nach bhfuil sí tábhachtach sa tsochaí[4].
- Úsáideann an t-údar greann chun frustrachas[5] agus fearg na mná céile sa scéal seo a léiriú.
- Tá an bhean chéile feargach mar níl sí sásta leis an gcaidreamh[6] atá aici lena fear céile. Ní theastaíonn uaidh a bheith ag caint léi. Níl suim aige ina tuairimí.
- Tá Seán tuirseach traochta tar éis lá oibre. Ba mhaith leis suí go ciúin agus an páipéar nuachtáin a léamh. Feicimid an brú a chuireann leadrán, cúrsaí oibre, tuirse agus billí ar lánúineacha pósta[7] sa scéal.
- Deir bean Sheáin go raibh sí feargach i mí Éanair nuair a tháinig bean an tsuirbhé chuig an doras mar bhí an bille leictreachais tar éis teacht agus rinne Seán rud éigin chun fearg a chur uirthi.
- Chomh maith leis sin, tá frustrachas agus uaigneas ar bhean Sheáin ina ról mar bhean tí sa bhaile. Caitheann sí gach lá ina haonar sa teach ag glanadh agus ag tabhairt aire dá leanbh. Anuas air sin, ní féidir léi comhrá sásúil a bheith aici lena fear céile nuair a thagann sé abhaile!
- Ní thagann aon athrú ar an scéal sa deireadh! Titeann Seán ina chodladh fad is atá a bhean fós ag caint ag deireadh an scéil. Is dócha[8] nach n-athróidh aon rud sa chaidreamh/phósadh[9] seo.

Nóta Gramadaí

An Tuiseal Ainmneach	An Tuiseal Ginideach
pósadh	téama an phósta
coimhlint	téama na coimhlinte
an bhean	mothúcháin na mná
an bhean chéile	mothúcháin na mná céile

[1] difficulties
[2] feels
[3] important
[4] in society
[5] frustration
[6] relationship
[7] married couples
[8] presumably
[9] marriage

Cleachtaí Scríofa

1. Cad é téama an scéil 'Dís', dar leat?
2. Líon na bearnaí bunaithe ar na nótaí ar théama í thuas.

   (a) Is é téama an phósta téama an _____ seo.
   (b) Tá frustrachas agus fearg _____ bhean Sheáin.
   (c) Braitheann sí nach bhfuil sí _____ dá fear.
   (d) Ní theastaíonn _____ a bheith ag caint léi.
   (e) Bíonn _____ ar Sheán nuair a thagann sé abhaile tar éis lá oibre.
   (f) Feicimid an brú a chuireann leadrán, obair, billí agus tuirse ar _____ pósta.
   (g) Titeann Seán _____ chodladh fad is atá a bhean fós ag caint.
   (h) _____ dócha nach n-athróidh aon rud sa phósadh.

   | is | tábhachtach | scéil | ar |
   | uaidh | lanúineacha | ina | tuirse |

Gnáthleibhéal Spreagadh

Mothúcháin

Míshonas, Fearg, Frustrachas, Uaigneas (bean Sheáin)

Tá sé soiléir go bhfuil fearg agus frustrachas ar bhean Sheáin mar go bhfuil a fear céile ag tabhairt neamhairde uirthi[1]. Ní theastaíonn uaidh a bheith ag caint léi nuair a thagann sé abhaile tar éis lá oibre. Bíonn sí ina haonar sa teach ag tabhairt aire dá leanbh agus ag glanadh agus bíonn comhluadar[2] uaithi. Tá sí uaigneach. Bhí áthas an domhain uirthi nuair a tháinig bean an tsuirbhé chuig an teach mar bhí sí in ann a bheith ag caint le duine éigin. Níl sé buíoch as[3] an obair a dhéanann sí sa tigh. Deir sí go bhfeiceann sé urlár salach ach nach bhfeiceann sé urlár glan.

Mífhoighne agus Fearg (Seán)

Is léir go bhfuil mífhoighne[4] ar Sheán lena bhean. Ní thuigeann sé an fáth a mbeadh sí míshásta lena saol sa bhaile. Ba bhreá leis síocháin agus suaimhneas a bheith aige tar éis a lá oibre. Cuireann a cuid cainte síoraí[5] isteach air. Bíonn fearg air nuair a chloiseann sé go raibh a bhean ag plé rudaí pearsanta faoina bpósadh agus a saol le strainséar[6]! Ní bhíonn sé sásta nuair a chloiseann sé go dteastaíonn óna bhean dul amach ag obair. Deir sé go mbeadh sí cosúil le bean tincéara ag dul timpeall ó dhoras go doras lena leanbh ina baclainn[7].

An Caidreamh idir Seán agus bean Sheáin

- Is léir[8] go bhfuil an-chuid coimhlintí sa chaidreamh[9] idir Seán agus bean Sheáin. Feictear easpa tuisceana[10], easpa cumarsáide[11] agus easpa suime i dtuairimí an duine eile sa chomhrá idir an bheirt.

- Úsáideann bean Sheáin searbhas[12], íoróin[13] agus áibhéil[14] ina cuid cainte chun aird a fir chéile a fháil. Is duine dúr[15], traidisiúnta, ciúin é a fear céile agus níl aon suim aige i gcaint a mhná. Ní thuigeann sé go bhfuil sí míshásta ina ról mar bhean tí agus mar bhean chéile. Níl sé buíoch as[16] an obair a dhéanann sí. Ní thuigeann sé an t-uaigneas agus leadrán a bhíonn uirthi ina saol laethúil. Ní thuigeann bean Sheáin go bhfuil Seán tuirseach tar éis a lá oibre. Teastaíonn suaimhneas[17] uaidh tar éis lá oibre. Ba mhaith le bean Sheáin a bheith ina bean nua-aimseartha agus a post agus airgead féin a bheith aici ach is duine traidisiúnta é Seán. Tá sé buartha faoina leanbh agus níl sé pioc sásta[18] nuair a chloiseann sé go bhfuil sí ag smaoineamh ar phost a fháil.

[1] ignoring her
[2] company
[3] grateful for
[4] impatience
[5] constant/eternal
[6] stranger
[7] arms
[8] it is clear
[9] relationship
[10] lack of understanding
[11] lack of communication
[12] sarcasm
[13] irony
[14] exaggeration
[15] dour
[16] grateful/appreciative
[17] peace
[18] a bit happy

Cleachtadh Scríofa

Déan cur síos ar an ngaol/gcaidreamh a bhí idir Seán agus a bhean chéile: Meaitseáil na litreacha leis na huimhreacha sa ghreille thíos chun abairtí iomlána a chur le chéile. Ansin scríobh amach an freagra samplach.

A	Ní raibh caidreamh sona	1	ní raibh suim aige a bheith ag caint lena bhean chéile.
B	Bhí easpa cumarsáide	2	meas ag Seán ar an obair a rinne sí sa teach.
C	Nuair a tháinig Seán abhaile ón obair	3	go raibh bean Sheáin míshona sa phósadh le Seán.
D	Theastaigh síocháin agus	4	le feiceáil sa chaidreamh eatarthu.
E	Bhí bean Sheáin uaigneach	5	agus míshona ina ról mar bhean chéile agus bhean tí.

F	Bhraith sí nach raibh	6	theastaigh uaidh go mbeadh a bhean ag obair lasmuigh den teach. Cé a thabharfadh aire don leanbh?
G	Thug sé urlár salach	7	idir Seán agus bean Sheáin sa scéal 'Dís'.
H	Thaispeáin an suirbhé	8	faoi deara ach níor thug sé urlár glan faoi deara.
I	Theastaigh uaithi ionadaíocht a dhéanamh do bhean an tsuirbhé	9	nach raibh aon spéis aige ina bhean, ina mothúcháin ná tuairimí.
J	Ba dhuine traidisiúnta é Seán, áfach, agus níor	10	maith idir Seán agus bean Sheáin.
K	Tá sé soiléir nach raibh caidreamh	11	ciúnas uaidh.
L	Thit Seán ina chodladh fad is a bhí a bhean fós ag caint mar	12	chun a hairgead féin a bheith aici agus chun a bheith neamhspleách.

A   B   C   D   E   F   G   H   I   J   K   L

Cleachtaí Scríofa

1. Déan cur síos ar an ngaol/gcaidreamh idir Seán agus bean Sheáin.
2. Déan cur síos ar dhá phríomh-mhothúchán sa scéal 'Dís'.

Tréithe Na gCarachtar

Bean Sheáin

- Is í bean Sheáin **príomhphearsa**[1] an scéil seo. Tá sé suntasach nach luaitear a hainm sa scéal. Is cleas cliste é sin mar ní bhraitheann sí tábhachtach dá fear ná don tsochaí.

  [1]*main character*

- **Níl bean Sheáin sásta lena saol agus is duine feargach, gearánach**[2] **í**. Braitheann sí gur staitistic atá inti. Níl aon bhuíochas ná aird á bhfáil aici óna fear céile ná ón tsochaí mar bhean tí, dar léi. Ní thugann éinne urlár glan faoi deara ach tugann siad urlár salach faoi deara! **Mothaíonn sí**[3] nach bhfuil aon mheas ag a fear céile ar an obair a dhéanann sí sa tigh. Tá mná tí cosúil le 'sclábhaithe'[4] do na fir dar léi. Tá sí feargach le Seán.

  [2]*complaining*

  [3]*she feels*

  [4]*slaves*

- **Is duine cairdiúil í.** Cuireann sí fáilte roimh strainséir, mar atá, bean an tsuirbhé. Déanann sí cupán caife di agus tá sí sásta labhairt léi ar feadh na maidine.

301

Gnáthleibhéal Spreagadh

[5] lonely

- **Is duine uaigneach**[5] **í** bean Sheáin. Caitheann sí na laethanta léi féin lena babaí sa teach. Sin an fáth a raibh sí chomh sásta a bheith ag caint le **strainséar**[6] ar nós bhean an tsuirbhé. **Is dócha**[7] go mbíonn sí ag súil leis an tráthnóna nuair a thagann a fear céile abhaile ach níl mórán suime aige a bheith ag comhrá léi

[6] stranger
[7] presumably

Achoimre ar Thréithe Bhean Sheáin
- Is duine feargach, míshásta, gearánach í.
- Is duine uaigneach í.
- Is duine fáiltiúil, cairdiúil, cainteach í. Cuireann sí fáilte roimh strainséar, mar atá, bean an tsuirbhé.
- Is duine feargach í. Tá frustrachas uirthi.

An Fear (Seán)

- Tá Seán pósta leis an bpríomhcharachtar.

[8] dour (quick/moody)

- **Is duine dúr**[8]**, ciúin é.** Tá i bhfolach taobh thiar dá pháipéar nuachtáin ag tús an scéil. Tá sé soiléir nach bhfuil fonn cainte air tar éis a lá oibre.

[9] dull

- **Tá saol leamh**[9]**, leadránach aige.** Tá post aige taobh amuigh den teach agus nuair a thagann sé abhaile tráthnóna, teastaíonn ciúnas agus **síocháin**[10] uaidh.

[10] peace
[11] old-fashioned
[12] chauvinistic

- **Is duine traidisiúnta, seanfhaiseanta**[11] **agus seobhaineach**[12] **é**. Tá dearcadh traidisiúnta aige ar a ról sa phósadh agus ar ról a mhná. Ní mó ná sásta atá sé nuair a deir a bhean chéile go bhfuil sí chun post a fháil lasmuigh den tigh. Níl mórán measa aige ar an obair a dhéanann a bhean chéile sa tigh, dar le bean Sheáin. Feiceann sé urlár salach ach ní thugann sé urlár glan faoi deara. Taispeánann sé sin **nach léiríonn sé aon bhuíochas dá bhean** as an obair uilig a dhéanann sí sa teach agus ag tabhairt aire don pháiste.

[13] the importance of communication
[14] in hiding

- Ní fheiceann sé **tábhacht na cumarsáide**[13] agus é **i bhfolach**[14] taobh thiar dá nuachtán.

[15] selfish

- **Is duine leithleach**[15] **é.** Bíonn sé ag gearán nuair a bhíonn fonn cainte ar a bhean ag tús an scéil nach féidir leis a pháipéar nuachta a léamh tar éis lá oibre. Ní thugann sé aon suntas don tuirse atá ar a bhean tar éis lá fada sa teach ag déanamh obair tí agus ag tabhairt aire dá leanbh. Titeann sé ina chodladh agus a bhean fós ag caint. Níl sé róbhuartha go bhfuil a bhean míshásta.

[16] private
[17] he is horrified

- **Is duine príobháideach**[16] **é.** **Tá uafás air**[17] nuair a chloiseann sé go raibh a bhean ag caint faoina bpósadh le 'stroinséir mná'.

Cleachtaí Scríofa

1. Scríobh achoimre ar thréithe Sheáin.
2. Cén cineál duine é Seán? Tabhair dhá fháth le do fhreagra.

Daoine Óga, Grá agus Caidrimh

Bean an tSuirbhé

- Ní chloisimid bean an tsuirbhé ag caint go díreach le héinne sa scéal seo ach cloisimid fúithi agus faoina saol sa tríú pearsa ó bhean Sheáin. Ní ghlacann sí páirt sa chomhrá, ach tá ról aici sa scéal mar sin féin. Is í an phríomhfheidhm[18] atá ag bean an tsuirbhé ná codarsnacht[19] a léiriú idir í féin mar bhean le post agus bean Sheáin atá ina bean tí lánaimseartha[20]. Chomh maith leis sin, úsáideann an t-údar an suirbhé chun míshonas bean Sheáin mar bhean tí a léiriú.

- Seasann sí freisin don bhean oibre, neamhspleách[21] sa saol nua-aimseartha[22].

- Dar le bean Sheáin, bhí bean an tsuirbhé i bponc mar nach raibh cead aici leanbh a bheith aici ina hárasán agus bhí sí ag iompar clainne[23].

- **Is duine** mímhacánta[24] **í**, is dócha. Tá an chuma ar an scéal gur inis sí bréaga[25] chun an t-eolas a bhí uaithi a bhaint amach. Dúirt sí go raibh sí ag iompar clainne agus thairg sí[26] obair ionadaíochta[27] do bhean Sheáin. Ní raibh tásc ná tuairisc uirthi[28] ó shin i leith[29].

[18] main function
[19] contrast
[20] full-time
[21] independent
[22] modern
[23] pregnant
[24] dishonest
[25] lies
[26] she offered
[27] substitution work
[28] there was no sign of her
[29] since then

Ceisteanna Scrúdaithe

(i) Déan cur síos ar bhean Sheáin sa scéal 'Dís'.

(ii) Cén cineál duine é Seán, dar leat? Déan cur síos gairid air agus inis cén fáth ar thaitin (nó nár thaitin) sé leat.

(iii) Déan cur síos ar an ngaol idir an lánúin sa scéal 'Dís'. (Féach ar na nótaí ar théamaí thuas.)

(iv) Déan cur síos ar bhean an tsuirbhé sa scéal 'Dís'.

(v) Cé acu is fearr leat, an bhean nó an fear? Cuir fáthanna le do thuairim. Is leor dhá fháth.

(25 marc)

Freagra Samplach

Ar thaitin an scéal 'Dís' leat? Tabhair dhá fháth le do fhreagra.

Thaitin an greann sa scéal 'Dís' liom. Tá greann le feiceáil sa chomhrá idir Seán agus a bhean chéile. Ní stopann bean Sheáin de bheith ag gearán[1] agus bíonn sé an-deacair ar Sheán coimeád suas[2] léi. Léimeann comhrá na mná ó ábhar amháin go hábhar eile. Ceisteanna den chuid is mó a chloisimid ón bhfear, mar shampla - 'Hu?', 'Cén áit?', 'Cén bhean?' 'Cén díobháil?' Deir a bhean leis go bhfuil an bheirt acu sa pháipéar. Bíonn uafás ar Sheán nuair a chloiseann sé go raibh a bhean ag plé a bpósta le 'stróinséir mná'. Bíonn níos mó uafáis air nuair a admhaíonn[3] a bhean chéile gur chum sí scéalta uafásacha faoina bpósadh. Bíonn

[1] complaining
[2] keep up

[3] admits

303

Gnáthleibhéal Spreagadh

an chuid sin den chomhrá an-ghreannmhar. Titeann sé ina chodladh fad is atá a bhean fós ag caint ag deireadh an scéil!

Níor thaitin an míshonas sa scéal liom. Is léir go raibh bean Sheáin feargach, míshona agus uaigneach. Ba chuma le Seán faoi sin agus thit sé ina chodladh nuair a bhí sí fós ag caint. Ní raibh sé sásta aon rud a dhéanamh chun cabhrú lena bhean ná chun níos mó airde a thabhairt uirthi. Bhí sé leithleach[4] agus fuarchúiseach[5].

[4]selfish
[5]indifferent

Cleachtaí Scríofa

1. Ar thaitin an scéal 'Dís' leat? Tabhair dhá fháth le do fhreagra.
2. Pléigh rud amháin a thaitin leat agus rud amháin nár thaitin leat faoin scéal 'Dís'.

Féinmheasúnú

Cé chomh sásta is atá tú anois go mbeidh tú in ann achoimre, téama agus carachtair an scéil thuas a phlé gan saothar gan stró? Cuir tic sa bhosca cuí.

Míshásta	Measartha sásta	An-sásta

Céim a 6b: Filíocht Ainmnithe

Sa chéim seo, foghlaimeoidh tú:
- na heochairfhocail a bhaineann leis an dán
- conas anailís a dhéanamh ar théamaí an dáin, teicnící fileata luaite sa dán agus an cineál dáin atá i gceist
- conas do thuairimí a chur in iúl maidir le na gnéithe den dán a thaitin/nár thaitin leat.

MO GHRÁ-SA (IDIR LÚIBÍNÍ)

le Nuala Ní Dhomhnaill

Níl mo ghrá-sa
[1] *the hawthorn* — mar **bláth na n-airní**
a bhíonn i ngairdín
(nó ar chrann ar bith)

[2] *relationship* — is má tá aon **ghaol**[2] aige
[3] *daisies* — le **nóiníní**[3]
is as a chluasa a fhásfaidh siad
(nuair a bheidh sé ocht dtroigh síos)

[4] *sruthán = stream* — ní haon **ghlaise**[4] cheolmhar
iad a shúile
[5] *too close* — (táid **róchóngarach**[5] dá chéile
ar an gcéad dul síos)

[6] *smooth* — is más **slim**[6] é **síoda**[7]
[7] *silk* — tá ribí a ghruaige
(mar bhean dhubh Shakespeare)
[8] *briar* — ina wire **deilgní**[8].

Ach is cuma sin.
Tugann sé dom
úlla
[9] *aoibh maith = a good mood* — (is nuair a bhíonn sé i n**dea-ghiúmar**[9]
[10] *grapes* — **caora finiúna**[10]).

Gnáthleibhéal Spreagadh

Leagan Próis

Níl mo leannán
cosúil le bláth na n-airní
atá le feiceáil i ngairdín
ná ar aon chrann

níl aon chosúlacht idir eisean
agus nóiníní
seachas na nóiníní a fhásfaidh as a chluasa nuair a bheidh
sé curtha sa chré

Níl a chuid súl cosúil le haon sruthán
Agus tá a chuid súl róghar dá chéile sa chéad áit.

Má tá síoda mín
Tá a chuid gruaige cosúil le sreanga deilgneach
(mar bhean Shakespeare a raibh gruaig dhorcha uirthi)

Ach is cuma liom.
Tugann sé úlla dom (mar atá, riachtanais an tsaoil)
Agus uaireanta nuair a bhíonn sé i ndea-aoibh
Tugann sé caora finiúna dom (mar atá, sónna an tsaoil).

An File

- Rugadh Nuala Ní Dhomhnaill in Lancashire, Sasana sa bhliain 1952 ach tógadh í i dteach a haintín i gCorca Dhuibhne, Co. Chiarraí ar feadh tamaill.
- Ansin bhog a clann go hAonach Urmhumhan i gCo. Thiobraid Árann.
- D'fhreastail sí ar an ollscoil i gCorcaigh agus bhain sí céim amach sa mhúinteoireacht. Chaith sí tréimhse ag múineadh, ach is mar fhile náisiúnta agus idirnáisiúnta a bhfuil aithne uirthi anois.
- Tá roinnt mhaith duaiseanna agus gradam buaite aici i gcaitheamh na mblianta agus is duine de mhórfhilí na hÉireann í.

Daoine Óga, Grá agus Caidrimh

Cleachtaí Scríofa

1. Cé a scríobh an dán 'Mo Ghrá-sa (idir lúibíní)'?
2. An bhfuil leannán an fhile dathúil?
3. Cad a deir an file mar gheall ar a grá sa chéad véarsa?
4. Cad a deir an file mar gheall ar a grá agus nóiníní sa dara véarsa?
5. Cad a deir an file mar gheall ar shúile a grá sa tríú véarsa?
6. Cad a deir an file maidir le gruaig a grá sa cheathrú véarsa?
7. Cén fáth ar cuma leis an bhfile faoi chuma mhídhathúil a grá?
8. Cad a thugann a grá di nuair a bhíonn sé i ndea-ghiúmar?

Freagra Samplach a 1

Cad é téama/príomh-mhothúchán an dáin 'Mo Ghrá-sa (Idir Lúibíní)'?

Is é téama an dáin seo ná grá an fhile dá leannán¹. Ní gnáthdhán grá é 'Mo Ghrá-sa (Idir Lúibíní)'. Tá cur síos magúil² ach ag an am céanna, réadúil³ ar an ngrá sa dán. Tuigeann sí go maith go bhfuil pearsantacht⁴ an duine i bhfad níos tábhachtaí ná cuma fhisiciúil an duine. Níl an nóisean traidisiúnta⁵ den ghrá a luaitear i scannáin Hollywood ná sna seanamhráin ghrá ghaelacha réadúil. Cuireann na scannáin agus dánta sin an iomarca béime ar áilleacht fhisiciúil an leannáin. Chun an méid sin a chruthú dúinn, téann an file thar fóir⁶ beagáinín, sa tslí a mbíonn sí ag magadh faoi mhídhathúlacht a fir. Tá sé soiléir go bhfuil fíorghrá ag an bhfile dá fear, áfach. Is cuma léi go bhfuil cuma ghránna air mar tá sé flaithiúil⁷ agus cneasta léi. Tugann sé úlla agus caora fíniúna⁸ di. Seasann na húlla do na rudaí a thugann sé di gach lá agus seasann na caora fíniúna do shónna⁹ an tsaoil.

¹lover
²mocking
³realistic
⁴personality
⁵traditional

⁶over the top

⁷generous
⁸grapes
⁹luxuries

Gnáthleibhéal Spreagadh

Cleachtaí Scríofa

1. Cad is téama don dán 'Mo Ghrá-sa (Idir Lúibíní)', dar leat?
2. Inis i d'fhocail féin, cad a cheapann an file faoi shúile a leannáin? *What does the poet think about the eyes*
3. Cén fhadhb atá aici lena chuid gruaige? *What was the hair like*
4. Inis i d'fhocail féin an saghas duine é an fear? (Is leor dhá phointe eolais.)

Teicnící Fileata agus Tagairtí[1] a Úsáidtear sa Dán

[1] references

Na Seandánta Grá agus Íomhánna ón Nádúr

- Sna seandánta grá fadó, rinne an file cur síos fada ar áilleacht[2] a leannáin[3]. Léirigh na filí an bhean mar spéirbhean[4] nó bandia[5] éigin.

[2] beauty
[3] lover
[4 & 5] goddess

- Chuir an file an bhean i gcomparáid le rudaí áille ón dúlra in íomhánna na ndánta, mar shampla, bláthanna nó an ghrian: 'grian os cionn gairdín', 'bláth bán na n-airne' (samplaí d'íomhánna as an dán 'Bríd Óg Ní Mháille').

- Tá Nuala Ní Dhomhnaill ag magadh faoi na híomhánna d'áilleacht a bhí ag na filí sin fadó sna seandánta grá. Chuaigh an léiriú[6] ar an ngrá thar fóir[7] agus bhí sé míréadúil[8] sna seandánta grá, dar léi. Chuir na filí an-bhéim ar chuma fhisiciúil an duine sna dánta. Ní aontaíonn Nuala Ní Dhomhnaill leis sin. Níl a grá geal dathúil ach is cuma léi. Feicimid go bhfuil an file ag magadh faoi na híomhánna d'áilleacht a d'úsáid na seanfhilí sa líne: 'Níl mo ghrá-sa mar/bhláth na n-airní/a bhíonn i ngairdín/(nó ar chrann ar bith)'

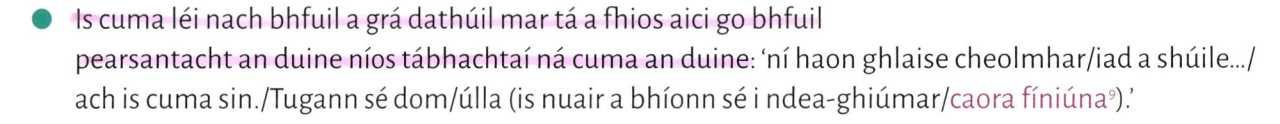

[6] portrayal
[7] over the top
[8] unrealistic

- Is cuma léi nach bhfuil a grá dathúil mar tá a fhios aici go bhfuil pearsantacht an duine níos tábhachtaí ná cuma an duine: 'ní haon ghlaise cheolmhar/iad a shúile.../ach is cuma sin./Tugann sé dom/úlla (is nuair a bhíonn sé i ndea-ghiúmar/caora fíniúna[9]).'

[9] grapes

Teideal an Dáin

Tá áit thábhachtach ag na lúibíní[10] sa dán. Feicimid leis na lúibíní go bhfuil an file ag iarraidh cur leis an dúghreann sa dán. Sa chéad trí véarsa, seasann na lúibíní do réaltacht[11] an tsaoil, agus taispeánann sí leo, nach bhfuil aon rud ná duine ar an saol seo gan locht[12] 'ní haon ghlaise cheolmhar/iad a shúile/táid róchóngarach dá chéile/ar an gcéad dul síos)'.

[10] brackets
[11] reality
[12] flaw

An Tagairt do Shoinéad Shakespeare

- I véarsa a 4, tá tagairt do[13] dhán cáiliúil Shakespeare (soinéad 130 darb ainm *'My mistress's eyes are nothing like the sun'*). Sa dán seo, déanann Shakespeare cur síos magúil ar a bhean chéile (a bhean dhubh), a thug inspioráid[14] dó ina chuid filíochta, ach a raibh '*black wires*' ag fás ar a cloigeann! Bíonn sé ag magadh faoi chuma a mhná céile sa dán sin, ach críochnaíonn sé leis an líne '*and yet, by heaven, I think my love as rare/as any she belied with false compare.*'

[13] reference to
[14] inspiration

Daoine Óga, Grá agus Caidrimh

- Tá téama an dáin 'Mo Ghrá-sa (Idir Lúibíní)' an-chosúil le dán Shakespeare. Tá a fhios ag Nuala Ní Dhomhnaill nach bhfuil a grá dathúil ach is cuma léi mar bíonn sé cineálta léi: 'Ach is cuma sin./Tugann sé dom/úlla/ (is nuair a bhíonn sé i ndea-ghiúmar/caora fíniúna.'

Samhail

Feictear samhail[15] i líne a dó den dán nuair a deir an file nach bhfuil a grá cosúil le 'bláth na n-airní'. De ghnáth, d'úsáid na filí an tsamhail seo sna seandánta grá chun cur síos a dhéanamh ar áilleacht an leannáin. Níl sé sin fíor i gcás fhear an fhile, áfach[16]!

[15] simile

[16] however

Siombailí

Nuair a sheasann rud amháin do rud eile mar shiombail, is meafar é. Sa véarsa deireanach, seasann na húlla do riachtanais[17] an tsaoil agus seasann na caora fíniúna do shónna[18] an tsaoil. Tugann a grá sónna an tsaoil di nuair a bhíonn sé i ndea-ghiúmar.

[17] necessities

[18] luxuries

Tagairtí don Dúlra/Íomhánna

Mar a pléadh cheana féin, úsáideann an file an-chuid íomhánna agus tagairtí don nádúr sa dán seo. Seasann 'bláth na n-airní' agus an 'ghlaise cheolmhar' d'áilleacht an duine. Is tagairtí[19] iad don chur síos ar áilleacht a bhí sna seanamhráin ghrá ghaelacha. Déanann an file comparáid idir gruaig a leannáin agus *wire* deilgní. Deir sí nach bhfuil a grá cosúil le 'bláth na n-airní' agus níl a chuid súl cosúil le sruthán ceolmhar!

[19] references

Cleachtaí Scríofa

1. Déan cur síos ar dhá íomhá a thaitin (nó nár thaitin leat) sa dán 'Mo Ghrá-sa (Idir Lúibíní)'.
2. Déan cur síos ar na siombailí a úsáideann an file sa dán.
3. Luaigh dhá thagairt don dúlra atá sa dán 'Mo Ghrá-sa (Idir Lúibíní)'.

Na Mothúcháin sa Dán

Is iad an grá agus an tsoiniciúlacht[20] príomh-mhothúcháin an dáin. Tá an file i ngrá lena fear céile gan dabht ach tá sí soiniciúil mar gheall ar an nóisean traidisiúnta den ghrá a léirítear i scannáin Hollywood agus sna seanamhráin ghrá. Cuireann an léiriú[21] traidisiúnta den ghrá an iomarca[22] béime[23] ar chuma fhisiciúil an leannáin, dar léi. Tá pearsantacht an duine níos tábhachtaí ná cuma fhisiciúil an duine ina tuairim. Leis an tagairt do[24] shoinéad 130 le Shakespeare, taispeánann Nuala Ní Dhomhnaill go n-aontaíonn sí le téama dhán Shakespeare. Tá an duine níos tábhachtaí ná a c(h)uma fhisiciúil. Is féidir leat a bheith i ngrá le duine gan iad a bheith foirfe[25] agus go hálainn.

[20] cynicism

[21] portrayal

[22] too much

[23] emphasis

[24] reference to

[25] perfect

Gnáthleibhéal **Spreagadh**

Cleachtaí Scríofa

1. Déan cur síos ar dhá mhothúchán atá sa dán, dar leat.
2. Achoimre ar scéal an dáin: Meaitseáil na huimhreacha leis na litreacha chun abairtí iomlána a chruthú. Ansin, scríobh amach na habairtí i do chóipleabhar agus beidh achoimre an dáin agat.

A	Tá an dán 'Mo Ghrá-sa (Idir Lúibíní)'	1	a dhéanann tagairt do na seandánta grá agus an nós a bhí ann áilleacht an ghrá a chur i gcomparáid le rudaí ón dúlra.
B	Sa chéad véarsa, deir an file	2	a d'úsáid na filí fadó chun cur síos a dhéanamh ar áilleacht a ngrá.
C	Tá an file ag magadh faoi na híomhánna ón dúlra	3	bhean dhubh Shakespeare anseo.
D	Sa dara rann, deir an file nach bhfuil	4	cosúil le 'wire deilgní'.
E	Arís is abairt searbhasach í sin	5	faoi théama an ghrá.
F	Sa tríú véarsa, deir an file go bhfuil gruaig a grá	6	an-chosúil le téama soinéad 130 le Shakespeare.
G	Déanann an file tagairt do	7	nach bhfuil a grá cosúil le bláth na n-airní.
H	Tá téama an dáin seo	8	an duine níos tábhachtaí ná cuma an duine.
I	I soinéad 130, dúirt Shakespeare go raibh	9	gur cuma léi faoi ghránnacht a grá mar gur duine cneasta é.
J	Luann an dá dhán go bhfuil pearsantacht	10	'úlla' di (siombail de riachtanais an tsaoil laethúil).
K	Sa véarsa deireanach, tá an file ag rá	11	aon ghaol ag a grá le nóiníní.
L	Tugann a grá	12	tugann sé 'caora fíniúna' di (siombail de shónna an tsaoil).
M	Nuair a bhíonn sé i ndea-ghiúmar,	13	fíorghrá aige dá bhean cé nach raibh sí foirfe ná go hálainn.

A	B	C	D	E	F	G	H	I	J	K	L	M

Greann

- Is í an teicníc fhileata is mó a úsáideann an file sa dán seo ná an greann. Tá íoróin[26] ag baint le teideal[27] an dáin, mar atá, 'Mo Ghrá-sa (Idir Lúibíní)'. Tugann an teideal le fios gur aoir[28] é an dán. Tá an file ag magadh faoin nóisean traidisiúnta den ghrá a luaitear i scannáin agus sna seandánta grá. Mar sin tá an teideal sin an-oiriúnach[29]. Chomh maith leis sin, tá an cur síos ar chuma ghránna a fir an-ghreannmhar (dúinne ar aon nós[30]!).

- Tá dúghreann, searbhas[31] agus áiféis[32] ag baint leis an gcur síos ar shúile a grá atá róchóngarach dá chéile, don *wire* deilgní atá ar a ceann mar ghruaig agus mar sin de.

[26] *irony*
[27] *title*
[28] *a satire*
[29] *suitable*
[30] *anyway*
[31] *sarcasm*
[32] *ridiculousness*

Freagra Samplach a 2

Ar thaitin an dán 'Mo Ghrá-sa (Idir Lúibíní)' leat? Tabhair dhá fháth ar thaitin (nó nár thaitin) an dán leat.

Thaitin an greann sa dán 'Mo Ghrá-sa (Idir Lúibíní)' liom. Tá greann magúil[1] le feiceáil sa dán. Tá an file ag magadh faoin íomhá thraidisiúnta den ghrá a fheictear i scannáin Hollywood nó sna seandánta grá sa Ghaeilge. Úsáideann an file dúghreann[2] chun íomhánna an dáin a léiriú. Ní haon réaltóg scannán[3] é a ghrá – tá a chuid súl róchóngarach[4] dá chéile agus níl sé dathúil. Níl a chuid gruaige slim[5] cosúil le síoda[6], níl a chuid súl cosúil le sruthán[7] ná 'glaise ceolmhar'. Téann an file thar fóir[8] leis an gcur síos ar chuma ghránna a fir, rud atá greannmhar. Baineann sí úsáid shearbhasach[9] as íomhánna traidisiúnta d'áilleacht ó na seandánta grá.

Thaitin téama an dáin liom. Dar leis an bhfile, tá pearsantacht an duine níos tábhachtaí ná cuma an duine. Aontaím go hiomlán leis an bpointe sin. Cuireann na meáin agus scannáin an-bhéim ar áilleacht an duine i scannáin ghrá. Deir an file gur cuma léi go bhfuil a grá gránna[10]. Cosúil le Shakespeare i soinéad 130, tá a grá bunaithe ar[11] phearsantacht a grá: '... Ach is cuma sin. Tugann sé dom úlla (is nuair a bhíonn sé i ndea-ghiúmar caora fíniúna).'

[1] mocking
[2] dark humour
[3] movie star
[4] too close
[5] smooth
[6] silk
[7] stream
[8] over the top
[9] sarcastic
[10] ugly
[11] based on

Cleachtaí Scríofa

1. Cén dá mhothúchán a mhúscail an dán seo ionat?
2. Déan cur síos ar rud amháin a thaitin leat agus rud nár thaitin leat faoin dán seo.

Féinmheasúnú

Cé chomh sásta is atá tú anois go mbeidh tú in ann téama agus teicnící fileata an dáin thuas a phlé gan saothar, gan stró? Cuir tic sa bhosca cuí.

Míshásta	Measartha sásta	An-sásta

Athbhreithniú ar an Litríocht: Súil ar an Scrúdú

PRÓS AINMNITHE (50 marc)

Ceist 2 PRÓS (50 marc)

2A Prós Ainmnithe

'Lánúin cois tine tráthnóna… Leanbh ina chodladh sa phram.' 'Dís'

Déan cur síos ar an gcomhrá idir Seán agus a bhean chéile an tráthnóna sin. (25 marc)

Níl cead aon ábhar a bhaineann le Prós Ainmnithe a úsáid sna freagraí ar an bPrós Roghnach.

2B Prós Roghnach

Maidir le gearrscéal roghnach a ndearna tú staidéar air le linn do chúrsa, tabhair achoimre ar na heachtraí is tábhachtaí atá ann.

Ní mór teideal an ghearrscéil sin, mar aon le hainm an údair, a scríobh síos go soiléir. (25 marc)

Ceist 3 FILÍOCHT (30 marc)

Filíocht Ainmnithe nó Filíocht Roghnach (30 marc)

Freagair Ceist 3A (Filíocht Ainmnithe) nó Ceist 3B (Filíocht Roghnach) thíos.

3A Filíocht Ainmnithe

'Mo Ghrá-sa (Idir Lúibíní)'

(a) (i) Cad a deir an file faoin bhfear i véarsa a 1?'
　　(ii) Cá bhfásfaidh na nóiníní?
　　(iii) Céard atá mícheart le súile an fhir?
　　(iv) Cad iad na torthaí a thugann an fear don fhile? (8 marc)

(b) Inis i d'fhocail féin, cén saghas duine é an fear? (Is leor dhá phointe eolais.) (8 marc)

(c) Luaigh dhá rud a thaitin leat (nó nár thaitin leat) faoin dán 'Mo Ghrá-sa (Idir Lúibíní)' le Nuala Ní Dhomhnaill. (9 marc)

3B Filíocht Roghnach

Níl cead aon ábhar a bhaineann leis an bhFilíocht Ainmnithe a úsáid i bhfreagra ar an bhFilíocht Roghnach.

(a) Maidir le dán roghnach nua-aimseartha amháin a ndearna tú staidéar air le linn do chúrsa, inis i d'fhocail féin, cad is téama don dán sin, dar leat? (7 marc)

(b) Roghnaigh dhá íomhá (pictiúr) a úsáideann an file sa dán seo agus déan cur síos orthu i d'fhocail féin. (8 marc)

(c) Luaigh rud amháin a thaitin leat agus rud amháin nár thaitin leat faoin dán seo. (10 marc)

Caithimh Aimsire, Spórt, Sláinte agus an Timpeallacht

Aonad 8

Nóta!
Beidh rogha ar an bpáipéar scrúdaithe idir an gearrscannán *Cáca Milis* agus an dráma *An Lasair Choille*.

Céim a 1: Labhairt	Céim a 2: Cluastuiscint	Céim a 3: Ceapadóireacht	Céim a 4: Gramadach	Céim a 5: Léamhthuiscint	Céim a 6: Litríocht
Caithimh aimsire	Spórt agus drugaí	Giota leanúnach nó blag: An spórt i mo shaol	An tuiseal ginideach	Léamhthuiscint a 1: Robbie Keane – Deireadh lena Ré Idirnáisiúnta	Prós: *Cáca Milis*
Spórt agus sláinte	Imeachtaí spóirt	Scéal: Cluiche peile		Léamhthuiscint a 2: Éire i gCluichí Oilimpeacha Rio 2016	Athbhreithniú ar an litríocht: súil ar an scrúdú
An drámaíocht agus ealaín	Spórt agus sláinte	Litir nó ríomhphost: Ríomhphost ón ospidéal			
An teilifís agus an phictiúrlann	Timpistí agus an t-ospidéal	Comhrá: Dráma/ceoldráma			
An léitheoireacht					
An timpeallacht					
Timpistí					

Torthaí Foghlama

San aonad seo, foghlaimeoidh tú:

- **Léamh agus tuiscint:** conas foclóir agus nathanna a bhaineann le spórt, drugaí sa spórt, caimiléireacht, srl. a aithint agus a thuiscint
- **Labhairt:** conas do chuid caitheamh aimsire agus conas mar a chaitheann tú do chuid ama shaoir a phlé. Beidh ar do chumas labhairt faoi thopaicí ar nós spóirt agus shláinte an duine, an phictiúrlann, an teilifís, srl.
- **Scríobh:** conas giotaí a scríobh ar thopaicí ar nós an spóirt, na sláinte, na drámaíochta
- **Litríocht:** na heocharfhocail a bhaineann leis an scannán *Cáca Milis*. Beidh tú in ann freagraí scríofa a chumadh bunaithe ar théamaí, stíl, teicníocht, carachtair agus ábhair a eascraíonn ón litríocht, mar shampla, míchumas, daoirse, srl.
- **Féachaint:** féachfaidh tú ar mhíreanna físe a bhaineann le caithimh aimsire.

Gnáthleibhéal **Spreagadh**

Céim a 1: Labhairt

> Sa chéim seo, foghlaimeoidh tú:
> - conas réimse leathan nathanna cainte a bhaineann le do chaithimh aimsire a úsáid
> - nathanna cainte agus foclóir a bhaineann leis an gcaitheamh aimsire is fearr leat
> - foclóir agus nathanna cainte a bhaineann leis an deireadh seachtaine agus am saor
> - ábhair cainte don rang agus don obair bheirte nó obair ghrúpa.

Caithimh Aimsire

Caithimh Aimsire Éagsúla	
Imrím peil/cispheil/haca/iománaíocht/rugbaí/camógaíocht/leadóg/scuais/leadóg bhoird, srl.	I play basketball/hockey/hurling/rugby/camogie/tennis/squash/table tennis, etc.
Seinnim an pianó/an giotár/an chláirseach/an veidhlín/an sacsafón/an fheadóg mhór/an bosca ceoil/na drumaí, srl.	I play piano/guitar/harp/violin/saxophone/flute/accordion/drums, etc.
Glacaim páirt i gcomórtais go minic.	I take part in competitions regularly.
Táim ar fhoireann peile na scoile agus imrím ar fhoireann an chontae faoi ocht déag chomh maith.	I am on the school football team and I play on the under-18 county team also.
Ní ball mé d'aon ghrúpa ach is maith liom a bheith ag seinm ceoil le mo chairde mar chaitheamh aimsire.	I am not a member of any group but I like to play music with my friends casually/as a hobby.
Caithim a lán ama ag crochadh timpeall le mo chairde nuair a bhíonn am saor agam.	I spend lots of time hanging around with my friends when I have free time.
Tugaimid cuairt ar a chéile.	We visit each other.
Bímid ag caint ar na suíomhanna sóisialta.	We talk on social media.
Déanaim dearmad ar mo chuid fadhbanna.	I forget my problems.
Is é Ronaldo mo laoch spóirt.	Ronaldo is my sporting hero.
Is í Rihanna an réalta cheoil is fearr liom.	Rihanna is my favourite music star.
Tá sé sláintiúil a bheith aclaí.	It's healthy to be fit.
Tugann sé faoiseamh dom ó bhrú na scoile.	It gives me relief from the pressure of school.
éistim le, buailim le/casaim le	I listen to, I meet
féachaim ar/breathnaím ar/amharcaim ar	I watch
is ball mé de	I am a member of
Is duine an-spórtúil/ceolmhar mé.	I am a very sporty/musical person.
Is breá liom a bheith ag aisteoireacht/ag péintéireacht/ag tarraingt.	I love to act/to paint/to draw.

Caithimh Aimsire, Spórt, Sláinte agus an Timpeallacht

Aonad 8

An Caitheamh Aimsire is Fearr Liom

An scrúdaitheoir: Cad iad na caithimh aimsire is fearr leat?

An dalta:
- Is aoibhinn liom dul amach ag siúl nó ag rith le mo mhadra tar éis na scoile.
- Taitníonn an spórt go mór liom agus is ball mé den chlub cispheile áitiúil[1].
- Is maith liom dul go dtí an phictiúrlann le mo chairde.
- Féachaim ar an teilifís agus ligim mo scíth nuair a bhíonn am saor agam. Féachaim ar chláir ghrinn agus cláir réaltachta[2].
- Bhuel, is duine an-spórtúil mé agus imrím gach saghas spóirt. Táim ar fhoireann peile na scoile agus bhí mé ar an bhfoireann snámha anuraidh[3].
- Imrím leadóg agus táim sa chlub leadóige áitiúil.
- Is aoibhinn liom gach rud a bhaineann le spórt/ceol/damhsa, srl.
- Taitníonn drámaíocht go mór liom. Glacaim páirt i ndrámaí agus i gceoldrámaí go minic. Tá club drámaíochta iontach againn anseo i bPort Laoise.
- Déanaim júdó le mo chara gach Máirt agus Déardaoin. Bíonn ranganna ar siúl i halla an bhaile agus taitníonn sé go mór liom.
- Is breá liom bualadh le mo chairde agus dul amach in éineacht leo freisin. Téimid isteach sa bhaile mór/sa chathair ó am go ham.

[1] local

[2] reality TV programmes

[3] last year

An Spórt

An scrúdaitheoir: Déan cur síos dom ar an gcaitheamh aimsire sin.

An dalta:
- Mar a dúirt mé, is duine an-spórtúil mé. Imrím leadóg, peil agus cispheil agus táim i mo bhall den chlub spóirt áitiúil[4].
- Thosaigh mé ag imirt leadóige nuair a bhí mé deich mbliana d'aois agus táim sa chlub áitiúil, thíos an bóthar ó mo theach.
- Tá club an-mhaith leadóige againn anseo i Luimneach agus bíonn cluichí againn go minic.
- Anuraidh, mar shampla, shroich mé craobh leathcheannais na hÉireann[5].

[4] I am a member of the local sports club

[5] I reached the All-Ireland semifinal

Gnáthleibhéal Spreagadh

[6] *because of the Leaving Cert*

[7] *the under-16 Munster final*

[8] *fit*

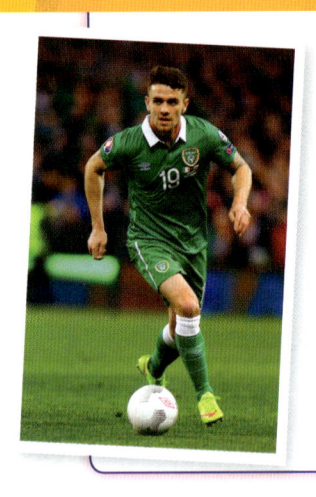

- Nílim ag imirt a lán spóirt i mbliana, mar gheall ar an Ardteist[6].
- Imrím sacar le foireann an bhaile. Tá foireann réasúnta maith againn ach níor bhuamar aon rud mór le bliain anuas.
- Cúpla bliain ó shin, bhuaigh ár gclub craobh na Mumhan faoi shé déag[7] agus bhí sé sin go hiontach.
- Le cúnamh Dé beidh mé ábalta sacar a imirt sa choláiste an bhliain seo chugainn.
- Is iontach an caitheamh aimsire é an spórt dar liom. Tá sé an-sláintiúil a bheith aclaí[8].

▶ Mír Físe

Féach ar an mír físe a bhaineann leis na treoracha thíos agus comhlánaigh an bhileog oibre a ghabhann léi.

Téigh go dtí suíomh idirlín Ollscoil Mhaigh Nuad agus cuardaigh Vifax. Is acmhainn shaor in aisce é Vifax do dhaltaí agus mhúinteoirí. Baineann na hachmhainní le míreanna nuachta TG4. Cuireann Vifax físeáin agus na ceisteanna a bhaineann leo ar an suíomh go rialta. Téigh go dtí 8ú Nollaig 2015 agus roghnaigh an físeán 'Cúrsaí Sacair (Meánleibhéal)'. Tar éis breathnú ar an bhfíseán, roghnaigh an PDF chun an bhileog oibre a íoslódáil.

Cineálacha Eile Spóirt

An scrúdaitheoir: An bhfuil aon chaitheamh aimsire eile agat?

An dalta:
- Téim ag rith cúpla uair sa tseachtain le mo chara nó i m'aonar.
- Tá raon reatha[9] sa bhaile mór agus téim ann nuair a bhíonn sé dorcha. Sa samhradh is féidir liom dul ag rith ar an trá nó ar an mbóthar. Caithim cluasáin[10] agus éistim le ceol nuair a bhím ag rith agus bainim taitneamh as.
- Ag an deireadh seachtaine téim ag snámh sa linn snámha aitiúil. Tá an trá gar do[11] mo theach freisin ach ní théim ag snámh san fharraige go minic mar bíonn an t-uisce rófhuar!
- Chuaigh mé chuig ceachtanna snámha nuair a bhí mé ní b'óige. Táim oilte mar mhaor snámha[12] agus bhí mé ag obair mar mhaor snámha an samhradh seo caite. Le cúnamh Dé, gheobhaidh mé an post céanna arís tar éis na hArdteiste.

[9] *running track*

[10] *headphones*

[11] *close to*

[12] *I am qualified as a lifeguard*

Caithimh Aimsire, Spórt, Sláinte agus an Timpeallacht

- Déanaim cearáité agus táim i mo bhall den chlub cearáité anseo i mbaile Longfoirt. Ta mo chrios donn[13] agam. Is aoibhinn liom an spórt sin mar tá an-chuid scile ag baint leis.
- Is maith liom spórt uisce.
- Tá trá iontach againn anseo don tsurfáil, don tseoltóireacht[14], don mharcaíocht toinne[15] agus don churachóireacht[16].
- Is aoibhinn liom gach saghas spóirt uisce ach déanaim níos mó surfála ná aon spórt eile. Tá mo chlár surfála féin agam agus téim amach ar an uisce go minic sa samhradh le mo dheartháir agus le mo chairde.

An scrúdaitheoir: An gceapann tú go bhfuil an spórt tábhachtach[17] i saol an duine óig?

An dalta:
- Tá an spórt an-tábhachtach i mo thuairim. Tá sé an-sláintiúil[18].
- Chomh maith leis sin laghdaíonn sé fadhbanna sóisialta[19], dar liom, mar nuair a bhíonn daoine ag imirt spóirt nó páirteach i gcaitheamh aimsire eile, ní bhíonn an t-am acu a bheith i dtrioblóid ar na sráideanna.
- Buaileann tú le daoine nua an t-am ar fad nuair a bhíonn tú páirteach sa spórt. Laghdaíonn sé fadhb na hotrachta[20] freisin gan dabht.

An scrúdaitheoir: An mbíonn tú ag féachaint ar an gclár teilifíse *Operation Transformation*?

An dalta:
- Féachaim ar an gclár sin ó am go ham.
- Is maith liom é mar spreagann[21] sé daoine idir óg agus aosta[22] dul amach ag siúl nó ag rith.
- Ní bhím ag féachaint ar an gclár sin in aon chor[23].

[13] my brown belt
[14] sailing
[15] windsurfing
[16] canoeing
[17] important
[18] healthy
[19] it reduces social problems
[20] the problem of obesity
[21] inspires
[22] young and old
[23] at all

An Drámaíocht agus Ealaín

An scrúdaitheoir: Cad é an caitheamh aimsire is fearr leat?

An dalta:
- Is aoibhinn liom drámaíocht agus glacaim páirt[24] i ndrámaí agus i gceoldrámaí go minic.
- D'fhreastail mé ar ranganna drámaíochta ó bhí mé cúig bliana d'aois.
- Tá club drámaíochta maith agam sa cheantar seo agus déanaimid drámaí agus ceoldrámaí go minic.
- Chomh maith leis sin nuair a bhí mé san idirbhliain ghlac mé an phríomhpháirt i gceoldráma na scoile. Rinneamar *Joseph* agus bhí sé an-taitneamhach.
- Ba bhreá liom cúrsa aisteoireachta[25] i gColáiste na Tríonóide[26] a dhéanamh an bhliain seo chugainn.
- Is breá liom pictiúir a tharraingt agus a bheith ag péintéireacht.
- Déanaim ealaín ar scoil agus bainim an-taitneamh as an rang sin.
- Ba bhreá liom cúrsa ealaíne a dhéanamh i gColáiste Náisiúnta Ealaíne agus Deartha i mBaile Átha Cliath.
- Is maith liom portráidí[27] a dhéanamh, ach taitníonn gach saghas ealaíne liom i ndáiríre[28].

[24] I take part
[25] an acting course
[26] Trinity College
[27] portraits
[28] I like all kinds of art really

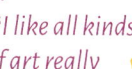

Gnáthleibhéal Spreagadh

Obair Bhaile

Freagair na ceisteanna a ghabhann leis an topaic 'Spórt' agus leis an topaic 'Ceol' sa Leabhrán ar leathanach 11–12.

An Teilifís agus an Phictiúrlann

An scrúdaitheoir: An maith leat féachaint ar an teilifís?

An dalta:
- Taitníonn an teilifís go mór liom. Is aoibhinn liom cláir ghrinn agus na sobail[29].
- Is é *Home And Away* an clár teilifíse is fearr liom. Tá an clár sin suite san Astráil agus is clár faoi dhaoine óga é.
- Tá cuntas[30] Netflix agam agus go minic, roimh dhul a chodladh, féachaim ar chláir ar mo ríomhaire glúine[31] nó ar mo thaibléad[32].
- Is breá liom cláir agus scannáin faoin gcoiriúlacht[33].

An scrúdaitheoir: An bhfuil pictiúrlann sa cheantar seo?

An dalta:
- Tá pictiúrlann sa chathair, buíochas le Dia, agus is aoibhinn liom dul chuig scannáin.
- Téim go dtí an phictiúrlann gach deireadh seachtaine.
- Taitníonn beagnach gach saghas scannáin liom ach is fearr liom scannáin ficsin agus scannáin ghrinn.
- Ar an drochuair[34], níl aon phictiúrlann againn sa bhaile mór ach téimid go dtí an phictiúrlann i Luimneach ó am go ham.

An scrúdaitheoir: Déan cur síos dom ar an scannán is fearr a chonaic tú riamh.

An dalta:
- Tá sé deacair an cheist sin a fhreagairt mar is aoibhinn liom na scannáin *Star Wars* agus *Harry Potter* ar fad. Tá siad lán le gníomhaíocht[35] agus bíonn na scéalta corraitheach[36] agus spéisiúil.

[29] soaps
[30] account
[31] laptop
[32] my tablet
[33] crime
[34] unfortunately
[35] action
[36] exciting

An Léitheoireacht

An scrúdaitheoir: An dtaitníonn an léitheoireacht leat?

An dalta:
- Is aoibhinn liom a bheith ag léamh.
- Mar a dúirt mé cheana[37], taitníonn na scannáin *Harry Potter* go mór liom agus is breá liom na leabhair freisin! Tá siad ar fheabhas, dar liom.
- Is maith liom leabhair rómánsúla a léamh freisin.

[37] as I already said

Obair Bhaile

Freagair na ceisteanna a ghabhann leis an topaic 'Scannáin', leis an topaic 'Leitheoireacht' agus leis an topaic 'Cláir Theilifíse' sa Leabhrán ar leathanach 15–17.

Caithimh Aimsire, Spórt, Sláinte agus an Timpeallacht

Timpiste

An scrúdaitheoir: Feicim go bhfuil tú ag úsáid **maidí coise**[38]. **An raibh timpiste agat?**

An dalta: Bhí timpiste agam dhá sheachtain ó shin nuair a bhí mé ag imirt rugbaí. Thit mé ar an bpáirc. Bhris mé mo chos. Bhí sé **pianmhar**[39] nuair a tharla sé ach tá sé **ag feabhsú**[40] anois, buíochas le Dia. Cuireadh **ar shínteán**[41] mé agus tugadh go dtí an t-ospidéal mé.

An scrúdaitheoir: **Agus céard a tharla san ospidéal?**

An dalta: D'fhan mé sa **Roinn Timpiste agus Éigeandála**[42] ar feadh tamaill agus ansin ghlac an dochtúir x-gha de mo chos. Cuireadh bindealán air agus fuair mé maidí coise. Ní bheidh mé ábalta spórt a imirt go ceann dhá mhí eile agus ní maith liom é sin!

[38] crutches
[39] painful
[40] improving
[41] on a stretcher
[42] A&E Department

Mír Físe

Féach ar an mír físe a bhaineann leis na treoracha thíos agus comhlánaigh an bhileog oibre a ghabhann léi.

Téigh go dtí suíomh idirlín Ollscoil Mhaigh Nuad agus cuardaigh Vifax. Is acmhainn shaor in aisce é Vifax do dhaltaí agus mhúinteoirí. Baineann na hachmhainní le míreanna nuachta TG4. Cuireann Vifax físeáin agus na ceisteanna a bhaineann leo ar an suíomh go rialta. Téigh go dtí 1ú Nollaig 2015 agus roghnaigh an físeán 'Cúrsaí Scannánaíochta san Iarthar (Meánleibhéal)'. Tar éis breathnú ar an bhfíseán, roghnaigh an PDF chun an bhileog oibre a íoslódáil.

Cleachtadh Cainte

Cuir na ceisteanna seo ar an duine atá in aice leat.

1. Cén caitheamh aimsire is fearr leat féin?
2. Déan cur síos ar an gcaitheamh aimsire sin.
3. An mbíonn cleachtadh/traenáil i gceist?
4. Cé chomh minic is a bhíonn traenáil/cleachtadh agat? Cá háit? An mbíonn sé dian?
5. Cad is ainm don traenálaí/don mhúinteoir atá agat?
6. Ar bhuaigh tú aon ghradam/duais riamh sa spórt/sa cheol/sa damhsa, srl.?
7. Cén comórtas a bhuaigh tú? Inis dom faoi.
8. An maith leat féachaint ar an teilifís?
9. Cén clár teilifíse is fearr leat?
10. Cén saghas cláir é sin? Déan cur síos air.

Gnáthleibhéal Spreagadh

11. Cé hé/hí an t-aisteoir is fearr leat?
12. An dtéann tú go dtí an phictiúrlann go minic?
13. Cá bhfuil an phictiúrlann sa cheantar seo?
14. Cén saghas scannáin a thaitníonn leat?
15. Céard eile a dhéanann tú ag an deireadh seachtaine nó i rith na laethanta saoire?
16. An mbíonn tú ag léamh?
17. Cén saghas leabhair a léann tú?
18. An mbíonn tú ag aisteoireacht?
19. An maith leat an ealaín?
20. An bhfuil aon rud eile le rá agat faoi do chuid caitheamh aimsire?

Mír Físe

Is pacáiste ilmheán é 'Cuireadh Chun Cainte' ó Chomhdáil Náisiúnta na Gaeilge agus Comhar na Múinteoirí Gaeilge chun treoir phraiticiúil a chur ar fáil don Ardteistiméireacht Gaeilge, go háirithe an Scrúdú Cainte. Tá na físeáin le fáil ar an gcainéal 'Gaelport, Eolas agus Nuacht gach lá'. Téigh go dtí an cainéal sin ar YouTube agus cuardaigh 'Cuireadh Chun Cainte'. Moltar duit breathnú air. Tá an físeán 26 nóiméad ar fad. Míníonn an t-aisteoir Marcus Lamb an leagan amach atá ar an Scrúdú Cainte agus ansin déanann daltaí, le leibhéil éagsúla cumais, cleachtadh leis an scrúdaitheoir.

Cleachtaí Scríofa

1. Féach ar leathanaigh X–X i do Leabhrán. Freagair na ceisteanna a ghabhann le caithimh aimsire.
2. Scríobh cuntas ar do chuid caitheamh aimsire féin agus ar aon rud eile a dhéanann tú nuair a bhíonn am saor agat.

An Timpeallacht

An scrúdaitheoir: An gceapann tú go bhfuil an timpeallacht[1] i mbaol[2]?

An dalta:
- Níl a lán eolais agam faoin ábhar sin[3].
- Tuigim go bhfuil poll sa chiseal ózóin[4] agus go bhfuil an aimsir ag athrú[5] dá bharr sin.
- Tá níos mó báistí agus stoirmeacha ag tarlú anois dá bharr.

An scrúdaitheoir: An gceapann tú go bhfuil daoine ag déanamh iarrachtaí an timpeallacht a chosaint[6] na laethanta seo?

An dalta:
- I mo scoil féin, tá boscaí bruscair speisialta ann don ghnáthbhruscar agus don athchúrsáil[7].
- Chomh maith leis sin, laethanta áirithe[8], siúlann daltaí ar scoil nó tagann siad ar a rothair.
- Tá bratach ghlas[9] againn agus tá gach duine bródúil as sin.

[1] the environment
[2] in danger
[3] I don't know much about this subject/topic
[4] a hole in the ozone layer
[5] changing
[6] making efforts/attempts to protect the environment
[7] recycling
[8] on certain/specific days
[9] green flag

Caithimh Aimsire, Spórt, Sláinte agus an Timpeallacht

Aonad 8

Céim a 2: Cluastuiscint

Sa chéim seo, foghlaimeoidh tú:
- conas do scileanna cluastuisceana a fhorbairt
- eochairfhocail a bhaineann leis na topaicí spórt agus drugaí, imeachtaí spóirt, sláinte, timpistí agus an t-ospidéal
- foclóir agus nathanna cainte atá topaiciúil agus ábhair a bhíonn ar fáil go coitianta sna giotaí tuisceana sa scrúdú.

> Féach ar Aonad a 10, lch 406–407, agus tabhair faoi deara eochairfhocail na gceisteanna.

Tabhair aird ar na focail/nathanna seo a leanas agus tú ag ullmhú don chluastuiscint.

aclaíocht	*fitness*	diaitéiteach	*dietetic*
sláinte mheabhrach	*mental health*	bóthar iarainn	*railway*
tionscnamh	*project*	ag streachailt	*struggling*
scannail	*scandals*	aiste den scoth	*an excellent essay*
dochtúir comhairleach	*consultant*	dearcadh dearfach	*a positive outlook*
téarma athshlánaithe	*rehabilitation time*	drochbhail	*bad condition*
mhaígh sí	*she claimed*	plódú	*overcrowding*
bonn óir	*a gold medal*	Síneach	*Chinese*

Cuid A

CD2 Rian 13–15

Cloisfidh tú *dhá* fhógra sa chuid seo. Cloisfidh tú gach fógra díobh **faoi dhó**. Beidh sos ann leis na freagraí a scríobh tar éis na chéad éisteachta *agus* tar éis an dara héisteacht.

Fógra a hAon

Líon isteach an t-eolas atá á lorg sa ghreille anseo.

Cathain a thosóidh Seachtain na Sláinte agus na hAclaíochta?

Cá bhfuil sceideal na seachtaine le feiceáil?

Cad faoi a labhróidh an diaitéiteach?

Ainmnigh ábhar amháin a bheidh sna ranganna a thabharfaidh na haoi-chainteoirí eile.

321

Gnáthleibhéal **Spreagadh**

Fógra a Dó

1. Céard a bheidh á oscailt idir Baile Átha Luain agus an Muileann gCearr go luath?
   _____

2. (a) Luaigh dhá phointe eolais faoin mbealach nua rothaíochta idir Baile Átha Luain agus an Muileann gCearr.

   (i) _____

   (ii) _____

   (b) Cén dream is mó atá míshásta agus i mbun agóide faoin bplean maidir leis an mbealach glas idir Baile Átha Luain agus Gaillimh? _____

■ Cuid B

Cloisfidh tú **dhá** chomhrá sa chuid seo. Cloisfidh tú gach comhrá díobh **faoi dhó**. Cloisfidh tú an comhrá ó thosach deireadh an chéad uair. Ansin cloisfidh tú ina **dhá** mhír é. Beidh sos ann leis na freagraí a scríobh tar éis gach míre díobh.

Comhrá a hAon

An Chéad Mhír

1. Cá rachaidh Pól anocht? _____
2. Cén fáth a bhfuil nótaí ag Pól ar an aiste a luann Áine? _____
   _____

An Dara Mír

1. Ainmnigh pointe amháin faoin gcóras sláinte a aimsíonn Pól sna nótaí.
   _____
2. Conas a rachaidh Pól go dtí an chóisir? _____

Comhrá a Dó

An Chéad Mhír

1. Céard a tharla do Lorcán trí bliana ó shin? _____
   _____
2. Ainmnigh an dá fheithicil a bhí páirteach sa timpiste. _____
   _____

An Dara Mír

1. Ainmnigh an fhoireann lena n-imríonn Lorcán anois. _____
2. Cathain a thosaigh Lorcán ag mothú níos fearr tar éis na timpiste, dar leis féin?
   _____

Caithimh Aimsire, Spórt, Sláinte agus an Timpeallacht

Cuid C

Cloisfidh tú **dhá** phíosa nuachta sa chuid seo. Cloisfidh tú gach píosa díobh **faoi dhó**. Beidh sos ann leis na freagraí a scríobh tar éis na chéad éisteachta **agus** tar éis an dara héisteacht.

Píosa a hAon

1. Cén fáth a mbeidh ar othair fanacht níos faide chun dochtúir a fheiceáil, dar le húdaráis an ospidéil?
   _____

2. Cé mhéad duine atá fágtha ar thralaithe tráthnóna inniu? _____
   _____

Píosa a Dó

1. Cén fáth nár éirigh le Sonia aon bhonn a fháil sa rás 3000 méadar i 1993? _____
2. Céard a dúirt bean amháin ón tSín i litir a sheol sí chuig an mBord Lúthchleasaíochta?
   _____

Céim a 3: Ceapadóireacht

Sa chéim seo, foghlaimeoidh tú:
- conas giota leanúnach, scéal, litir agus comhrá a chumadh
- foclóir agus nathanna cainte nua a bhaineann le gach ceann de na cleachtaí
- conas focail agus nathanna cainte áirithe a litriú le cleachtaí scríofa.

Giota Leanúnach nó Blag

Cúinne na Litearthachta

Scríobh amach na nathanna cainte atá aibhsithe le dath buí sa ghiota leanúnach thíos. Ansin, scríobh isteach an leagan Béarla díobh. Faoi dheireadh, clúdaigh an Ghaeilge ar chlé le do lámh agus déan iarracht na nathanna a litriú tú féin.

As Gaeilge	As Béarla	As Gaeilge Arís!
1. **Sampla** Is duine an-spórtúil mé.	*I am a very sporty person.*	Is duine an-spórtúil mé.
2.		
3.		
4.		
5.		
6.		
7.		
8.		
9.		
10.		

Gnáthleibhéal **Spreagadh**

Giota Leanúnach Samplach

An Caitheamh Aimsire Is Fearr Liom

Is é spórt an caitheamh aimsire is fearr liom. Is duine an-spórtúil mé. Imrím sacar agus peil Ghaelach agus táim i mo bhall d'fhoireann peile na scoile. Imrím sacar le mo chlub áitiúil agus bíonn traenáil agam gach seachtain. Imrím i lár na páirce agus uaireanta is tosaí mé. Maidir leis an bpeil Ghaelach, imrím i lár na páirce freisin. Bíonn traenáil agam tar éis na scoile gach Luan agus Céadaoin. Tá foireann mhaith ag an scoil agus shroicheamar craobh na hÉireann anuraidh. Ar an drochuair, ní raibh an bua againn, ach bhí an t-atmaisféar leictreach sa scoil roimh an gcluiche!

Is caitheamh aimsire maith é an spórt, mar tá sé an-sláintiúil a bheith aclaí. Chomh maith leis sin, tugann sé sos dom ó bhrú na scoile agus is maith liom é sin. Déanaim dearmad ar an obair scoile agus ar scrúduithe nuair a imrím peil. Buntáiste eile a bhaineann leis an spórt i mo shaol ná go bhfuil a lán cairde agam. Buailim le daoine nua an t-am ar fad agus is breá liom é sin.

Is aoibhinn liom féachaint ar spórt freisin. Tá suim agam i ngach saghas spóirt, i ndáirire. Taitníonn an fhoireann Man United go mór liom agus cúpla mí ó shin, chuaigh mé féin agus mo dhaid go dtí cluiche in Old Trafford ina raibh Man United agus Learpholl ag imirt. Bhí an bua ag Learpholl an uair sin, ach caithfidh mé a rá gur bhain mé taitneamh as an gcluiche. Bhí atmaisféar iontach sa staid.

Tá múinteoir iontach corpoideachais agam ar scoil agus tá an t-ádh orm, mar tá cultúr láidir spóirt i mo cheantar freisin. Is é an corpoideachas an t-ábhar is fearr liom ar scoil gan amhras agus ba bhreá liom cúrsa corpoideachais a dhéanamh in Ollscoil Luimnigh an bhliain seo chugainn. Le cúnamh Dé, gheobhaidh mé na pointí cuí! Tá áit an-tábhachtach ag an spórt i mo shaol, gan aon agó.

Cleachtaí Scríofa

1. Aimsigh na focail seo sa ghiota leanúnach thuas agus scríobh i nGaeilge iad.

   (a) I play in midfield **(b)** we reached the All-Ireland **(c)** we didn't win **(d)** before the game **(e)** very healthy **(f)** the pressure of school **(g)** I forget school work **(h)** Liverpool **(i)** stadium **(j)** I would love

2. Anois, scríobh do ghiota leanúnach féin dar teideal 'Tábhacht an spóirt i mo shaol'.

Caithimh Aimsire, Spórt, Sláinte agus an Timpeallacht

Aonad 8

👥 Obair Ghrúpa

Mar réamhobair don ghiota leanúnach a scríobh leat féin, cruthaigh grúpaí de cheathrar sa rang. Tóg leathanach A3 agus roinn an leathanach i gceithre chearnóg i bhfoirm Mata Boird. Scríobhfaidh gach dalta ceithre rud faoin spórt ina c(h)earnóg féin. Is féidir leis na daltaí smaointe a mhalartú sa tslí sin agus smaointe ó dhaltaí eile a úsáid ina ngiota leanúnach féin; ní gá duit an fhírinne iomlán a insint i do ghiota leanúnach!

Bain úsáid as cuid de na nathanna seo a leanas:

Tábhacht an Spóirt i Mo Shaol
Is é _____ an spórt is fearr liom.
Ní duine an-spórtúil mé.
Imrím spórt don spraoi[1].
Féachaim ar spórt agus leanaim[2] an fhoireann _____.
Téim amach ag rith cúpla uair sa tseachtain.
Déanaim dornálaíocht/cearáité, srl.
Tá club leadóige an-mhaith i mo cheantar.
Níl na háiseanna spóirt i mo cheantar thar mholadh beirte[3].
Tugann an spórt faoiseamh[4] duit ó bhrú na scrúduithe.
Is caitheamh aimsire an-sláintiúil agus an-taitneamhach é an spórt.
Caithim an-chuid ama[5] ag traenáil sa chlub áitiúil.
Bíonn orm éirí[6] ar a sé a chlog ar maidin chun dul ag traenáil.
Bhuaigh mé bonn óir[7] sa rás céad méadar anuraidh agus bhí ríméad orm[8].
Déanaim rásaíocht chapaill agus mar sin, bíonn orm aire a thabhairt do mo chapall gach lá.
Is caitheamh aimsire dúshlánach[9] é, ach taitníonn sé go mór liom.
Is maith liom a bheith aclaí, mar mothaím níos fearr nuair a bhím aclaí.
Is aoibhinn liom luas an chluiche[10].
Caithim a lán ama ar an trá agus déanaim spórt uisce.
Aon uair a bhíonn an aimsir go maith, téim amach ar an uisce.

[1] for fun
[2] I follow
[3] the sporting facilities in my area aren't great
[4] relief
[5] a lot of time
[6] I have to get up
[7] a gold medal
[8] I was delighted
[9] challenging
[10] the speed of the game

Gnáthleibhéal Spreagadh

Cleachtadh Scríofa

Scríobh giota leanúnach eile dar teideal 'Mo chaitheamh aimsire'.

Beidh tú ábalta roinnt de na nathanna cainte thuas a úsáid. Tá cinn eile thíos a chabhróidh leat freisin.

[11] *choir*
[12] *practice*
[13] *there is a lot of skill involved in it*
[14] *I love to relax*

Is aoibhinn liom damhsa/canadh/dul go dtí an phictiúrlann.
Seinnim an giotár agus an pianó.
Táim i mo bhall de ghrúpa ceoil.
Bím ag canadh le cór[11] na scoile.
Bíonn cleachtadh[12]/ranganna agam gach Máirt tar éis na scoile.
Buailim le mo chairde agus téimid ag siopadóireacht/ag campáil/ ag snámh nuair a bhíonn am saor agam.
Is breá liom an rince mar tá an-chuid scile ag baint leis[13].
Caithim a lán ama ag féachaint ar an teilifís agus ar scannáin.
Glacaim páirt i ndrámaí agus i gceoldrámaí.
Is í Saoirse Ronan an t-aisteoir is fearr liom.
Is é Ed Sheeran an t-amhránaí is fearr liom.
Anuraidh, chuaigh mé go dtí ceolchoirm The Coronas i mBaile Átha Cliath agus thaitin sé go mór liom.
Is aoibhinn liom mo scíth a ligean[14] le leabhar maith os mo chomhair agam.
Taitníonn leabhair ficsin go mór liom.
Is iontach an caitheamh aimsire é an _____ gan dabht, mar...

Scéal

Cúinne na Litearthachta

Scríobh amach na nathanna cainte atá aibhsithe le dath glas sa scéal thíos. Ansin scríobh isteach an leagan Béarla díobh. Faoi dheireadh, clúdaigh an Ghaeilge ar chlé le do lámh agus déan iarracht na nathanna a litriú tú féin.

As Gaeilge	As Béarla	As Gaeilge Arís!
1. Sampla ar luas lasrach	*at the speed of lightning*	ar luas lasrach
2.		
3.		
4.		
5.		
6.		
7.		
8.		
9.		
10.		

Caithimh Aimsire, Spórt, Sláinte agus an Timpeallacht

Scéal Shamplach

D'fhéach mé ar an gclog. Ní raibh ach cúig nóiméad fágtha sa chluiche agus bhíomar dhá phointe thíos... Go tobann, fuair Seán Ó Murchú an liathróid agus rith sé suas ó lár na páirce **ar luas lasrach**. Chaith sé an liathróid chuig **ár gcaptaen** Liam Ó Muirthile agus chiceáil sé an liathróid **thar an trasnán**. Ní raibh ach pointe amháin eadrainn anois. Bhí mo chroí i mo bhéal agam.

Nuair a tháinig an liathróid amach ar an bpáirc arís, bhí sé i lámha na foirne eile. Rinne mé iarracht í a fháil ach lean an fhoireann eile ar aghaidh agus fuair siad **cúilín** eile. Bhíomar i dtrioblóid anois. Ar an taobh eile den pháirc, chonaic mé mo chara Oisín ina luí ar an talamh. Bhí sé gortaithe go dona gan dabht, mar chonaic mé na dochtúirí ag rith amach ar an bpáirc. Stop an réiteoir an cluiche ag an bpointe sin agus ritheamar suas chuig Oisín. Bhí sé beagnach ag caoineadh leis an bpian agus **ní raibh sé ábalta bogadh**.

Cúpla nóiméad ina dhiaidh sin, tugadh ón bpáirc **ar shínteán** é agus chuaigh sé go dtí an t-ospidéal. Bhí gach duine **an-bhuartha** faoi. Dúirt an bainisteoir gur cheap sé go raibh a chos briste. Oisín bocht – an t-imreoir is fearr ar ár bhfoireann! Ansin, le dhá nóiméad fágtha, tháinig an liathróid isteach i mo lámha agus rith mé. Bhí mo sheans agam anois. Bhí mé os comhair an chúil. Nuair a chiceáil mé an liathróid, chuala mé gach duine ag screadaíl agus tar éis cúpla soicind, thuig mé go raibh an liathróid sa chúl. Níor chreid mé mo shúile. Bhí an bua againn. **Shéid an réiteoir an fheadóg** agus bhí gach duine ag béicíl. Cheap mé go raibh mé **ag brionglóidigh**. Bhí gach duine timpeall orm ag bualadh bos agus ag canadh. Bhí sé **dochreidte**!

Tar éis an chluiche, chualamar go raibh cos Oisín briste ach go raibh sé ceart go leor. Bhí áthas an domhain air nuair a chuala sé faoin gcluiche. Ní dhéanfaidh mé dearmad ar an lá sin go deo!

Gnáthleibhéal **Spreagadh**

Cleachtaí Scríofa

1. Freagair na ceisteanna seo thíos, bunaithe ar an eolas sa scéal.
   (a) Cá raibh Seán Ó Murchú ar an bpáirc nuair a fuair sé an liathróid?
   (b) Céard a rinne Liam Ó Muirthile leis an liathróid?
   (c) Cad a rinne an fhoireann eile nuair a fuair siad an liathróid?
   (d) Cén fáth a raibh Oisín ina luí ar an talamh?
   (e) Céard a rinne an réiteoir nuair a chonaic sé Oisín?
   (f) Cén fáth a raibh Oisín beagnach ag caoineadh?
   (g) Conas a mhothaigh gach duine eile nuair a chonaic siad Oisín ar an síntéan?
   (h) Cá ndeachaigh Oisín?
   (i) Conas a d'éirigh leis an scríbhneoir nuair a fuair sé an liathróid sa dara nóiméad deireanach?
   (j) Conas a mhothaigh Oisín san ospidéal nuair a chuala sé faoin gcluiche?

2. Anois scríobh do scéal féin, ag tosú leis an abairt seo:

   Lá an chluiche ceannais a bhí ann agus bhí mo chroí i mo bhéal agam...

Litir nó Ríomhphost

Cúinne na Litearthachta

Scríobh amach na nathanna cainte atá aibhsithe le dath gorm sa ríomhphost thíos. Ansin scríobh isteach an leagan Béarla díobh. Faoi dheireadh, clúdaigh an Ghaeilge ar chlé le do lámh agus déan iarracht na nathanna a litriú tú féin.

As Gaeilge	As Béarla	As Gaeilge Arís!
1. **Sampla** braithim níos fearr	I feel better	braithim níos fearr
2.		
3.		
4.		
5.		
6.		
7.		
8.		
9.		
10.		

Caithimh Aimsire, Spórt, Sláinte agus an Timpeallacht

Ríomhphost Shamplach

Ó: caitnicheallaigh@yahoo.com
Go: roisinm.nironain@hotmail.com
Ábhar: An t-ospidéal
Dáta: an 12 Feabhra

A Róisín dhil,

Cáit anseo! Conas atá tú? Tá súil agam go bhfuil tú féin agus do theaghlach i mbarr na sláinte. Mar is eol duit, táim féin san ospidéal. **Braithim níos fearr** inniu buíochas le Dia agus **tá súil agam** go mbeidh mé ag dul abhaile Dé hAoine.

Bhí mé sa bhaile Dé Luain seo caite le mo dheirfiúr agus bhí gach rud go breá. Ansin, go tobann, **bhraith mé pian i mo bholg**. Luigh mé síos ar **an tolg**, ach thosaigh an phian **ag éirí níos measa**. Ansin, bhraith mé an-tinn. Bhí mo dheirfiúr bheag **an-bhuartha** fúm agus chuir sí fios ar mo dhaid. Tháinig Daid abhaile ón obair **láithreach** agus thug sé go dtí an dochtúir mé. Dúirt an dochtúir linn dul díreach go dtí an t-ospidéal.

Gan mhoill, bhí obráid agam, mar **bhí aipindicíteas orm**. Nuair a dhúisigh mé san ospidéal, bhí mo thuismitheoirí agus mo dheirfiúr in aice liom. Bhí áthas orthu go raibh mé ceart go leor. Ní raibh mé ábalta siúl inné, ach inniu táim níos fearr. Tá na dochtúirí agus na haltraí **an-lách**. Níl an bia thar mholadh beirte, áfach! Tá sé saghas leadránach anseo ach éistim le ceol agus léim mo leabhar.

Céard fútsa? An bhfuil aon scéal agat? Scríobh ar ais go luath!

Slán go fóill,

Cáit

Gnáthleibhéal Spreagadh

Cleachtaí Scríofa

1. Líon na bearnaí sna habairtí seo, bunaithe ar an eolas sa litir thuas.

   (a) Tá Cáit san _____ faoi láthair.

   (b) _____ sí níos fearr inniu.

   (c) Tá súil aici go mbeidh sí ag dul abhaile _____.

   (d) Nuair a bhraith Cáit pian ina bolg, luigh sí ar an _____.

   (e) Bhí a deirfiúr bheag an- _____ fúithi.

   (f) Tháinig Daid abhaile _____.

   (g) Bhí obráid ag Cáit mar bhí _____ uirthi.

   (h) Ní raibh Cáit _____ siúl inné.

   (i) Tá na dochtúirí agus na haltraí an- _____.

   (j) Tá sé saghas _____ san ospidéal, dar le Cáit.

2. Anois, scríobh do litir/do ríomhphost féin.

   Tá tú tar éis teacht abhaile ón ospidéal. Scríobh litir nó ríomhphost chuig cara leat ag insint dó/di faoin tréimhse a chaith tú san ospidéal.

Comhrá

Cúinne na Litearthachta

Scríobh amach na nathanna cainte/focail atá aibhsithe le dath bándearg sa fhreagra samplach thíos. Ansin, scríobh isteach an leagan Béarla díobh. Faoi dheireadh, clúdaigh an Ghaeilge ar chlé le do lámh agus déan iarracht na nathanna a litriú leat féin.

As Gaeilge	As Béarla	As Gaeilge Arís!
1. **Sampla** an phríomhpháirt	*the main part*	an phríomhpháirt
2.		
3.		
4.		
5.		
6.		
7.		
8.		
9.		
10.		

Caithimh Aimsire, Spórt, Sláinte agus an Timpeallacht

Comhrá Samplach

Beidh tú ag glacadh páirte i ndráma/i gceoldráma go luath. Scríobh an comhrá a bheadh agat le cara leat faoi sin.

Ruairí: Haigh, a Aisling. Ní raibh mé ag caint leat le fada. Conas atá tú?

Aisling: Ó, a Ruairí! Tá sé go deas labhairt leat. Is fada ó bhí muid ag caint le chéile, cinnte! Aon scéal?

Ruairí: Tá scéal mór agam, a Aisling. Fuair mé an phríomhpháirt i gceoldráma na scoile. Táim ar bís, caithfidh mé a rá!

Aisling: Ó, a Ruairí, tá sé sin go hiontach. Cén ceoldráma a dhéanfaidh sibh? Tá an t-ádh oraibh. Ní dhéanann mo scoil aon cheoldráma!

Ruairí: An ceoldráma *Joseph and the Amazing Technicolor Dreamcoat* atá ann, a Aisling. Is mise Seosamh.

Aisling: Bhuel, sin dea-scéal gan dabht, a Ruairí. Tá tú ar fheabhas ag canadh agus ag aisteoireacht. Beidh orm dul ann chun tú a fheiceáil.

Ruairí: Ó, go raibh míle maith agat, a Aisling. Táim ag tnúth go mor leis. Beidh sé ar siúl i mí na Samhna. Beidh Caoimhín ann freisin. An bhfuil áthas ort é sin a chloisteáil?

Aisling: Ná bí ag spochadh asam anois, a Ruairí, nó beidh mé ag caint le Róise! Ar aon nós, inis dom faoi na trialacha a rinne sibh. An raibh tú neirbhíseach ar chor ar bith?

Ruairí: Bhí mé neirbhíseach ag dul isteach, ach nuair a thosaigh mé ag canadh bhí mé ceart go leor. Chan mé dhá amhrán ón gceoldráma agus léigh mé cúpla líne ón dráma. An lá dar gcionn, chuala mé go raibh an phríomhpháirt agam agus bhí áthas an domhain orm.

Aisling: Bhuel, go n-éirí an t-ádh leat leis an gcleachtadh, a Ruairí. Beidh mé ag caint leat arís go luath. Caithfidh mé imeacht. Táim ag dul ag traenáil anois.

Ruairí: Bain taitneamh as, a Aisling! Beidh mé ag caint leat go luath. Slán!

Cleachtaí Scríofa

1. Is tusa Róise anois, (cara Aislinge thuas). Scríobh an comhrá a bheadh agat le hAisling faoin gceoldráma.
2. Anois, scríobh do chomhrá féin:

   Bhuaigh tú comórtas mór le déanaí. Scríobh an comhrá a bheadh agat le cara leat faoin gcomórtas.

Céim a 4: Gramadach

11 An Tuiseal Ginideach

Féach ar leathanach 382 ar an tuiseal ginideach in Aonad a 9.

Gnáthleibhéal **Spreagadh**

Céim a 5: Léamhthuiscint

Sa chéim seo, foghlaimeoidh tú:
- foclóir agus nathanna cainte nua a bhaineann le spórt
- foclóir agus nathanna cainte a bhíonn coitianta i gceisteanna léamhthuisceana
- conas ceisteanna ar an léamhthuiscint a fhreagairt go cruinn.

Léamhthuiscint a 1

Léigh an sliocht seo a leanas agus freagair na ceisteanna **ar fad** a ghabhann leis.

Robbie Keane – Deireadh lena Ré Idirnáisiúnta

[1] *that means*
[2] *at the same level as*
[3] *Keane advised*
[4] *respect*
[5] *opportunity*
[6] *to sign*
[7] *retired*

1. Chuir an peileadóir cáiliúil Robbie Keane deireadh lena ré peile idirnáisiúnta le foireann sacair na hÉireann i gcluiche cáirdiúil in aghaidh Óman Dé Céadaoin, an 31ú Lúnasa 2016. Scóráil Keane an t-ochtú cúl is seasca idirnáisiúnta ina théarma peile le foireann na hÉireann sa chluiche céanna, a chríochnaigh ar 4–0 i bhfabhar na hÉireann. Ciallaíonn sé sin[1] go bhfuil Keane ar aon chéim[2] lena chomhpháirtí Gearmánach Gerd Muller maidir lena chairt scóir. Agus é ag breathnú siar ar an ocht mbliana déag a chaith sé geansaí glas na hÉireann, mhol Keane[3] do na peileadóirí eile ar an bhfoireann an geansaí peile a chaitheamh le bród agus le meas[4], toisc gur mór an onóir é, dar leis, an deis[5] sin a bheith ag aon pheileadóir.

2. Dúirt sé go raibh an t-ádh ar Éirinn chomh maith go raibh an méid sin peileadóirí den chéad scoth ag iarraidh an geansaí a chaitheamh ar son na hÉireann. Nuair a cuireadh ceist ar Robbie conas a mhothaigh sé agus é ag cur a gheansaí air don uair dheireanach, d'fhreagair sé nár chaith sé mórán ama ag smaoineamh air, toisc go raibh na peileadóirí eile ag iarraidh air a gcuid geansaithe a shíniú[6] ar feadh thart ar fhiche nóiméad roimh an gcluiche. Dúirt sé, gan amhras, go nglacfadh sé cúpla lá nó cúpla seachtain go dtí go dtuigfeadh sé i gceart go raibh sé éirithe as[7] i ndáiríre. Agus é ag fágáil na páirce dhá nóiméad déag istigh sa dara leath, sheas an lucht tacaíochta ar fad i staid Aviva agus tugadh bualadh bos mór do Robbie. Ghuigh sé ádh mór ar an bhfoireann agus ar a mbainisteoir sa chluiche a bheadh acu an Luan dar gcionn in aghaidh na Seirbia.

3. Rugadh Robbie Keane ar an ochtú lá d'Iúil, 1980 i dTamhlacht i mBaile Átha Cliath. Cuireadh tús lena ghairm phroifisiúnta

sacair nuair nach raibh sé ach seacht mbliana déag d'aois nuair a thosaigh sé ag imirt leis an gclub Sasanach Wolverhampton Wanderers. Fuair sé dhá chúl ina chéad chluiche agus an séasúr[8] ina dhiaidh sin, ba é an peileadóir a fuair an méid ba mhó scór sa chlub é. Chaith sé tréimhsí gearra[9] ag imirt le clubanna éagsúla eile idir 1999 agus 2002.

4. Thosaigh sé ag imirt le Tottenham Hotspur in 2002, áit ar chaith sé seacht mbliana go leith. Fuair sé 122 cúl ar fad agus é ag imirt leis an gclub sin. Bhog Robbie[10] go dtí Learpholl in 2008, ach níor fhan sé ann ach ar feadh sé mhí. D'fhill sé[11] ar Tottenham ansin agus ainmníodh é ina chaptaen ar an bhfoireann sin. D'athraigh sé clubanna go minic arís uaidh sin amach[12]. Deirtear anois gurb é an tríú scórálaí déag is airde sa Phríomhshraith ar fad.

5. Fuair Keane 68 cúl ar fad ar son na hÉireann agus dar leis an mbainisteoir Martin O'Neill, mhothaigh sé deora[13] lena shúile agus é ag fágáil slán le Keane mar imreoir idirnáisiúnta. Dúirt an bainisteoir go raibh gach súil dírithe ar[14] Keane sa chluiche idir Éire agus Óman ar an gCéadaoin, an 31ú Lúnasa 2016. Tugadh níos mó airde ar Robbie ná ar an gcluiche féin ar an oíche. Ba chomhartha mór é an bualadh bos mór a fuair sé ón slua den mheas a thugtar don pheileadóir cáiliúil seo i measc mhuintir na tíre ar fad. Bhraith an tuairisceoir Tony O'Donoghue brón na hócáide chomh maith agus é i mbun agallaimh le Keane tar éis an chluiche. Ghabh O'Donoghue agus Keane buíochas mór lena chéile as ucht an measa a léirigh siad dá chéile thar na blianta. Ócáid cheiliúrtha a bhí ann, ach gan aon agó, bhí cumha[15] le mothú ann freisin.

[8]season
[9]short periods of time
[10]Robbie moved
[11]he returned to
[12]from then on
[13]tears
[14]focused on
[15]sadness

Ceisteanna Scrúdaithe

1. (a) Conas a chuir Robbie Keane deireadh lena ré peile idirnáisiúnta le foireann na hÉireann? (Alt 1)
   (b) Cén fáth ar mhol Keane do na peileadóirí eile ar an bhfoireann an geansaí peile a chaitheamh le bród agus le meas? (Alt 1) (10 marc)

2. (a) Cén fáth a bhfuil an t-ádh ar Éirinn, dar le Robbie Keane? (Alt 2)
   (b) Céard a rinne an lucht tacaíochta san Aviva nuair a bhí Keane ag fágáil na páirce? (Alt 2) (10 marc)

3. (a) Cén aois a bhí Robbie nuair a chuir sé tús lena ghairm phroifisiúnta sacair? (Alt 3)
   (b) Cad a tharla ina chéad chluiche le Wolverhampton Wanderers? (Alt 3) (10 marc)

4. (a) Cé mhéad ama a chaith Keane le Tottenham Hotspur? (Alt 4)
   (b) Céard a tharla dó nuair a d'fhill sé ar Tottenham? (Alt 4) (10 marc)

5. (a) Cén fáth ar mhothaigh an bainisteoir Martin O'Neill deora lena shúile? (Alt 5)
   (b) Cén fáth ar ghabh Keane agus O'Donoghue buíochas lena chéile? (Alt 5) (10 marc)

Gnáthleibhéal Spreagadh

Léamhthuiscint a 2

Léigh an sliocht seo a leanas agus freagair na ceisteanna **ar fad** a ghabhann leis.

Éire i gCluichí Oilimpeacha Rio 2016

[1] *the true meaning*
[2] *it can't be denied*
[3] *an increase*
[4] *corruption*
[5] *a ban*
[6] *illegally*
[7] *he was accused*
[8] *investigation*
[9] *allegations*
[10] *doubt*
[11] *he accused the authorities*
[12] *fair play*
[13] *rotten*
[14] *his association*

1. Go ceann i bhfad, ceisteofar spiorad agus fíorbhrí[1] an spóirt sna Cluichí Oilimpeacha, tar éis na scannall uilig atá cloiste againn fúthu i gCluichí Oilimpeacha 2016 i Rio de Janeiro. Cé gur lúthchleasaithe díograiseacha, macánta iad formhór díobh siúd a ghlac páirt iontu, ní féidir a shéanadh[2] go bhfuil méadú[3] mór tagtha ar an mímhacántacht agus caimiléireacht[4] a bhaineann leis na cluichí le blianta anuas. Sular cuireadh tús fiú amháin le Cluichí Oilimpeacha 2016, bhí ceist mhór na Rúise agus a gcuid lúthchleasaithe á plé go forleathan. Fuarthas amach roimh na cluichí, go raibh an rialtas sa Rúis ag comhoibriú le lúthchleasithe a bhí ag glacadh substaintí a mbíonn cosc[5] orthu sa spórt. Socraíodh sa deireadh go mbeadh cead ag formhór na lúthchleasaithe ón Rúis páirt a ghlacadh sna cluichí.

2. Ar an gcúigiú lá de mhí Lúnasa, an chéad lá de na cluichí, gabhadh beirt fhear ar chúisimh a bhain le ticéid a dhíol go mídhleathach[6] le haghaidh na gcluichí. Kevin Mallon ab ainm do dhuine amháin acu agus b'as Éirinn dó. Dúradh go raibh 781 ticéad de chuid an OCI ina sheilbh aige nuair a ghabh na póilíní áitiúla é. Bhí Mallon ag obair leis an gcomhlacht spóirt THG agus cuireadh ina leith[7] go raibh mangaireacht ticéad ar bun aige. Gan mhoill, d'fhógair an tAire Spóirt Shane Ross go ndéanfaí fiosrú[8] géar ar an scéal, ach ansin baineadh geit mhór as gach duine sa tír nuair a gabhadh Pat Hickey, Uachtarán Chomhairle Oilimpeach na hÉireann, i dtaca le líomhaintí[9] go raibh baint aige le ticéid a dhíol go mídhleathach freisin.

3. D'fhógair Cumann Idirnáisiúnta na Dornálaíochta Amaitéaraí i rith na gCluichí Oilimpeacha go raibh bata agus bóthar á dtabhairt acu do roinnt de mholtóirí agus réiteoirí dornálaíochta na gcluichí. I measc na mbabhtaí dornálaíochta ar léiríodh amhras[10] faoi chinntí na moltóirí, bhí an troid a chaill Michael Conlan na hÉireann i gcoinne Vladimir Nikitin na Rúise. Bhí Conlan ar buile tar éis na troda sin agus chuir sé i leith na n-údarás[11] nár thug siad cothrom na Féinne[12] dó in aon chor sa bhreithiúnas a rinne siad. Léiriú ab ea an cinneadh 'ar cé chomh cam' is a bhí an dornálaíocht amaitéarch, a dúirt sé, tuairim ar tháinig saineolaithe dornálaíochta agus iriseoirí araon léi.

4. 'Tá an dornálaíocht amaitéarach lofa[13] go smior,' a dúirt fear Bhéal Feirste. Sheol sé tvuít chomh maith chuig Uachtarán na Rúise, Vladimir Putin, inar cheistigh sé a bhaint[14] siúd leis an scéal. Maidir leis na líomhaintí faoin gcaimiléireacht, dúradh i ráiteas an AIBA nach raibh aon fhianaise ann go raibh a leithéid ar bun agus dá bharr sin go rachaidís i muinín an dlí dá mba ghá chun 'dea-cháil a spóirt a chosaint'.

Caithimh Aimsire, Spórt, Sláinte agus an Timpeallacht

5. Ar an lámh eile, buíochas le Dia, tháinig roinnt dea-scéalta ar ais go hÉirinn ó Chluichí Rio 2016. Bhí gliondar croí ar mhuintir na tíre ar fad nuair a bhain na deartháireacha Uí Dhonnabháin agus Annalise Murphy boinn airgid amach sa rámhaíocht agus sa tseoltóireacht. D'fhill níos mó ná 60% de lúthchleasaithe na gcluichí ar a dtíortha féin gan bonn ar bith buaite acu agus dá bhrí sin, ba chóir dúinn a bheith an-bhródúil as an éacht[15] iontach sin. Dúirt Paul, Gary agus Analise go bhfuair siad tacaíocht[16] dochreidte ó mhuintir na hÉireann agus cuireadh fáilte mhór rompu uilig ar fhilleadh dóibh go hÉirinn. Is é seo an taobh dearfach[17], sona de na Cluichí ar cheart dúinn díriú air.

[15]achievement
[16]support
[17]positive

Ceisteanna Scrúdaithe

1. (a) Cén fáth a gceisteofar spiorad agus fíorbhrí an spóirt sna Cluichí Oilimpeacha go ceann i bhfad? (Alt 1)
   (b) Cén rud a fuarthas amach faoin Rúis roimh na cluichí? (Alt 1) (10 marc)

2. (a) Cén fáth ar gabhadh an bheirt fhear i Rio ar an gcúigiú lá de Lúnasa? (Alt 2)
   (b) Luaigh pointe amháin eolais faoi Pat Hickey. (Alt 2) (10 marc)

3. (a) Céard a d'fhógair Cumann Idirnáisiúnta na Dornálaíochta Amaitéaraí i rith na gCluichí Oilimpeacha? (Alt 3)
   (b) Luaigh rud amháin a dúirt Michael Conlan faoi na moltóirí tar éis a bhabhta dornálaíochta i gcoinne Vladimir Nikitin. (Alt 3) (10 marc)

4. (a) Cé chuige ar sheol fear Bhéal Feirste an tvuít? (Alt 4)
   (b) Céard a dúradh i ráiteas an AIBA maidir leis na líomhaintí faoin gcaimiléireacht? (Alt 4) (10 marc)

5. (a) Cén dea-scéal mór d'Éirinn a luaitear i gcás Chluichí Oilimpeacha 2016? (Alt 5)
   (b) Céard a dúirt Annalise agus na deartháireacha Uí Dhonnabháin faoi mhuintir na hÉireann? (Alt 5) (10 marc)

Gnáthleibhéal **Spreagadh**

Céim a 6: Litríocht

Prós/Scannánaíocht

Sa chéim seo, foghlaimeoidh tú:
- faoi phlota an ghearrscannáin *Cáca Milis*
- conas téamaí an scannáin a phlé
- conas carachtair an scannáin a phlé
- conas stíl scannánaíochta an ghearrscannáin a phlé.

Cáca Milis le Brian Lynch

Nóta!
Is féidir féachaint ar an scannán *Cáca Milis* ar YouTube.

Caithimh Aimsire, Spórt, Sláinte agus an Timpeallacht

Cúinne na Litearthachta

Foghlaim conas na heochairfhocail thíos san achoimre a litriú agus faigh amach cad is brí leo. Féach go grinn ar na focail seo, abair amach iad, clúdaigh na focail, agus ansin scríobh na focail amach chun an litriú a chleachtadh!

As Gaeilge	As Béarla	Clúdaigh na focail ar an lámh chlé agus scríobh amach na focail anseo leat féin.
míchumas		
mífhoighneach		
bata siúil		
amscaí		
searbhasach		
ag cneadach		
análóir		
péist bhándearg		
seilí		
gearranálach		
fianaise		
bréan de		
radhairc		
déistin		
trí chéile		

Gnáthleibhéal Spreagadh

Achoimre ar an Scéal

- Is gearrscannán é seo. Tosaíonn sé le traein ag teacht isteach chuig stáisiún Ros Láir. Tá beirt bhan, máthair agus iníon, taobh amuigh den stáisiún ag fanacht leis an traein agus leis an altra (Nóra).
- Is léir go bhfuil mearbhall[1] ar an máthair agus go bhfuil sí neirbhíseach agus imníoch. Is léir chomh maith go bhfuil míchumas[2] uirthi mar feicimid cathaoir rotha sa charr.
- Nuair a thagann an t-altra, feicimid go bhfuil Catherine mífhoighneach[3] lena máthair agus go bhfuil sí bréan de bheith ag tabhairt aire di[4].
- Ar an traein, feicimid Catherine ag léamh. Nuair a fhéachann sí amach an fhuinneog, feiceann sí fear dall (Paul) ag fanacht taobh amuigh. Tagann sé isteach sa charráiste le mála taistil, mála donn páipéir agus bata siúil[5]. Suíonn sé díreach os comhair Catherine agus cuireann sé isteach uirthi[6] nuair a bhuaileann sé lena chosa faoin mbord í. Níl Catherine sásta faoi seo.
- Nuair a shuíonn Paul síos, tá fonn cainte air[7]. Tá sé ag cneadach[8], áfach, agus insíonn sé do Catherine go bhfuil drochasma air. Níl aon suim ag Catherine ina chuid scéalta agus éiríonn sí cantalach[9] leis.
- Ansin, deir Paul léi go bhfuil caife uaidh. Is cinnte, áfach, nach bhfuil sí chun cabhrú leis é a fháil.
- Tógann sé amach císte ón mála páipéir agus fiafraíonn sé de Catherine cén dath atá air. Tá sé sásta nuair a chloiseann sé gur dath bándearg atá air. Fanann sé leis an gcaife ansin agus é fós ag caint. Labhraíonn sé faoin áit a bhfuil sé ag dul ar saoire cois trá agus na radhairc áille atá le feiceáil ansin.

[1] confusion
[2] disability
[3] impatient
[4] sick and tired of looking after her
[5] walking stick/cane
[6] he annoys her
[7] he wants to talk
[8] gasping for breath
[9] irritable

Caithimh Aimsire, Spórt, Sláinte agus an Timpeallacht

- Níos déanaí, ceistíonn Catherine é faoi na radhairc atá le feiceáil ón traein. Cuireann sí amhras ina cheann, áfach, nuair a deir sí leis go bhfuil loch agus báid le feiceáil. Ina dhiaidh sin éiríonn Paul trí na chéile[10] agus neirbhíseach agus feicimid aoibh mhailíseach[11] ar aghaidh Catherine. Tá sí ag baint taitnimh as a bheith ag cur as dó[12].

- Nuair a fhaigheann sé a chupán caife faoi dheireadh, tá Paul fós trína chéile. Diúltaíonn Catherine cabhrú leis[13] siúcra a chur isteach ina chupán agus dá bhrí sin doirteann sé[14] cuid den siúcra ar an mbord. Cuireann sé déistin[15] ar Catherine leis an gcaoi a n-alpann sé an cáca milis agus a n-ólann sé an caife go glórach[16]. Éiríonn Catherine mailíseach arís nuair a insíonn sí dó go bhfuil péist[17] bhándearg ina cháca. Cuireann sé seo as go mór do Paul agus caitheann sé seilí[18] isteach sa chupán caife. Cuireann sé seo déistin ar Catherine, ach is léir go bhfuil sí ag baint taitnimh as bréaga a insint do Paul bocht.

- Éiríonn Paul gearranálach[19] ansin, toisc go bhfuil eagla air. Lorgann sé a análóir[20] ar an mbord ach ní féidir leis teacht air. Bogann Catherine ón mbord é. Seasann sí suas ansin agus cuireann sí an t-análóir ar ais ar an mbord sula n-imíonn sí, ionas nach mbeidh aon fhianaise ann[21] gur mharaigh sí Paul. Tá Paul rólag chun aon rud a dhéanamh ag an bpointe sin agus is cosúil go[22] bhfuil sé marbh nuair a fhágann Catherine an traein.

- Imíonn Catherine as radharc[23] ansin agus cúpla soicind ina dhiaidh sin, imíonn an traein as radharc freisin.

[10] upset
[11] a malicious smile
[12] bothering him/ upsetting him
[13] Catherine refuses to help him
[14] he spills
[15] disgust
[16] noisily
[17] worm
[18] spit
[19] short of breath
[20] he looks for his inhaler
[21] so that there will be no evidence
[22] it appears that
[23] out of sight

Gnáthleibhéal Spreagadh

Scríobh na freagraí ar na ceisteanna seo a leanas *nó* iarrfar ar dhalta áirithe suí sa chathaoir the agus beidh air/uirthi an chéad cheist a fhreagairt ó bhéal. Nuair a bheidh an cheist freagartha aige/aici, is féidir leis/léi an chéad cheist eile a chur ar aon dalta eile is mian leis/léi.

An Chathaoir Thé

1. Cá bhfuil an scannán seo suite?
2. Céard atá le feiceáil taobh thiar den suíochán tosaigh sa charr?
3. Ainmnigh an t-altra.
4. Cá bhfuil an traein ag dul?
5. Cén míchumas atá ar Paul?
6. Céard atá ina lámha ag Paul nuair a thagann sé ar an traein?
7. Cén deoch atá ag teastáil ó Paul ar an traein?
8. Cén saghas leabhair atá á léamh ag Catherine?
9. Luaigh an dá bhréag a insíonn Catherine do Paul.
10. Cén fáth a ndoirteann Paul an siúcra ar an mbord?
11. Cé mhéad siúcra a thógann sé ina chupán caife?
12. Céard a dhéanann Catherine sula n-imíonn sí ón traein?

Obair Ealaíne

Cruthaigh achoimre ar an dráma i bhfoirm pictiúr agus siombailí. Is féidir leat úsáid a bhaint as figiúirí agus roinnt eochairfhocal anseo is ansiúd más mian leat.

An tÚdar/Ábhar an Ghearrscannáin

Is gearrscannán é seo leis an bhfile agus drámadóir Brian Lynch. Is scéal tragóideach, scanrúil é. Tá ábhar an mhíchumais go mór chun tosaigh sa ghearrscannán agus an chaoi a gcaitheann daoine le daoine a bhíonn faoi mhíchumas uaireanta.

Tréithe na gCarachtar

Cleachtadh Labhartha: Dráma

Ba cheart do dhalta amháin ligean air/uirthi gurb é/í Catherine. Is féidir leis an gcuid eile den rang ceisteanna a chumadh ar mhaith leo a chur ar Catherine.

Sampla

1. Cén fáth a raibh tú ar an traein an lá sin?
2. Cén fáth nár chabhraigh tú le Paul?

Ba cheart do dhalta amháin ligean air/uirthi gurb é/í Paul. Smaoineoidh an chuid eile den rang ar cheisteanna ar mhaith leo a chur ar Paul, mar shampla:

Cén fáth a raibh tú ar an traein an lá áirithe sin?

Catherine

[1] *gentle*
[2] *patient*
[3] *impatient*
[4] *getting fed up of*

- Ar dtús tá Catherine bog[1] go leor lena máthair taobh amuigh den stáisiún. Tá sí sórt foighneach[2] léi.
- Éiríonn sí mífhoighneach[3] léi ansin, áfach, agus níl sí sásta cabhrú lena máthair dul go dtí an leithreas. Is léir go bhfuil sí ag éirí bréan de[4] bheith ag tabhairt aire dá máthair.

Caithimh Aimsire, Spórt, Sláinte agus an Timpeallacht

- Tá leabhar rómánsúil á léamh aici agus tá sí cineálta ar dtús[5] le Paul nuair a phiocann sí suas an mála donn dó, ach féachann sí air go crosta[6] nuair a bhuaileann sé lena chosa faoin mbord í.
- Tá Catherine mífhoighneach sna freagraí a thugann sí ar Paul. Tá sí searbhasach[7] ina cuid freagraí gan dabht freisin.
- Níl sí sásta cabhrú leis caife a fháil agus níos déanaí siúcra a chur isteach ina chupán caife dó. Tá sí mailíseach[8] agus olc[9] le Paul.
- Tá sí mailíseach freisin nuair a insíonn sí bréag dó faoin radharc atá le feiceáil taobh amuigh agus is cinnte go bhfuil sí ag baint taitnimh as a bheith ag cur as do Paul[10].
- Insíonn sí bréag eile do Paul faoin bpéist sa cháca milis. Tá an t-olcas[11] le feiceáil anseo.
- Is dúnmharfóir[12] í sa deireadh nuair a bhogann sí an t-análóir ón mbord.
- Tá sí glic agus cliste[13] go leor an t-análóir a chur ar ais ar an mbord sula n-imíonn sí, áfach. Feicimid gur sórt síceapataigh[14] í ar deireadh thiar.

[5] kind at first
[6] she looks at him crossly
[7] sarcastic
[8] malicious
[9] nasty/evil
[10] enjoying upsetting Paul
[11] the evil
[12] a murderer
[13] sly and clever
[14] some kind of psychopath

Achoimre ar Charactar Catherine

- dúnmharfóir glic
- sórt bog
- mífhoighneach
- baineann sí taitneamh as a bheith olc
- searbhasach, olc agus mailíseach

Paul

- Is duine dall[15] é Paul. Chomh maith leis sin, tá sé ag fulaingt[16] go dona le hasma.
- Tá sé amscaí[17] agus é ag siúl thart.
- Is fear saonta[18] é gan amhras. Creideann sé go mbeidh daoine eile, fiú[19] strainséirí, cabhrach[20] agus cneasta leis.
- Braitheann sé go mór ar chneastacht daoine eile[21]. Tá riachtanais speisialta[22] aige gan amhras agus tá sé saghas páistiúil.
- Tá sé mífhoighneach[23]. Leanann sé air ag caint faoin gcaife agus níl sé sásta fanacht leis an tralaí.
- Ní thuigeann sé go gcuireann sé as do dhaoine eile[24] lena chuid scéalta.
- Is fear cainteach[25] é agus ceapann sé go mbeidh suim ag Catherine ina chuid cainte faoina shaol pearsanta.
- Baineann sé taitneamh as na rudaí simplí sa saol[26]: saoire cois trá, an turas traenach, a cháca milis, a bheith ag caint faoina thinneas agus a chuairt ar an stáisiún raidió.

[15] blind
[16] suffering
[17] awkward
[18] gullible
[19] even
[20] helpful
[21] he depends greatly on the kindness of others
[22] special needs
[23] impatient
[24] he doesn't realise that he annoys others
[25] talkative
[26] he enjoys the simple things in life

Gnáthleibhéal Spreagadh

[27] naive
[28] he believes the lies
[29] eating and drinking habits
[30] he gulps
[31] loudly
[32] because of his own naivety and Catherine's evilness

- Tá sé saonta[27] freisin mar creideann sé na bréaga[28] a insíonn Catherine dó faoi na radhairc taobh amuigh den fhuinneog agus faoin bpéist sa cháca milis.
- Nuair a thagann an caife, cuireann Paul déistin ar Catherine lena nósanna itheacháin agus ólacháin[29]. Alpann sé[30] an cáca agus ólann sé an caife go glórach[31].
- Sa deireadh, faigheann Paul bás mar gheall ar a shaontacht féin agus olcas Catherine[32].

Achoimre ar Charactar Paul

- faighann sé bás mar tá sé saonta
- dall, asma air, amscaí
- saonta agus braitheann sé ar chneastacht daoine eile
- cainteach, is maith leis na rudaí simplí
- mífhoighneach

Cleachtadh Scríofa

Féach ar na carachtair thíos. Scríobh síos trí cinn d'eocharfhocail a bhaineann le gach duine acu, m.sh. Catherine – bean mhailíseach.

1. _____
2. _____
3. _____

1. _____
2. _____
3. _____

Cleachtaí Scríofa

1. Déan cur síos ar charachtar Paul sa scannán *Cáca Milis*.
2. An dtaitníonn Paul leat mar charachtar? Cuir dhá fháth le do fhreagra.
3. Cén saghas duine í Catherine, dar leat?
4. An mbeadh trua ar bith agat do Catherine? Tabhair dhá fháth chun tacú le do fhreagra.

Téama an Scannáin

[1] disability
[2] malice

- Is iad na téamaí is tábhachtaí sa ghearrscannán seo ná míchumas[1] agus an chaoi a gcaitheann daoine áirithe le daoine atá faoi mhíchumas. Ní bhíonn gach duine cneasta leo. Tá an t-olcas agus an mhailís[2] le feiceáil sa scannán freisin.

Caithimh Aimsire, Spórt, Sláinte agus an Timpeallacht — Aonad 8

- Tosaíonn an scannán taobh amuigh den stáisiún traenach sa charr agus leanann an scéal ar aghaidh[3] go dtí an carráiste traenach. Tá míchumas ar mháthair Catherine, ach tá Catherine mífhoighneach léi gan dabht. Léiríonn sé seo[4] go mbíonn daoine mífhoighneach le daoine atá lag[5] sa saol go minic.

- Fear dall é Paul agus gan amhras tá sé saonta[6]. Cuireann sé isteach go mór ar Catherine lena chuid cainte. Cosúil le Catherine, bíonn go leor daoine eile mífhoighneach le daoine a chuireann isteach orthu. Tá críoch thobann[7] leis an scannán a léiríonn cruálacht[8] agus olcas Catherine agus an mí-ádh[9] a bhí ar Paul bualadh léi ar an traein.

- Tá de mhí-ádh ar Paul suí san áit mhícheart ag an am mícheart agus is mar gheall ar an mí-ádh sin[10] a fhaigheann sé bás sa deireadh.

[3] the story continues on
[4] this shows
[5] weak
[6] gullible/naive
[7] a sudden ending
[8] cruelty
[9] bad luck
[10] it is because of that bad luck

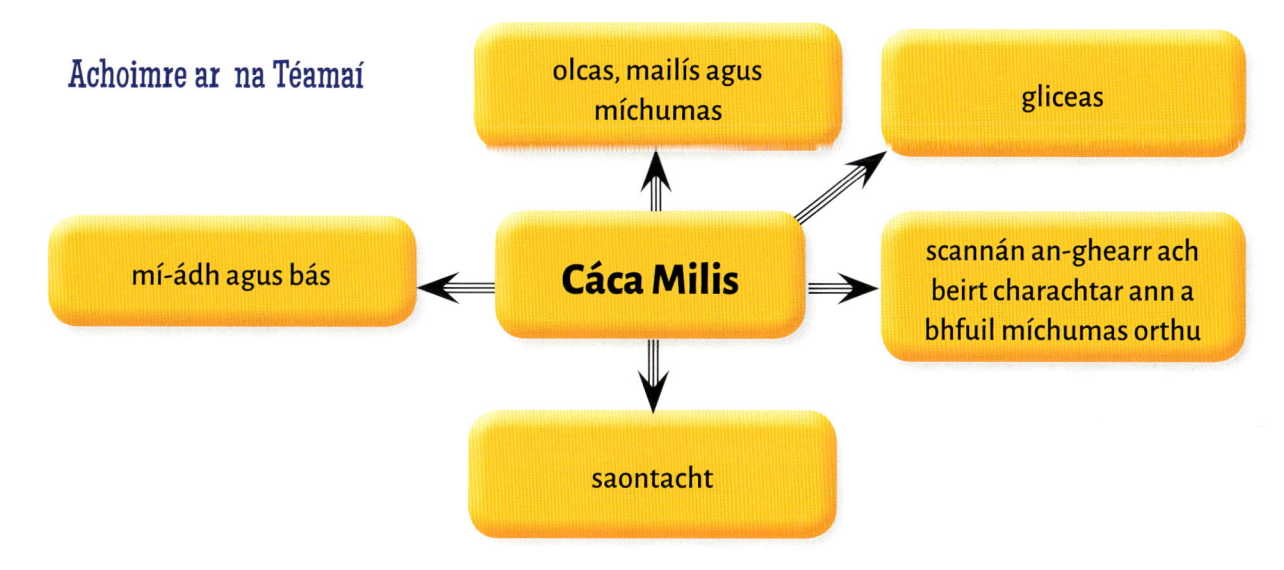

Achoimre ar na Téamaí

Cáca Milis
- olcas, mailís agus míchumas
- gliceas
- scannán an-ghearr ach beirt charachtar ann a bhfuil míchumas orthu
- saontacht
- mí-ádh agus bás

Cúinne na Litearthachta

Déan na focail sa bhosca thuas a aistriú anois sa tábla thíos agus déan iarracht iad a litriú ansin gan féachaint ar na nótaí.

As Gaeilge	As Béarla	As Gaeilge Arís!
olcas		
míchumas		
mailís		
saontacht		
gliceas		
bás		
mí-ádh		

Gnáthleibhéal Spreagadh

Mothúcháin

Is iad na mothúcháin atá sa scannán seo, dar liom, ná:

[1] hatred
[2] revenge
[3] nasty
[4] evilness
[5] naivety
[6] pity/sympathy
[7] dealing with them

- **Fuath**[1]: Tá fuath agus díoltas[2] le mothú i gcarachtar Catherine. Baineann sí taitneamh as a bheith gránna[3] agus olc.
- **Olcas**[4]: Tá Catherine an-mhailíseach agus olc le Paul. Níl sí cneasta ar chor ar bith agus maraíonn sí Paul sa deireadh.
- **Saontacht**[5]: Tá Paul an-saonta. Ceapann sé go mbeidh suim ag Catherine ina chuid cainte. Creideann sé na bréaga go léir a insíonn Catherine dó.
- **Trua**[6]: Mothaímid trua do mháthair Catherine agus do Paul. Tá míchumas orthu agus tá Catherine mífhoighneach agus mailíseach agus í ag plé leo[7].

Cleachtadh Scríofa

Déan cur síos ar dhá cheann de na mothúcháin atá le brath sa scannán seo, dar leat.

Stíl Scannánaíochta

Tá an stíl scannánaíochta an-chliste sa ghearrscannán seo.

[8] lasts/goes on for
[9] in the short time
[10] certain people
[11] we get to know Catherine and Paul
[12] out of sight

- Maireann[8] an scannán ar feadh thart ar shé nóiméad déag ar fad, ach sa tréimhse ghearr[9] sin, tá téama láidir an scéil le feiceáil. Tá téama an mhíchumais le feiceáil go soiléir sa scannán agus an bealach a gcaitheann daoine áirithe[10] le daoine atá lag sa saol.
- Cuirimid aithne mhaith ar Catherine agus Paul[11] sa ghearrscannán agus mothaímid brón ag an deireadh nuair a fhaigheann Paul bás.
- Tosaíonn an scannán le traein ag teacht isteach sa stáisiún agus críochnaíonn sé le traein ag imeacht as radharc[12]. Tarlaíonn a lán rudaí idir an dá radharc sin. Faigheann Paul bocht bás.
- Tarlaíonn an chuid is mó den scéal i spás an-bheag agus ciúin. Buaileann Catherine le Paul i gcarráiste traenach agus is ansin a tharlaíonn gach rud go dtí go bhfaigheann Paul bás.

Freagra Samplach a 1a

An dtaitníonn an scannán seo leat? Cuir fáthanna le do fhreagra. (Is leor dhá fháth.)

Is maith liom an gearrscannán seo.

[1] to upset him

- Is gearrscannán é, ach tá téama láidir le feiceáil ann. Feicimid nach mbíonn gach duine sa saol seo cneasta le daoine atá níos laige ná iad féin. Baineann Catherine taitneamh as a bheith gránna agus olc le Paul. Insíonn sí bréaga dó chun cur as dó[1]. Tá aoibh mhailíseach le feiceáil ar a haghaidh nuair a éiríonn sé trína chéile.

- Tá an stíl scannánaíochta an-chliste. Tarlaíonn an scéal ar fad taobh amuigh den traein agus taobh istigh den traein. Cuirimid aithne ar Catherine agus Paul san am gearr a mhaireann an scannán. Is fear saonta, cneasta é Paul, ach is dúnmharfóir glic í Catherine.

Caithimh Aimsire, Spórt, Sláinte agus an Timpeallacht

Freagra Samplach a 1b

Ní maith liom an scannán seo.

- Ní maith liom carachtar Catherine **in aon chor**[2]. Tá sí gránna agus mailíseach le Paul agus tá sí mífhoighneach lena máthair freisin. Is maith léi a bheith ag cur as do Paul. Insíonn sí bréaga dó faoi na radhairc taobh amuigh den fhuinneog agus faoin bpéist ina cáca. Tá aoibh mhailíseach le feiceáil ar a haghaidh agus í ag insint bréag dó.

- Chomh maith leis sin, tá críoch an-bhrónach leis an scannán agus ní maith liom é sin. Faigheann Paul bás, mar baineann Catherine a análóir ón mbord. Is dúnmharfóir í Catherine mar sin. Tá sí an-ghlic ag an deireadh nuair a chuireann sí ar ais ar an mbord sula n-imíonn sí é. Bhí mé ag caoineadh ag deireadh an scannáin.

[2] *at all*

Cleachtaí Scríofa

1. Ar thaitin an gearrscannán *Cáca Milis* leat? Tabhair dhá fháth le do fhreagra.
2. Meaitseáil na litreacha leis na huimhreacha sa ghreille thíos chun abairtí iomlána a chur le chéile.

A	Is gearrscannán é seo	1	mar gheall ar a shaontacht féin.
B	Tá Catherine agus a máthair	2	mar nach gcabhraíonn Catherine leis nuair a fhaigheann sé a chupán caife.
C	Tá míchumas ar mháthair Catherine	3	sa charr ag fanacht le Nóra, an t-altra.
D	Is fear dall é Paul	4	toisc go bhfuil drochasma air.
E	Doirteann Paul siúcra ar an mbord	5	leis an scríbhneoir aitheanta Brian Lynch.
F	Is cosúil go bhfuil Catherine	6	mar feicimid cathaoir rotha sa charr.
G	Tá Paul an-saonta	7	go bhfuil loch agus báid le feiceáil taobh amuigh den fhuinneog.
H	Éiríonn Paul gearranálach	8	ar a bealach chun na hoibre.
I	Insíonn Catherine do Paul	9	agus tagann sé isteach sa charráiste traenach le bata siúil.
J	Faigheann Paul bás	10	agus creideann sé na bréaga a insíonn Catherine dó.

A	B	C	D	E	F	G	H	I	J

345

Gnáthleibhéal **Spreagadh**

Féinmheasúnú

Cé chomh sásta is atá tú anois go mbeidh tú in ann achoimre, téama agus carachtair an ghearrscannáin thuas a phlé gan saothar gan stró? Cuir tic sa bhosca cuí.

Míshásta	Measartha sásta	An-sásta

Athdhéanamh

Tá sé in am don athdhéanamh anois!

Téigí siar, ceann ar cheann, ar na saothair próis agus filíochta **ar fad** a ndearna sibh staidéar orthu sa rang.

Ádh mór!

Athbhreithniú ar an Litríocht: Súil ar an Scrúdú

Ceist 2 PRÓS (50 marc)

Cáca Milis (25 marc)

2A Prós Ainmnithe

(a) Tabhair achoimre ar na heachtraí is tábhachtaí sa ghearrscannán seo *Cáca Milis*.

Luaigh na pointí seo san achoimre:

(i) Cá raibh Catherine agus a máthair ag tús an scannáin?

(ii) Cad a rinne Catherine nuair a tháinig an t-altra?

(iii) Déan cur síos ar an bhfear a shuigh in aice le Catherine ar an traein.

(iv) Cén fáth nár thaitin Paul le Catherine, dar leat?

(v) Conas a chuir Catherine isteach ar Paul ar an turas traenach?

(b) Déan cur síos ar chríoch an scannáin.   (25 marc)

Gramadach

Aonad 9

Céim a 1	Céim a 2	Céim a 3	Céim a 4a	Céim a 4b	Céim a 4c
An aimsir chaite *lch 348*	An aimsir láithreach *lch 354*	An aimsir fháistineach *lch 358*	An modh coinníollach *lch 362*	**Dá** agus an modh coinníollach *lch 367*	**Má** *lch 367*

Céim a 5	Céim a 6	Céim a 7	Céim a 8	Céim a 9	Céim a 10
Athbhreithniú ar na haimsirí *lch 368*	An chlaoninsint *lch 369*	An chopail *lch 371*	An aidiacht shealbhach *lch 373*	Uimhreacha *lch 374*	Na réamhfhocail shimplí agus na forainmneacha réamhfhoclacha *lch 375*

Céim a 11	Céim a 12
An tuiseal ginideach *lch 382*	Céimeanna comparáide na haidiachta *lch 385*

Gnáthleibhéal Spreagadh

Téarmaí Gramadaí

an fhréamh	the stem	foircinn	endings
consan	consonant	guta	vowel
leathan	broad	caol	slender
saorbhriathar	free verb (when the doer of the action is not mentioned, e.g. the room was cleaned this morning)	an fhoirm dhiúltach	the negative form
		an fhoirm cheisteach	the question form

Céim a 1: An Aimsir Chaite

Na Briathra Rialta

An Chéad Réimniú

Briathra rialta a bhfuil siolla amháin iontu agus briathra a bhfuil dhá shiolla iontu agus síneadh fada ar an dara siolla atá sa chéad réimniú.

Briathra a bhfuil Consan mar Thús Orthu	Briathra a bhfuil Guta mar Thús Orthu	Briathra a bhfuil f mar Thús Orthu
séimhiú ar an gconsan	d' roimhe	séimhiú ar an f agus d' roimhe

Mar shampla

| ghlan mé | d'ól mé | d'fhág mé |

I gComhair 'Muid' nó 'Sinn'

- Más briathar é a bhfuil consan leathan (consan a bhfuil a, o nó u díreach roimhe) mar chríoch air, cuirimid **-amar** leis.
- Más briathar é a bhfuil consan caol (consan a bhfuil i nó e díreach roimhe) mar chríoch air, cuirimid **-eamar** leis.

Mar shampla

| ghlanamar | d'ólamar | chuireamar | d'éisteamar |
| d'fhágamar | choimeádamar | d'fhilleamar | thiomáineamar |

An Saorbhriathar

Úsáidtear an saorbhriathar nuair nach luaitear an duine a rinne an gníomh.

Mar shampla

| Glanadh an seomra seo inné. | *This room was cleaned yesterday.* |

- Más briathar é a bhfuil consan leathan mar chríoch air, cuirimid **-adh** leis.
- Más briathar é a bhfuil consan caol mar chríoch air, cuirimid **-eadh** leis.

Gramadach

Mar shampla

| glan**adh** | ól**adh** | cuir**eadh** | éist**eadh** |
| fág**adh** | coimeád**adh** | éist**eadh** | tiomáin**eadh** |

Ní chuirimid séimhiú ar an saorbhriathar san aimsir chaite, agus ní chuirimid **d'** roimhe.

An Fhoirm Dhiúltach
- Briathra a bhfuil consan mar thús orthu: **níor** + séimhiú
- Briathra a bhfuil guta mar thús orthu: **níor**.

Mar shampla

| **níor gh**lan mé | **níor** ól mé | **níor fh**an mé |
| **níor ch**oimeád mé | **níor** éist mé | **níor** úsáid mé |

An Fhoirm Cheisteach
- Briathra a bhfuil consan mar thús orthu: **ar** + séimhiú
- Briathra a bhfuil guta mar thús orthu: **ar**.

Mar shampla

| **ar gh**lan sé? | **ar fh**an tú? | **ar** ól sé? | **ar** éist tú? |

Le Foghlaim!

Bí cúramach leis na briathra seo a leanas.

Le 'taispeáin' agus 'siúil', crosálann tú amach an **i** deireanach sa bhriathar sa chéad phearsa iolra agus sa saorbhriathar san aimsir chaite.

Taispeáin	Siúil
thaispeáin mé/tú/sé/sí	shiúil mé/tú/sé/sí
thaispeánamar	shiúlamar
thaispeáin sibh/siad	shiúil sibh/siad
taispeánadh	siúladh
níor thaispeáin mé	níor shiúil mé
ar thaispeáin tú?	ar shiúil tú?

Briathra le Dhá Shiolla a Chríochnaíonn ar -áil

Sábháil	Cniotáil
shábháil mé/tú/sé/sí	chniotáil mé/tú/sé/sí
shábhálamar	chniotálamar
shábháil sibh/siad	chniotáil sibh/siad
sábháladh	cniotáladh
níor shábháil mé	níor chniotáil mé
ar shábháil tú?	ar chniotáil tú?

Nóta!
Crosálann tú amach an i deireanach den bhriathar sa chéad phearsa iolra agus sa saorbhriathar san aimsir chaite.

349

Gnáthleibhéal Spreagadh

Briathra a bhfuil –igh mar Chríoch Orthu le Siolla Amháin

Nigh	Suigh	Buaigh
nigh mé/tú/sé/sí	shuigh mé/tú/sé/sí	bhuaigh mé/tú/sé/sí
níomar	shuíomar	bhuamar
nigh sibh/siad	shuigh sibh/siad	bhuaigh sibh/siad
níodh	suíodh	buadh
níor nigh mé	níor shuigh mé	níor bhuaigh mé
ar nigh tú?	ar shuigh sé?	ar bhuaigh tú?

Léigh	Pléigh	Glaoigh
léigh mé/tú/sé/sí	phléigh mé/tú/sé/sí	ghlaoigh mé/tú/sé/sí
léamar	phléamar	ghlaomar
léigh sibh/siad	phléigh sibh/said	ghlaoigh sibh/siad
léadh	pléadh	glaodh
níor léigh mé	níor phléigh mé	níor ghlaoigh mé
ar léigh tú?	ar phléigh tú?	ar ghlaoigh tú?

Cleachtaí Scríofa

1. Athscríobh na habairtí seo a leanas san aimsir chaite gan na lúibíní.

(a) (Féach; sí) _____ _____ ar an teilifís aréir.

(b) (Úsáid; sinn) _____ an carr inné.

(c) (Fan; siad) _____ _____ sa bhaile Dé Luain seo caite.

(d) (Coimeád; sí) _____ _____ an t-airgead go léir sa bhanc anuraidh.

(e) (Siúil; sé) _____ _____ abhaile ina aonar ar maidin.

(f) (Díol; sinn) _____ an teach an tseachtain seo caite.

(g) (Bris) _____ an cupán ar maidin.

(h) (Tóg; sinn) _____ an bruscar ní ba luaithe.

(i) (Bain) _____ geit asainn anuraidh nuair a bhí timpiste againn.

(j) (Bain; sinn) _____ ár gceann scríbe amach cúpla uair ó shin.

2. Athscríobh na habairtí seo a leanas san aimsir chaite gan na lúibíní.

(a) (Taispeáin; sinn) _____ an teach nua don lánúin phósta.

(b) (Léigh; mé) _____ _____ na páipéir nuachtáin ar maidin.

(c) (Nigh; sinn) _____ ár lámha roimh dinnéar.

(d) (Brúigh; siad) _____ _____ an cnaipe inné.

(e) (Sábháil) _____ an fear nuair a bhí sé i mbaol a bháite.

(f) (Glaoigh; mé) _____ _____ ar na seirbhísí éigeandála an deireadh seachtaine seo caite.

(g) (Pléigh; sinn) _____ fadhbanna na tíre ag am lóin inné.

(h) (Luigh; sinn) _____ ar chathaoireacha gréine an samhradh seo caite nuair a bhí an aimsir go deas.

(i) (Siúil; sinn) _____ abhaile le chéile aréir.

(j) (Suigh; sí) _____ _____ ar an tolg aréir nuair a bhí sí ag féachaint ar scannán.

Gramadach

An Dara Réimniú

Briathra a bhfuil dhá shiolla iontu agus a bhfuil **-igh**, **-il**, **-in**, **-ir** nó **-is** mar chríoch orthu (chomh maith le grúpa beag eile) atá sa dara réimniú.

- Briathra a bhfuil consan mar thús orthu: séimhiú ar an gconsan
- Briathra a bhfuil guta mar thús orthu: **d'** roimhe
- Briathra a bhfuil **f** mar thús orthu: séimhiú ar an **f** agus **d'** roimhe.

Mar shampla

cheannaigh mé	
d'imigh mé	
d'fhoghlaim mé	

I gComhair 'Muid' nó 'Sinn'

Maidir leis na briathra a bhfuil **-igh** nó **-aigh** mar chríoch orthu, bainimid an chríoch sin agus cuirimid na foircinn chuí leo.

Mar shampla

ceannaigh	ceann-
dúisigh	dúis-

Coimriú: Nuair a Chailltear Siolla i bhFocal

Maidir leis na briathra a bhfuil **-il** nó **-ail**, **-in** nó **-ain**, **-ir** nó **-air** nó **-is** mar chríoch orthu, bainimid an **i** nó an **ai** ón dara siolla de na briathra agus cuirimid na foircinn chuí leo.

Mar shampla

imir	imr-
oscail	oscl-
freagair	freagr-

Na Foircinn i gComhair 'Muid' nó 'Sinn'

- -aíomar
- -íomar

Mar shampla

cheannaíomar	dhúisíomar
d'osclaíomar	d'imríomar
d'fhreagraíomar	d'imíomar

An Fhoirm Dhiúltach

- Briathra a bhfuil consan mar thús orthu: **níor** + séimhiú
- Briathra a bhfuil guta mar thús orthu: **níor**.

Mar shampla

níor cheannaigh mé	níor imigh mé

An Fhoirm Cheisteach

- Briathra a bhfuil consan mar thús orthu: **ar** + séimhiú
- Briathra a bhfuil guta mar thús orthu: **ar**.

Mar shampla

ar cheannaigh tú?	ar imigh tú?

Le Foghlaim!

Maidir le **lorg**, **foghlaim**, **fulaing**, **tarraing** agus **tuirling**, ní dhéanaimid aon athrú ar fhréamh an bhriathair sa chéad phearsa, uimhir iolra, ná sa saorbhriathar.

Foghlaim	Fulaing	Tarraing	Tuirling
d'fhoghlaim mé/tú/sé/sí	d'fhulaing mé/tú/sé/sí	tharraing mé/tú/sé/sí	thuirling mé/tú/sé/sí
d'fhoghlaimíomar	d'fhulaingíomar	tharraingíomar	thuirlingíomar
d'fhoghlaim sibh/siad	d'fhulaing sibh/siad	tharraing sibh/siad	thuirling sibh/siad
foghlaimíodh	fulaingíodh	tarraingíodh	tuirlingíodh
níor fhoghlaim mé	níor fhulaing mé	níor tharraing mé	níor thuirling mé
ar fhoghlaim tú?	ar fhulaing tú?	ar tharraing tú?	ar thuirling tú?

Gnáthleibhéal Spreagadh

Le Foghlaim!
Maidir leis an mbriathar freastail, bainimid an i sa chéad phearsa, uimhir iolra, agus sa saorbhriathar, ach ní dhéanaimid aon athrú eile (i.e. ní dhéantar coimriú ar an mbriathar).

| d'fhreastail mé/tú/sé/sí | d'fhreastail sibh/siad | níor fhreastail mé |
| d'fhreast*a*laíomar | freast*a*laíodh | ar fhreastail tú? |

Cleachtaí Scríofa

1. Athscríobh na habairtí seo a leanas san aimsir chaite gan na lúibíní.

   (a) (Oscail; sí) _____ an bhialann ag a 9 inné.
   (b) (Ní; codail; mé) _____ néal aréir.
   (c) (Críochnaigh; sinn) _____ ár gcuid obair bhaile in am.
   (d) (Freastail; sinn) _____ ar an gcoláiste le chéile anuraidh.
   (e) (An; imir; tú) _____ sa chluiche Dé Sathairn seo caite?
   (f) (Ceannaigh; sinn) _____ éadaí nua an deireadh seachtaine seo caite.
   (g) (Foghlaim) _____ mórán ag an léacht ar maidin.
   (h) (Tarraing; sí) _____ pictiúr álainn dom arú inné.
   (i) (Bailigh) _____ an-chuid airgid do Thrócaire anuraidh.
   (j) (Freagair) _____ na ceisteanna go léir ag an gcruinniú Dé hAoine seo caite.

2. Athscríobh na habairtí seo a leanas san aimsir chaite gan na lúibíní.

   (a) (Ceannaigh; sinn) _____ a lán earraí leictreacha dár dteach nua inné.
   (b) (Imigh; sí) _____ go hAlbain ar maidin.
   (c) (Imir; sé) _____ i gcluiche peile Dé Domhnaigh seo caite.
   (d) (Críochnaigh; siad) _____ a gcuid obair bhaile aréir.
   (e) (Foghlaim; siad) _____ a gcuid ceachtanna aréir.
   (f) (Fiosraigh) _____ na Gardaí an cás an tseachtain seo caite.
   (g) (Oscail; siad) _____ an siopa ar a 9 ar maidin.
   (h) (Imir; sinn) _____ go léir sa chluiche sacair Dé Sathairn seo caite.
   (i) (Tarraing; sí) _____ pictiúr álainn dhá lá ó shin.
   (j) (Eitil; siad) _____ go dtí an Iodáil an samhradh seo caite.

Na Briathra Neamhrialta

Is iad **abair**, **beir**, **bí**, **clois**, **déan**, **faigh**, **feic**, **ith**, **tabhair**, **tar** agus **téigh** na briathra neamhrialta. Is iad seo a leanas foirmeacha na mbriathra neamhrialta san aimsir chaite:

Abair	Beir	Bí	Clois
dúirt mé/tú/sé/sí	rug mé/tú/sé/sí	bhí mé/tú/sé/sí	chuala mé/tú/sé/sí
dúramar	rugamar	bhíomar	chualamar
dúirt sibh/siad	rug sibh/siad	bhí sibh/siad	chuala sibh/siad
dúradh	rugadh	bhíothas	chualathas
ní dúirt sé	níor rug mé	ní raibh mé	níor chuala mé
an ndúirt tú?	ar rug tú?	an raibh tú?	ar chuala tú?

Déan	Faigh	Feic	Ith
rinne mé/tú/sé/sí	fuair mé/tú/sé/sí	chonaic mé/tú/sé/sí	d'ith mé/tú/sé/sí
rinneamar	fuaireamar	chonaiceamar	d'itheamar
rinne sibh/siad	fuair sibh/siad	chonaic sibh/siad	d'ith sibh/siad
rinneadh	fuarthas	chonacthas	itheadh
ní dhearna mé	ní bhfuair mé	ní fhaca mé	níor ith mé
an ndearna tú?	an bhfuair tú?	an bhfaca tú?	ar ith tú?

Tabhair	Tar	Téigh
thug mé/tú/sé/sí	tháinig mé/tú/sé/sí	chuaigh mé/tú/sé/sí
thugamar	thángamar	chuamar
thug sibh/siad	tháinig sibh/siad	chuaigh sibh/siad
tugadh	thángthas	chuathas
níor thug mé	níor tháinig mé	ní dheachaigh mé
ar thug tú?	ar tháinig tú?	an ndeachaigh tú?

Cleachtaí Scríofa

1. Athscríobh na habairtí seo a leanas san aimsir chaite gan na lúibíní.

   (a) (Beir; sé) _____ ar an liathróid sa chluiche inné.

   (b) (Tabhair; sinn) _____ a lán airgid do na daoine bochta san Afraic.

   (c) (Clois; sé) _____ an nuacht ar an raidió ar maidin.

   (d) (Tar; sinn) _____ abhaile aréir.

   (e) (Téigh; sí) _____ go Port Láirge Dé Sathairn seo caite.

   (f) (Faigh; sinn) _____ glao teileafóin ónár n-uncail aréir.

   (g) (Ní; ith; sí) _____ aon bhricfeasta ar maidin mar bhí tinneas cinn uirthi.

   (h) (An; feic; sí) _____ a cairde an deireadh seachaine seo caite?

   (i) (Ní; téigh; sé) _____ ar saoire an samhradh seo caite.

   (j) (Déan; sí) _____ a lán oibre inné.

2. Réimnigh na briathra seo a leanas san aimsir chaite.

   (a) téigh (b) tar (c) ith (d) clois (e) bí (f) feic (g) dean (h) faigh (i) tabhair (j) bí

Gnáthleibhéal **Spreagadh**

Céim a 2: An Aimsir Láithreach

Briathra Rialta

An Chéad Réimniú

Briathra a bhfuil siolla amháin iontu agus briathra a bhfuil dhá shiolla iontu agus síneadh fada ar an dara siolla atá sa chéad réimniú.

Is iad na foircinn (*endings*) seo a leanas a chuirimid le briathra an chéad réimniú san aimsir láithreach:

Más Consan Leathan é Consan Deiridh an Bhriathair	
-aim	-ann sibh/siad
-ann tú/sé/sí	-tar (saorbhriathar)
-aimid	

Más Consan Caol é Consan Deiridh an Bhriathair	
-im	-eann sibh/siad
-eann tú/sé/sí	-tear (saorbhriathar)
-imid	

Mar shampla

Glan	Coimeád	Cuir	Úsáid
glanaim	coimeádaim	cuirim	úsáidim
glanann tú/sé/sí	coimeádann tú/sé/sí	cuireann tú/sé/sí	úsáideann tú/sé/sí
glanaimid	coimeádaimid	cuirimid	úsáidimid
glanann sibh/siad	coimeádann sibh/siad	cuireann sibh/siad	úsáideann sibh/siad
glantar	coimeádtar	cuirtear	úsáidtear
ní ghlanaim	ní choimeádaim	ní chuirim	ní úsáidim
an nglanann tú?	an gcoimeádann tú?	an gcuireann tú?	an úsáideann tú?

Le Foghlaim!

Taispeáin	Siúil	Sábháil	Nigh	Suigh	Buaigh	Glaoigh	Léigh	Pléigh
taispeánaim	siúlaim	sábhálaim	ním	suím	buaim	glaoim	léim	pléim

Cleachtaí Scríofa

1. Athscríobh na habairtí seo a leanas san aimsir láithreach gan na lúibíní.

   (a) (Glan; sí) _____ _____ a teach ó bhun go barr gach lá.

   (b) (Caith; sé) _____ _____ míle euro sa tseachtain.

   (c) (Coimeád) _____ airgead an triomlaigh sa bhanc.

   (d) (Úsáid: sé) _____ a chárta creidmheasa gach lá.

   (e) (Taispeáin; sí) _____ _____ mórán do na daltaí sa rang eolaíochta.

   (f) (Siúil; mé) _____ ar scoil gach maidin.

   (g) (Úsáid; sí) _____ _____ mórán leictreachais in aghaidh na míosa.

   (h) (Nigh; sí) _____ _____ a haghaidh gach oíche.

   (i) (Bris) _____ gloine sa teach tábhairne gach deireadh seachtaine.

   (j) (Pléigh) _____ mórán ceisteanna tromchúiseacha ag an gcruinniú gach mí.

2. Athscríobh na habairtí seo a leanas san aimsir láithreach gan na lúibíní.

(a) (Cuir; mé) _____ fios ar mo chara i Sasana gach mí.

(b) (Ní; glan; mé) _____ mo sheomra go rómhinic.

(c) (An; féach; tú) _____ ar an teilifís go minic?

(d) (Fan; sinn) _____ ar scoil ag am lóin gach lá.

(e) (Taispeáin) _____ an múinteoir staire scannán dúinn go minic.

(f) (Tit; mé) _____ i gcónaí nuair a bhím ag imirt spóirt.

(g) (Caith) _____ Sinéad deich euro ar a guthán póca gach seachtain.

(h) (Ceap) _____ máthair Oisín nach gcaitheann sé go leor ama ag staidéar.

(i) (Dún) _____ an siopa ar a seacht gach tráthnóna.

(j) (Bris) _____ na rialacha uaireanta.

3. Réimnigh na briathra seo a leanas san aimsir láithreach.

(a) díol (b) caith (c) íoc (d) geall (e) sroich
(f) glan (g) taispeáin (h) buail (i) mair (j) siúil

An Dara Réimniú

Briathra a bhfuil dhá shiolla iontu agus a bhfuil **-igh, -il, -in, -ir** nó **-is** mar chríoch orthu (chomh maith le grúpa beag eile) atá sa dara réimniú.

- Maidir leis na briathra a bhfuil **-igh** nó **-aigh** mar chríoch orthu, bainimid an chríoch sin agus cuirimid an foirceann cuí leo.
- Maidir leis na briathra a bhfuil **-il** nó **-ail**, **-in** nó **-ain**, **-ir** nó **-air** nó **-is** mar chríoch orthu, bainimid an **i** nó an **ai** sa dara siolla agus cuirimid an foirceann cuí leo.

Úsáidimid na foircinn seo a leanas san aimsir láithreach:

Más Consan Leathan é Consan Deiridh an Bhriathair	Más Consan Caol é Consan Deiridh an Bhriathair
-aím	-ím
-aíonn tú/sé/sí	-íonn tú/sé/sí
-aímid	-ímid
-aíonn sibh/siad	-íonn sibh/siad
-aítear (saorbhriathar)	-ítear (saorbhriathar)

Mar shampla

Ceannaigh	Bailigh	Oscail	Imir
ceannaím	bailím	osclaím	imrím
ceannaíonn tú/sé/sí	bailíonn tú/sé/sí	osclaíonn tú/sé/sí	imríonn tú/sé/sí
ceannaímid	bailímid	osclaímid	imrímid
ceannaíonn sibh/siad	bailíonn sibh/siad	osclaíonn sibh/siad	imríonn sibh/siad
ceannaítear	bailítear	osclaítear	imrítear
ní cheannaím	ní bhailím	ní osclaím	ní imrím
an gceannaíonn tú?	an mbailíonn tú?	an osclaíonn tú?	an imríonn sé?

Gnáthleibhéal **Spreagadh**

Le Foghlaim!

Maidir leis na briathra lorg, foghlaim, fulaing, tarraing agus tuirling, cuirimid na foircinn a bhaineann leis an dara réimniú leo gan aon athrú eile a dhéanamh.

Mar shampla

Lorg	Foghlaim	Fulaing	Tarraing
lorgaím	foghlaimím	fulaingím	tarraingím

Le Foghlaim!

Maidir leis an mbriathar **freastail**, bainimid an **i** ón dara siolla agus ansin cuirimid na foircinn a bhaineann leis an dara réimniú leis an bhfréamh.

freasta**i**l
freasta**l**aím

Cleachtaí Scríofa

1. Athscríobh na habairtí seo a leanas san aimsir láithreach gan na lúibíní.

   (a) (Dúisigh) _____ na páistí go luath gach Satharn.
   (b) (Tosaigh; mé) _____ mo chuid obair bhaile ar a cúig gach tráthnóna.
   (c) (Léirigh) _____ mothúcháin an fhile go soiléir dúinn i véarsa a trí.
   (d) (Ní; críochnaigh; sinn) ____ _____ an obair go dtí a seacht a chlog.
   (e) (Freagair; sé) _____ ____ an fón sa teach i gcónaí.
   (f) (Oscail) _____ an príomhoide an scoil gach maidin ar a hocht a chlog.
   (g) (Fiafraigh) _____ mo dhaid an rud céanna díom i gcónaí.
   (h) (Gortaigh) _____ cúpla imreoir i ngach cluiche.
   (i) (Inis) _____ na páistí a scéalta dá dtuismitheoirí nuair a théann siad abhaile ón scoil gach lá.
   (j) (Réitigh; mé) _____ go sármhaith le mo thuismtheoirí ach (ní, réitigh) ___ _____ mo dheirfiúr le mo dhaid go minic.

2. Réimnigh na briathra seo a leanas san aimsir láithreach.

   (a) críochnaigh (b) inis (c) léirigh (d) freagair
   (e) ceangail (f) fiafraigh (g) ordaigh (h) taistil
   (i) cóirigh (j) triomaigh

Na Briathra Neamhrialta

Is iad **abair**, **beir**, **bí**, **clois**, **déan**, **faigh**, **feic**, **ith**, **tabhair**, **tar** agus **téigh** na briathra neamhrialta. Is iad seo a leanas foirmeacha na mbriathra neamhrialta san aimsir láithreach:

Abair	Beir	Clois	Déan	Faigh
deirim	beirim	cloisim	déanaim	faighim
deir tú/sé/sí	beireann tú/sé/sí	cloiseann tú/sé/sí	déanann tú/sé/sí	faigheann tú/sé/sí
deirimid	beirimid	cloisimid	déanaimid	faighimid
deir sibh/siad	beireann sibh/siad	cloiseann sibh/siad	déanann sibh/siad	faigheann sibh/siad
deirtear	beirtear	cloistear	déantar	faightear
ní deirim	ní bheirim	ní chloisim	ní dhéanaim	ní fhaighim
an ndeir tú?	an mbeireann tú?	an gcloiseann tú?	an ndéanann tú?	an bhfaigheann tú?

356

Feic	Ith	Tabhair	Tar	Téigh
feicim	ithim	tugaim	tagaim	téim
feiceann tú/sé/sí	itheann tú/sé/sí	tugann tú/sé/sí	tagann tú/sé/sí	téann tú/sé/sí
feicimid	ithimid	tugaimid	tagaimid	téimid
feiceann sibh/siad	itheann sibh/siad	tugann sibh/siad	tagann sibh/siad	téann sibh/siad
feictear	itear	tugtar	tagtar	téitear
ní fheicim	ní ithim	ní thugaim	ní thagaim	ní théim
an bhfeiceann tú?	an itheann tú?	an dtugann tú?	an dtagann tú?	an dtéann tú?

'Bíonn' agus 'Tá': Na Rialacha

Tá dhá leagan den bhriathar 'bí' ann san aimsir láithreach, mar atá, bí agus tá.

1. Úsáidimid **tá** nuair a dhéanaimid tagairt do ghníomh atá ar siúl **anois díreach**.

   Mar shampla
   Cá bhfuil tú? Táim ar scoil.
   Cad atá cearr leat? Tá tinneas cinn orm.
   Tá seisear i mo chlann.
   Tá a lán áiseanna i mo cheantar.
   Tá mo theach mór agus compordach.

2. Úsáidimid **bí** nuair a dhéanaimid tagairt do ghníomh a bhíonn ar siúl **go leanúnach nó go rialta**.

   Mar shampla
   Bím ar scoil ag a naoi a chlog gach maidin.
   Bíonn pian i mo bholg agam i gcónaí nuair a ithim an iomarca.
   Bím sa ghiomnáisiam gach Luan.

Táim	Bím		Táim	Bím
tá tú/sé/sí	bíonn tú/sé/sí		táthar	bítear
táimid	bímid		nílim	ní bhím
tá sibh/siad	bíonn sibh/siad		an bhfuil tú?	an mbíonn tú?

Cleachtaí Scríofa

1. Athscríobh na habairtí seo a leanas san aimsir láithreach gan na lúibíní:

   (a) (Téigh; sé) _____ ___ go dtí an giomnáisiam gach seachtain.

   (b) (Tar; mé) _____ abhaile gach tráthnóna.

   (c) (Ith; sinn) _____ ár ndinnéar ag a sé a chlog gach oíche.

   (d) (Tabhair; sí) _____ ___ airgead do Thrócaire gach Nollaig.

   (e) (Ní; beir; sí) ___ _____ ___ ar an liathróid le linn an chluiche.

   (f) (An; clois; sí) _____ ___ na cloig ag bualadh?

   (g) (Feic; sí) _____ a cairde gach lá.

Gnáthleibhéal Spreagadh

(h) (Abair; sé) _____ _____ go mbíonn sé ag fanacht orm i gcónaí.

(i) (An; déan; sé) _____ _____ a chuid obair bhaile gach tráthnóna?

(j) (Ní; bí; sé) _____ _____ _____ sa chlub óige gach Satharn.

2. Réimnigh na briathra seo a leanas san aimsir láithreach.

(a) déan (b) abair (c) faigh (d) tabhair (e) ith (f) clois (g) téigh (h) tar (i) bí (j) beir

Céim a 3: An Aimsir Fháistineach

Úsáidtear an aimsir fháistineach le nathanna ama ar nós 'amárach', 'an tseachtain seo chugainn', 'an bhliain seo chugainn', 'anocht', 'níos déanaí', 'go luath', 'ar ball', 'arú amárach', srl.

Briathra Rialta

An Chéad Réimniú

Briathra a bhfuil siolla amháin iontu agus briathra a bhfuil dhá shiolla iontu agus síneadh fada ar an dara siolla atá sa chéad réimniú.

Is iad na foircinn seo a leanas a chuirimid le briathra an chéad réimniú san aimsir fháistineach:

Más Consan Leathan é Consan Deiridh an Bhriathair	Más Consan Caol é Consan Deiridh an Bhriathair
-faidh mé/tú /sé/sí	-fidh mé/tú /sé/sí
-faimid	-fimid
-faidh sibh/siad	-fidh sibh/siad
-far	-fear

Mar shampla

Glan	Coimeád	Cuir	Tiomáin
glanfaidh mé	coimeádfaidh mé	cuirfidh mé	tiomáinfidh mé
glanfaidh tú/sé/sí	coimeádfaidh tú/sé/sí	cuirfidh tú/sé/sí	tiomáinfidh tú/sé/sí
glanfaimid	coimeádfaimid	cuirfimid	tiomáinfimid
glanfaidh sibh/siad	coimeádfaidh sibh/siad	cuirfidh sibh/siad	tiomáinfidh sibh/siad
glanfar	coimeádfar	cuirfear	tiomáinfear
ní ghlanaim	ní choimeádfaidh mé	ní chuirfidh mé	ní thiomáinfidh mé
an nglanann tú?	an gcoimeádfaidh tú?	an gcuirfidh tú?	an dtiomáinfidh tú?

An Fhoirm Dhiúltach

- Más briathar é a bhfuil consan mar thús air: **ní** + séimhiú
- Más briathar é a bhfuil guta mar thús air: **ní**.

Mar shampla

ní ghlanfaidh mé   ní ólfaidh mé

Gramadach

An Fhoirm Cheisteach

- Más briathar é a bhfuil consan mar thús air: **an** + urú
- Más briathar é a bhfuil guta mar thús air: **an**.

Mar shampla

an **n**glanfaidh tú?   an ólfaidh tú?

Le Foghlaim!

Taispeáin	Siúil	Sábháil	Nigh	Suigh	Buaigh	Glaoigh	Léigh	Pléigh
taispeánfaidh mé	siúlfaidh mé	sábhálfaidh mé	nífidh mé	suífidh mé	buafaidh mé	glaofaidh mé	léifidh mé	pléifidh mé

Cleachtaí Scríofa

1. Cuir na habairtí seo a leanas san aimsir fháistineach.

   (a) (Glan; mé) _____ mo sheomra amárach.

   (b) (An; tuig; tú) _____ an cheist sa rang níos déanaí?

   (c) (Bris; sí) _____ an cupán sin má fhágann tú ina haonar í.

   (d) (Coimeád; sé) _____ an t-airgead go léir dó féin má ligtear dó.

   (e) (Mill) _____ an timpeallacht mura gcuirimid stop leis.

   (f) (Troid) _____ na buachaillí san eastát anocht.

   (g) (Caill; tú) _____ do sparán mura gcuireann tú i do mhála é.

   (h) (Caith; sí) _____ a saol uilig i bpriosún má leanann sí ar aghaidh ag goid.

   (i) (Úsáid; sinn) _____ ár gcumas intinne chun comhlacht iontach a bhunú amach anseo.

   (j) (Ní; buail; mé) _____ le mo chara níos déanaí anocht mura mbíonn m'obair bhaile déanta agam.

2. Réimnigh na briathra seo a leanas san aimsir fháistineach.

   (a) sábháil (b) suigh (c) caith (d) siúil (e) pléigh
   (f) fill (g) rith (h) buail (i) glan (j) cuir

An Dara Réimniú

Briathra a bhfuil dhá shiolla iontu agus a bhfuil **-igh**, **-il**, **-in**, **-ir** nó **-is** mar chríoch orthu (chomh maith le grúpa beag eile) atá sa dara réimniú.

- Maidir leis na briathra a bhfuil **-igh** nó **-aigh** mar chríoch orthu, bainimid an chríoch sin chun an fhréamh a aimsiú.
- Maidir leis na briathra a bhfuil **-il** nó **-ail**, **-in** nó **-ain**, **-ir** nó **-air** nó **-is** mar chríoch orthu, bainimid an **i** nó an **ai** ón dara siolla den bhriathar agus cuirimid na foircinn chuí leis na briathra.

Ansin, cuirimid na foircinn seo a leanas leis na briathra sa dara reimniú san aimsir fháistineach:

Foircinn Leathana	Foircinn Chaola
-óidh mé/tú/sé/sí	-eoidh mé/tú/sé/sí
-óimid	-eoimid
-óidh sibh/siad	-eoidh sibh/siad
-ófar (saorbhriathar)	-eofar (saorbhriathar)

Gnáthleibhéal Spreagadh

Mar shampla

Ceannaigh	Oscail	Bailigh	Imir
ceannóidh mé	osclóidh mé	baileoidh mé	imreoidh mé
ceannóidh tú/sé/sí	osclóidh tú/sé/sí	baileoidh tú/sé/sí	imreoidh tú/sé/sí
ceannóimid	osclóimid	baileoimid	imreoimid
ceannóidh sibh/siad	osclóidh sibh/siad	baileoidh sibh/siad	imreoidh sibh/siad
ceannófar	osclófar	baileofar	imreofar
ní cheannóidh mé	ní osclóidh mé	ní bhaileoidh mé	ní imreoidh mé
an gceannóidh tú?	an osclóidh tú?	an mbaileoidh tú?	an imreoidh tú?

An Fhoirm Dhiúltach

- Más briathar é a bhfuil consan mar thús air: **ní** + séimhiú
- Más briathar é a bhfuil guta mar thús air: **ní**.

Mar shampla

ní thosóidh mé ní imreoidh mé

An Fhoirm Cheisteach

- Más briathar é a bhfuil consan mar thús air: **an** + urú
- Más briathar é a bhfuil guta mar thús air: **an**.

Mar shampla

an dtosóidh tú? an imreoidh tú?

Le Foghlaim!

Maidir le foghlaim, fulaing, tarraing, agus tuirling, cuirimid na foircinn chuí leo agus ní dhéanaimid aon athrú eile.

Foghlaim	Fulaing	Tarraing	Tuirling
foghlaimeoidh mé	fulaingeoidh mé	tarraingeoidh mé	tuirlingeoidh mé

Le Foghlaim!

Maidir leis an mbriathar freastail, bainimid an **i** den dara siolla:

freastail   freastal

An aimsir fháistineach: freastalóidh mé/tú/sé/sí, freastalóimid, freastalóidh sibh/siad, freastalófar

Cleachtaí Scríofa

1. Athscríobh na habairtí seo a leanas san aimsir fháistineach.

   (a) (Ceannaigh; sí) _____ ____ gúna nua níos déanaí inniu don chóisir.

   (b) (Ní; codail; mé) _____ ____ néal anocht.

   (c) (An; fiosraigh) ____ _____ na Gardaí an scéal?

   (d) (Mothaigh; sí) _____ ____ uaigneach nuair a bheidh sí ag fágáil slán linn.

   (e) (Ullmhaigh) _____ mo dhaid an teach roimh an gcóisir an tseachtain seo chugainn.

(f) (Oscail; sí) _____ ____ an siopa amárach.

(g) (Foghlaim; mé) _____ ____ mo chuid focal anocht.

(h) (Diúltaigh) _____ a daid di nuair a iarrann sí airgead póca air.

(i) (An; cabhraigh; tú) ____ _____ ____ liom nuair a bheidh mé ag glanadh an tí Dé Sathairn seo chugainn?

(j) (Imir; mé) _____ ____ sa chluiche Dé hAoine seo chugainn.

2. Réimnigh na briathra seo a leanas san aimsir fháistineach.

(a) tarraing (b) imigh (c) codail (d) críochnaigh
(e) tosaigh (f) imir (g) freastail (h) ullmhaigh
(i) foghlaim (j) diúltaigh

Na Briathra Neamhrialta

Is iad **abair**, **beir**, **bí**, **clois**, **déan**, **faigh**, **feic**, **ith**, **tabhair**, **tar** agus **téigh** na briathra neamhrialta. Is iad seo a leanas foirmeacha na mbriathra neamhrialta san aimsir fháistineach:

Abair	Beir	Bí	Clois
déarfaidh mé/tú/sé/sí	béarfaidh mé/tú/sé/sí	beidh mé/tú/sé/sí	cloisfidh mé/tú/sé/sí
déarfaimid	béarfaimid	beimid	cloisfimid
déarfaidh sibh/siad	béarfaidh sibh/siad	beidh sibh/siad	cloisfidh sibh/siad
déarfar	béarfar	beifear	cloisfear
ní déarfaidh mé	ní bhéarfaidh mé	ní bheidh mé	ní chloisfidh mé
an ndéarfaidh tú?	an mbéarfaidh tú?	an mbeidh tú?	an gcloisfidh tú?

Déan	Faigh	Feic	Ith
déanfaidh mé/tú/sé/sí	gheobhaidh mé/tú/sé/sí	feicfidh mé/tú/sé/sí	íosfaidh mé/tú/sé/sí
déanfaimid	gheobhaimid	feicfimid	íosfaimid
déanfaidh sibh/siad	gheobhaidh sibh/siad	feicfidh sibh/siad	íosfaidh sibh/siad
déanfar	gheofar	feicfear	íosfar
ní dhéanfaidh mé	ní bhfaighidh mé	ní fheicfidh mé	ní íosfaidh mé
an ndéanfaidh tú?	an bhfaighidh tú?	an bhfeicfidh tú?	an íosfaidh tú?

Tabhair	Tar	Téigh
tabharfaidh mé/tú/sé/sí	tiocfaidh mé/tú/sé/sí	rachaidh mé/tú/sé/sí
tabharfaimid	tiocfaimid	rachaimid
tabharfaidh sibh/siad	tiocfaidh sibh/siad	rachaidh sibh/siad
tabharfar	tiocfar	rachfar
ní thabharfaidh mé	ní thiocfaidh mé	ní rachaidh mé
an dtabharfaidh tú?	an dtiocfaidh tú?	an rachaidh tú?

Gnáthleibhéal Spreagadh

Cleachtaí Scríofa

1. Cuir na habairtí thíos san aimsir fháistineach.

   (a) (Bí; sí) _____ _____ ag an gcóisir anocht.

   (b) (Téigh; sé) _____ _____ go Béal Feirste amárach.

   (c) (Faigh; sí) _____ sí iomarcaíocht nuair a éireoidh sí as a post.

   (d) (Tabhair; sinn) _____ ár gcuid airgid dó chun íoc as an tsaoire.

   (e) (Déan; siad) _____ _____ a ndícheall an jab a chríochnú anocht.

   (f) (Ní; clois; sí) _____ _____ _____ an nuacht níos déanaí mar (ní; bí; sí) _____ _____ _____ anseo.

   (g) (Feic; sinn) _____ ár gcairde ón bhFrainc an samhradh seo chugainn.

   (h) (Tiocfaidh; siad) _____ _____ abhaile ón Spáinn anocht.

   (i) (Ní; faigh; sí) _____ _____ _____ aon bhronntanas uaidh amárach.

   (j) (Beir) _____ míle páiste an mhí seo chugainn i gCorcaigh.

2. Réimnigh na briathra seo a leanas san aimsir fháistineach.

   (a) beir (b) faigh (c) ith (d) clois (e) déan (f) feic (g) téigh (h) tar (i) faigh (j) bí

Céim a 4a: An Modh Coinníollach

Nóta!
Má bhíonn an focal 'would', 'could' nó 'should' san abairt Bhéarla, úsáidtear an modh coinníollach don abairt iomlán sa Ghaeilge.

Briathra Rialta

An Chéad Réimniú

Briathra a bhfuil siolla amháin iontu agus briathra a bhfuil dhá shiolla iontu agus síneadh fada ar an dara siolla atá sa chéad réimniú.

- Más briathar é a bhfuil consan mar thús air: séimhiú
- Más briathar é a bhfuil guta mar thús air: **d'**
- Más briathar é a bhfuil **f** mar thús air: **d'** + séimhiú.

Is iad na foircinn seo a leanas a chuirimid le briathra an chéad réimniú sa mhodh coinníollach:

Foircinn Leathana	Foircinn Chaola
-fainn	-finn
-fá	-feá
-fadh sé/sí	-feadh sé/sí
-faimis	-fimis
-fadh sibh	-feadh sibh
-faidís	-fidís
-faí (saorbhriathar)	-fí (saorbhriathar)

Mar shampla

ghlanfainn
d'ólfainn
d'fhágfainn

Gramadach

Mar shampla

Glan	Cuir	Úsáid
ghlanfainn	chuirfinn	d'úsáidfinn
ghlanfá	chuirfeá	d'úsáidfeá
ghlanfadh sé/sí	chuirfeadh sé/sí	d'úsáidfeadh sé/sí
ghlanfaimis	chuirfimis	d'úsáidfimis
ghlanfadh sibh	chuirfeadh sibh	d'úsáidfeadh sibh
ghlanfaidís	chuirfidís	d'úsáidfidís
ghlanfaí	chuirfí	d'úsáidfí
ní ghlanfainn	ní chuirfinn	ní úsáidfinn
an nglanfá?	an gcuifeá?	an úsáidfeá?

An Fhoirm Dhiúltach

- Más briathar é a bhfuil **consan** mar thús air: **ní** + séimhiú
- Más briathar é a bhfuil **guta** mar thús air: **ní**.

Mar shampla

ní ghlanfainn
ní ólfainn

An Fhoirm Cheisteach

- Más briathar é a bhfuil **consan** mar thús air: **an** + urú
- Más briathar é a bhfuil **guta** mar thús air: **an**.

Mar shampla

an nglanfá?
an ólfá?

Le Foghlaim!

Taispeáin	Siúil	Nigh	Suigh	Pléigh	Léigh	Glaoigh	Sábháil
thaispeánfainn	shiúlfainn	nífinn	shuífinn	phléifinn	léifinn	ghlaofainn	shábhálfainn

Cleachtaí Scríofa

1. Athscríobh na habairtí thíos sa mhodh coinníollach gan na lúibíní.

   (a) (Glan; mé) _____ mo sheomra dá mbeadh an t-am agam.

   (b) (Ní; pléigh; sinn) _____ an fhadhb mura mbeadh sé tromchúiseach.

   (c) (Tiomáin; sinn) _____ go Corcaigh dá mbeadh lá saor againn.

   (d) (Ní; taispeáin; sé) _____ an teach dúinn mura mbeadh sé ar díol.

   (e) (Bris; sí) _____ an cupán dá mbeadh sí ar meisce.

   (f) (An; nigh; tú) _____ an carr dá mbeifeá tú sa gharáiste?

   (g) (Goid) _____ an t-airgead dá (fág) _____ ar an mbord é.

   (h) (Ní; úsáid; sé) _____ an heileacaptar mura (bí) _____ sé faoi bhrú ó thaobh ama de.

   (i) (Mol; sí) _____ an dalta go hard na spéire dá (bí) _____ obair an dalta go hiontach.

   (j) (Glaoigh; sé) _____ ar a mham dá (bí) _____ creidmheas aige ar a fhón.

2. Réimnigh a briathra seo a leanas sa mhodh coinníollach.

   (a) rith (b) sábháil (c) coimeád (d) tóg (e) fás
   (f) fág (g) úsáid (h) tiomáin (i) siúil (j) buail

363

Gnáthleibhéal Spreagadh

An Dara Réimniú

Briathra a bhfuil dhá shiolla iontu agus a bhfuil **-igh**, **-il**, **-in**, **-ir** nó **-is** mar chríoch orthu (chomh maith le grúpa beag eile) atá sa dara réimniú.

- Maidir leis na briathra a bhfuil **-igh** nó **-aigh** mar chríoch orthu, bainimid an chríoch sin agus cuirimid na foircinn chuí leis na briathra.
- Maidir leis na briathra a bhfuil **-il** nó **-ail**, **-in** nó **-ain**, **-ir** nó **-air** nó **-is** mar chríoch orthu, bainimid an **i** nó an **ai** ón dara siolla agus cuirimid na foircinn chuí leis na briathra.

Na Foircinn a Bhaineann leis an Dara Réimniú sa Mhodh Coinníollach

-óinn	-eoinn
-ófá	-eofá
-ódh sé/sí	-eodh sé/sí
-óimis	-eoimis
-ódh sibh	-eodh sibh
-óidís	-eoidís
-ófaí (saorbhriathar)	-eofaí (saorbhriathar)

Mar shampla

Ceannaigh	Oscail	Bailigh	Imir
cheannóinn	d'osclóinn	bhaileoinn	d'imreoinn
cheannófá	d'osclófá	bhaileofá	d'imreofá
cheannódh sé/sí	d'osclódh sé/sí	bhaileodh sé/sí	d'imreodh sé/sí
cheannóimis	d'osclóimis	bhaileoimis	d'imreoimis
cheannódh sibh	d'osclódh sibh	bhaileodh sibh	d'imreodh sibh
cheannóidís	d'osclóidís	bhaileoidís	d'imreoidís
cheannófaí	d'osclófaí	bhaileofaí	d'imreofaí
ní cheannóinn	ní osclóinn	ní bhaileoinn	ní imreoinn
an gceannófá?	an osclófá?	an mbaileofá?	an imreofá?

Le Foghlaim!

Maidir leis na briathra foghlaim, fulaing, tarraing, agus tuirling, cuirimid na foircinn a bhaineann leis an dara réimniú leo gan aon athrú eile a dhéanamh.

Foghlaim	Fulaing	Tarraing	Tuirling
d'fhoghlaimeoinn	d'fhulaingeoinn	tharraingeoinn	thuirlingeoinn

Le Foghlaim!

Maidir leis an mbriathar freastail, bainimid an i den dara siolla agus cuirimid na foircinn a bhaineann leis an dara réimniú leis.

freastail	freastal	d'fhreastalóinn

Gramadach

An Fhoirm Dhiúltach
- Más briathar é a bhfuil consan mar thús air: **ní** + séimhiú
- Más briathar é a bhfuil guta mar thús air: **ní**.

Mar shampla

| ní thosóinn | ní imreoinn |

An Fhoirm Cheisteach
- Más briathar é a bhfuil consan mar thús air: **an** + urú
- Más briathar é a bhfuil guta mar thús air: **an**.

Mar shampla

| an dtosófá? | an imreofá? |

Cleachtaí Scríofa

1. Athscríobh na habairtí seo a leanas sa mhodh coinníollach gan na lúibíní.

   (a) (Tosaigh; sinn) _____ ag ithe dá mbeadh gach duine réidh.

   (b) (Ní; bailigh; sé) _____ _____ _____ an t-airgead mura mbeadh sé ag dul chuig eagraíocht charthanach.

   (c) (An; oscail; siad) _____ _____ bialann nua mura mbeidís ina gcócairí?

   (d) (Imir) _____ an cluiche dá mbeadh an dá fhoireann ar fáil.

   (e) (Codail; siad) _____ go déanach dá bhféadfaidís.

   (f) (Imigh; sí) _____ _____ ar saoire dá mbeadh an seans aici.

   (g) (An; ceannaigh; siad) _____ _____ tigh nua dá mbeadh an t-airgead acu?

   (h) (Ní; freagair; tú) _____ _____ an ríomhphost mura (cuir; mé) _____ brú ort.

   (i) (Labhair) _____ an múinteoir leis an dalta dá mbeadh fadhb ann.

   (j) (Foghlaim; siad) _____ an ceacht dá (ceap; siad) _____ go raibh sé tábhachtach don scrúdú.

2. Réimnigh na briathra seo a leanas sa mhodh coinníollach.

   (a) tuirling (b) tarraing (c) freastail (d) ceannaigh
   (e) imigh (f) oscail (g) codail (h) labhair
   (i) fulaing (j) críochnaigh

Na Briathra Neamhrialta

Is iad **abair**, **beir**, **bí**, **clois**, **déan**, **faigh**, **feic**, **ith**, **tabhair**, **tar** agus **téigh** na briathra neamhrialta. Is iad seo a leanas foirmeacha na mbriathra neamhrialta san mhodh coinníollach:

Abair	Beir	Bí	Clois
déarfainn	bhéarfainn	bheinn	chloisfinn
déarfá	bhéarfá	bheifeá	chloisfeá
déarfadh sé/sí	bhéarfadh sé/sí	bheadh sé/sí	chloisfeadh sé/sí
déarfaimis	bhéarfaimis	bheimis	chloisfimis
déarfadh sibh	bhéarfadh sibh	bheadh sibh	chloisfeadh sibh
déarfaidís	bhéarfaidís	bheidís	chloisfidís
déarfaí	bhéarfaí	bheifí	chloisfí
ní déarfainn	ní bhéarfainn	ní bheinn	ní chloisfinn
an ndéarfá?	an mbéarfá?	an mbeifeá?	an gcloisfeá?

Gnáthleibhéal Spreagadh

Déan	Faigh	Feic	Ith
dhéanfainn	gheobhainn	d'fheicfinn	d'íosfainn
dhéanfá	gheofá	d'fheicfeá	d'íosfá
dhéanfadh sé/sí	gheobhadh sé/sí	d'fheicfeadh sé/sí	d'íosfadh sé/sí
dhéanfaimis	gheobhaimis	d'fheicfimis	d'íosfaimis
dhéanfadh sibh	gheobhadh sibh	d'fheicfeadh sibh	d'íosfadh sibh
dhéanfaidís	gheobhaidís	d'fheicfidís	d'íosfaidís
dhéanfaí	gheofaí	d'fheicfí	d'íosfaí
ní dhéanfainn	ní bhfaighinn	ní fheicfinn	ní íosfainn
an ndéanfá?	an bhfaighfeá?	an bhfeicfeá?	an íosfá?

Tabhair	Tar	Téigh
thabharfainn	thiocfainn	rachainn
thabharfá	thiocfá	rachfá
thabharfadh sé/sí	thiocfadh sé/sí	rachadh sé/sí
thabharfaimis	thiocfaimis	rachaimis
thabharfadh sibh	thiocfadh sibh	rachadh sibh
thabharfaidís	thiocfaidís	rachaidís
thabharfaí	thiocfaí	rachfaí
ní thabharfainn	ní thiocfainn	ní rachainn
an dtabharfá?	an dtiocfá?	an rachfá?

Cleachtaí Scríofa

1. Athscríobh na habairtí seo a leanas sa mhodh coinníollach gan na lúibíní.

    (a) (Bí; sinn) _____ ar mhuin na muice dá (faigh; sinn) _____ dea-aimsir le linn an tsamhraidh.

    (b) (Téigh; sí) _____ _____ ar thuras domhanda dá (bí) _____ bliain saor aici.

    (c) (Ní; tabhair; mé) _____ _____ duine olc ar éinne mura (bí) _____ cúis mhaith leis.

    (d) (Tar; siad) _____ go dtí an chóisir dá (bí) _____ feighlí linbh acu.

    (e) (An; faigh; tú) _____ _____ carr nua mura (bí) _____ an ceann atá agat ag titim as a chéile?

    (f) (Abair; sinn) _____ ár bpaidreacha dá (bí; sinn) _____ inár gCríostaithe.

    (g) (An; déan; tú) _____ _____ d'obair bhaile dá (bí; tú) _____ sa bhaile?

    (h) (Clois; sí) _____ _____ an nuacht dá n-éistfeadh sí leis an raidió.

    (i) (An; téigh; sé) _____ _____ _____ go dtí an Rúis dá mbeadh an seans aige?

(j) (Ní; feic; siad) _____ a gcol ceathracha ar chor ar bith mura (tabhair; mé) _____ cuireadh dóibh teacht go dtí mo theach.

2. Réimnigh na briathra seo a leanas sa mhodh coinníollach.
   (a) déan **(b)** feic **(c)** beir **(d)** tabhair **(e)** clois
   (f) bí **(g)** téigh **(h)** tar **(i)** faigh **(j)** ith

Céim a 4b: Dá agus an Modh Coinníollach

- Ciallaíonn 'dá' 'if'. Leanann an modh coinníollach 'dá' **i gcónaí**.

An Riail: Dá + Urú
Mar shampla

Dá **m**beadh deis agam, **rachainn** ar saoire.	*If I had the opportunity, **I would** go on holidays.*
Dá **m**beinn i mo phríomhoide, **thabharfainn** leathlá do na daltaí gach Aoine.	*If I were principal, **I would give** a halfday to the students every Friday.*
Dá **m**beimis ábalta, **rithfimis**.	*If we were able to, **we would run**.*

Céim a 4c: Má

- Ciallaíonn 'má' 'if' as Gaeilge.
- Úsáidtear 'má' in abairtí san aimsir chaite agus san aimsir láithreach.
- Ní féidir an aimsir fháistineach a úsáid díreach i ndiaidh 'má' ach is minic a bhíonn sé sa dara leath den abairt.

An Riail: Má + séimhiú
Mar shampla

Má + an Aimsir Láithreach, an Aimsir Láithreach sa Dara Leath den Abairt	
Má **bh**íonn an aimsir go maith, téim go dtí an trá.	*If the weather is good, I go to the beach.*
Má **bh**íonn mo nia go maith, tugaim milseán dó.	*If my nephew is good, I give him a sweet.*

'Má' san Aimsir Láithreach, an Aimsir Fháistineach sa Dara Leath den Abairt	
Má **fh**aighim mo thuarastal, ceannóidh mé feisteas nua amárach.	*If I get my salary, I will buy a new outfit tomorrow.*
Má **ch**loisim an scéal sin arís uaidh, rachaidh mé le báiní.	*If I hear that story again from him, I will go crazy!*

'Má' san Aimsir Chaite	
Má bhí Pádraig ag an gcóisir, ní fhaca mé é.	*If Pádraig was at the party, I didn't see him.*
Má theastaigh ardú pá uaidh, níor chuala mise faic faoi.	*If he wanted a pay rise, I didn't hear anything about it.*

Gnáthleibhéal **Spreagadh**

Cleachtadh Scríofa

Athscríobh na habairtí seo a leanas gan na lúibíní.

1. Má (bí) _____ an t-am agam, is aoibhinn liom dul ag marcaíocht.
2. Má (feic; sé) _____ a chara ó am go ham, bíonn sé go breá sásta.
3. Má (tar; sí) _____ abhaile aréir, níor chuala mé í.
4. Má (abair; siad) _____ faic le héinne, níor chuala mé faoi.
5. Má (téigh; sibh) _____ go Baile Átha Cliath, beidh tuirse oraibh.
6. Dá (bí) _____ soineann go Samhain, bheadh breall ar dhuine éigin.
7. Dá (buaigh; mé) _____ an Crannchur Náisiúnta, (ceannaigh; mé) _____ teach.
8. Dá (caith; mé) _____ mo chuid airgid go léir ar éadaí, (ní; bí) _____ _____ aon teach agam.
9. Dá (fág; mé) _____ an doras ar oscailt, (rith) _____ an leanbh amach.
10. Dá (bí; mé) _____ i mo mhilliúnaí, (tabhair; mé) _____ a lán airgid do Thrócaire.

Céim a 5: Athbhreithniú ar na hAimsirí

Cluiche

An dalta a gheobhaidh an líon freagraí cearta is airde san am is lú an buaiteoir!

	An Aimsir Chaite	An Aimsir Láithreach	An Aimsir Fháistineach	An Modh Coinníollach
(tar; mé)				
(glan; sé)				
(dúisigh; sinn)				
(leigh; sí)				
(ní; téigh; mé)				
(ní; faigh; sé)				
(an; ith; sí)				
(bris; sinn)				
(nigh; siad)				
(ceannaigh; siad)				
(ní; imir; sibh)				
(an; foghlaim; sí)				
(taispeáin; sinn)				
(ní; úsáid; mé)				
(an; fulaing; sí)				
(freagair; sé)				
(an; codail; sé)				
(oscail; tú)				

(bí; sinn)				
(siúil; sinn)				
(ní; rith; sí)				
(déan; mé)				
(an; feic; tú)				
(imigh; siad)				

Céim a 6: An Chlaoninsint

Úsáidimid an chlaoninsint tar éis frásaí ar nós 'dúirt', 'is dóigh liom', 'is é mo thuairim', 'ceapaim', 'creidim', 'sílim' agus mar sin de.

An Chlaoninsint san Aimsir Chaite

- Má thosaíonn an briathar le consan, úsáidtear **gur** + séimhiú, **nár** + séimhiú.
- Ma thosaíonn an briathar le guta, úsáidtear **gur** + faic, **nár** + faic.

Mar shampla

Insint Dhíreach	Claoninsint
'Thóg mé an t-airgead,' arsa Seán.	Dúirt Seán gur thóg sé an t-airgead.
'Níor thóg mé an t-airgead,' arsa Seán.	Dúirt Seán nár thóg sé an t-airgead.
'D'ól mé cupán tae,' arsa Seán.	Dúirt Seán gur ól sé cupán tae.
'Níor ól mé cupán tae,' arsa Seán.	Dúirt Seán nár ól sé cupán tae.

Eisceachtaí san Aimsir Chaite

Tabhair faoi deara go mbíonn foirm ar leith ag roinnt de na briathra neamhrialta i ndiaidh **ní**, **go** agus **nach**. Ní chuireann **ní** séimhiú ar dúirt agus cuireann **ní** urú ar fuair.

	Insint Dhíreach		Claoninsint	
abair	dúirt mé	ní dúirt mé	go ndúirt mé	nach ndúirt mé
bí	bhí mé	ní raibh mé	go raibh mé	nach raibh mé
faigh	fuair mé	ní bhfuair mé	go bhfuair mé	nach bhfuair mé
feic	chonaic mé	ní fhaca mé	go bhfaca mé	nach bhfaca mé
déan	rinne mé	ní dhearna mé	go ndearna mé	nach ndearna mé
téigh	chuaigh mé	ní dheachaigh mé	go ndeachaigh mé	nach ndeachaigh mé

An Saorbhriathar

Insint Dhíreach	Claoninsint
'Tógadh an t-airgead,' arsa Caitlín.	Dúirt Caitlín gur tógadh an t-airgead.

Le Foghlaim!

Tabhair faoi deara nach gcuirimid séimhiú ar an saorbhriathar san aimsir chaite i ndiaidh **gur** ná **nár**.

An Chlaoninsint sna hAimsirí Eile

San aimsir láithreach, aimsir fháistineach agus sa mhodh coinníollach, seo a leanas mar a bhíonn an chlaoninsint:

- Briathra a thosaíonn le **consain**: **go** + urú + briathar, **nach** + urú + briathar
- Briathra a thosaíonn le **guta**: **go** + **n-** + briathar, **nach** + **n-** + briathar.

Mar shampla

Abairtí samplacha san aimsir láithreach:

Insint Dhíreach	Claoninsint
'Téim go dtí an siopa gach lá,' arsa Éamonn.	Deir Éamonn go dtéann sé go dtí an siopa gach lá.
'Ní théim go dtí an siopa gach lá,' arsa Áine.	Deir Áine nach dtéann sí go dtí an siopa gach lá.

Le Foghlaim!

- Táim go maith ag spórt. Creidim go bhfuilim go maith ag spórt.
- Nílim go maith ag spórt. Ceapaim nach bhfuilim go maith ag spórt.

Mar shampla

Abairtí samplacha san aimsir fháistineach:

Insint Dhíreach	Claoninsint
'Ceannóidh mé rothar nua.'	Deir Máirtín go gceannóidh sé rothar nua.
'Ní cheannóidh mé rothar nua.'	Deir Donncha nach gceannóidh sé rothar nua.
'Buailfidh mé le Tomás amárach.'	Deir Sorcha go mbuailfidh sí le Tomás amárach.
'Ní bhuailfidh mé le Tomás amárach.'	Deir Anna nach mbuailfidh sí le Tomás amárach.

Le Foghlaim!

- Gheobhaidh sí carr um Nollaig. Deir Áine go bhfaighidh sí carr um Nollaig.
- Ní bhfaighidh sí carr um Nollaig. Deir Áine nach bhfaighidh sí carr um Nollaig.

Mar shampla

Abairtí samplacha sa mhodh coinníollach:

Insint Dhíreach	Claoninsint
'Bheadh díomá uirthi dá gcaillfeadh sí.'	Is dóigh léi go mbeadh díomá uirthi dá gcaillfeadh sí.
'Ní bheadh díomá uirthi dá gcaillfeadh sí.'	Is dóigh léi nach mbeadh díomá uirthi dá gcaillfeadh sí.

Gramadach

Cleachtaí Scríofa

1. Cuir 'Deir Dónall' roimh na habairtí seo a leanas agus athscríobh na habairtí mar is cuí.

   (a) Ní fheicim mo chairde go minic.
   (b) Chaith mé mo chuid airgid ar mhilseáin.
   (c) D'imir sé go maith sa chluiche inné.
   (d) Tógadh na leanaí i gContae an Chláir.
   (e) Níor thug sí airgead do dhaoine gan dídean.
   (f) Ní dheachaigh mé go Baile Átha Cliath.
   (g) Beidh mé ag an gcóisir anocht.
   (h) Ní ithim seacláid.
   (i) Ní thugaim milseáin do mo chuid leanaí.

2. Cuir 'Ceapaim' roimh na habairtí seo a leanas agus athscríobh na habairtí mar is cuí.

   (a) Beidh sneachta ann amárach.
   (b) Buafaidh Ciarraí an cluiche ceannais sa pheil an bhliain seo chugainn.
   (c) Bhí an chóisir go hiontach aréir.
   (d) D'ól Máire an bainne go léir ar maidin.
   (e) Ní dheachaigh mo dheirfiúr go Gaillimh inné.
   (f) Bhuaigh Fiachra sa Chrannchur Náisiúnta anuraidh.
   (g) Ní bheidh Clíona ábalta dul abhaile um Nollaig.
   (h) Cheannóinn rothar dá mbeadh an t-airgead agam.
   (i) Rachainn go Béal Feirste dá mbeadh lá saor agam.
   (j) Ní íosfaidh mé aon arán amárach.

Céim a 7: An Chopail

- Briathar ar leith is ea an chopail 'is' a úsáidimid nuair is ionann dhá rud. Úsáidimid an chopail go minic nuair a bhímid ag caint faoi **phost** nó faoi **stádas duine**.

Mar shampla

| Is fiaclóir é Fionnán. | Is dochtúir í Sorcha. | Is bean tí í./Is fear tí é. |
| Is Éireannach í. | Is bean phósta í. | Is fear pósta é. |

- Úsáidimid an chopail nuair a bhímid ag déanamh cur síos ar chineál nó ar cháilíocht an duine.

Mar shampla
Is duine bocht é. Is cailín deas í. Is buachaill dícheallach é.

- Úsáidimid **is** sna frásaí seo a leanas freisin.

Mar shampla

is fearr liom	is maith liom/is breá liom/is aoibhinn liom	is fuath liom
is féidir liom	is ionann x agus y	Is liomsa an mála sin.
Is é an Béarla an t-ábhar is fearr liom.	Is í Beyoncé an phearsa cheoil is fearr liom.	

371

Gnáthleibhéal Spreagadh

Achoimre ar an gCopail san Aimsir Láithreach

Foirm Dhearfach	Foirm Dhiúltach	Foirm Cheisteach
Is múinteoir é.	Ní múinteoir é.	An múinteoir é?
Is duine deas é.	Ní duine deas é.	An duine deas é?
is maith liom	ní maith liom	an maith leat?

Cleachtaí Scríofa

Freagair na ceisteanna seo a leanas.

1. An amhránaí í Beyoncé? Is ea/Is amhranaí í Beyoncé.
2. Cad é an t-ábhar is fearr leat?
3. Cén phearsa cheoil is fearr leat?
4. An feirmeoir é d'athair?
5. An duine deas é do dheartháir?
6. An bean phósta í?
7. An fearr leat tae nó caife?
8. An amhránaí í Angelina Jolie?
9. An féidir leat snámh?
10. An duine bocht é Donald Trump?

An Chopail san Aimsir Chaite agus sa Mhodh Coinníollach

- Tá an chopail mar an gcéanna san aimsir chaite agus sa mhodh coinníollach. Níl aon leagan di san aimsir fháistineach.
- Bíonn a fhios agat cén aimsir ina bhfuil an chopail nuair a fhéachann tú ar an abairt iomlán agus ar an gcomhthéacs.

An Chopail Roimh Chonsan

An Fhoirm Dhearfach	An Fhoirm Dhiúltach	An Fhoirm Cheisteach
ba + séimhiú	níor + séimhiú	ar + séimhiú

Mar shampla

Ba mhúinteoir é tráth.	Níor mhúinteoir é trath.	Ar mhúinteoir é tráth?
Ba dhuine deas é fadó.	Níor dhuine deas é fadó.	Ar dhuine deas é fadó?
Ba mhaith liom cupán tae.	Níor mhaith liom cupán tae.	Ar mhaith leat cupán tae?
Ba bhreá leis dul go dtí an ollscoil dá bhfaigheadh sé na pointí san Ardteist.	Níor bhreá leis dul go dtí an ollscoil fiú dá bhfaigheadh sé na pointí.	Ar bhreá leis dul go dtí an ollscoil dá bhfaigheadh sé na pointí?

	An Chopail Roimh Ghuta	An Chopail Roimh f
An Fhoirm Dhearfach	b'	b' + séimhiú
An Fhoirm Dhiúltach	níorbh	b' + séimhiú
An Fhoirm Cheisteach	arbh	b' + séimhiú

Mar shampla

B'ailtire é tráth.	Níorbh ailtire é tráth.	Arbh ailtire é tráth?
B'aoibhinn liom cupán tae.	Níorbh aoibhinn liom cupán tae.	Arbh aoibhinn leat cupán tae?
B'fhéidir liom snámh dá bhfreastalóinn ar ranganna.	Níorbh fhéidir liom snámh riamh.	Arbh fhéidir liom snámh dá bhfreastalóinn ar ranganna?

CleachtadhScríofa

Freagair na ceisteanna seo a leanas san fhoirm dhearfach nó san fhoirm dhiúltach.

1. Arbh fheirmeoir é d'athair cúig bliana ó shin?
2. Arbh aoibhinn an lá é anseo inné?
3. Arbh fhearr leat seacláid nó criospaí?
4. Ar mhaith leat dul go dtí an Ghréig ar saoire?
5. Ar dhuine deas í nuair a bhí aithne agat uirthi?
6. Ar mhaith leat dul go Páras ar saoire?
7. Arbh fhéidir leis ceol a sheinm anocht?
8. Ar mhiste leat an t-airgead a bhailiú anois?
9. Arbh aoibhinn leis seacláid i gcónaí?
10. Arbh fhear cineálta é do dhaid?

Céim a 8: An Aidiacht Shealbhach

	Roimh Chonsan	Sampla	Roimh Ghuta	Sampla
mo	séimhiú	mo dhaid	m'	m'aintín
do	séimhiú	do dhaid	d'	d'aintín
a *(his)*	séimhiú	a dhaid	—	a aintín
a *(her)*	—	a daid	h	a haintín
ár	urú	ár n-daid	urú	ár n-aintín
bhur	urú	bhur n-daid	urú	bhur n-aintín
a *(their)*	urú	a n-daid	urú	a n-aintín

- Ní féidir séimhiú a chur ar **l**, **n** ná **r** ná **ar sc**, **sm**, **sp** ná **st**.
- Ní féidir urú a chur ar **l**, **m**, **n**, **r** ná **s**.

Cleachtadh Scríofa

1. Athscríobh na habairtí seo a leanas gan na lúibíní.

   (a) Tá (mo; aintín) _____ _____ ina cónaí i mBaile Átha Cliath.
   (b) An mbeidh (do; athair) _____ _____ ag teacht chuig an gcóisir?
   (c) Níl (mo; athair) _____ _____ ag dul go dtí an baile mór.
   (d) Téann (mo; deirfiúr) _____ _____ go dtí an giomnáisiam gach lá.
   (e) Is breá le (mo; uncail) _____ _____ seacláid.
   (f) Taitníonn spórt le (mo; aintín) _____ _____.
   (g) An bhfuil (do; cóta) _____ _____ sa halla?
   (h) Cá bhfuil (mo; gúna) _____ _____?
   (i) Ní raibh (bhur; uncail) _____ _____ ar an bhféasta.
   (j) An bhfaca aon duine (mo; peann) _____ _____?

Gnáthleibhéal **Spreagadh**

2. Athscríobh na habairtí seo a leanas gan na lúibíní.
   (a) An bhfuil (do; mála) _____ _____ agat?
   (b) Cá bhfuil (mo; geansaí) _____ _____ nua?
   (c) Tá (a (*his*); máthair) _____ _____ as baile.
   (d) An bhfuil (a (*her*); athair) _____ _____ an-dian?
   (e) Ní thaitníonn damhsa le (mo; uncail) _____ _____.
   (f) An mbeidh (ár; athair) _____ _____ ag teacht anocht?
   (g) Ní maith le (mo; máthair) _____ _____ rac-cheol.
   (h) An mbeidh (a (*their*); uncail) _____ _____ ag teacht anocht?
   (i) An maith leat (do; madra) _____ _____ nua?
   (j) Ní thaitníonn (ár; obair bhaile) _____ _____ linn.

Céim a 9: Uimhreacha

Maoluimhreacha
Úsáidtear iad le haghaidh uimhreacha teileafóin, uimhreacha arasáin/tithe, srl.

Mar shampla
a náid, a haon, a dó, a trí, a ceathair, a cúig, a sé, a seacht, a hocht, a naoi, a deich

Uimhreacha Pearsanta
Úsaidtear iad chun daoine a chomhaireamh.

Féach ar Aonad a 1, leathanach 5.

Mar shampla
duine, beirt, triúr, ceathrar, cúigear, seisear, seachtar, ochtar, naonúr, deichniúr

Orduimhreacha
Úsáidtear iad chun dátaí a chur in iúl nó daoine/ranganna sa mheánscoil a chur in ord.

Mar shampla
an chéad, an dara, an tríú, an ceathrú, an cúigiú, an séú, an seachtú, an t-ochtú, an naoú, an deichiú

Bunuimhreacha Neamhphearsanta
Úsáidtear iad chun rudaí nó ainmhithe a chomhaireamh.

Na Rialacha
1. Ainmfhocail a thosaíonn le consain: 1–6 + séimhiú; 7–10 + urú.

Mar shampla
aon chat amháin, dhá chat, trí chat, ceithre chat, cúig chat, sé chat, seacht gcat, ocht gcat, naoi gcat, deich gcat

Féach ar Aonad a 4, leathanach 142.

2. Ainmfhocail a thosaíonn le gutaí: 1–6 + faic, 7–10 + n-.

Mar shampla
aon ábhar amháin, sé ábhar, dhá ábhar, seacht n-ábhar, trí ábhar, ocht n-ábhar, ceithre ábhar, naoi n-ábhar, cúig ábhar, deich n-ábhar

3. Fanann an t-ainmfhocal san uimhir uatha.

Gramadach **Aonad 9**

Eisceacht

bliain amháin	sé bliana	aon bhliain déag	sé bliana déag
dhá bhliain	seacht mbliana	dhá bhliain déag	seacht mbliana déag
trí bliana	ocht mbliana	trí bliana déag	ocht mbliana déag
ceithre bliana	naoi mbliana	ceithre bliana déag	naoi mbliana déag
cúig bliana	deich mbliana	cúig bliana déag	fiche bliain

Féach ar Aonad a 1, leathanach 6.

Cleachtaí Scríofa

1. Athscríobh na habairtí seo a leanas gan na figiúirí a úsáid.

    (a) 3 deartháir _____
    (b) 4 madra _____
    (c) teach a 4 _____
    (d) ar an 1 lá de Shamhain _____
    (e) 6 ábhar _____
    (f) 4 cailín _____
    (g) 9 cóipleabhar _____
    (h) 087 3876462 _____
    (i) 5 deirfiúr _____
    (j) ar an 2 lá de Mhárta _____

2. Athscríobh na nathanna seo a leanas gan na figiúirí a úsáid.

    (a) 3 feirm _____
    (b) 4 tír _____
    (c) 6 ábhar _____
    (d) 4 bliain _____
    (e) 6 múinteoir _____
    (f) 4 cat _____
    (g) rang a 1 _____
    (h) an 5ú bliain _____
    (i) 8 teach _____
    (j) 4 post _____

Céim a 10: Na Réamhfhocail Shimplí agus na Forainmneacha Réamhfhoclacha

1 Ar = *on* (de ghnáth)

- Réamhfhocal shimplí: **ar** + séimhiú
- Réamhfhocal agus an t-alt: **ar an** + urú
- I gCúige Uladh, úsáidtear **ar an** + séimhiú, m.sh. ar an bhord.
- Forainm réamhfhoclach: orm, ort, air, uirthi, orainn, oraibh, orthu
- Briathra a thógann **ar**: impigh ar, freastail ar, féach ar, teip ar, glaoigh ar, iarr ar, déan dearmad ar, braith ar
- Nathanna le **ar**: lig ar, tá fliú orm, tá tinneas cinn orm, tá ocras orm, tá tart orm, tá tuirse orm
- Mothúcháin: tá brón orm, tá áthas ort, tá díoma air, tá ionadh uirthi, tá uaigneas orainn, tá faitíos oraibh, tá éad orthu, tá bród ar Sheán, tá imní ar na Gardaí.

Mar shampla
Bhí eagla ar Mháire.
Tá an bainne ar an mbord.

375

Gnáthleibhéal Spreagadh

Eisceachtaí

- Ní bhíonn séimhiú ar an ainmfhocal más ionad ginearálta atá ann

  Mar shampla
  ar farraige, ar muir, ar talamh

- nó más staid nó coinníoll atá ann

  Mar shampla
  ar meisce, ar ceal, ar siúl, ar saoire, ar crith, ar crochadh, ar buile, ar díol, ar fónamh, ar mire, ar iarraidh, ar iasacht, ar oscailt, ar lorg

- nó más am atá i gceist.

  Mar shampla
  ar ball, ar maidin

2 De = *from/of/off* (de ghnáth)

- Réamhfhocal: **de** + séimhiú

  Mar shampla
  Bain an hata de Mháire.

- Réamhfhocal agus an t-alt: **den** + séimhiú

  Mar shampla
  Thit an cupán den bhord.

- Forainm réamhfhoclach: díom, díot, de, di, dínn, díbh, díobh
- Nathanna le **de**: bain díot do chóta, táim an-bhuíoch díot, fiafraigh de.

3 Do = *to/for* (de ghnáth)

- Réamhfhocal: **do** + séimhiú

  Mar shampla
  Thug mé airgead do Mháire.

- Réamhfhocal agus an t-alt: **don** + séimhiú

  Mar shampla
  Thug mé mo chóipleabhar don mhúinteoir.

- Forainm réamhfhoclach: dom, duit, dó, di, dúinn, daoibh, dóibh
- Nathanna le **do**: lig do, tabhair do, géill do, inis do, geall do, taispeáin do.

4 Roimh = *before/in front of* (de ghnáth)

- Réamhfhocal: **roimh** + séimhiú

  Mar shampla
  Chuir mé fáilte roimh Mháire.

- Réamhfhocal agus an t-alt: **roimh an** + urú.
- I gCúige Uladh, úsáidtear **roimh an** + séimhiú

  Mar shampla
  Tá eagla orm roimh an gcat.

- Forainm réamhfhoclach: romham, romhat, roimhe, roimpi, romhainn, romhaibh, rompu
- Nathanna le **roimh**: cuir fáilte roimh, tá eagla orm roimh.

5 Faoi = *about/under* (de ghnáth)

- Réamhfhocal: **faoi** + séimhiú

> *Mar shampla*
> Chuala mé an scéal faoi Mháire.

- Réamhfhocal agus an t-alt: **faoin** + urú
- I gCúige Uladh, úsáidtear faoin + séimhiú

> *Mar shampla*
> Chuala mé an scéal faoin gcailín.

- Forainm réamhfhoclach: fúm, fút, faoi, fúithi, fúinn, fúibh, fúthu
- Nathanna le **faoi**: ag gáire faoi, ag magadh faoi, ag caint faoi, ag labhairt faoi.

6 Ó = *from* (de ghnáth)

- Réamhfhocal: **ó** + séimhiú

> *Mar shampla*
> Fuair mé bronntanas ó Mháire.

- Réamhfhocal agus an t-alt: **ón** + urú
- I gCúige Uladh, úsáidtear ón + séimhiú

> *Mar shampla*
> Fuair mé an biachlár ón bhfreastalaí.

- Forainm réamhfhoclach: uaim, uait, uaidh, uaithi, uainn, uaibh, uathu
- Nathanna le **ó**: teastaigh ó, airigh ó.

Mar shampla

| Teastaíonn seacláid uaim. | I want chocolate. |
| Airím uaim thú. | I miss you. |

7 Ag = *at/possession* (de ghnáth)

- Réamhfhocal: **ag** + faic

> *Mar shampla*
> Tá a lán airgid ag Máire.

- Réamhfhocal agus an t-alt: **ag an** + urú

> *Mar shampla*
> Feicfidh mé tú ag an bpictiúrlann.

- Forainm réamhfhoclach: agam, agat, aige, aici, againn, agaibh, acu
- Nathanna le **ag**: bí + ag (*to have*); tá súile gorma agam, bíonn cith agam gach maidin.

8 As = *from/out of* (de ghnáth)

- Réamhfhocal: **as** + faic

> *Mar shampla*
> Is as Baile Átha Cliath dom.

- Réamhfhocal agus an t-alt: **as an** + urú
- I gCúige Uladh, úsáidtear as an + séimhiú

> *Mar shampla*
> Go tobann léim sé as an mbosca.

- Forainm réamhfhoclach: asam, asat, as, aisti, asainn, asaibh, astu
- Nathanna le **as**: bain geit as, bain preab as, lig béic as, ag spochadh as.

9 Chuig = *to* (de ghnáth)
- Réamhfhocal: **chuig** + faic

> *Mar shampla*
> Scríobh mé litir chuig Máire.

- Réamhfhocal agus an t-alt: **chuig an** + urú
- I gCúige Uladh, úsáidtear **chuig an** + séimhiú

> *Mar shampla*
> Ní féidir liom dul chuig an gcóisir.

- Forainm réamhfhoclach: chugam, chugat, chuige, chuici, chugainn, chugaibh, chucu
- Nathanna le **chuig**: scríobh litir/ríomhphost chuig, seol chuig.

10 I = *in* (de ghnáth)
- Réamhfhocal: **i** + urú

> *Mar shampla*
> Táim i mo chónaí i gCorcaigh.

- Athraíonn **i** go **in** roimh ghuta; m.sh. in Albain, in Éirinn
- Réamhfhocal agus an t-alt: **sa** + séimhiú

> *Mar shampla*
> Cónaím sa chathair.

- Athraíonn **sa** go **san** roimh ghuta nó **f** + guta; m.sh. san fharraige, san árasán
- Forainm réamhfhoclach: ionam, ionat, ann, inti, ionainn, ionaibh, iontu.

11 Idir = *between/both*
- Réamhfhocal: **idir** + faic (nuair a chiallaíonn idir '*between*'); m.sh. ar an mbóthar idir Dún na nGall agus Leitir Ceanainn
- Forainm réamhfhoclach: idir mé, idir tú, idir é, idir í, eadrainn, eadraibh, eatarthu.

12 Le = *with*
- Réamhfhocal: **le** + faic; m.sh. le Colm, le Sorcha, le Máire
- Roimh ghuta: le + h; m.sh. le hÁine
- Réamhfhocal agus an t-alt: leis an gcailín, leis an bhfear (is séimhiú a bheadh ann sa chás seo i nGaeilge Uladh)
- Nathanna le **le** : taitin le, buail le, éirigh le, labhair le, ag súil le, ag tnúth le, gabh buíochas le, gabh comhghairdeas le, gabh leithscéal le
- Forainm réamhfhoclach: liom, leat, leis, léi, linn, libh, leo.

Gramadach

Athbhreithniú ar na Réamhfhocail Shimplí

Réamhfhocail Shimplí	Réamhfhocail Shimplí	Réamhfhocail agus an t-Alt
ar ⎫ de ⎪ do ⎪ roimh ⎪ um ⎬ **séimhiú de ghnáth** thar ⎪ trí ⎪ faoi ⎪ mar ⎪ ó ⎭	ag ⎫ as ⎪ go ⎬ **faic de ghnáth** chuig ⎪ le ⎪ seachas ⎭	ar an ⎫ ag an ⎪ as an ⎪ chuig an ⎬ **urú** tríd an ⎪ roimh an ⎪ ón ⎪ faoin ⎭
i + **urú**		den, don, sa + **séimhiú**

Nóta!
Cuireann **le** agus **go h** roimh ghuta;
m.sh. le hOisín, go hAlbain.

Eisceachtaí

- Nuair a thosaíonn an t-ainmfhocal le **st, l, n, r, sm, sp, sc** (**St** E**l**ea**n**o**r** is **sm**iling in **Sp**anish **sc**hool), ní chuirimid séimhiú ná urú air.
- Nuair a thosaíonn an t-ainmfhocal le **m** nó **s** (**M**arks & **S**pencer), ní chuirimid urú air.
- Nuair a chríochnaíonn focal amháin le **d, n, t, l** nó **s** agus nuair a thosaíonn an chéad fhocal eile le **d, n, t, l** nó **s**, ní chuirtear séimhiú ná urú ar an dara focal de ghnáth; m.sh. ar a**n t**raein, ag a**n d**oras.

Cleachtadh Scríofa

Athraigh na focail idir na lúibíní más gá.

1. Bhí áthas an domhain ar (Seán) _____ nuair a chonaic sé a bhronntanas.
2. Éistim le (ceol) _____ i mo sheomra roimh dhul a luí dom.
3. Bím ag caint le (Micheál) _____ gach lá.
4. Tá eagla orm roimh (cait) _____.
5. Táim ag tnúth go mór leis an (ceolchoirm) _____. Tiocfaidh mo chol ceathrar Ruairí in éineacht le (Síle) _____.
6. Cuirfidh mé fios ar (Brian) _____ níos déanaí.
7. Nuair a chuaigh mé isteach sa rang déanach bhí gach duine ag gáire (faoi; mé) _____. Bhí náire an domhain (ar; mé) _____.
8. Ní raibh cead ag (Séamas) _____ dul go dtí an dioscó.
9. D'inis Oisín a scéal don (cailín) _____.
10. Thit Méav de (balla) _____.

Gnáthleibhéal **Spreagadh**

Forainmneacha Réamhfhoclacha

Nuair a chuirimid réamhfhocal simplí agus forainm le chéile, bíonn forainm réamhfhoclach againn.

Mar shampla

Réamhfhocal	Forainm	Forainm Réamhfhoclach
ag	mé	agam
ar	tú	ort
do	sé	dó

Na forainmneacha réamhfhoclacha is tábhachtaí:

	mé	tú	sé	sí	muid (sinn)	sibh	siad
Ag	agam	agat	aige	aici	againn	agaibh	acu
Ar	orm	ort	air	uirthi	orainn	oraibh	orthu
As	asam	asat	as	aisti	asainn	asaibh	astu
Chuig	chugam	chugat	chuige	chuici	chugainn	chugaibh	chucu
De	díom	díot	de	di	dínn	díbh	díobh
Do	dom	duit	dó	di	dúinn	daoibh	dóibh
Faoi	fúm	fút	faoi	fúithi	fúinn	fúibh	fúthu
I	ionam	ionat	ann	inti	ionainn	ionaibh	iontu
Le	liom	leat	leis	léi	linn	libh	leo
Ó	uaim	uait	uaidh	uaithi	uainn	uaibh	uathu
Roimh	romham	romhat	roimhe	roimpi	romhainn	romhaibh	rompu

Cleachtaí Scríofa

1. Ceartaigh na focail idir na lúibíní más gá.

   (a) Bhí fearg ar na buachaillí. Bhí troid mhór (idir; siad) _____.

   (b) Tá cónaí ar Aoife i (Tír Chonaill) _____ _____.

   (c) Chonaic mé Eoghan sa (baile mór) _____ _____.

   (d) Tógadh an file i (Cóbh) _____ ach b'as (Ciarraí) _____ (do; sé) _____.

   (e) Baineadh geit (as; sé) _____.

   (f) Bainfidh mé mo chóta (de; mé) _____ mar níl mé fuar.

   (g) Chuaigh mé ó (Port Láirge) _____ _____ go Baile Átha Cliath ar an (bus) _____.

   (h) Tá gaol láidir (idir; sinn) _____.

   (i) Lig sí béic (as; sí) _____ nuair a chonaic sí an gadaí.

   (j) Bhí áthas ar mo mham nuair a tháinig a haintín ar cuairt (chuig; sí) _____ ó (Meiriceá) _____.

380

Gramadach

2. Líon na bearnaí leis an bhfocal cuí.
   (a) Léim mé amach _____ _____ gcarr nuair a shroich mé an scoil ar maidin.
   (b) Thaisteal an grúpa _____ Shasana go dtí an Fhrainc ar bhus.
   (c) Níl an bóthar go maith _____ Maigh Eo agus Gaillimh.
   (d) Is aoibhinn liom dul ag snámh _____ fharraige nuair a théim thar lear.
   (e) Baineadh geit mhór _____ _____ gcailín ar theacht abhaile di.
   (f) Is scoil mhór í seo agus tá áiseanna den scoth _____.
   (g) Ní raibh mé sásta le cinneadh a rinne an Chomhairle Contae agus scríobh mé litir _____ ag gearán faoi.
   (h) Fuair na daltaí íde béil _____ bpríomhoide nuair a bhris siad an fhuinneog.
   (i) Tá mo ríomhaire glúine briste agus beidh ceann nua ag teastáil _____ go luath.
   (j) Ghortaigh sí a droim nuair a thit sí _____ chapall.

3. Athscríobh na habairtí seo a leanas gan na lúibíní.
   (a) Fuair sí airgead ón (buachaill) _____.
   (b) Is as (Corcaigh) _____ d'Áine.
   (c) Rith an cailín tríd an (páirc) _____.
   (d) Thóg mé na miasa as an (cófra) _____.
   (e) Bhain sé geit as an (cailín) _____.
   (f) Thug Eithne bronntanas don (cailín) _____.
   (g) Tá ocras ar an (madra) _____.
   (h) Tá Fionnbarr ina chónaí i (Gaillimh) _____.
   (i) Chaith sí seachtain san (ospidéal) _____.
   (j) Taitníonn spórt leis an (fear) _____.

Na Réamhfhocail Chomhshuite

Dhá fhocal a bhfuil feidhm réamhfhocail acu is ea réamhfhocal comhshuite (*compound preposition*).

Mar shampla

i ndiaidh	after
tar éis	after
os comhair	opposite, in front of
os cionn	above

ar feadh	for (a time)
le haghaidh/i gcomhair	for (for the purpose of)
in aghaidh	against

Bíonn an t-ainmfhocal a leanann an réamhfhocal comhshuite sa tuiseal ginideach go hiondúil.

Mar shampla

An Tuiseal Ainmneach	An Tuiseal Ginideach
an scrúdú	i ndiaidh an scrúdaithe
an scoil	os comhair na scoile
an leibhéal	os cionn an leibhéil
an tseachtain	ar feadh na seachtaine
an rang	le haghaidh an ranga
an cogadh	in aghaidh an chogaidh
an obair	i gcomhair na hoibre

Gnáthleibhéal **Spreagadh**

Céim a 11: An Tuiseal Ginideach

Na Rialacha

Bíonn an t-ainmfhocal sa tuiseal ginideach sna cásanna seo a leanas:

1. nuair a bhíonn seilbh i gceist; m.sh. *'of the'*

   Mar shampla

file	ainm an fhile
páirc	i lár na páirce
sagart	ainm an tsagairt

2. nuair a thagann dhá ainmfhocal le chéile

   Mar shampla

   | siopadóireacht | ionad siopadóireachta |
   | Bré | ceann Bhré |

3. nuair a leanann ainmfhocal ainmbhriathar

   Mar shampla

peil	ag imirt peile
dán	ag rá dáin
scéal	ag insint scéil

4. nuair a leanann ainmfhocal réamhfhocal comhshuite (ar fud, os comhair, tar éis, go ceann, i gcoinne, de réir, i rith, le linn, ar fud, i gcomhair, i lár, de bhrí, i measc, in aice, os cionn)

   Mar shampla

an domhan	ar fud an domhain
an scoil	tar éis na scoile
an teach	os comhair an tí
an samhradh	i rith an tsamhraidh

5. nuair a leanann ainmfhocal na focail 'timpeall', 'trasna', 'chun', 'cois', 'dála'.

   Mar shampla

an tsráid	trasna na sráide
an domhan	timpeall an domhain
an trá	cois na trá
an scéal	dála an scéil
an scoil	chun na scoile

Ainmfhocail Fhirinscneacha sa Tuiseal Ginideach Uatha

Chun ainmfhocal firinscneach a thosaíonn le consan a chur sa tuiseal ginideach uatha:

- De ghnáth, cuirtear séimhiú i ndiaidh an chéad chonsan agus caolaítear deireadh an fhocail.

   Mar shampla

an bord	i lár an bhoird
an capall	eireaball an chapaill
an casúr	buille an chasúir
an gasúr	ainm an ghasúir

382

Gramadach

- Más post é a chríochnaíonn ar **-éir/-úir/-eoir/-óir**, cuirtear séimhiú i ndiaidh an chéad chonsan agus athraítear deireadh an fhocail mar seo a leanas sa tuiseal ginideach.

Mar shampla

an dochtúir	ainm an dochtúra
an t-innealtóir	ainm an innealtóra
an feirmeoir	obair an fheirmeora

- Má chríochnaíonn ainmfhocal firinscneach ar ghuta, cuirtear séimhiú i ndiaidh an chéad chonsan.

Mar shampla

| an file | ainm an fhile |

- Más focal le siolla amháin a chríochnaíonn ar **-acht/-eacht** atá i gceist, cuir **a** le deireadh an fhocail.

Mar shampla

| an ceacht | deireadh an cheachta |
| an tAcht | feidhmiú an Achta |

- Nuair a chríochnaíonn an t-ainmfhocal ar **-éal**, caolaítear lár an fhocail.

Mar shampla

| an scéal | téama an scéil |
| an béal | barr an bhéil |

- Má thosaíonn ainmfhocal firinscneach le guta, faigh réidh leis an **t-** agus caolaigh deireadh an fhocail.

Mar shampla

an t-ábhar	ainm an ábhair
an t-asal	dath an asail
an t-amadán	ainm an amadáin

- Má thosaíonn ainmfhocal firinscneach le **s**, cuir **t** roimh an **s** agus caolaigh deireadh an fhocail.

Mar shampla

| an sagart | carr an tsagairt |

| **Eisceacht** | |
| an teach | doras an tí |

Cleachtadh Scríofa

Athraigh na focail idir lúibíní ón tuiseal ainmneach uatha go dtí an tuiseal ginideach uatha.

1. ainm (an file) _____
2. carr (an sagart) _____
3. teach (an t-innealtóir) _____
4. ba (an feirmeoir) _____
5. othar (an dochtúir) _____
6. eireaball (an t-asal) _____
7. luas (an saol) _____
8. múinteoir (an t-ábhar) _____
9. teachtaireacht (an ceacht) _____
10. dath (an bord) _____

383

Gnáthleibhéal Spreagadh

Ainmfhocail Bhaininscneacha sa Tuiseal Ginideach

Chun ainmfhocal baininscneach a chur sa tuiseal ginideach uatha, de ghnáth:

- Athraíonn **an** go dtí **na**. Má thosaíonn an t-ainmfhocal le consan, faightear réidh leis an séimhiú agus caolaítear deireadh an fhocail.

Mar shampla

an fheirm	obair na feirme
an fhuinneog	barr na fuinneoige
an phictiúrlann	doras na pictiúrlainne
an bhrídeog	gúna na brídeoige
an Spáinn	muintir na Spáinne
an Fhrainc	tírdhreach na Fraince
Spáinnis	múinteoir Spáinnise
Sínis	rang Sínise

- Má thosaíonn ainmfhocal baininscneach le guta, athraíonn **an** go dtí **na** agus cuirtear **h** roimh an ainmfhocal.

Mar shampla

an obair	leath na hoibre
an ócáid	lá na hócáide
an óráid	tús na horáide
an Iodáil	muintir na hIodáile
an Afraic	aimsir na hAfraice

- Má thosaíonn ainmfhocal baininscneach le **s**, faightear réidh leis an **t** agus caolaítear deireadh an fhocail.

Mar shampla

an tsochraid	deireadh na sochraide
an tsráid	trasna na sráide
an tsláinte	tábhacht na sláinte

- Más ainmfhocal le dhá shiolla nó níos mó a chríochnaíonn ar **-eacht/-acht/-aíocht/-íocht** atá i gceist cuir **a** leis sa tuiseal ginideach uatha.

Mar shampla

| siopadóireacht | ionad siopadóireachta |
| eolaíocht | múinteoir eolaíochta |

Cleachtadh Scríofa

Athraigh na focail thíos idir lúibíní ón tuiseal ainmneach uatha go dtí an tuiseal ginideach uatha.

1. obair (an fheirm) _____
2. trasna (an tsráid) _____
3. lá (an tsochraid) _____
4. múinteoir (Spáinnis) _____
5. tús (an obair) _____
6. muintir (an Afraic) _____
7. aeráid (an Astráil) _____
8. rang (tíreolaíocht) _____
9. barr (an fhuinneog) _____
10. doras (an phictiúrlann) _____

An Tuiseal Ginideach san Uimhir Iolra

- Úsáidtear an tuiseal ginideach iolra nuair a bhímid ag caint faoi níos mó ná rud amháin sa tuiseal ginideach.
- Úsáidtear an tuiseal ginideach iolra sna cásanna céanna is a úsáidtear é sa tuiseal ginideach uatha (thuas).
- An chéad rud a thugann tú faoi deara sa tuiseal ginideach iolra ná go n-úsáidtear **na** agus urú.

> *Mar shampla*
> formhór na ndaoine, cótaí na mbuachaillí, tithe na mban, carranna na bhfear, stair na bhfilí, stáisiún na nGardaí, ospidéal na bpáistí

Céim a 12: Céimeanna Comparáide na hAidiachta

An Bhreischéim

Úsáidimid na focail '**níos... ná**' chun comparáid a dhéanamh idir dhá rud nó idir beirt.

> *Mar shampla*
> Tá Síle **níos caintí ná** Tomás.
> Tá Máire **níos sine ná** mise.

An tSárchéim

Úsáidimid an focal 'is' chun an chéim is airde a chur in iúl.

> *Mar shampla*
> Is í Gráinne an duine **is óige** sa chéad bhliain.
> Is é Briain an duine **is airde** sa rang.
> Is é Fionnán an duine **is sine** i mo theaghlach.

Na Rialacha

1. Aidiachtaí a bhfuil **-úil** mar chríoch orthu: athraítear go **-úla** iad.

An Aidiacht	An Bhreischéim	An tSárchéim
dathúil	níos dathúla	is dathúla
flaithiúil	níos flaithiúla	is flaithiúla
sláintiúil	níos sláintiúla	is sláintiúla
suimiúil	níos suimiúla	is suimiúla

2. Aidiachtaí a bhfuil **-ach** mar chríoch orthu: athraítear go **-aí** iad.

An Aidiacht	An Bhreischéim	An tSárchéim
brónach	níos brónaí	is brónaí
leadránach	níos leadránaí	is leadránaí
santach	níos santaí	is santaí
tábhachtach	níos tábhachtaí	is tábhachtaí

Gnáthleibhéal Spreagadh

3. Aidiachtaí a bhfuil **-each** mar chríoch orthu: athraítear go **-í** iad.

An Aidiacht	An Bhreischéim	An tSárchéim
aisteach	níos aistí	is aistí
leithleach	níos leithlí	is leithlí
uaigneach	níos uaigní	is uaigní
tuirseach	níos tuirsí	is tuirsí
foighneach	níos foighní	is foighní

4. Aidiachtaí a bhfuil **-air** mar chríoch orthu: athraítear go **-ra** iad.

An Aidiacht	An Bhreischéim	An tSárchéim
deacair	níos deacra	is deacra
socair	níos socra	is socra

Eisceacht

cóir	níos córa	is córa

5. Aidiachtaí a bhfuil **-ir** mar chríoch orthu: athraítear go **-re** iad.

An Aidiacht	An Bhreischéim	An tSárchéim
láidir	níos láidre	is láidre
saibhir	níos saibhre	is saibhre

6. Aidiachtaí a bhfuil **-mhar** mar chríoch orthu: athraítear go **-mhaire** iad.

An Aidiacht	An Bhreischéim	An tSárchéim
ciallmhar	níos ciallmhaire	is ciallmhaire
grámhar	níos grámhaire	is grámhaire
slachtmhar	níos slachtmhaire	is slachtmhaire

7. Aidiachtaí a bhfuil consan caol mar chríoch orthu: cuirtear **-e** leo.

An Aidiacht	An Bhreischéim	An tSárchéim
ciúin	níos ciúine	is ciúine
minic	níos minice	is minice

8. Aidiachtaí áirithe a bhfuil consan leathan mar chríoch orthu, caolaítear an consan agus cuirtear **-e** leo.

An Aidiacht	An Bhreischéim	An tSárchéim
bán	níos báine	is báine
bocht	níos boichte	is boichte
daor	níos daoire	is daoire
deas	níos deise	is deise
dian	níos déine	is déine
fliuch	níos fliche	is fliche
géar	níos géire	is géire
leathan	níos leithne	is leithne
luath	níos luaithe	is luaithe
óg	níos óige	is óige
ramhar	níos raimhre	níos raimhre
saor	níos saoire	is saoire
sean	níos sine	is sine
uasal	níos uaisle	is uaisle

9. Aidiachtaí a bhfuil guta mar chríoch orthu, ní dhéantar aon athrú de ghnáth.

An Aidiacht	An Bhreischéim	An tSárchéim
éasca	níos éasca	is éasca
cliste	níos cliste	is cliste

Aidiachtaí Neamhrialta

An Aidiacht	An Bhreischéim	An tSárchéim
álainn	níos áille	is áille
beag	níos lú	is lú
breá	níos breátha	is breátha
dócha	níos dóichí	is dóichí
fada	níos faide	is faide
furasta	níos fusa	is fusa
gearr	níos giorra	is giorra
maith	níos fearr	is fearr
mór	níos mó	is mó
nua	níos nuaí	is nuaí
olc	níos measa	is measa
te	níos teo	is teo
tréan	níos tréine/níos treise	is tréine/is treise

Gnáthleibhéal Spreagadh

Cleachtaí Scríofa

1. Athscríobh na habairtí seo a leanas gan na lúibíní.

    (a) Tá Séamas níos (leisciúil) _____ ná Liam.

    (b) Tá mo mhaim níos (óg) _____ ná mo dhaid.

    (c) Tá an saol inniu níos (nua-aimseartha) _____ ná fadó.

    (d) Tá an aimsir in Éirinn níos (fuar) _____ ná an aimsir sa Spáinn.

    (e) Tá an bóthar ó Loch Garman go Baile Átha Cliath níos (gearr) _____ ná an bóthar ó Chiarraí go Baile Átha Cliath.

    (f) Tá sé níos (te) _____ inniu ná mar a bhí sé inné.

    (g) Tá mata níos (dian) _____ ná eolaíocht i mo thuairim.

    (h) Is é Béarla an t-ábhar is (maith) _____ liom ar scoil.

    (i) Tá Londain níos (mór) _____ ná Corcaigh.

    (j) Tá an tsláinte níos (tábhachtach) _____ ná na táinte.

2. Athscríobh na habairtí seo a leanas gan na lúibíní.

    (a) Tá Marcus níos (eolach) _____ ná Seán ar chúrsaí reatha.

    (b) Tá muintir na hAfraice níos (bocht) _____ ná muintir an domhain thiar.

    (c) Tá an Fhrainc níos (saibhir) _____ ná an tSúdáin.

    (d) Tá gramadach na Spáinnise níos (simplí) _____ ná gramadach na Rúisise.

    (e) Tá Eoin níos (cainteach) _____ ná Dónall.

    (f) Tá na radhairc níos (álainn) _____ san Iodáil ná mar atá siad sa Tuirc.

    (g) Tá saol na tuaithe níos (suaimhneach) _____ ná saol na cathrach.

    (h) Tá seacláid níos (milis) _____ ná milseáin.

    (i) Tá an madra rua níos (glic) _____ ná an coinín.

    (j) Tá madraí níos (grámhar) _____ ná cait.

Fócas ar an Scrúdú

Aonad 10

Céim a 1	Céim a 2	Céim a 3	Céim a 4	Céim a 5	Céim a 6
An scrúdú cainte	An cheapadóireacht	An léamhthuiscint	An chluastuiscint	An filíocht ainmnithe	An prós ainmnithe

Dáiltear na marcanna mar seo a leanas:

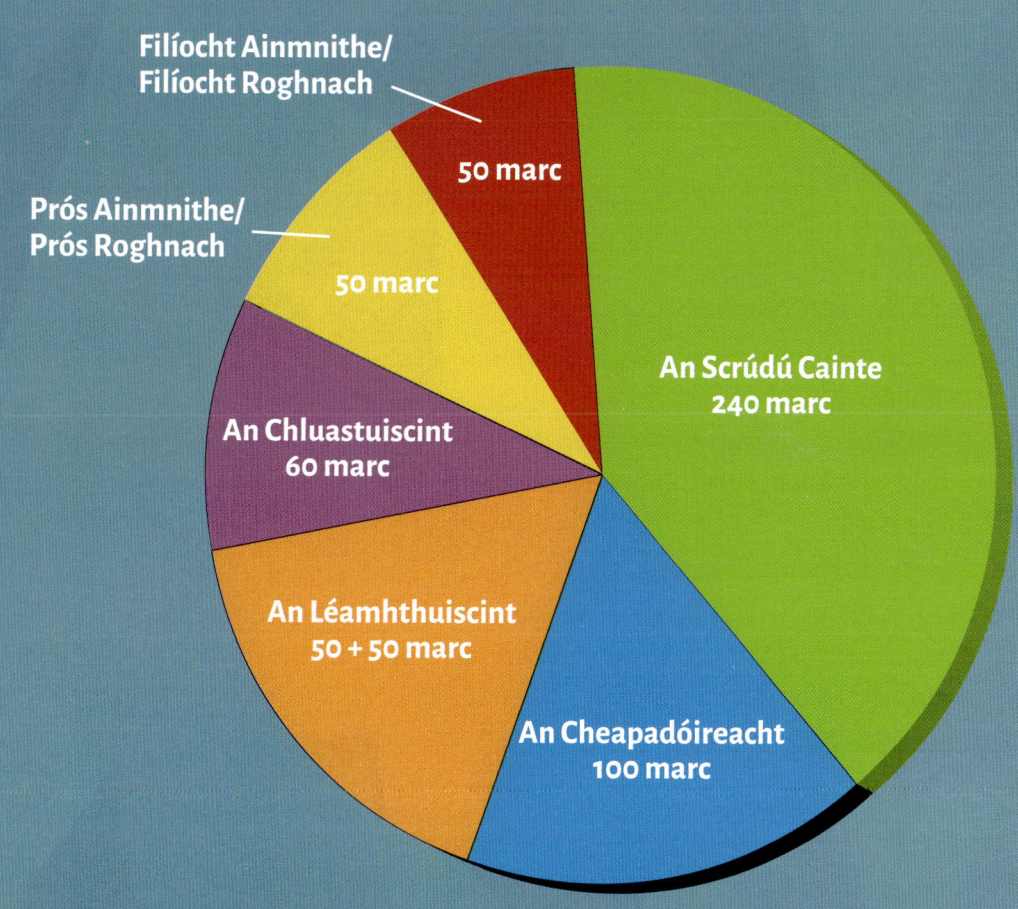

- Filíocht Ainmnithe/ Filíocht Roghnach — 50 marc
- Prós Ainmnithe/ Prós Roghnach — 50 marc
- An Chluastuiscint — 60 marc
- An Léamhthuiscint — 50 + 50 marc
- An Cheapadóireacht — 100 marc
- An Scrúdú Cainte — 240 marc

Torthaí Foghlama

San aonad seo:
- gheobhaidh tú cabhair, treoir agus moltaí maidir le ceisteanna scrúdaithe
- feicfidh tú dáileadh na marcanna agus moltaí ar fhad na bhfreagraí freisin
- bristear síos na marcanna mar a fheictear sa phíchairt thuas.

Gnáthleibhéal **Spreagadh**

Céim a 1: An Scrúdú Cainte

Is fiú 240 marc/40% den scrúdú Gaeilge ar fad é an Scrúdú Cainte. Bronntar na marcanna mar seo a leanas.

An Fáiltiú	5 mharc
Léamh na Filíochta	35 marc
An tSraith Pictiúr	80 marc (cur síos ar na pictiúir 70 marc + 10 marc do na ceisteanna)
An Comhrá	120 marc

An Fáiltiú

Coinnigh na freagraí seo gearr agus beidh sé éasca iad a fhoghlaim. Thíos tá na ceisteanna a chuirfear agus tá freagraí samplacha anseo chun treoir a thabhairt duit.

1. **An scrúdaitheoir:** **Céard/cad is ainm duit?/Cén t-ainm atá ort?**
   An dalta: Fiachra Ó Cearnaigh is ainm dom./
   Áine Máire Ní Riain an t-ainm atá orm.

2. **An scrúdaitheoir:** **Cén aois thú?**
   An dalta: Táim seacht/ocht/naoi mbliana déag d'aois.

3. **An scrúdaitheoir:** **Cad é do dháta breithe?**
   An dalta: Rugadh mé ar an gceathrú lá d'Fheabhra, sa bhliain dhá mhíle.
   Rugadh mé ar an seachtú lá is fiche de mhí Dheireadh Fómhair, sa bhliain dhá mhíle is a dó.

4. **An scrúdaitheoir:** **Céard é do sheoladh baile?**
   An dalta: Páirc na Coille, An Uaimh, Co na Mí./Cónaím ar Bhóthar na Mara, Sligeach./
   Tá cónaí orm in uimhir a seacht, Radharc na hAbhann, Baile Átha Luain, Co. na hIarmhí.

5. **An scrúdaitheoir:** **Cad í d'uimhir scrúdaithe?**
   An dalta: A dó, a hocht, a trí, a cúig, a náid, a ceathair.

Léamh na Filíochta

- Tugann tú do leabhar féin isteach sa scrúdú in éineacht leat don chuid seo den scrúdú.
- Ceadaítear nótaí foghraíochta a bheith scríofa air.
- Moltar duit an dán a léamh go soiléir agus le brí. Ná léigh an dán go róthapa nó tá an baol ann go gcaillfear focal nó dhó.

Seo iad na dánta. Éist leis na dánta ar an dlúthdhiosca.

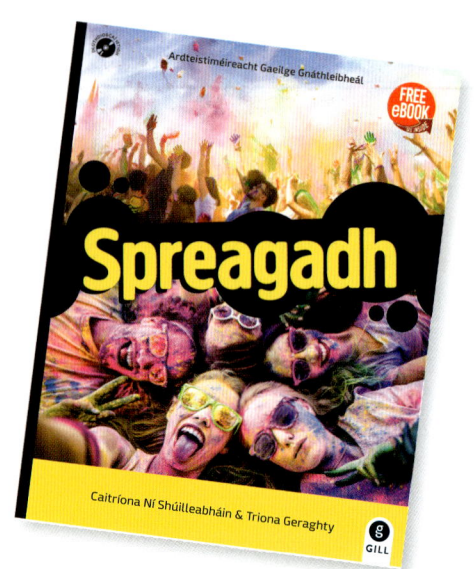

GÉIBHEANN
le Caitlín Maude

1

Ainmhí mé

2

ainmhí allta
as na teochreasa
a bhfuil clú agus cáil
ar mo scéimh

3

chroithfinn crainnte na coille
tráth
le mo gháir

4

ach anois
luím síos
agus breathnaím trí leathshúil
ar an gcrann aonraic sin thall

5

tagann na céadta daoine
chuile lá

6

a dhéanfadh rud ar bith
dom
ach mé a ligean amach

Gnáthleibhéal **Spreagadh**

Colscaradh
le Pádraig Mac Suibhne

Nóta!
An dán ar fad

1

Shantaigh sé bean
i nead a chine,
faoiseamh is gean
ar leac a thine,
aiteas is greann
i dtógáil chlainne.

2

Shantaigh sí fear
is taobh den bhríste,
dídean is searc
is leath den chíste,
saoire thar lear
is meas na mílte.

3

Thángthas ar réiteach.
Scaradar.

An tEarrach Thiar

le Máirtín Ó Direáin

Nóta!
Dhá véarsa i ndiaidh a chéile le léamh

1
Fear ag glanadh cré
De ghimseán spáide
Sa gciúnas shéimh
I mbrothall lae:
Binn an fhuaim
San Earrach thiar.

2
Fear ag caitheadh
Cliabh dhá dhroim
Is an fheamainn dhearg
Ag lonrú
I dtaitneamh gréine
Ar dhuirling bháin:
Niamhrach an radharc
San Earrach thiar.

3
Mná i locháin
In íochtar diaidh-thrá,
A gcótaí craptha,
Scáilí thíos fúthu:
Támh-radharc síothach
San Earrach thiar.

4
Toll-bhuillí fanna
Ag maidí rámha,
Currach lán éisc
Ag teacht chun cladaigh
Ar ór-mhuir mhall
I ndeireadh lae;
San Earrach thiar.

Gnáthleibhéal **Spreagadh**

MO GHRÁ-SA (IDIR LÚIBÍNÍ)
le Nuala Ní Dhomhnaill

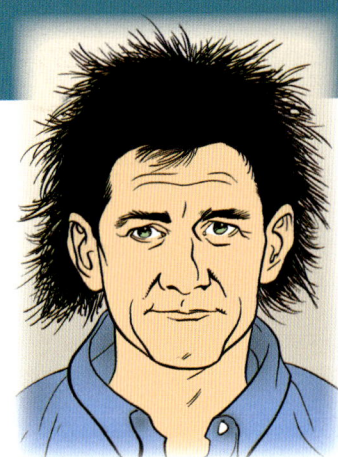

Nóta! Trí véarsa i ndiaidh a chéile le léamh

1

Níl mo ghrá-sa
mar bhláth na n-airní
a bhíonn i ngairdín
(nó ar chrann ar bith)

2

is má tá aon ghaol aige
le nóiníní
is as a chluasa a fhásfaidh siad
(nuair a bheidh sé ocht dtroigh síos)

3

ní haon ghlaise cheolmhar
iad a shúile
(táid róchóngarach dá chéile
ar an gcéad dul síos)

4

is más slim é síoda
tá ribí a ghruaige
(mar bhean dhubh Shakespeare)
ina *wire* deilgní.

5

Ach is cuma san.
Tugann sé dom
úlla
(is nuair a bhíonn sé i ndea-ghiúmar
caora finiúna).

An Spailpín Fánach

Ní fios cé a chum an dán seo

Nóta!
Dhá véarsa i ndiaidh a chéile le léamh

1

Im spailpín fánach atáim le fada
ag seasamh ar mo shláinte,
ag siúl an drúchta go moch ar maidin
's ag bailiú galair ráithe;
ach glacfad *fees* ó rí na gcroppies,
cleith is píc chun sáite
's go brách arís ní ghlaofar m'ainm
sa tír seo, an spailpín fánach.

2

Ba mhinic mo thriall go Cluain gheal Meala
's as san go Tiobraid Árann;
i gCarraig na Síuire thíos do ghearrainn
cúrsa leathan láidir;
i gCallainn go dlúth 's mo shúiste im ghlaic
ag dul chun tosaigh ceard leo
's nuair théim go Durlas 's é siúd bhíonn agam –
'Sin chu'ibh an spailpín fánach!'

3

Go deo deo arís ní raghad go Caiseal
ag díol ná ag reic mo shláinte
ná ar mhargadh na saoire im shuí cois balla,
im scaoinse ar leataoibh sráide,
bodairí na tíre ag tíocht ar a gcapaill
á fhiafraí an bhfuilim hireálta;
'téanam chun siúil, tá an cúrsa fada' –
siúd siúl ar an spailpín fánach.

Gnáthleibhéal **Spreagadh**

An tSraith Pictiúr

- Sa chuid seo den scrúdú, piocann an dalta sraith pictiúr amháin go randamach agus iarrtar air/uirthi cur síos a dhéanamh ar na pictiúir.
- Tugtar seans don dalta i dtosach breathnú ar na pictiúir (thart ar leathnóiméad).
- Níor cheart go mairfeadh an cur síos níos mó ná 3 nóiméad.
- Ansin cuireann an dalta trí cheist ar an scrúdaitheoir agus cuirfidh an scrúdaitheoir trí cheist ghearra ar an dalta.
- Moltar duit ceisteanna simplí a chur ar an scrúdaitheoir.

Mar shampla
Cad a tharla i bpictiúr a dó?
Cá raibh na daoine óga i bpictiúr a sé?
Cén sórt duine é an múinteoir, dar leat?
Cad iad na mothúcháin a fheictear i bpictiúr a cúig?

Tá na nótaí do shraith pictiúr na bliana seo ar fáil i leabhrán speisialta don tSraith Pictiúr.

An Comhrá

- Tá nótaí i ngach caibidil den leabhar a chuideoidh leat ullmhú don chomhrá. An t-aon mholadh atá le tabhairt anseo ná gach rud a bhaineann leat féin agus le do shaol a ullmhú go maith.
- Den chuid is mó, is tusa a bheidh ag stiúradh an chomhrá leis na rudaí a deir tú.
- Má deirtear leat, 'Inis dom fút féin' nó 'Déan cur síos ort féin', abair an méid is féidir leat le treoir a thabhairt don scrúdaitheoir maidir le roinnt de na ceisteanna a chuirfidh sé/sí ort ina dhiaidh sin.

Anois féach ar na nótaí sa Leabhrán, leathanach 2–4.

Mar shampla

[1] tell me about yourself now
[2] as you know
[3] usually
[4] I am a member of the local team
[5] sometimes

An scrúdaitheoir: Inis dom fút féin anois[1], a Áine.

An dalta:
- Mar is eol duit[2], táim ocht mbliana déag d'aois. Tá seisear ar fad i mo theaghlach – mo mham, mo dhaid, mo bheirt deartháireacha Niall agus Liam agus mo dheirfiúr Sadhbh. Réitím go maith le mo theaghlach de ghnáth[3] ach bíonn argóintí eadrainn, uaireanta faoi rudaí beaga!
- Is duine spórtúil mé. Imrím sacar agus leadóg. Táim i mo bhall den chlub leadóige áitiúil[4] agus táim ar fhoireann sacair an Chábháin freisin.
- Is duine cairdiúil agus cneasta mé! Is aoibhinn liom bualadh le mo chairde ag an deireadh seachtaine. Téimid go dtí an phictiúrlann uaireanta[5].
- Is breá liom ceol freisin ach ní sheinnim ceol. Is breá liom éisteacht le ceol ar m'fhón póca. Is é Ed Sheeran an t-amhránaí is fearr liom. Chuaigh mé go dtí ceolchoirm Ed Sheeran an samhradh seo caite…

Fócas ar an Scrúdú

Tá seans maith ón méid sin go gcuirfí níos mó ceisteanna ar an dalta faoi na hábhair a luaigh sé/sí thuas. Seo roinnt de na ceisteanna a mbeifí ag súil leo, b'fhéidir.

- Inis dom faoin gclub leadóige/faoin sacar.
- An mbíonn traenáil agat go minic?
- An imríonn tú i gcluichí go minic?
- Ar bhuaigh tú/sibh cluiche mór riamh? Inis dom faoin gcluiche sin.
- Céard eile a dhéanann tú ag an deireadh seachtaine?
- Cén saghas scannán a thaitníonn leat?
- Conas a bhí an cheolchoirm? Inis dom fúithi.

Céim a 2: An Cheapadóireacht

Bíonn rogha leathan ag daltaí maidir leis an gceist seo. Ní mór dhá cheann de na roghanna a thugtar ar an bpáipéar a phiocadh, is é sin:

- **Giota leanúnach/Blag** (50 marc)
- **Scéal** (50 marc)
- **Litir/Ríomhphost** (50 marc)
- **Comhrá** (50 marc)

Moltar duit leathleathanach nó mar sin a scríobh ar an dá cheist a roghnaíonn tú. Léigh na treoracha go cúramach agus cloígh leis an ábhar sin i do chuid freagraí.

Dáiltear na marcanna mar seo:

Tasc	2 mharc
Ábhar	8 marc
Gaeilge	40 marc

- Ní fhaightear marcanna arda ar an nGaeilge muna mbíonn an sliocht scríofa ar an ábhar atá i gceist sa scrúdú. Mar sin, bíonn ceangal láidir idir na marcanna ar fad.
- Bíodh nathanna cainte deasa le feiceáil tríd síos agus gramadach chruinn in úsáid.

Déan iarracht nathanna a fhoghlaim don tús, don lár agus don chríoch. Féach ar na nathanna thíos.

397

Gnáthleibhéal **Spreagadh**

Giota Leanúnach/Blag

Nathanna Samplacha don Ghiota Leanúnach/don Bhlag

Is é an spórt an caitheamh aimsire is fearr liom.	Sport is my favourite pastime.
Is í an Spáinn an tír is fearr liom.	Spain is my favourite country.
Is é Sligeach an contae is fearr liom.	Sligo is my favourite county.
Is é *Harry Potter and the Philosopher's Stone* an leabhar is fearr a léigh mé riamh.	*Harry Potter and the Philosopher's Stone* is the best book I have ever read.
Is é *The King's Speech* an scannán is fearr a chonaic mé riamh.	*The King's Speech* is the best movie I have ever seen.
Is é *Home and Away* an clár teilifíse is fearr liom.	*Home and Away* is my favourite TV programme.
Taitníonn ceol/haca/an teilifís, srl. go mór liom.	I really like music/hockey/TV, etc.
Is aoibhinn liom peil a imirt.	I love to play football.
Is breá liom bualadh le mo chairde.	I love to meet my friends.
Is maith liom an pianó a sheinm.	I like to play the piano.
Caithim a lán ama le mo sheantuismitheoirí agus insíonn siad scéalta dom faoin gceantar.	I spend a lot of time with my grandparents and they tell me lots of stories about the area.
Bíonn ranganna damhsa agam gach Déardaoin.	I have dance classes every Thursday.
Táim go maith ag imirt eitpheile agus tá traenálaí maith againn.	I am good at volleyball and we have a good trainer.
Is maith liom mo scíth a ligean agus leabhar maith a léamh.	I like to relax and to read a book.
Chaith mé seachtain i Londain an samhradh seo caite agus thaitin sé go mór liom.	I spent a week in London last summer and I really liked it.
Chomh maith leis sin, tá muintir na hÉireann cairdiúil.	As well as that, Irish people are friendly.
Bíonn an t-atmaisféar go hiontach i gcónaí.	The atmosphere is always wonderful.
Bíonn an-chraic againn.	We have great fun.
Thaitin an bia go mór liom. Bhí sé blasta.	I really liked the food. It was delicious.
Ceapaim go bhfuil na radhairc thíre dochreidte.	I think the views are unbelievable.
I mo thuairim, tá an éide scoile seanfhaiseanta.	In my opinion, the school uniform is old-fashioned.
Dar liom, is amhránaí iontach í Beyoncé.	In my opinion, Beyoncé is a wonderful singer.
Bíonn a lán brú ar na daltaí agus níl sé sin go maith, dar liom.	There is a lot of pressure on the students and that is not good in my opinion.
Is cuimhin liom go maith é.	I remember it well.
ar an drochuair	unfortunately
buíochas le Dia	thank God/thankfully

le cúnamh Dé	with the help of God/hopefully
Tá súil agam go rachaidh mé ar ais ansin lá éigin.	I hope to go back there one day.
Beidh cuimhne agam ar an tsaoire sin go deo.	I will always remember that holiday.
Ní dhéanfaidh mé dearmad air go deo.	I will never forget it.

Anois féach ar na nathanna éagsúla a aibhsíodh duit sa leabhar. Moltar duit go leor cleachtaidh a dhéanamh ar an gceist seo sa rang agus sa bhaile, chun an caighdeán a fheabhsú.

Nóta!
Cabhróidh na nótaí agus an t-ullmhúchán a dhéanann tú don chomhrá (don Scrúdú Cainte) go mór leat sa cheist seo.

An Scéal

Nathanna Samplacha don Scéal

Is maith is cuimhin liom é.	I remember it well.
Ní dhéanfaidh mé dearmad go deo air.	I will never forget it.
An Satharn a bhí ann.	It was Saturday.
An Nollaig a bhí ann.	It was Christmas.
An samhradh a bhí ann.	It was summer.
Mo bhreithlá a bhí ann.	It was my birthday.
Lá 'le Pádraig a bhí ann.	It was St Patrick's Day.
Bhí sé ag stealladh báistí.	It was pouring rain.
Bhí an ghrian ag scoilteadh na gcloch.	The sun was splitting the stones.
Bhí gaoth láidir ag séideadh.	There was a strong wind blowing.
Bhí sé ag cur sneachta.	It was snowing.
Bhí leac oighir ar na bóithre.	There was ice on the roads.
Bhí mé préachta leis an bhfuacht.	I was very cold.
Bhí mé ag crith le heagla.	I was shaking with fear.
Ní fhaca mé an comhartha a bhí os mo chomhair.	I didn't see the sign in front of me.
Bhí mé i m'aonar.	I was alone.
Tháinig mo mham in éineacht liom.	My mother came with me.
Cheap mé go raibh mo thuismitheoirí imithe don deireadh seachtaine.	I thought my parents had gone for the weekend.
Bhí mé caillte.	I was lost.
Thóg mé amach m'fhón póca, ach bhí sé marbh.	I took out my mobile phone, but it was dead.
Baineadh geit mhór asam nuair a chonaic mé é!	I got a real fright when I saw it!
Baineadh geit asam nuair a chuala mé an torann.	I got a fright when I heard the noise.
Bhí ionadh an domhain orm.	I was very surprised.

Gnáthleibhéal Spreagadh

Bhí mé ag éirí buartha.	I was getting worried.
Bhí mé ag tnúth go mór leis an gcóisir.	I was really looking forward to the party.
Ní raibh mé róshásta.	I wasn't too happy.
Thosaigh mé ag caoineadh.	I started to cry.
Bhí áthas an domhain orm.	I was very happy.
Lig mé béic asam.	I shouted.
Thosaigh mé ag screadaíl.	I started to scream.
Thosaigh mé ag casacht.	I started coughing.
Phléasc mé amach ag gáire.	I burst out laughing.
Rith mé amach an doras ar nós na gaoithe.	I ran out the door very quickly.
Léim mé le háthas.	I jumped with joy.
Bhí faoiseamh an domhain ar mo mham.	My mother was very relieved.
Bhí fearg an domhain ar mo thuismitheoirí.	My parents were very angry.
Thit mé i laige.	I fainted.
Mhothaigh mé ní b'fhearr nuair a chonaic mé mo dheirfiúr.	I felt better when I saw my sister.
Chuir mé fios ar an otharcharr.	I called the ambulance.
Ghlaoigh mé ar mo dhaid.	I called my dad.
D'fhan mé ciúin i mo sheomra.	I stayed quiet in my room.
Rinne mé dearmad ar mo mhála.	I forgot my bag.
Timpiste a bhí ann.	It was an accident.
Bhí an t-atmaisféar leictreach sa staid.	The atmosphere was electric in the stadium.
Bhí an dá fhoireann ar comhscór.	The two teams were level.
Bhí teannas le brath sa halla.	There was tension to be felt in the hall.
Go tobann, chuala mé torann ait.	Suddenly, I heard a strange noise.
Chuala mé toirt mhór.	I heard a loud bang.
Bhí mé scanraithe i mo bheatha.	I was very scared.
Bhain mé an-taitneamh as an lá.	I really enjoyed the day.
Bhí an t-ádh liom.	I was lucky.
Sa deireadh, bhí áthas orm.	In the end, I was happy.
Bhí mé te teolaí i mo leaba.	I was warm and cosy in my bed.
Chodail mé go sámh an oíche sin.	I slept soundly that nght.

Anois féach ar na nathanna éagsúla a aibhsíodh duit sa leabhar. Moltar duit go leor cleachtaidh a dhéanamh ar an gceist seo sa rang agus sa bhaile, chun an caighdeán a fheabhsú.

Nóta!
Cabhróidh na nótaí agus an t-ullmhúchán a dhéanann tú don tsraith pictiúr (don Scrúdú Cainte) go mór leat sa cheist seo.

Fócas ar an Scrúdú Aonad 10

An Litir nó an Ríomhphost

Leagan Amach na Litreach

Más litir a roghnaíonn tú sa scrúdu, bí cinnte aird a thabhairt ar na pointí seo a leanas.

1. Scríobh seoladh as Gaeilge ar dheis, mar shampla:

   1. Bóthar na Trá
      Gaillimh
      nó
      Bóthar na Trá
      Dún na nGall

2. Ansin scríobh an dáta faoin seoladh as Gaeilge ar dheis, mar shampla:

   2. 3ú Lúnasa, 2017

3. Ar chlé, scríobh an beannú, mar shampla:

   3. A Aoife dhil,
      nó
      A Liam, a chara,
      nó
      A Mham agus a Dhaid,

4. Agus uaidh sin, téann tú ar aghaidh go dtí corp na litreach.

   4.

5. Faoi dheireadh, críochnaítear an litir go simplí le nathanna ar nós:

   5. Sin é! Níl aon scéal eile agam anois.
      Scríobh ar ais chugam gan mhoill.
      Slán go fóill,
      Róisín/Oisín

Leagan Amach an Ríomhphoist

1. Tabhair do sheoladh ríomhphoist féin (*not your real one!*) agus scríobh mar seo é:

2. Cum seoladh ansin do do chara, mar shampla:

3. Líon isteach ábhar an ríomhphoist mar seo:

4. Bíonn an leagan amach céanna ar an litir agus ar an ríomhphost nuair a bhíonn an méid sin déanta agat, 'sé sin an beannú:

5. Agus an chríoch:

   1. Ó: rnishe@hotmail.com
   2. Chuig: liamoceall@gmail.com
   3. Ábhar: an t-ospidéal/an cluiche peile/mo scoil nua/mo laethanta saoire, srl.

   4. A Aoife dhil
      nó
      A Liam, a chara
      nó
      A Mham agus a Dhaid

   5. Sin é! Níl aon scéal eile agam anois.
      Scríobh ar ais chugam gan mhoill.
      Slán go fóill,
      Róisín/Oisín

Gnáthleibhéal Spreagadh

Nathanna Samplacha don Litir/don Ríomhphost

Róisín anseo/Oisín anseo! Conas atá tú?	Róisín/Oisín here! How are you?
Tá súil agam go bhfuil tú/sibh go maith.	I hope you are well.
Táim féin i mbarr na sláinte.	I am in top health.
An bhfuil aon scéal agat?	Have you any news?
Ar chuala tu faoin gceolchoirm?	Did you hear about the concert?
Mar is eol duit, táim ar saoire i mBéal Feirste.	As you know, I am on holidays in Belfast.
Is cathair ghleoite í agus tá na daoine cairdiúil.	It is a beautiful city and the people are friendly.
Tá post nua agam i siopa spóirt.	I have a new job in a sports shop.
Is maith liom an obair. Bím ag freastal ar na custaiméirí agus ag caint leo.	I like the work. I serve the customers and I talk to them.
Is maith liom na daoine eile atá ag obair liom.	I like the other people who work with me.
Táim ag freastal ar scoil nua anseo i gCorcaigh.	I am attending a new school here in Cork.
Is maith liom an t-atmaisféar sa scoil.	I like the atmosphere in the school.
Réitíonn gach duine go maith le chéile.	Everybody gets on well together.
Chuaigh mé go dtí an Ghaeltacht i rith an tsamhraidh.	I went to the Gaeltacht during the summer.
Thaitin sé go mór liom.	I really liked it.
Bhuail mé le cairde nua agus bhí mé ag labhairt Gaeilge gach lá.	I met new friends and we spoke Irish every day.
Bhí na ranganna sórt leadránach, ach thaitin na céilithe go mór liom.	The classes were a little boring, but I really liked the céilís.
Tá muintir na Spáinne cairdiúil agus cneasta.	The Spanish people are friendly and kind.
Taitníonn an bia liom. Tá sé blasta.	I like the food. It is delicious.
Rachaidh mé ag surfáil le mo chara amárach.	I will go surfing with my friend tomorrow.
Chuamar go dtí bialann aréir. Bhí sé go deas.	We went to a restaurant last night. It was nice.
Chuaigh mé féin agus mo mham ag siopadóireacht i lár na catharch inniu.	My mother and I went shopping in the city centre yesterday.
Cheannaigh mé éadaí agus bróga nua.	I bought new clothes and shoes.
Cheannaigh mé bronntanas duit freisin.	I bought a present for you too.
Bhí ceolchoirm ar siúl i staid Aviva an tseachtain seo caite.	There was a concert on in the Aviva stadium last week.
Bhí an t-atmaisféar ar fheabhas sa staid.	The atmosphere was great in the stadium.
Bhí gach duine ag canadh agus ag damhsa.	Everybody was singing and dancing.
Bhí mé ag imirt i gcluiche ceannais an chontae Dé Sathairn seo caite.	I was playing in the county final last Saturday.
Bhuamar an cluiche, le cúilín amháin!	We won the game, by one point.

Fócas ar an Scrúdú 10

Fuair mé féin an scór deireanach agus bhí gach duine ag screadaíl.	*I got the last score and everybody was screaming.*
Bhí sé go hiontach ar fad!	*It was wonderful!*
Bhí ceiliúradh mór againn an oíche sin sa bhaile mór.	*We had a big celebration in town that night.*
Bhí áthas an domhain ar gach duine.	*Everybody was very happy.*
Tá gach duine an-sásta, mar ní raibh an bua ag an gclub le deich mbliana anuas.	*Everybody is very happy, because the club hadn't won in ten years.*
Ghlac mé páirt i gcomórtas talainne an deireadh seachtaine seo caite.	*I took part in a talent competition last weekend.*
Chan mé an t-amhrán _____.	*I sang the song _____.*
Nuair a sheas mé os comhair an tslua, bhí mé an-neirbhíseach.	*When I stood in front of the crowd I was very nervous.*
Fuair mé bualadh bos mór ag an deireadh.	*I got a big round of applause at the end.*
Bhí an-bhród orm.	*I was very proud.*
Níor chreid mé mo chluasa nuair a chuala mé go raibh an bua agam.	*I couldn't believe my ears when I heard that I had won.*
Beidh mé ag dul ar aghaidh anois go dtí Comórtas Talainne na hÉireann.	*I will now be going on to the Irish Talent Competition.*
Ar mhaith leat teacht in éineacht liom?	*Would you like to come with me?*
Beidh an-chraic againn!	*We will have great fun!*
An ndeachaigh tú ar saoire?	*Did you go on holiday?*
An raibh tú ag féachaint ar an scannán _____?	*Were you watching the movie _____?*
An mbeidh tú ag dul go dtí an chóisir?	*Will you be going to the party?*
Ar bhain tú taitneamh as an gcluiche?	*Did you enjoy the game?*
Abair 'haigh' le Seán/le Siobhán.	*Say 'hi' to Seán/Siobhán.*
Feicfidh mé thú go luath, le cúnamh Dé.	*I will see you soon, please God.*

Anois féach ar na nathanna éagsúla a aibhsíodh duit sa leabhar. Moltar duit go leor cleachtaidh a dhéanamh ar an gceist seo sa rang agus sa bhaile, chun an caighdeán a fheabhsú.

Nóta!
Cabhróidh na nótaí agus an t-ullmhúchán a dhéanann tú don chomhrá (don Scrúdú Cainte) go mór leat sa cheist seo.

Gnáthleibhéal **Spreagadh**

An Comhrá

- Moltar duit dhá ainm Gaeilge atá éasca le litriú, a phiocadh don chomhrá, mar shampla Aoife, Oisin, Róisín, Eoin. Leis na hainmneacha sin, níl **séimhiú** ná caolú riachtanach tar éis **A**.

Mar shampla
A Aoife, A Oisín, A Róisín, A Eoin

Samplaí eile

Máire	A Mháire
Cathal	A Chathail

- Caint dhíreach atá i gceist sa chomhrá.
- Foghlaim cuid de na nathanna seo thíos agus téigh siar ar na comhráite samplacha sa leabhar (Aonad a 1–9).

Nathanna Cainte don Scéal

Dia duit, a Oisín.	Hello Oisín.
Dia 's Muire duit, a Róisin.	Hello Róisín.
Conas atá tú, a Aoife?	How are you, Aoife?
Ní fhaca mé le fada thú.	I haven't seen you for a long time.
Ní raibh mé ag caint leat le fada.	I haven't been talking to you in a long while.
Tá mé go maith/go dona.	I am well/bad.
Ar chuala tú an dea-scéal/an drochscéal?	Did you hear the good/bad news?
An raibh tú ar saoire?	Were you on holiday?
An ndeachaigh tú go dtí an cluiche mór?	Did you go to the big game?
An mbeidh tú ag dul go dtí an chóisir anocht?	Will you be going to the party tonight?
An raibh tú ag caint le Seán?	Were you speaking to Seán?
An raibh tú tinn/breoite inniu?	Were you ill today?
Cén fáth nach raibh tú ag an dioscó?	Why weren't you at the disco?
Creid nó ná creid, fuair mé carr/gluaisteán nua do mo bhreithlá.	Believe it or not, I got a new car for my birthday.
Bhí mo thuismitheoirí ar buile.	My parents were annoyed.
Bhí mo mham ar bís.	My mother was excited.
Ní raibh mo dheirfiúr sásta.	My sister wasn't happy.
Ar mhaith leat teacht in éineacht liom?	Would you like to come with me?
Ní bheidh mé ábalta dul.	I won't be able to go.
Tá sceitimíní áthais orm faoi.	I am very excited about it.
Tá brón orm nach raibh mé ag an gcóisir.	I am sorry I wasn't at the party.
Bhí an-díomá orm nuair a chuala mé faoi.	I was very disappointed when I heard about it.
An ag magadh atá tú?	Are you joking?
I ndáiríre!	Really!
Ná bí ag magadh fúm.	Don't joke with me.
Ná habair aon rud le do thuismitheoirí!	Don't say anything to your parents!
Tá súil agam go bhfeicfidh mé ann thú.	I hope to see you there.
dála an scéil	by the way

Fócas ar an Scrúdú — Aonad 10

Abair le Máire go bhfuil ticéad agam di.	Tell Máire I have a ticket for her.
Feicfidh mé ag an bpictiúrlann thú.	I will see you at the cinema.
An bhfuil ticéad agat féin?	Do you have a ticket?
Conas a fuair tú na ticéid?	How did you get the ticket?
Cé a bheidh ag dul in éineacht leat?	Who will go with you?
Cén t-am a thosóidh sé?	What time will it start at?
Cén t-am a chríochnóidh sé?	What time will it finish at?
Cén grád a fuair tú san aiste?	What grade did you get in the essay?
Conas a d'éirigh leat sa scrúdú tiomána?	How did you get on in the driving test?
Conas a bhí na laethanta saoire?	How were the holidays?
Cad ba mhaith leat a dhéanamh?	What would you like to do?
Cén aiste atá i gceist agat?	What essay are you talking about?
An maith leat an Stair?	Do you like History?
Ar mhaith leat dul go Baile Átha Cliath Dé Sathairn?	Would you like to go to Dublin on Saturday?
Ná bí buartha, a Róisín!	Don't worry, Róisín.
Beidh sé togha!	It will be fine!
Ná bí ag éisteacht le Pól! Bíonn sé i gcónaí ag magadh!	Don't listen to Paul. He's always complaining.
Cuir fios orm níos déanaí.	Call me later.
Cuirfidh mé fios ort Dé Luain.	I will call you on Monday.
slán go fóill	bye for now
go raibh maith agat	thank you

Anois féach ar na nathanna éagsúla a aibhsíodh duit sa leabhar. Moltar duit go leor cleachtaidh a dhéanamh ar an gceist seo sa rang agus sa bhaile, chun an caighdeán a fheabhsú.

Nóta!
Cabhróidh na nótaí agus an t-ullmhúchán a dhéanann tú don chomhrá (don Scrúdú Cainte) go mór leat sa cheist seo. Féach ar na nathanna samplacha freisin don litir, don scéal agus don ghiota leanúnach.

Céim a 3: An Léamhthuiscint

- 'Cleachtadh a dhéanann máistreacht'[1] mar a deir an seanfhocal agus is í sin an tslí is éifeachtaí le hullmhú don cheist seo.
- Is fiú 100 marc ar fad iad na léamhthuiscintí, is é sin 50 marc + 50 marc.
- Tá sé fíorthábhachtach eochairfhocail na gceisteanna a thuiscint agus cuideoidh an foclóir a bhaineann leis na ceisteanna sna cluastuiscintí go mór leat feabhas a chur ar do thuiscint ar na ceisteanna.
- Is féidir na freagraí a thógáil díreach ón téacs.
- Féach ar na samplaí ó Aonad a 1 go dtí Aonad a 9 chun na ceisteanna seo a chleachtadh.

[1] practise makes perfect

Féach ar eochairfhocail na gceisteanna ar lch 406

Gnáthleibhéal Spreagadh

Céim a 4: An Chluastuiscint

Féach ar fhoclóir na gceisteanna thíos. Is mar an gcéanna foclóir na gceisteanna sna léamhthuiscintí agus sa chluastuiscint.

Cuimhnigh!
- Léigh gach ceist go cúramach.
- Cuir líne faoi na heochairfhocail.
- Freagair gach ceist **i nGaeilge**.
- Is fiú 60 marc í an chluastuiscint.

Foclóir Coitianta sna Ceisteanna sa Chluastuiscint agus sna Léamhthuiscintí

cad/céard?	what?	cén lá?	what day?
cá/cén áit/cá háit?	where?	cén bhliain?	what year?
conas/cén chaoi?	how?	cén tír?	what country?
cathain/cén uair?	when?	cén chuid?	what part?
cé/cén duine?	who?	cén baile?	what town?
cé hé/hí/cé hiad?	who is/who are?	cén chathair?	what city?
cén fáth?	why?	cén dream/cén grúpa?	what group?
cad chuige?	for what/for what reason?	Tabhair píosa amháin eolais.	Give one piece of information.
Luaigh dhá chúis.	Mention two reasons.	Luaigh imeacht amháin.	Mention one activity/event.
cá fhad?	how long?	Luaigh buntáiste/míbhuntáiste amháin.	Mention one advantage/disadvantage.
cé mhéad/an mó?	how much/how many?	cén aois?	what age?
Cad as do thuismitheoirí Aoife?	Where are Aoife's parents from?	cén pháirt?	what part?
Scríobh síos rud amháin.	Write down one thing.	Cad a dúirt Saoirse?	What did Saoirse say?
Cad a bheidh ar siúl?	What will be on?	cad a tharla?	what happened?
cén saghas/cén sórt/cén cineál?	what type/what kind?	cén gaisce/cén t-éacht?	what achievement?
cén contae?	what county?	cén gradam?	what award?
cén mhí?	what month?	Scríobh síos rud amháin a thaispeánann/a léiríonn…	Write down one thing that shows…
cén costas/cén praghas?	what cost/what price?	Cad a theastaigh ó Liam?	What did Liam want?
Cad iad na huaireanta?	What are the hours?	Cár rugadh Seán?	Where was Seán born?

cén uimhir?	*what number?*	cén chosúlacht/cén difríocht?	*what similarity/what difference?*
cén t-am?	*what time?*	cén comórtas?	*what competition?*
cén post?	*what job?*	cén aidhm?	*what aim?*
Breac síos dhá rud.	*Write down two things.*	cén teanga?	*what language?*
cén táille?	*what fee?*	cén airde?	*what height?*
cén dáta?	*what date?*	cén meáchan?	*what weight?*
Cad é an dáta deireanach?	*What is the last date?*	cén toradh?	*what result?*
cén t-ábhar?	*what subject?*	Luaigh dhá ghearán.	*Mention two complaints.*

Na Gaeltachtaí in Éirinn

Logainmneacha a chloistear go minic sa chluastuiscint:

Dún na nGall/Tír Chonaill
- Anagaire
- Cionn Caslach
- Gaoth Dobhair
- Rann na Feirste
- Árainn Mhór
- An Clochán Liath
- Gleann Cholm Cille
- Gort an Choirce
- Toraigh

Gaillimh
- Árainn
- An Cheathrú Rua
- Indreabhán
- Inis Oírr/Inis Mór/Inis Meáin
- Ros a'Mhíl
- An Spidéal
- Casla
- Ros Muc
- Oileáin Árann
- Corr na Móna
- Tír an Fhia

Maigh Eo
- Ceathrú Thaidhg
- Tuar Mhic Éadaigh
- Eachléim
- An Fód Dubh

Ciarraí
- Baile an Fheirtéaraigh
- Ceann Trá
- An Daingean
- Baile an Sceilg
- Dún Chaoin

Corcaigh
- Baile Bhúirne
- Cúil Aodha
- Oileán Chléire

Port Láirge
- An Rinn

An Mhí
- Ráth Chairn
- Baile Ghib

Gnáthleibhéal **Spreagadh**

Céim a 5: An Fhilíocht Ainmnithe

- Tá cúig dhán ainmnithe ar an gcúrsa ardteiste; 'Géibheann', 'Colscaradh', 'An tEarrach Thiar', 'Mo Ghrá-sa (Idir Lúibíní)' agus 'An Spailpín Fánach'.
- Bíodh tuiscint agat ar gach líne de na dánta i dtosach agus bí in ann na línte sin a mhíniú i d'fhocail féin.
- Is iad na gnéithe is mó de na dánta nach mór a bheith ar eolas agat ná téama an dáin, na mothúcháin sa dán, an teicníocht fhileata, na híomhánna/fuaimeanna agus atmaisféar an dáin.
- Is fiú 50 marc an cheist seo ar fad.
- Agus tú ag déanamh ceiste ar bith ar an bhfilíocht, bí cinnte an cheist a léamh go han-cúramach agus cloí le hábhair na ceiste sin ó thús go deireadh.
- Féach ar an gceist shamplach thíos agus breathnaigh ar an gcaoi a ndírítear na freagraí ar ábhar na gceisteanna.

Ceisteanna Scrúdaithe 2016

Freagair **(a)** agus **(b)** anseo.

(a) **Mo Ghrá-sa (Idir Lúibíní)**

Freagair na ceisteanna seo a leanas faoin dán 'Mo Ghrá-sa (Idir Lúibíní)'

(i) Cad é téama an dáin 'Mo Ghrá-sa (Idir Lúibíní)', dar leat? Tabhair dhá phointe eolais **i d'fhocail féin** faoin téama sin sa dán? (8 marc)

(ii) Scríobh síos íomhá (pictiúr) **amháin** ón dán atá greannmhar, dar leat. Mínigh an íomhá (an pictiúr) sin **i d'fhocail féin**. (8 marc)

(iii) An maith leat an dán seo? Cuir fáthanna le do fhreagra. (Is leor **dhá** fháth.) (9 marc)

Níl mo ghrá-sa
mar bhláth na n-airní
a bhíonn i ngairdín
(nó ar chrann ar bith)

is má tá aon ghaol aige
le nóiníní
is as a chluasa a fhásfaidh siad
(nuair a bheidh sé ocht dtroigh síos)

ní haon ghlaise cheolmhar
iad a shúile
(táid róchóngarach dá chéile
ar an gcéad dul síos)

is más slim é síoda
tá ribí a ghruaige
(mar bhean dhubh Shakespeare)
ina *wire* deilgní.

Ach is cuma sin.
Tugann sé dom
úlla
(is nuair a bhíonn sé i ndea-ghiúmar
caora fíniúna).

Freagra Samplach

Mo Ghrá-sa (Idir Lúibíní)

(a) (i) Is é an grá téama an dáin seo, dar liom.
Léiríonn an file an grá atá aici dá grá geal sa véarsa deireanach, go háirithe.
Deir sí 'Is cuma sin'. Taispeánann sé sin go bhfuil sí i ngrá leis an bhfear agus gur cuma léi faoina chuma fhisiciúil. Ceapann sí go bhfuil a phearsantacht níos tábhachtaí ná a dhathúlacht. Feicimid grá freisin mar tuigimid go bhfuil an file ag magadh faoina grá geal nuair a deir sí go bhfuil a chuid gruaige 'ina *wire* deilgíní'. Tá áibhéil sa chur síos a dhéanann sí ar chruth fisiciúil an fhir. Tá sí ag magadh faoi ach tá sí i ngrá go mór leis. 'Tugann sé dom úlla'.

(ii) Ceapaim go bhfuil an íomhá de ghruaig an fhir greanmhar. Deir an file nach bhfuil a chuid gruaige '*slim*', cosúil leis an síoda. Dar léi, tá a chuid gruaige 'mar bhean dhubh Shakespeare, ina wire deilgíní'. Is léir go bhfuil an file ag magadh, áfach, agus ceapaim go bhfuil an íomhá sin greannmhar.

(iii) Is maith liom an dán seo, mar ceapaim go bhfuil an cur síos ar an bhfear greanmhar. Is léir go bhfuil an file ag magadh faoin bhfear, mar úsáideann sí áibhéil sa chur síos ar a chruth. Deir sí go mbeidh nóiníní ag fás óna chluasa nuair a bheidh sé marbh agus go bhfuil a shúile róghar dá chéile. Deir sí go bhfuil a chuid gruaige 'ina wire deilgíní' freisin. Tá na híomhánna sin greannmhar, dar liom.
Chomh maith leis sin, is maith liom deireadh an dáin, mar deir an file linn gur cuma léi faoi chruth a fir, mar tá sí go mór i ngrá leis agus tugann sé sonas di. 'Is cuma sin, tugann sé dom úlla'.

Gnáthleibhéal **Spreagadh**

(b) An tEarrach Thiar

(i) (a) Cén obair atá ar siúl ag an bhfear i véarsa a haon?
 (b) Cén sórt fuaime atá ann i véarsa a haon?
 (c) Conas atá an aimsir i véarsa a dó?
 (d) Cá bhfuil na mná i véarsa a trí? (8 marc)

(ii) Déan cur síos, i d'fhocail féin, ar an bpictiúr den churach a thugann an file dúinn i véarsa a ceathair. (Is leor **dhá** phointe eolais.) (8 marc)

(iii) An maith leat an dán seo? Cuir fáthanna le do fhreagra. (Is leor **dhá** fháth.) (9 marc)

Fear ag glanadh cré
De ghimseán spáide
Sa gciúnas shéimh
i mbrothall lae
Binn an fhuaim
San Earrach thiar.

Fear ag caitheadh
Cliabh dhá dhroim,
Is an fheamainn dhearg
Ag lonrú
I dtaitneamh gréine
Ar dhuirling bháin.
Niamhrach an radharc
San Earrach thiar.

Mná i locháin
In íochtar diaidh-thrá,
A gcótaí craptha,
Scáilí thíos fúthu:
Támh-radharc síothach
San Earrach thiar.

Toll-bhuilí fanna
Ag maidí rámha
Currach lán éisc
Ag teacht chun cladaigh
Ar ór-mhuir mhall
I ndeireadh lae;
San Earrach thiar.

Freagra Samplach

An tEarrach Thiar

(b) (i) (a) Tá an fear ag glanadh cré dá spád i véarsa a haon.
 (b) Cloisimid fuaim na spáide sa chiúnas i véarsa a haon.
 (c) Tá an aimsir te i véarsa a dó. Tá an ghrian ag taitneamh.
 (d) Tá na mná ar an trá i véarsa a trí.

(ii) Tugann an file pictiúr deas dúinn den churach.
Tá an churach lán le héisc. Bhí na hiascairí amuigh ar an bhfarraige don lá agus tá an bád lán ag teacht isteach.
Tá an churach ag teacht isteach chun cladaigh agus tá torann deas bog na maidí rámha le cloisteáil ar an uisce agus an bád ag teacht isteach.

(iii) Is maith liom an dán seo.
Is dán é faoi Oileáin Árann agus tá na híomhánna go hálainn ann, mar shampla, an fheamainn dhearg ar an trá chlochach bhán agus an bád ag teacht isteach chun cladaigh lán le héisc. Tá na híomhánna sin taitneamhach agus síochánta, dar liom.
Chomh maith leis sin, is maith liom atmaisféar an dáin. Tá na fuaimeanna an-taitneamhach agus síochánta freisin, mar shampla an ciúnas shéimh agus na maidí rámha le cloisteáil ar an uisce. Is maith liom na fuaimeanna sin. Tá siad síochánta, dar liom.

Gnáthleibhéal **Spreagadh**

Céim a 6: An Prós Ainmnithe

- Mar is eol duit tá cúig cinn de phrós le déanamh don Ardteist.
- Ní mór staidéar a dhéanamh ar 'Oisín i dTír na nÓg', 'Dís' agus *Hurlamaboc* ach tá **rogha** ann idir *Cáca Milis* agus *An Lasair Choille* agus idir 'An Gnáthrud' agus *Seal i Neipeal*.
- Is iad na príomhrudaí a mbíonn staidéar le déanamh orthu do na ceisteanna seo ná téama an scéil, mothúcháin, carachtair agus an gaol idir carachtair, teideal an scéil, tús, críoch agus buaicphointe an scéil.
- 50 marc a thugtar don cheist seo.
- Arís sa cheist seo, bí thar a bheith cúramach an cheist féin a fhreagairt agus gan a bheith ag scríobh ar ábhar difriúil nach bhfuil baint ar bith aige leis an gceist.
- Féach ar an gceist shamplach thíos.

Ceisteanna Scrúdaithe 2016

Freagair **(a)** agus **(b)** anseo.

(a) Dís

Freagair na ceisteanna seo a leanas faoin ngearrscéal 'Dís'.

(i) Cén fáth a raibh bean Sheáin míshásta le Seán i dtús an ghearrscéil?

(ii) Cén toradh a bhí ar an suirbhé?

(iii) Conas a mhothaigh bean Sheáin an mhaidin ar tháinig bean an tsuirbhé chuig an teach? Tabhair **dhá** chúis ar mhothaigh sí mar sin.

(iv) Scríobh síos **dhá** phointe eolais fúithi féin a d'inis bean an tsuirbhé do bhean Sheáin.

(v) Ar thaitin Seán leat sa ghearrscéal seo? Tabhair **dhá** fháth le do fhreagra.   (25 marc)

(b) Cáca Milis

Freagair an cheist seo thíos faoin scannán *Cáca Milis*.

Tabhair cuntas ar na príomhimeachtaí (príomhrudaí) a tharlaíonn sa scannán *Cáca Milis* ón uair a thagann Paul isteach ar an traein go dtí deireadh an scannáin.   (25 marc)